油气与新能源蓝皮书
BLUE BOOK OF PETROLEUM

中国油气与新能源产业发展报告

（2025）

ANNUAL REPORT ON CHINA'S PETROLEUM, GAS AND NEW ENERGY INDUSTRY (2025)

中国石化集团经济技术研究院有限公司
中国社科院数量经济与技术经济研究所
北京大学能源研究院
睿咨得能源（Rystad Energy） / 编著

主　编 | 罗大清　杨　雷　王　佩　刘　强
副主编 | 王胜春　王炜玮　王　恰　高淑娟

中国经济出版社
CHINA ECONOMIC PUBLISHING HOUSE
·北 京·

图书在版编目（CIP）数据

中国油气与新能源产业发展报告. 2025 / 中国石化集团经济技术研究院有限公司等编著. -- 北京：中国经济出版社，2025. 8. -- ISBN 978 -7 -5136 -8313 -5

Ⅰ. F426. 2

中国国家版本馆 CIP 数据核字第 2025VP2121 号

策划编辑　海　毅
责任编辑　孙晓霞
责任印制　李　伟
封面设计　任燕飞

出版发行　中国经济出版社
印 刷 者　北京艾普海德印刷有限公司
经 销 者　各地新华书店
开　　本　710mm × 1000mm　1/16
印　　张　27. 5
字　　数　380 千字
版　　次　2025 年 8 月第 1 版
印　　次　2025 年 8 月第 1 次
定　　价　98. 00 元
广告经营许可证　京西工商广字第 8179 号

中国经济出版社　**网址** http://epc. sinopec. com/epc/　**社址** 北京市东城区安定门外大街 58 号　**邮编** 100011
本版图书如存在印装质量问题，请与本社销售中心联系调换（联系电话：010 - 57512564）

研创单位简介

中国石化集团经济技术研究院有限公司

中国石化集团经济技术研究院有限公司（简称“经济技术研究院”）是中国石化直属的软科学研究单位，前身是成立于1971年的燃料化学工业部石油化工设计院。中国石化咨询有限责任公司（简称“咨询公司”）与经济技术研究院实行“一套机构，两块牌子”的管理模式，前身是20世纪80年代中期为贯彻落实国家投资管理体制改革要求、承接我国石油石化行业固定资产投资项目评估咨询等工作而成立的中国石化咨询公司，1994年获国家首批甲级工程咨询资质并保持至今。

经济技术研究院（咨询公司）积极顺应社会的发展、时代的变迁、发展的需要，逐步形成了产业发展、国际发展、资本金融、经济政策、公司治理与对标、市场营销、供应链优化及绩效评价、评估评价研究等核心业务，构建起以“能源化工全产业链”为核心，涵盖宏观、中观、微观3个层次，从实体经济到虚拟经济的综合研究体系，具备了为中国能源化工产业高质量发展提供政策建议的宏观研究能力、为中国石化高质量发展提供对策建议的中观研究能力、为企业提升竞争力提供方案建议的微观研究能力，形成了以专题分析、信息报道和多客户报告为代表的系列特色产品，数十项研究成果荣获国家省部级科技奖励，多项政策建议与咨询方案被政府部门采纳应用，《世界能源展望2060》《中国能源展望2060》《中国氢能产业展望报告》《中国能源化工产业发展报告》及其发布会等品牌活动在业界具有广泛影响力，在不同历史时期为中国石化乃至我国能源化工产业的改革发展提供了智力支撑。

中国社会科学院数量经济与技术经济研究所

中国社会科学院数量经济与技术经济研究所（以下简称数技经所）是集数量经济与技术经济理论方法和应用研究于一体的综合性国家级学术机构，注重多学科交叉融合，注重发挥学科特色服务国家战略，主要研究领域包括宏观经济、发展战略、政策评估、科技创新、数字经济、能源安全与绿色低碳、模型方法等方面。

数技经所能源团队建立和维护中国能源模型系统（CEMS），主要用于能源发展和双碳技术经济路径规划。与中国石油集团经济技术研究院、中国石油大学（北京）等国内外智库机构联合建设全球能源转型智库合作平台，与联合国、世界银行、国际能源署、国际能源宪章等国际组织和国外智库保持多方面的学术合作与交流，参与过国家多项有关政策、规划的起草工作，并承担了多项地方政府与企业能源和低碳发展规划的制订。

自 2012 年起，数技经所联合多家国际智库共同发起“全球能源安全智库论坛”，每年举办一次，至今已成功举办 12 届。该论坛宗旨为推动全球智库在能源安全方面的研究与学术交流，传播可持续发展的理念，促进全球能源安全合作与政策协调。

自 2017 年起，数技经所每年举办“一带一路”低碳能源国际研修班，为来自相关国家的学员提供政策与项目培训，推动“一带一路”倡议框架下的投资与经贸交流。

北京大学能源研究院

北京大学能源研究院（以下简称北大能源研究院）是北京大学下属的独立科研实体。北大能源研究院以国家能源发展战略需求为导向，立足能源领域全局及国际前沿，利用北京大学学科门类齐全的优势，聚焦制约我国能源行业发展的重大战略和科技问题，按照“需求导向、学科引领、软硬结合、交叉创新、突出重点、形成特色”的宗旨，推动能源科技发展，促进传统能源向清洁能源转型，开展专业级教育，致力于打造具有国际水平的能源智库和能源科技研发推广平台。

北大能源研究院主要研究方向包括能源战略与政策、智慧能源、页岩油气、地热、新能源及能源国际合作等领域，初步形成了“软硬结合”的学科特色。目前北大能源研究院已经开展了碳中和与能源转型路径、油气清洁勘探开发技术、智慧油田、天然气市场化改革政策、全球能源治理等领域的研究，逐步搭建了由院士、教授、研究员、兼职教授、特聘研究员及博士后、博士等中青年学者组成的能源研发平台。

睿咨得能源（Rystad Energy）

睿咨得能源（Rystad Energy）是一家专注于能源行业的商业咨询公司，为全球能源行业的客户提供数据、分析、咨询和教育服务。其产品与解决方案涵盖石油天然气、可再生能源、清洁技术、供应链及电力市场等全球能源基本面各领域。

目前，睿咨得能源在全球超过 30 个城市，部署了近 800 位分析师和商务支持人员，为5000 家能源企业提供及时、当地、一手的行业趋势研究及数据内容。此外，睿咨得能源有遍布全球的专业咨询团队，就企业战略、资产交易、项目估值、市场分析等内容为客户提供快速、灵活的咨询服务。

公司自2019 年分别在北京、上海设立实体子公司，业务快速拓展，中国客户已涵盖“三桶油”系统内二级公司及研究机构、其他石油企业、油田服务公司、国家能源管理机构、油气产业链下游客户及大量能源领域金融机构。睿咨得能源做为国际天然气联盟（IGU）年度全球天然气及液化天然气报告的官方数据与分析提供商，品牌在国际能源机构中认可度持续提升。

在中国加强能源国际合作的趋势下，作为挪威企业，睿咨得能源凭借独特行业视角，为中国能源企业参与国际竞争与合作提供信息及智力支持，助力实现合作双赢。

目录

CONTENTS

宏观篇

石油篇

天然气篇

新能源篇

融合发展篇

宏 | 观 | 篇

世界经济与能源形势回顾与展望

刘 强①

摘 要 本文对2024年世界经济与能源市场走势进行了回顾和总结，并在此基础上分析了2025年的可能前景。笔者认为，地缘政治和全球经济增长不确定性有可能带来世界经济和供应链的重大调整，甚至有引起中等衰退的风险。需求减弱有可能导致国际能源价格出现较大幅度的下跌，可再生能源相对成本优势减弱。这种可能性对能源转型将有负面的影响。尽管如此，笔者仍预测世界能源需求会保持适度的增长，能源转型和电力化的趋势仍将保持。中国需要兼顾能源安全、经济发展和“双碳”目标，制定灵活且具有前瞻性的应对策略。

关键词 世界经济 能源市场 石油价格 天然气价格 能源转型 能源安全

① 刘强，中国社会科学院数量经济与技术经济研究所能源安全与新能源研究室主任，研究员、博士生导师。

世界经济政治形势依然错综复杂，不确定性增加，世界能源市场和能源转型不可避免地受到影响。尽管如此，绿色能源成本在技术进步和规模经济的推动下将继续向前发展，能源转型已成为世界趋势。

一、世界经济回顾与前景展望

（一）2024年世界经济回顾

2024年的世界经济总体呈现出温和复苏的态势，但增长动力不足，区域间分化明显。从全球视角来看，2024年经济增长保持在3.2%，与2023年相当。发达经济体的增长略有提速，例如美国经济表现强劲，而欧洲部分国家（如德国、法国）增长较为疲弱。新兴市场和发展中经济体中，中国经济增长5%，在全球经济中扮演了重要角色，贡献了约30%的增长份额。印度增长达到6.2%，中东、非洲等地受冲突等问题影响增长放缓。

全球通货膨胀在2024年有所缓解，全球通胀率从2023年的6.8%降至5.9%左右，发达经济体的通胀回落更快，但核心通胀下降缓慢，服务业通胀持续存在，使得货币政策正常化进程复杂化。许多国家逐步进入降息通道，为经济注入一定活力，但高债务水平和保护主义抬头仍构成风险。

中国。据国家统计局于2025年2月底发布的《2024年国民经济和社会发展统计公报》初步核算数据，全年国内生产总值（GDP）增长5.0%，其中第一产业增长3.5%，第二产业增长5.3%，第三产业增长5.0%。最终消费支出拉动国内生产总值增长2.2个百分点，资本形成总额拉动国内生产总值增长 1.3 个百分点，货物和服务净出口拉动国内生产总值增长 1.5 个百分点。分季度看，一季度国内生产总值同比增长 5.3%，二季度国内生产总值同比增长 4.7%，三季度国内生产总值同比增长 4.6%，四季度国内生产总值同比增长 5.4%。

中国经济在稳增长政策的支撑下保持平稳，房地产市场低迷有所缓解，出口和制造业表现良好。尽管面临消费疲软和外部需求波动的挑战，中国仍是对全球增长贡献最大的经济体之一。

美国。据 2025 年 3 月 28 日美国政府数据，2024 年全年美国（全球最大经济体）GDP 增长 2.8%，略低于 2023 年的 2.9%。四季度增长率为 2.4%，低于政府之前估计的 3.2% 和三季度的 3.4%。个人消费支出（PCE）价格指数以 2.4% 的年率上涨，高于三季度的 1.5%，高于美联储 2% 的目标。不包括食品和能源价格的核心价格通胀率为 2.6%（三季度为 2.2%）[①]。

欧盟和欧元区。据欧盟统计局数据，2024 年欧盟经济增长 1.0%，高于 2023 年的 0.4%；欧元区经济增长 0.9%，略高于 2023 年的 0.4%。四季度，欧盟经济增长 1.1%，欧元区 GDP 增长 0.9%。

日本。受自然灾害、日元贬值和全球贸易不确定性等不利因素不断增加的影响，日本经济 2024 年仅增长 0.1%，较 2023 年的 1.5% 大幅放缓，创下 2020 年以来最慢增速。2024 年四季度，日本 GDP 比 2023 年同期增长了 1.2%。日本仍是世界第四大经济体，仅次于德国。

英国。2024 年英国经济增长 1.1%，高于 2023 年的 0.4%，而人均实际 GDP 在 2024 年没有增长。

印度。近年来，印度是 G20 中增长最快的经济体，2024 年 GDP 增长 6.2%。尤其值得关注的是，2024 年印度出口增长 10.4%，进口增长

① 美国、欧盟和欧元区、日本、英国、印度、俄罗斯、巴西数据均来自 https://tradingeconomics.com。

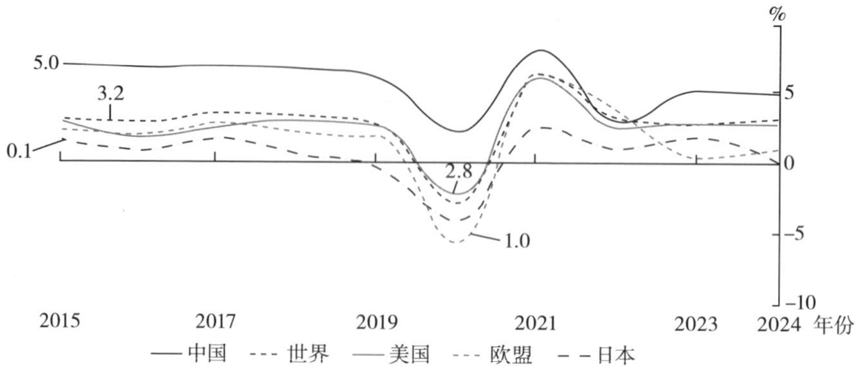

图 1　2015 年以来的世界经济增长

数据来源：https：//tradingeconomics. com

1. 1%，净出口对 GDP 增长有重大贡献。

俄罗斯。2024 年俄罗斯 GDP 增长 4. 1%，这得益于政府支出和军事投资的飙升。政府支出增长 4. 5%，较 2023 年的 3. 8% 稳步加快，固定资本形成总额增长 10. 2%，主要针对军事。与此同时，家庭支出增长 5. 5%，较 2023 年的 7. 5% 大幅放缓，因为更高的通胀迫使消费者面临超高利率，年底利率为 21%。与此同时，GDP 平减指数为 8. 9%，通货膨胀压力较大。

巴西。2024 年巴西经济增长 3. 4%，2023 年增长 3. 2%。这是自 2021 年以来最快的扩张速度。

（二）2025 年世界经济走势分析

1. 2025 年世界经济面临多重风险

2025 年世界经济最主要的风险来自三个方面：俄乌冲突等地缘政治风险带来的不确定性，美国特朗普政府的关税政策引发全球贸易形势的重大变化，各国货币政策的不确定性以及部分国家可能出现的汇率波动风险。

（1）地缘政治紧张局势加剧

全球格局日益分化，俄乌冲突、中东局势（如巴以冲突及其外溢效应），以及其他地区争端（如阿塞拜疆与亚美尼亚、巴基斯坦与阿富汗边境问题）可能进一步升级。这些冲突不仅扰乱供应链和能源市场，还可能导致贸易壁垒加剧，推高全球通胀压力。

俄乌冲突发展至今，美国已经非常清晰地表示要从无休止投入中尽量脱身，欧洲国家尽管有所变化，但是对乌克兰的支持仍然不足。我们也能看到，欧洲的三大支柱德国、法国、英国在政策上已经开始转向。尤其是德国修订了法律将在波罗的海国家驻军，德国、法国的军事工业已经开始大幅增加产能。如果欧洲进入准战时经济状态，战备经济需求将可能使欧洲摆脱经济低迷状态，并推动欧元的升值。

在中东地区，加沙局势逐步趋于稳定。随着美国展开对也门胡塞武装的打击，背后针对伊朗的意图已经非常明显。从这些年伊朗的地缘政治操作来看，它并无意自己直接下场与美国或以色列进行一场现代战争，但是不排除美国对伊朗进行一两次警告式的打击，而这一做法有可能导致地缘政治的紧张和国际油价的波动。

（2）特朗普关税政策给全球经济带来新的冲击

4 月 3 日，特朗普正式宣布全面关税政策，对几乎所有国家实施经过美国计算的对等关税，并启动了国家紧急状态。其中对中国增加 34% 的对等关税，对东南亚国家实施更高的关税（对越南为 46%）。除造成短期的全球金融市场波动之外，将对所有经济体和全球供应链产生巨大的冲击效应。目前，除中国外，绝大多数国家表示不进行对抗，并将逐步调整关税实现与美国的低关税甚至零关税。

美国是全球最大的消费市场和进口目的地，美国的关税政策无疑将对各国经济产生不小的影响，尤其是以净出口为特征和经济增长动力的国家，如德国、日本、韩国、中国和东南亚国家。如果采取报复性措施，那么无疑将推高全球供应链的成本和消费价格指数。这种前景将会给 2025 年的世界经济增长带来负面的影响。当然，国家之间的博弈将会降低贸易摩擦带来的负面影响，最终达成一个温和的贸易和关税协议。

在关税战前景下，无论美国是否能逼迫各国降低对美进口商品的关税，美国经济都将面临两个情景：美国生产的提升和价格水平的提高。这给美国的货币政策制造了两难困境——推动美国生产需要降息，抑制价格上涨需要加息，而美国债务的累积导致美国政府需要降低国债收益率来减少国债利息的支出。这种两难使得美国货币政策的难度加大，并会迫使美国更有压力和动力去降低国际油价，这也促使美国不会放任美元的贬值（因为美元贬值将会推动油价上涨）。最近国际油价的走低就是这一动因的体现。

2. 2025 年世界经济走势预判

综合来看，2025 年世界经济面临的是一系列相互交织的风险，地缘政治和经济政策的不确定性尤为突出。各国需通过合作应对这些挑战，但当前多边机制边缘化的趋势可能使问题更加复杂。中国的外部环境可能因上述因素面临更大压力，但通过科学研判和内部改革，仍有望在不确定性中保持韧性。

预计 2025 年全球经济增长速度为 3.2% 左右，与 2024 年持平或略高。预计由于油价低迷，2025 年通胀速度将继续降温。从各国对美国关税战的表态来看，全球供应链可能出现一定程度的转移，美国国内的生产会有一定的增长。随着全球金融市场的波动和下探，加息的压力将有所减缓。

二、世界能源市场 2024 年走势分析

（一）能源需求

2024 年的世界能源需求呈现出显著增长的趋势。根据国际能源署（IEA）等机构的最新数据，全球能源需求在 2024 年增长了约 2.2%，几乎是过去 10 年平均增长率（1.3%）的两倍。这一增长主要由电力需求的快

速上升驱动，尤其是工业生产、电动车（EV）以及数据中心和人工智能（AI）与空调（高温气候）的能耗增加。

全球能源需求增长中，新兴和发展中经济体贡献了超过80%的增量。尽管中国能源消费增长已放缓到4.3%（2023年为5.7%），但其绝对增量仍居全球首位。美国的需求增长位列第三，而欧盟自2017年以来首次出现需求增长（不包括疫情后的反弹）。

全球电力消费增长了约4.3%，增加近1100太瓦时（TWh），几乎是过去10年平均年增长率的两倍。驱动因素包括创纪录的高温（增加冷却需求）、工业用电、运输电气化以及数据中心的扩张。

主要经济体中，中国仍是最大能源消费国，尽管增长率放缓，但仍占全球需求的显著份额；印度能源需求增长约4.9%，反映其经济快速发展和人口增长；美国增长1.7%，主要受数据中心和工业复苏推动；欧盟需求温和回升，但仍未恢复到2021年的水平。

可再生能源：新增可再生能源装机容量约700吉瓦（GW），连续第22年创历史新高。低排放能源（可再生能源+核能）满足了2024年电力需求增长的80%，占全球发电量的40%，首次达到这一里程碑。

天然气：在化石燃料中，天然气需求增长最大，增加了1150亿（立方米）（bcm），同比增长2.7%，主要用于满足电力需求，尤其是冷却用电。

石油：需求增长放缓至0.8%，占总能源需求的比例首次低于30%（19世纪70年代曾高达46%），受电动车销量激增（增长超25%，占全球汽车销量的1/5）的抑制。

煤炭：需求增长1%，增速较2023年减半，中国和印度的酷热天气推动了90%的煤炭消费增量。

碳排放。能源相关的二氧化碳排放增长了0.8%，达到378亿吨，但增幅较2023年放缓。清洁能源的快速部署避免了每年26亿吨的额外排放，相当于全球排放的7%。

（二）能源供给

2024 年，全球能源供给在满足需求增长的同时，逐步向清洁化方向迈进。可再生能源的快速增长标志着能源转型的加速，但化石燃料仍是支柱，尤其是在发展中国家。

2024 年的世界能源供给呈现出多样化和转型的特征，受到需求增长、技术进步以及政策驱动的影响。以下是基于国际能源署等权威机构最新数据的概述，反映 2024 年全球能源供给的关键情况。

1. 总体供给情况

2024 年全球能源供给同比增长约 2.2%，与需求增长基本保持同步，总量达到约 6.2 万亿吨油当量（toe）。可再生能源和低排放能源（包括核能）的供给快速增加，而化石燃料的供给增长放缓，尤其是在石油领域。俄乌冲突后，能源贸易格局重塑，欧洲减少对俄罗斯的能源依赖，美国液化天然气（LNG）出口激增。2024 年世界能源供应链面临压力。天然气跨洋运输需求增加，出现运力瓶颈；关键矿产（如锂、钴）的短缺影响了清洁能源部署。同时，储能技术进步和电网扩容支持了可再生能源的稳定供给。

可再生能源。可再生能源供给显著增加，新增装机容量约 700GW，同比增长约 13%。太阳能光伏和风能是主要驱动力，分别占新增容量的 60% 和 25%。可再生能源占全球电力供给的 34% 左右，约占总能源供给的 15%，创历史新高。中国新增可再生能源装机占全球一半以上，欧盟和美国紧随其后。

天然气。天然气供给增加约 1150 亿立方米（bcm），同比增长 2.7%，达到约 4.1 万亿立方米。美国（LNG 出口激增）、卡塔尔和俄罗斯仍是主要供应商。天然气主要用于发电和工业，特别是在应对电力需求高峰时作为过渡燃料。

石油。原油供给增长约 0.8%，达到日均 1.02 亿桶（mb/d），增幅较

2023 年放缓。OPEC + 产量保持稳定（约占全球 45%），美国页岩油产量继续增长（日均 1300 万桶），巴西和圭亚那等新兴产油国贡献增量。

煤炭。煤炭供给增加约 1%，总量约 80 亿吨，增速较 2023 年减半。中国（占全球的 50% 以上）、印度和印度尼西亚是主要供应国。高温天气导致的电力需求增加是主要推手，但清洁能源的替代作用限制了煤炭扩张。

核能。核能供给小幅增长约 2%，占全球电力供给的 9% 左右。法国、日本等国核电站重启，中国新机组投产，但总体增长受限于老旧设施退役和高建设成本。

2. 区域供给特征

中国仍以煤炭占主导（约 55%），但可再生能源供给快速增长，天然气进口依赖度提高；美国的石油和天然气供给领先全球，可再生能源占比提升至电力供给的 25%；欧盟高度依赖天然气进口，来自俄罗斯的供应减少后转向挪威和美国，风能和太阳能供给显著增加；中东的石油和天然气供给稳定，沙特阿拉伯和阿拉伯联合酋长国保持高产；非洲供给能力仍然有限，但可再生能源潜力（如太阳能）开始开发。

（三）价格走势综述

1. 石油价格

2024 年的国际石油价格走势受到供需动态、地缘政治紧张局势以及全球经济表现的多重影响。以下基于国际能源署、美国能源信息署等权威机构的最新数据，总结 2024 年国际石油价格［以布伦特原油（Brent）和西得克萨斯中质油（WTI）为基准］的走势和关键驱动因素。

2024 年国际石油价格走势呈现“前高后低、窄幅波动”的特征。供应端非 OPEC + 增长与 OPEC + 减产博弈，需求端中国疲软与全球电气化趋势共同塑造了这一局面。

2024 年布伦特原油平均价格为每桶 81 美元，与 2023 年的 82 美元基本持平；WTI 平均价格约为 77 美元，较布伦特保持 4 ~ 5 美元的折扣。价格区间：全年布伦特价格在 70 ~ 93 美元波动，整体呈现先扬后抑的趋势，月度价格保持在 70 ~ 90 美元的窄幅区间内，反映了市场供需相对平衡但伴随短期波动的特征。

供应侧。全球供应达 102.9 万桶/日，与需求基本匹配，原油市场略显偏紧，成品油库存则有所累积。OPEC + 产量全年平均 3640 万桶/日，低于疫情前 5 年均值（4020 万桶/日），减产政策有效支撑价格但未能阻止非 OPEC + 增产（美国、巴西、圭亚那等贡献全年供应增长的 77 万桶/日）。需求侧。电动车普及和能效提升抑制了运输燃料需求，石化原料成为主要增长点。全球石油需求增长放缓至 94 万桶/日（2023 年为 200 万桶/日），中国仅贡献 20% 的增量（2023 年为 70%），印度等新兴亚洲国家接力增长。

地缘政治与宏观经济因素。中东冲突和红海危机未造成实质性供应中断，更多地影响市场情绪；美联储降息预期落空（仅年底一次降息），高利率抑制经济活动，拖累油价。

2. 天然气价格

2024 年的国际天然气价格走势受到供需关系、地缘政治、天气模式以及全球能源转型等多重因素的影响。以下基于国际能源署、美国能源信息署等权威机构的最新数据，总结 2024 年国际天然气价格的走势和关键驱动因素，主要以美国亨利港（Henry Hub）、欧洲荷兰 TTF 和亚洲 LNG 现货价格为基准。

2024 年国际天然气价格呈现“先跌后涨”的走势，上半年因库存高企和温和天气承压下跌，下半年因需求回升和供应紧张有所反弹，但全年波动幅度较 2022—2023 年的剧烈震荡有所缓和。

平均价格。亨利港（美国）：全年均价约 2.20 美元/MMBtu（百万英热单位），较 2023 年的 2.54 美元/MMBtu 下降约 13%，反映了美国产量高企和库存过剩；荷兰 TTF（欧洲）：均价约 35 欧元/兆瓦时（约 10.5 美元/

MMBtu)，较2023年下降约20%，但下半年价格回升至40欧元/兆瓦时以上；亚洲LNG现货：均价约12美元/MMBtu，较2023年的14美元/MMBtu下降，但冬季需求高峰时接近15美元/MMBtu。

国际天然气价格在第四季度出现显著上涨。亨利港升至3美元/MMBtu以上（12月均价约3.5美元/MMBtu），TTF突破40欧元/兆瓦时，亚洲LNG现货接近15美元/MMBtu。寒冷天气预报推高取暖需求（欧洲11月库存下降15%），美国LNG出口激增（Corpus Christi三期年底投产）。俄乌天然气过境协议于12月到期，欧洲转向美国和卡塔尔LNG，推高全球价格。12月，TTF一度接近45欧元/兆瓦时。

供应侧。全球LNG供应增长有限，全年增幅约2%，主要来自美国（新增产能5亿立方英尺/日）和西非（Tortue FLNG投产）。俄罗斯管道气对欧供应下降（2024年仅占欧洲进口的5%），挪威和阿尔及利亚供应填补部分缺口。需求侧。全球天然气需求增长2.5%，亚洲（中国、印度）工业和电力需求驱动约60%的增量，欧洲需求因能源替代和效率提升仅增长1%。美国国内消费因冬季温和可再生能源竞争而持平，LNG出口增长10%。

地缘政治与市场情绪。俄乌冲突持续影响欧洲市场，红海航线中断增加LNG运输成本。

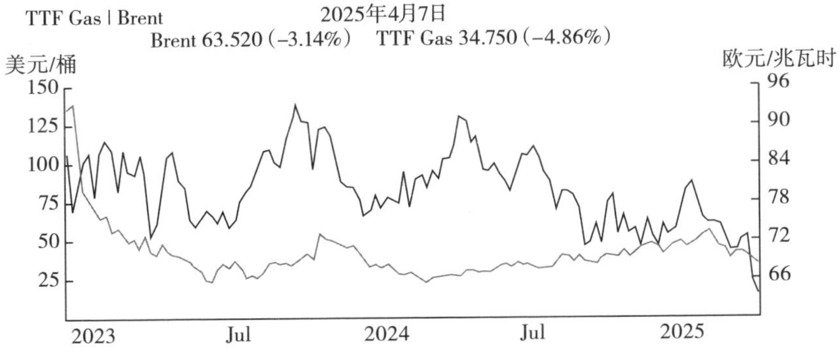

图2 2023年以来的Brent石油价格与荷兰TTF天然气价格

数据来源：https：//tradingeconomics. com

3. 煤炭价格

2024 年世界煤炭价格在上半年因需求旺盛和供应瓶颈维持高位，下半年受可再生能源替代、供应增加和中国需求趋平影响回落。全年均价虽较 2023 年有所下降，但仍高于历史平均水平，反映能源转型中的过渡特征。

2024 年世界煤炭价格走势受到供需变化、地缘政治以及能源转型的影响，总体呈现“先涨后跌、整体回落”的趋势。以下基于国际能源署、世界银行等机构的最新数据，分析 2024 年国际煤炭价格（以澳大利亚纽卡斯尔动力煤和南非理查兹湾煤为主要基准）的走势和关键驱动因素。

煤炭价格在 2024 年下降超 20%，但仍高于疫情前（2015—2019 年）平均水平（约 80 美元/吨），反映了能源市场逐步稳定但未完全回归低价常态。2024 年，澳大利亚纽卡斯尔动力煤（Newcastle FOB，6000 千卡/千克）均价约为 130 美元/吨，较 2023 年的 150 美元/吨下降约 13%。南非理查兹湾煤均价约为 100 美元/吨，较 2023 年下降约 15%。全年价格在 90 ~ 160 美元/吨之间波动，上半年受需求支撑价格较高，下半年因供应增加和需求放缓而回落。

2024 年，中国动力煤（以环渤海 5500 大卡动力煤指数为代表）全年均价约为 860 元/吨，较 2023 年的 920 元/吨下降约 6.5%。坑口煤价（如山西大同 5500 大卡）均价为 600 ~ 650 元/吨，同比下降约 10%。全年价格在 780 ~ 950 元/吨之间波动，上半年受季节性需求支撑较高，下半年因供应增加和需求放缓回落。价格重心逐步下移，波动幅度收窄，反映供过于求的格局趋于稳定。

供应侧。全球煤炭产量创历史新高，2024 年达 89 亿吨。中国产量增长放缓（上半年下降，因安全监管加严），印度和印度尼西亚分别增长 10%，美国产量下降 15%。国际贸易量达 15.5 亿吨新高，中国进口超 5 亿吨，越南超过中国台北成第五大进口国。需求侧。全球煤炭需求增长

1%，达 87.7 亿吨，电力部门占 2/3。中国需求趋平（受可再生能源替代），印度增长最快（电力和工业双驱动）。可再生能源渗透率提升（2024 年占全球电力的 34%）和天然气价格回落（欧洲 TTF 跌至 10 美元/MMBtu）削弱煤炭竞争力。

地缘政治与宏观经济。俄乌冲突后，欧洲从俄罗斯进口减少，转向南非和哥伦比亚，推高运输成本。中国解除对澳大利亚煤炭禁令，进口结构调整。全球经济增长放缓（中国经济刺激效果有限），加上美联储高利率政策，抑制工业用煤需求。

4. 关键金属（磷酸铁锂）

2024 年锂价格受供应过剩和需求疲软双重压制，全年均价大幅下跌，中国和国际市场均创多年新低。尽管第四季度受政策刺激和季节性因素影响略有回升，但整体低迷态势未改。

2024 年锂价格（以电池级碳酸锂为主要参考）经历了显著下跌，全年呈现“持续低迷、波动有限”的走势，受全球供应过剩和中国电动车需求放缓等因素影响。以下基于国际能源署、Fastmarkets 及相关市场数据的分析，总结 2024 年锂价格的走势和关键特征。

中国市场。2024 年碳酸锂（电池级，EXW 中国）全年均价约为 10.35 万元/吨（约合 14500 美元/吨），较 2023 年的 24 万元/吨下降约 57%。

国际市场：碳酸锂 CIF 亚洲（中国、日本、韩国）均价约为 12374 美元/吨，较 2023 年的 40579 美元/吨大幅下跌近 70%。

波动范围：中国市场价格在 8 万～12 万元/吨波动，国际市场价格为 10000～15000 美元/吨，全年低点出现在 11 月（约 8000 美元/吨）。价格从年初的相对高位持续下滑，下半年触底后略有回升，但整体保持低位运行，反映供过于求的严峻形势。

供应侧。全球锂供应增长约 40%，达 140 万吨碳酸锂当量，主要来自澳大利亚（硬岩矿）、智利（盐湖）和中国（锂辉石及锂云母）。中国国内产量超 60 万吨，进口依赖度下降（澳大利亚煤炭禁令解除后进口增加）。需求侧。全球锂需求增长约 15%，主要由电动车驱动（占消费超 50%），但增速低于预期。中国需求趋平，储能市场虽增长强劲（同比增长超 30%），但不足以抵消过剩。电动车电池技术转向磷酸铁锂（LFP），对碳酸锂需求相对稳定，但高镍电池（需氢氧化锂）需求放缓。

三、世界能源转型

2024 年是全球能源转型的重要一年，随着气候变化压力、技术进步和政策推动，世界能源体系在供需结构、投资方向和技术应用上发生了显著变化。以下基于国际能源署等机构的最新数据，总结 2024 年全球能源转型的关键特征和进展。

（一）世界能源结构转型

2024 年，全球能源转型迈出坚实步伐，可再生能源和电气化成为主导趋势，低排放能源在电力领域占据更大份额。然而，化石燃料的退出仍需时间，技术瓶颈和区域不平衡是未来关注的重点。

1. 可再生能源与碳减排

可再生能源发展。可再生能源新增装机容量达到约 700GW，同比增长 13%，太阳能光伏和风能分别占 60% 和 25%。可再生能源占全球电力供给的比例升至 34%，占总能源供给的 15%，均为历史新高。低排放能源（可再生能源 + 核能）满足了 2024 年电力需求增长的 80%，占全球发电量的 40%，首次达到这一里程碑。

化石燃料占比下降。石油需求增长放缓至 0.8%，占总能源需求的比例首次低于 30%（20 世纪 70 年代曾高达 46%）。煤炭需求增长 1%，增速较 2023 年减半，受清洁能源替代和经济结构调整影响。天然气需求增长 2.7%，但主要作为过渡燃料支持电力需求，未扭转其长期下降趋势。

排放。能源相关二氧化碳排放增长 0.8%，达到 378 亿吨，增幅较

2023 年放缓。清洁能源的快速部署避免了 26 亿吨额外排放，相当于全球排放的 7%。

2. 驱动因素分析

储能与电网升级。电池储能容量增长显著，全球新增约 50 GWh，支持可再生能源的间歇性问题。根据中国化学与物理电源行业协会储能应用分会不完全统计，2024 年，中国新型储能新增装机 42.46 GW/109.58 GWh，超全球新增装机的 60%，同比增长 99.17%（功率）/129.56%（容量）。截至 2024 年底，中国新型储能累计装机 74.66 GW/176.45 GWh，同比增长 131.86%（功率）/163.8%（容量），首次超过抽水蓄能[①]。

智能电网和跨区域输电项目（如欧洲电网互联）加速部署，提升清洁能源利用率。国际能源署预测，2023—2030 年，全球电网年均投资额将提升至 5000 亿美元，到 2030 年接近 8000 亿美元，复合年均成长率（CAGR）达到 12.6%。

电气化与效率提升。2024 年全球电动车销量增长超 25%，占汽车销量的 1/5，显著减少交通领域的石油依赖。能效技术（如热泵、LED 照明）推广，使能源强度（单位 GDP 能耗）下降约 2%。

新兴技术。全球绿氢产量增加约 30%，主要集中于中国、欧盟和美国，成本下降推动其商业化。碳捕集与封存（CCS）项目有所进展，但规模仍有限，年捕集量约 5000 万吨二氧化碳，仅占全球排放的 0.1%。

3. 政策与投资

政策推动。全球超过 140 个国家更新了《巴黎协定》下的国家自主贡献（NDC），强化减排目标。欧盟推出“Fit for 55”计划的进一步措施，美国通过《通胀削减法案》（IRA）追加清洁能源补贴，中国加速“双碳”目标实施（2030 年碳达峰，2060 年碳中和）。

---

① 新华报业网．中德储能合作全面开启！2025CIES 储能大会暨展览会在杭州召开，2025/03/26，https://www.xhby.net/content/s67e3b56ce4b01708361b456e.html。

投资规模。全球清洁能源投资超过 2 万亿美元，同比增长 10%，其中太阳能、风能和储能占主导。化石燃料投资占比降至总能源投资的 40% 以下，首次被清洁能源超越。

4. 区域能源转型

中国。可再生能源装机容量占全球一半，风光发电量首次超过煤炭发电量。煤炭依赖仍高（约 55%），但新增煤电项目大幅减少。

欧盟。可再生能源占电力供给的 50% 以上，风能和太阳能增长强劲。天然气进口多元化，俄罗斯能源占比降至历史低点。

美国。清洁能源占电力供给的 25%，核能和水电稳定，天然气逐步被替代。电动车和储能技术相对领先。

印度。可再生能源装机增长 15%，但煤炭仍占电力供应的 65%，能源转型面临需求增长压力。

非洲。太阳能和小型电网项目快速推广，解决能源贫困的同时推动清洁化。

（二）特朗普政策对全球能源转型的影响

特朗普对美国能源转型的影响是一个复杂且备受关注的话题，尤其是在他 2025 年 1 月第二次就任美国总统后，其政策方向对能源行业和气候目标产生了深远影响。以下分析美国能源政策的变化及其对全球能源转型的影响。

1. 政策方向：重振化石燃料，弱化清洁能源

特朗普在 2025 年 1 月 20 日签署的行政命令中宣布“国家能源紧急状态”，旨在通过简化许可流程、扩大油气开采和支持煤炭发电来提升传统能源产量。这一政策是对拜登政府能源转型战略的逆转，拜登时期通过 IRA 和基础设施法案大力推动可再生能源和电气化。

化石燃料优先：特朗普提倡“钻探，宝贝，钻探”（Drill，Baby，Drill），计划取消拜登对 LNG 出口许可的暂停，并在联邦土地上扩大油气租赁。他还承诺恢复战略石油储备（SPR），并推动煤炭复兴，称其为“美丽、清洁的能源”。

削弱清洁能源支持：特朗普明确反对海上风电，承诺“第一天”终止其发展，并试图暂停 IRA 中未动用的清洁能源资金。他还计划取消电动车的 7500 美元税收抵免，削弱电气化进程。

退出巴黎协定：特朗普在第一任期（2017—2021 年）退出《巴黎协定》，第二任期初再次宣布退出，削弱美国在全球气候合作中的领导地位。这可能影响国际减排努力，尤其是在发展中国家气候融资方面。

2. 美国政策对世界能源转型的影响

特朗普第二任期（始于 2025 年 1 月 20 日）对全球能源转型的影响是一个备受关注的话题，其政策方向预计将通过优先发展化石燃料、削弱清洁能源支持以及退出国际气候合作，对全球能源格局产生深远而复杂的效应。

短期放缓：特朗普的政策预计将减缓美国清洁能源部署速度。2024 年，美国新增可再生能源装机容量约占全球的 20%，电动车销量占新车的 20% 以上。若取消 IRA 补贴和电动车税收抵免，电动车普及和风光项目可能短期受挫，海上风电甚至可能陷入停滞。

市场韧性：尽管联邦支持减少，清洁能源的长期发展可能不会完全停滞。红州（如得克萨斯州）仍是风能和太阳能领导者，2024 年其装机容量占全美前列，企业（如亚马逊、谷歌）出于成本和 ESG 目标继续投资可再生能源。

排放反弹：2024 年，美国能源相关二氧化碳排放增幅仅 0.8%。特朗普推动化石燃料可能逆转这一趋势，但清洁能源的市场惯性和州级政策预计将限制排放大幅上升。

3. 对全球能源转型的间接影响

退出《巴黎协定》将削弱美国在全球气候合作中的领导地位。这可能降低国际减排压力，尤其对依赖美国资金的发展中国家（如气候融资每年约 12 亿美元）造成冲击。

中国与欧盟的崛起：美国联邦政策倒退可能提高中国和欧盟在清洁能源领域的领导地位。2024 年，中国新增风光装机占全球的 50% 以上，欧盟可再生能源占电力供应超 50% 。特朗普的孤立主义可能让中国主导绿氢、电池等新兴技术市场。

化石燃料市场波动：美国增产油气（如 LNG 出口恢复许可）可能短期压低全球能源价格，延缓部分国家向可再生能源过渡。然而，全球趋势已向低碳倾斜，国际能源署预计，到 2030 年化石燃料需求将达峰，特朗普政策难以扭转这一长期方向。

特朗普第二任期将通过重振化石燃料和削弱联邦清洁能源支持，短期内减缓美国乃至全球能源转型步伐，尤其在国际合作和技术创新领域造成负面影响。然而，全球能源向低碳方向发展的长期趋势已具惯性，中国、欧盟的市场领导以及美国州级和私营部门的韧性将限制其破坏力。

（三）地域冲突与欧洲的能源转型

地域冲突（自 2022 年 2 月俄罗斯全面入侵乌克兰开始）对欧洲能源格局产生了深远而复杂的影响，涉及供应中断、价格波动、能源安全以及能源转型的加速。

地域冲突对欧洲能源的影响是多层次的：短期内引发供应危机和价格剧震，中期促使能源安全优先于气候目标，长期则加速了能源转型和去俄罗斯化进程。2024 年，欧洲能源市场已显著多元化，可再生能源占比提升，但高成本和基础设施瓶颈仍挑战着转型速度。战争不仅重塑了欧洲的能源版图，也给全球能源市场带来了持久的结构性变化。

1. 能源供应中断与替代

俄罗斯能源依赖减少：俄乌冲突前，俄罗斯是欧洲最大的能源供应商，2021 年其天然气占欧盟进口的 44% ，石油占 28% 。俄乌冲突后，欧盟迅速减少对俄依赖，通过制裁和自愿减购，到 2024 年，俄罗斯天然气占欧盟进口的比例降至约14%，石油进口大幅削减至接近零（海运石油禁令于2022年底生效，德国和波兰承诺停止管道油进口）。

替代来源：欧洲转向美国、挪威、卡塔尔和阿尔及利亚等国进口LNG。2024年，美国LNG出口占欧洲进口的近50%，挪威管道气供应增加至欧盟天然气需求的40%。此外，乌克兰战争后期，阿塞拜疆天然气通过乌克兰的管道网络成为潜在替代选项，进一步削弱俄罗斯的能源影响力。

基础设施调整：德国等国加速建设LNG接收终端（如2022年底首个终端投入使用），意大利和法国与北非国家签订长期供气协议，欧洲天然气市场逐步全球化。

2. 能源价格波动

价格飙升与回落：战争初期（2022年），欧洲天然气价格（TTF基准）暴涨至300欧元/兆瓦时以上，电力批发价格同期上涨237%。2024年，价格回落至35~40欧元/兆瓦时（10.5~12美元/MMBtu），但仍高于疫情前水平（约20欧元/兆瓦时）。煤炭和石油价格也经历了类似波动，2024年布伦特原油均价约81美元/桶，动力煤均价约130美元/吨，均较2023年下降。

原因分析：初期价格飙升源于对俄罗斯供应的恐慌和全球能源市场紧张，后期回落得益于温和天气、高库存（2023年初欧洲储气超目标水平）和替代供应的到位。然而，俄乌天然气过境协议于2024年12月到期，导致年底价格短暂回升。

3. 能源安全与政策调整

能源安全优先：冲突暴露了欧洲对单一供应商的脆弱性，促使各国将能源安全置于首位。欧盟推出《REPowerEU计划》（2022年5月），提出到2027年彻底摆脱对俄罗斯化石燃料的依赖，同时将2030年可再生能源占比目标提升至45%。

短期应对：各国采取多元化供应、减少需求（目标为2022年电力需求削减 10%）和释放战略储备等措施。德国延长核电站运行至 2023 年 4 月，意大利加速风能部署，英国提升北海油气开采。

长期影响：冲突打破了 50 年来欧洲与俄罗斯的能源互信，迫使欧盟重新配置能源贸易格局，增强了对非俄罗斯供应商的长期承诺。

4. 能源转型的加速与挑战

可再生能源增长：战争推动了清洁能源投资，2024 年欧盟可再生能源占电力供应的 50% 以上，新增风光装机容量占全球的 20%。IEA 预计 2022—2027 年欧盟可再生电力产能将翻倍。

化石燃料过渡性回归：短期内，部分国家（如德国）重启煤电以填补天然气缺口，2022—2023 年煤炭消费短暂增加。2024 年，煤炭需求增长放缓至 1%，可再生能源和天然气替代效应显现。

经济与社会成本：高能源价格导致通胀加剧（2022 年欧元区能源通胀超 40%），企业和家庭面临压力，迫使政府补贴能源账单（如德国电力价格刹车机制），短期内减缓了向绿色技术的全面转型。

5. 区域差异

德国：作为俄罗斯前天然气最大买家（战前占其需求的 55%），德国经济受冲击最大，2024 年 GDP 增长接近零，工业面临高成本压力，但 LNG 终端建设和可再生能源投资使其逐步摆脱危机。

东欧国家：波兰、匈牙利等国因历史管道依赖受影响较深，波兰加速煤炭退出并转向美国 LNG，匈牙利则维持部分俄罗斯供应。

南欧：意大利和西班牙因地理位置，较少依赖俄罗斯管道气，能源价格波动相对可控，转型更倚重北非和可再生能源。

6. 最新进展（截至 2025 年 3 月）

俄乌管道中断：2024 年 12 月，俄乌天然气过境协议到期，乌克兰切断俄罗斯对欧洲的最后一条主要输气管道（如库尔斯克—苏贾系统）。这标志着欧洲彻底摆脱了对俄罗斯管道气的依赖，但也推高了短期 LNG 价格。

乌克兰角色转变：乌克兰宣布利用其广泛的天然气运输网络，从阿塞拜疆等国向欧洲输送天然气，试图取代俄罗斯的角色，增强其地缘经济地位。

四、2025 年世界能源市场展望

2025 年，世界能源市场将面临来自地缘政治和全球经济增长不确定性的挑战。乌克兰战场停火可能性日益降低，甚至可能出现战场的重大变化。美国全面对等关税政策有可能带来世界经济和供应链的重大调整，甚至有引起全球经济中等衰退的风险。需求减弱有可能导致国际能源价格出现较大幅度的下跌，可再生能源相对成本优势减弱。这种可能性对能源转型将有负面的影响。尽管如此，本文仍预测世界能源需求会保持适度的增长，能源转型和电力化的趋势仍将持续。

（一）市场趋势

1. 能源需求持续增长

2024 年全球能源需求增长 2.2%，高于过去 10 年平均水平（1.3%）。2025 年预计需求将继续增长，增速可能为 1.5% ~2%，受到电力需求快速上升的推动。

电力需求的激增（预计年均增长约 4%）将主导能源消费，受到电动车、冷却设备、数据中心和 AI 用电增加的驱动。国际能源署预测，到 2035 年，电力需求增长将比总能源需求快 6 倍。

新兴和发展中经济体将贡献大部分增量，中国虽增速放缓（2024 年不到 3%），但仍将是最大单一市场。美国和欧盟需求预计温和增长。

2. 能源结构与转型

可再生能源主导：2024 年可再生能源新增装机容量达 700GW，占电力增长的 80%。2025 年，这一趋势将延续，风能和太阳能预计占全球电力供应的 35% ~40%，逐步超过煤炭。

化石燃料峰值：煤炭、石油和天然气需求预计在2030年前达到峰值。2025年，煤炭需求可能在2024年增长1%的基础上趋平，石油需求增速预计低于1%，天然气因电力需求支撑仍增长约2%。

3. 能源价格与市场动态

石油：2024年布伦特原油均价81美元/桶，受经济减速和主要经济体货币政策影响，预计2025年可能在55～70美元/桶区间波动。

天然气：2024年欧洲TTF均价约10.5美元/MMBtu，美国亨利港2.2美元/MMBtu。国际能源署预计，2025年，欧洲价格可能升至12～14美元/MMBtu，因俄乌管道中断后LNG需求增加；美国价格或升至3～4美元/MMBtu。

煤炭：2024年纽卡斯尔动力煤均价130美元/吨，国际能源署预计，2025年为110～130美元/吨，因中国需求趋平及可再生能源替代。

锂：2024年中国碳酸锂均价10.35万元/吨，2025年可能为9万～11万元/吨，因供应过剩持续但电动车需求提供支撑。

4. 技术与投资

国际能源署预计，2025年电池储能容量预计增长20%～30%；电网投资将加速，尤其在欧盟和中国。2025年绿氢可能达300万吨，中国处于领跑地位。

（二）地缘政治与能源安全

俄乌战争影响：2024年12月俄乌天然气过境协议到期，欧洲彻底失去俄罗斯管道气，2025年LNG进口预计占主导（如美国占欧洲进口的50%）。这将推高短期价格并加速去俄气化。

美国政策：特朗普第二任期（始于2025年1月20日）推动化石燃料生产，退出《巴黎协定》，可能减缓全球清洁能源合作，但市场力量和美国各州政策分化将部分抵消影响。

中东风险：通过霍尔木兹海峡的油气（占全球的20%）面临潜在中断

风险，2025 年地缘政治紧张可能引发价格波动。

五、对策建议

2025 年的世界能源市场将呈现供需复杂、地缘政治动荡与能源转型并存的特征。中国作为全球最大能源消费国和生产国，需根据能源安全、经济发展和“双碳”目标，制定灵活且具有前瞻性的应对策略。以下是基于当前趋势的对策建议。

（一）稳定国内资源保障，提高抗冲击能力

1. 提升国内油气供应能力

石油和天然气在国民经济中具有基石作用，我国石油和天然气对外依存度长期较高，考虑石油和天然气供应安全问题，未来需提高石油和天然气的供应能力。一方面稳定国内石油产能和产量，另一方面通过积极发展煤层气、油层气和页岩气等非常规天然气提升天然气供应能力。

2. 加强 LNG 国内外资源保障和供应链建设

LNG 的运输更加灵活，是对管道天然气的重要补充。应增强 LNG 国内供应能力，同时加强 LNG 国内外资源保障和供应链建设，提升 LNG 接收和消纳能力。优化国内沿海、沿江 LNG 接收站建设，畅通 LNG 供应链，积极拓宽 LNG 进口渠道。与此同时，要加强与中亚、俄罗斯管道天然气合作，积极建设管道天然气通道，持续优化天然气供应网络，全方位保障天然气供应安全。鉴于俄罗斯和蒙古国政策风险，建议延缓途经蒙古国的西伯利亚二号天然气管线建设，待局势明朗后再作决策。

3. 发展甲醇燃料产业体系

能源品种的多样化是提高能源供应韧性的渠道之一。无论是从使用场景还是生产工艺来说，甲醇都是一个较优的选择。从应用来看，甲醇作为能源的应用潜力较大，既可以直接燃烧提供热力和动力，也可以发展甲醇燃料电池。从生产来看，甲醇既可由国内较多资源的褐煤资源和煤层气等

制备，也可通过可再生能源制氢路线制备，可以更充分地利用国内资源和可再生能源，从而降低对进口油气的依存度。

（二）发展非化石能源，实现可再生能源替代

1. 大幅提高风光电力消纳和稳定性管理水平

随着风光电力装机规模迅速扩大，其波动性、间歇性给电网运行带来挑战，电网对风光消纳能力不足对电力低碳转型形成一定制约。为提高电网的风光消纳能力，需加强电网配套建设，提升外送通道能力，并推进特高压线路建设。同时，优化调度策略，挖掘系统调峰潜力，促进风光与水电、火电的联合调度。此外，还应加强储能等灵活调节资源的应用，提高电力系统的整体稳定性管理水平。

2. 加强应急电力体系建设，发展分布式电力系统

应急电力体系和分布式电力系统是提高电力供应安全性的有效渠道。应急电力体系主要用于在电网受到突发事件冲击时急速响应，确保快速恢复供电，对提高供电稳定性至关重要。虽然大电网具有统筹布局的优势，但分布式电力系统如太阳能、风能等能够分散风险，提高局部供电可靠性，是对大电网的重要补充。为保障电力供应安全，有必要加强应急电力体系建设，积极发展分布式电力系统。

3. 发展低成本天然气发电，助力电力低碳转型

天然气发电具有启停灵活、负荷调节速率高、调节范围广的特点，而其碳排放水平仅为同样发电量下煤电的一半，具有一定的低碳属性，能够缓解能源转型中的诸多矛盾。随着天然气增储上产和技术进步，我国天然气产量近年来持续增长，非常规天然气开采呈现巨大潜力，加之国际天然气价格趋于稳定，为发展天然气发电创造了条件。天然气发电与水、风、光等低碳电力相互配合，能够提高电网灵活性和对风光电力的消纳比例，更好地保障能源转型中的电力供应安全。

4. 加快建设新型能源体系，加强韧性建设

加快建设新型能源体系要求提高化石能源比例，提升能源供应韧性和安全水平，完善能源产业体系现代化，增强能源高质量发展动能和活力。其中，提升能源系统韧性是跨越能源转型期、动荡变革期，实现能源安全的必然要求。建议从四个方面提升系统韧性。一是提升能源品种的多元化水平；二是积极展开国际合作，提高能源供应渠道的多元化水平；三是在转型过程中为系统安全性保持一定的冗余度；四是集中式与分布式相结合，同时提高系统智能化水平。

5. 建设适应新型能源体系要求的电力交易体系

建设新型能源体系将提高可再生能源的比例，这对电力市场提出了更高的要求。适应新型能源体系要求的电力交易体系具备统一的交易规则、便捷的跨省跨区交易、促进新能源电力交易和消纳等特征。电力交易体系的完善有利于电力资源在更大范围内共享互济和优化配置，提升电力系统稳定性和灵活调节能力，提高可再生能源电力的消纳比例，在保障电力供应安全的前提下逐步实现电力系统的低碳转型。

（三）保障技术和供应链安全

1. 发展绿色能源技术引领我国产业技术再次升级

持续强化核心技术突破，推进化石能源发电减排技术（如煤电灵活转型优化）、新能源技术进步（如核心材料研发）及提升可再生能源高效利用（包括气象大数据分析预测、智能电网调控）等领域。增进互利国际合作，推动产业技术革新。利用市场规模优势，开创新能源应用新模式，有效提升国际竞争力；增强配套政策支持，激励创新财政、金融等扶持措施。

2. 发展电动汽车和氢能汽车产业，减少石油燃料需求

我国石油储量较为可观，但与我国的石油消费量相比，产量远远不够，减少石油燃料的需求将能够缓解我国石油供应压力。交通运输是石油

燃料消费的重要组成部分，电动汽车和氢能汽车是对燃油汽车的绿色替代，将能够减少石油燃料需求。继续推动电动汽车和氢能汽车产业发展，提高我国电动汽车和氢能汽车技术，不仅有助于我国交通运输行业的绿色转型，也是全球能源转型背景下我国经济的新的增长点。

人工智能在能源系统的渗透[①]

胡安俊[②]

摘　要　作为新一轮科技革命的代表性技术，人工智能在能源系统的渗透有利于提升能源系统的效率、发展新质生产力，有利于保障能源系统安全、促进绿色可持续发展。人工智能尽管在能源系统已经取得越来越广泛的应用，但是当前其仍处于生命周期的创新阶段，人工智能在能源系统的渗透程度受到供给和需求两方面的约束，主要表现在算法、算力、数据、市场、资金、布局、资源、安全等八大要素方面。基于在这八个方面的挑战，提出相应的对策建议。

关键词　人工智能　八维模型　能源系统　渗透

① 本文获得中国社会科学院智库基础研究项目“十五五时期人工智能增强自主创新能力的路径与对策研究”（ZKJC241004）的资助。

② 胡安俊，中国社会科学院数量经济与技术经济研究所、中国社会科学院经济大数据与政策评估实验室研究员。

2024年12月中央经济工作会议强调，开展“人工智能+”行动。作为中国经济社会的基础，能源系统开展“人工智能+”行动不仅有利于提升能源系统的效率、发展新质生产力，而且有利于保障能源系统安全、促进绿色可持续发展。

一、人工智能的发展历程、突出特性与八维模型

（一）人工智能的发展脉络

1956年，在达特茅斯学院组织的“达特茅斯人工智能夏季研究项目”中，人工智能一词被提出。这次会议建立了人工智能学科，也被誉为“人工智能的起点”。本质上，人工智能是一套指令，其可以编程的任务决定了其智能化的程度。围绕智能化的根本问题，人工智能经历了符号主义、连接主义和行为主义三大流派的演变，这三大流派的更替与融合也与人工智能发展的三次高潮相交叠。

达特茅斯会议之后，人工智能迎来了它的第一次高潮。这一时期，符号主义是人工智能发展的主流，构建智能系统的整体问题被简化为对机器人应该做什么的逻辑描述[1]。在第一次浪潮中，与符号主义人工智能并行发展但更为曲折的是连接主义人工智能。与符号主义不同，连接主义模拟人类大脑的神经元网络，认为感知并不储存于记忆之中，而是通过神经网络中“刺激—响应”的连接通道产生[2-3]。作为人工神经网络雏形的感知机只能在较高计算能力的支持下解决线性可分离函数，1973年莱特希尔报告对整个人工智能领域发展的评估彻底否定了人工智能，直接促使英国政

府与商业机构资助的锐减，人工智能迎来了第一次寒冬[4]。

专家系统的商用和连接主义的创新推动人工智能研究迎来了第二次高潮。在第一次浪潮中得到发展的专家系统，成为第二次浪潮的主角。在基于神经网络的专家系统中，知识由学习算法自动获取并产生了其隐式规则。此外，在连接主义人工智能的研究中，基于统计模型的技术在语音识别和机器翻译等方面取得突破，人工神经网络在模式识别等领域取得进展。总体而言，这一短暂的高潮主要缘于商业机构的追捧，但无论是专家系统，还是人工神经网络，在实用方面都远未能满足人们对智能水平的心理预期。由此，20 世纪 80 年代末，人工智能在投资热情消退与泡沫经济破碎中进入第二次寒冬。

近年来，人工智能在大数据与深度学习推动下、在商业应用效率的提升中开启了第三次高潮。尤其是2022 年 ChatGPT 发布后，人工智能进入了快速发展的新阶段。在可预见的将来，大数据、算法改进与深度学习仍是人工智能发展的主要推动力，智能机器的通用性、识别能力与商业化程度将得到进一步提升，人机协同也会更加频繁、更加深刻地嵌入日常工作生活之中。

（二）人工智能在中国的发展

人工智能在中国的研究与应用晚于欧美经济体。改革开放以前，人工智能在中国一直没有得到深入的科学研究。20 世纪 80 年代初期，中国的人工智能研究在派遣留学生、成立中国人工智能学会（1981 年）、开始相关项目中艰难起步。直到 20 世纪 80 年代中期以后，中国人工智能研究才进入快速发展道路[5]。党的十八大以来，习近平总书记高度重视人工智能[6-7]，在系列重要讲话的指引下，相关部门制定了许多战略规划和政策文件（见表 1），人工智能的相关研究和应用得到迅猛发展，并呈现出明显的中国特色。概括而言，人工智能在中国的发展具有以下特点：在总体规模上，中国人工智能产业规模位居全球前列并呈现出明显的行业集中现象。在空间布局上，中国人工智能研发与应用企业高度集中于长三角、京津冀、粤港澳大湾区等三大城市群。在创新能力上，中国发展人工智能拥有较好的持续创新基础，创新能力位列世界前茅。在技术治理上，中国政府对人工智能技术的发展予以科学规划与大力支持，同时持续关注与人工智能技术相关的伦理、法治等重点问题。

表 1　中国出台的与人工智能相关的代表性政策文件

年份	代表性政策文件
2017	新一代人工智能发展规划
2017	党的十九大报告对数字经济、人工智能的部署
2019	科技部关于支持上海建设国家新一代人工智能创新发展试验区的函
2019	科技部关于支持杭州建设国家新一代人工智能创新发展试验区的函
2019	科技部关于支持合肥建设国家新一代人工智能创新发展试验区的函
2019	科技部关于支持深圳建设国家新一代人工智能创新发展试验区的函
2019	科技部关于支持天津建设国家新一代人工智能创新发展试验区的函
2019	科技部关于支持北京建设国家新一代人工智能创新发展试验区的函
2019	科技部关于支持德清县建设国家新一代人工智能创新发展试验区的函
2019	科技部关于印发《国家新一代人工智能开放创新平台建设工作指引》的通知
2019	科技部关于印发《国家新一代人工智能创新发展试验区建设工作指引》的通知
2019	国家林业和草原局关于促进林业和草原人工智能发展的指导意见
2020	关于“双一流”建设高校促进学科融合　加快人工智能领域研究生培养的若干意见
2020	国家新一代人工智能标准体系建设指南
2021	“十四五”数字经济发展规划
2021	关于加强互联网信息服务算法综合治理的指导意见
2021	工业互联网创新发展行动计划（2021—2023 年）
2021	“5G + 工业互联网”典型应用场景和重点行业实践
2021	科技部关于支持长沙市建设国家新一代人工智能创新发展试验区的函
2021	科技部关于支持苏州市建设国家新一代人工智能创新发展试验区的函
2022	关于加快场景创新以人工智能高水平应用促进经济高质量发展的指导意见
2022	党的二十大报告对数字经济、人工智能的部署
2023	全球人工智能治理倡议

续表

年份	代表性政策文件
2023	生成式人工智能服务管理暂行办法
2023	人形机器人创新发展指导意见
2023	关于促进数据安全产业发展的指导意见
2024	党的二十届三中全会对人工智能的部署
2024	国家人工智能产业综合标准化体系建设指南（2024 版）
2024	中小企业数字化赋能专项行动方案（2025—2027 年）

资料来源：国务院政策文件库，www. gov. cn/zhengce/zhengcewenjianku/index. htm。

（三）人工智能的突出特性

作为新一轮科技革命的代表性技术，人工智能具有指数增长、持续创新和广泛渗透的突出特性，这是赋能能源系统的基础。第一，指数增长性。算力、算据、算法是人工智能发展的三大支柱，云计算体系、智能传感器、智能算法等的迅速发展及其相互促进推动人工智能指数级增长。第二，持续创新性。人工智能领域持续不断地有新技术成熟并进入商业化阶段，引发应用领域的创新，从而对能源系统的业务流程、组织方式、生产方式、商业模式、产业生态、产品形态等产生颠覆性变革。第三，广泛渗透性。作为一种通用目的技术，人工智能正越来越广泛地应用于能源系统的各个领域。

人工智能的指数增长性、持续创新性和广泛渗透性决定了其将对能源系统的各个领域产生深入的赋能作用，考虑这种赋能的广泛深入特征，我们将这种赋能称为综合赋能，主要包括四个方面：第一，生产环节的技术赋能。作为一项智能信息技术，人工智能的使用促使能源系统的产业组织从规模化和标准化生产向模块化和智能化生产转变，促进企业和产业集群柔性变革。在此基础上，企业以更短的时间、更高的质量、更大的效率生产出满足客户个性化需求的产品，促进高质量生产。第二，分配环节的价值赋能。借助数字化平台汇聚用户的多样化需求，实现全要素优化配置，扩大价值空间边界，实现价值持续增长。第三，交换环节的交易赋能。人工智能技术赋予能源系统各个环节快速、安全、便捷地进行交易的能力，降低成本。第四，消费环节的产品赋能。智能化产品提升了消费体验，促进了能源的安全高效消费。依托技术赋能、价值赋能、交易赋能和产品赋能，人工智能重塑能源系统的生产、分配、交换、消费等各个环节，促进新质生产力发展。

（四）人工智能产业发展的八维模型

当前人工智能技术仍处于发展阶段，人工智能在能源系统的渗透程度与效益效果受到供给和需求两方面的约束，影响因素主要包括算法、算力、数据、市场、资金、布局、资源、安全等八大要素，可将其定义为人工智能的八维模型。其中，前三个因素是影响人工智能产业发展的核心要素，后五个因素是近年来越来越引起各界高度重视的要素。八维模型既是人工智能产业发展的理论模型，也是分析人工智能在能源系统渗透面临挑战并提出对策建议的逻辑基础。

八维模型的具体内容包括：第一，算法。算法是一系列指令按一定的逻辑顺序详细列出解决问题的具体步骤。算法的本质是通过程序化实现问题最优解。第二，算力。算力是通过对信息数据进行处理，实现目标结果输出的计算能力。随着大模型的出现，智能芯片的算力激增。第三，数据。数据是训练人工智能模型、挖掘商业价值并做出决策的原料。在人工智能时代，数据呈现体量大、生成速度快、多样性大等特点。第四，市场。人工智能在细分产业的应用，可以积累数据、优化模型、降低成本，从而在产品供给与市场需求之间形成正向反馈，进而推进人工智能更广泛的应用。第五，资金。人工智能尚处于产业生命周期的创新阶段，需要大量的资金支持。尤其是生成式人工智能需要大量高昂的智能芯片、顶级人才和资源等的大力支持，投资的不确定性还需要有经验的公司提供管理咨询。为此，风险投资对于人工智能产业发展十分重要。第六，布局。作为重大生产力的代表，人工智能的产业布局关系到经济、社会、环境与安全大局[8]。第七，资源。影响人工智能产业发展的资源主要包括稀有金属、电力和水。生产芯片和建设数据中心等都需要大量的钴、锂等稀有金属，稀有金属的供给直接影响人工智能的发展。同时，大模型的运行需要海量的算力支撑，而这需要消耗大量的电力。为了降温，还需要消耗大量的水。因此，电力资源和水资源也成为影响人工智能产业发展的重要资源。第八，安全。随着大模型的兴起，人工智能呈现“智能爆炸”的态势，给经济社会带来了一系列安全风险：大模型具有价值观倾向，冲击人类的伦理基础；大模型使用大量的数据进行训练和决策，存在侵权风险；大模型的造假能力特别强，产生虚假信息风险；大模型的自学能力很强，带来自动化攻击风险；等等。实现人机的价值对齐、保障人工智能对经济社会的安全是发展壮大的前提[9]。

二、人工智能在能源系统的渗透

近年来，人工智能在能源系统的渗透不断加深，本节着力从煤炭、油气、电力、太阳能和风能四个方面分析人工智能在能源系统的渗透。

（一）煤炭领域的渗透

国家高度重视煤炭工业的数字化转型，2020 年 2 月，国家发展改革委等八部门发布《关于加快煤矿智能化发展的指导意见》，要求加快人工智能等现代信息技术在煤炭工业领域的推广应用。2024 年 4 月，国家矿山安监局等七部门印发《关于深入推进矿山智能化建设促进矿山安全发展的指导意见》，要求加快数字化进程，完善信息基础设施、加快数据治理和赋能、强化人工智能应用。

在政策推动与市场需求的双重作用下，5G、无人驾驶、智能采掘、机器视觉和机器人等在煤炭工业快速应用，煤质检测、皮带跑偏、大块煤识别、车辆长时停留、人员跌倒识别、除铁器异物识别、电子围栏、明火识别、安全帽识别等场景实现智能化[10]，煤炭工业数字化智能化转型驶入快车道。截至2023年底，全国已有超过200个煤矿实施了5G组网和应用，其中13个煤矿入选“2023年5G工厂名录”，2024年又有5个煤矿入选“2024年5G工厂名录”。露天煤矿率先实现了自动驾驶技术的常态化运行，截至2023年6月，我国露天煤矿无人驾驶车辆已有300余台。煤炭采掘技术实现了新的历史性跨越；截至2023年6月，全国煤矿智能化采掘工作面数量增长至800余个。人工智能和机器人技术得到广泛应用，截至2023年6月，基于机器视觉的人工智能技术已在100余个细分作业场景现场实际应用，现场应用的煤矿机器人达到31种、1000台（套）[11]。

（二）油气领域的渗透

我国油气资源高度依赖进口，油气资源安全是影响我国能源安全的核心问题。另外，随着社会对可持续性和环保问题的关注不断增加，油气行业还面临更加波动的市场环境、不断严苛的环保压力、油气资源减少背景下的降本增效等核心难题，人工智能为油气行业提供应对新挑战的工具和方法。

从油气行业的勘探开采、储运、炼化等三个环节来看，近年来人工智能得到了许多应用：（1）基于地质大模型，人工智能助力油藏预测、安全高效开采、故障诊断和风险预警，促进油气增储上产，提高能源安全水平[12]。（2）结合无线传感器和机器学习云服务，人工智能应用于油气储运的工地建设与设备管理、智能调度与趋势预测、预报预警与监督控制。（3）现代炼化装置集成数十万个传感器，依托强大的数据分析与智能研判能力，人工智能应用于油气炼化的过程管理与供应链优化，减少非计划性停机时间，促进炼化高质量发展[13]。

（三）电力领域的渗透

新型电力系统是实现能源转型的重要载体。随着能源转型进程步入关键期，人工智能成为加快构建新型电力系统和新型能源体系建设的关键引擎。2023年3月，国家能源局印发《关于加快推进能源数字化智能化发展的若干意见》，提出以数字化智能化电网支撑新型电力系统建设，探索人工智能及数字孪生在电网智能辅助决策和调控方面的应用。2024 年 7 月，中共中央、国务院印发的《关于加快经济社会发展全面绿色转型的意见》明确，深化人工智能等在电力系统等领域的应用。各个省（区、市）积极响应国家政策，加大人工智能在电力行业的应用。

在政府推动和市场探索的双重作用下，电力行业多场景智能升级。我国自主研发的首个抽水蓄能大模型正式投用，实现状态预警分析、资产线上管理、检修策略制定、智能巡检等功能，有效提升电网调峰储能的能力。利用人工智能在回归分析方面的优势，在源端开展多种形式的发电功率预测，在荷端开展电力负荷预测，支撑电力系统的规划建设、运行控制、经营决策和客户服务[14]。无人机配电网智能巡检体系加快推进，无人机平均 20 分钟可完成 1 公里线路的巡检工作，较人工巡检效率提升 80% 以上。电力调度也进入智能化阶段，实现智能成票、网络化收发令、智能监屏、智能抢修指挥等核心功能[15]。电力行业在开展“人工智能 +”行动中取得了突出的成绩，其中，南方电网研发的驭电大模型因在保障电力系统安全和最大限度利用新能源方面的表现，获得 2024 年世界人工智能大会最高奖——SAIL 奖（卓越人工智能引领者奖）。

（四）太阳能和风能领域的渗透

太阳能和风能是可再生能源的主力，为实现碳达峰和碳中和的目标，在政策和市场的双重驱动下，我国太阳能和风能发展飞快。2024 年底，我国太阳能发电装机容量约为 8.9 亿千瓦，同比增长 45.2%，风电装机容量约为 5.2 亿千瓦，同比增长 18.0%。风电和太阳能发电装机首次超过 14 亿千瓦，继 2021 年、2022 年、2023 年分别超过 6 亿千瓦、7 亿千瓦、10 亿千瓦之后，再次跃上新台阶。

与此同时，太阳能和风能领域的智能化升级也在推进。太阳能领域，依托热红外检测技术等，通过图像对比，用人工智能来评估光伏组件是否存在缺陷，进而便于后续维修和处理[16]。基于机器学习，实时调整光伏镜片与阳光方向，提升光热发电的效率[17]。风能领域，搭载了尖端雷达识别技术和点云建模技术的人工智能运检机器人可精确识别风电塔筒和叶片的损害状况，高压清洗系统可以高效去除塔筒和叶片表面的污渍及尘埃积累，柔性打磨技术可对塔筒和叶片表面的微小损伤进行修补和打磨，并进行喷漆，从而实现对塔筒和叶片的保养[18]。人工智能还在风向智能调控、风电机组智能巡检、风电场布局和发电效率优化等领域得到了越来越多的应用，大幅提升了运行效率和发电质量、降低了运维成本、增强了电网稳定性与可靠性。

三、人工智能在能源系统渗透中存在的困难与挑战

人工智能在能源系统的渗透既受到人工智能产业本身的影响，又受到能源系统的影响。基于八维模型，从算法、算力、数据、市场、资金、布局、资源、安全等八个方面分析人工智能在能源系统渗透中面临的困难与挑战。

（一）算法模型与国外仍有差距

尽管中国人工智能的发展速度较快、模型数量较多，尤其是 DeepSeek 的出现，展现了中国人工智能在算法方面的进步，但总体而言算法模型的精度与美国等发达经济体仍有一定差距[19]。突破人工智能模型的关键在基础研究，中国算法模型与美国等发达经济体的差距其实是基础研究的差距，而基础研究差距的背后主要是人才的差距。中国顶级学者的密度还不够高、开源生态还不完善，进而导致基础研究不足，从而影响算法模型的重难点突破和垂直领域应用[20]。

（二）智能算力面临“卡脖子”

人工智能大模型的训练和推理都需要智能算力的支撑。日益增长的智

能算力需求带来对人工智能芯片的巨大需求。目前国际上90%的人工智能芯片市场由英伟达垄断，智能芯片是一个庞大复杂的生态系统[21]，实现赶超难度很大，再加上美国等发达经济体新一轮芯片出口管制，中国人工智能企业面临芯片“卡脖子”的风险。智能算力资源供不应求成为中国人工智能大模型创新研发的重要挑战。

（三）能源数据孤岛依然存在

在条块分割的管理体制下，能源系统内部不同企业之间的数据彼此割裂，再加上数据隐私没有得到有效保护、数据资产的价值没有得到合理实现，导致数据存在严峻的数据孤岛。人工智能因大数据而重生，分散于各处难以融合的数据孤岛不利于更好地训练人工智能模型并实现参数优化，不利于发挥人工智能模型的总结、预测等功能。

（四）能源市场应用仍然不足

尽管人工智能在能源系统得到了越来越多的应用，但受限于芯片支出、数据训练、人才维护等成本的大额支出，应用成本仍然很高，因此，这些应用仍然主要发生在大企业和部分场景，市场应用仍然不足，限制了人工智能在能源系统的效益发挥。

（五）风险投资有待壮大

当前人工智能尚处于生命周期的创新阶段，风险投资对于投资规模大、风险高的人工智能产业的发展十分重要。中国风险投资市场发展不足，再加上美国等发达经济体对向中国人工智能产业投资的风险投资企业进行限制等，使得中国人工智能企业的股权融资仍然不足，面临一定的融资约束。

（六）产业布局距离能源富集区较远

中国的人工智能产业高度集中在京津冀、长三角和粤港澳大湾区等东部三大城市群，这种分布格局与三大城市群在科学技术、创新能力和配套设施等方面存在较大优势有关。然而，我国的能源主要分布在三大城市群之外的区域，尤其是新疆、内蒙古等距离三大城市群较远的区域。人工智能供给与需求的现有空间分布格局不利于更好地跟踪市场需求，增加了人工智能在能源系统的渗透难度。

（七）资源消耗面临挑战

随着大模型加速向能源系统的渗透，算力需求迎来爆发式增长，这将带来钴、锂等稀有金属、电力和水的巨大消耗，从而给绿色可持续发展带来挑战。首先，中国的钴、锂等稀有金属供给不足，在国际地缘政治加剧的条件下，资源供应存在一定风险。其次，中国的能源供给以煤炭为主，2024 年非化石能源在一次能源消费结构中的比例约为 19.5%，电力的大量消耗意味着大量二氧化碳和环境污染物的排放。最后，中国人均水资源量只有世界平均水平的 28%，人工智能产业的高耗水特点将加剧中国的水资源供需矛盾，制约区域生态安全。此外，人工智能产业相关退役零部件的环境污染也是一个需要关注的问题。

（八）人工智能安全成为能源安全新领域

随着人工智能的不断发展，人的自然身体与智能机器日益“共生”，超级智能的出现将带来一系列极具挑战性的伦理问题。同时，人工智能可以快速生成钓鱼邮件、编写恶意软件与代码，引入深度伪造、自动化攻击等新型威胁。人工智能安全成为能源安全的新领域。

四、推进人工智能在能源系统渗透的政策建议

推进人工智能在能源系统的渗透，一方面需要做优做强人工智能产业，提高供给质量；另一方面需要积极拓展能源系统的应用场景，扩大市场需求。基于面临的八大挑战，提出推进人工智能在能源系统渗透的相应建议。

（一）构筑人才高地，提升算法水平

顶级科学家是提升算法水平、实现技术突破和建立技术标准的领军人才，为此，需要大力引进和培育全球顶级科学家，构筑多层次人才高地。为此，一要形成开放、宽容的研究氛围。深化改革，营造开放的国际化研究氛围。同时，由于算法等基础研究的成果很难预先安排，需要对人才充分信任和包容。二要提供充分施展才华的平台。建设高水平平台，形成“项目 + 团队”的模式，为全球顶级科学家提供充分施展才华的职业发展机会。三要完善奖励机制，提供具有竞争力的待遇，以及优质的居住、教育、医疗和文化环境等，确保人才引进来、留得住、干得好。四要积极培育顶级科学家。通过多提携、多交流、多锤炼，努力培育自己的顶级科学家。尤其是，充分总结 DeepSeek 在人才使用方面的经验，大胆启用年轻人才，激发创新活力。

（二）坚定信心，长短结合保障智能算力供给

放眼未来，着力攻关智能芯片等关键部件是保障智能算力供给的根本所在。为此，最重要的是要坚定信心，以 10 倍于当今的投资强度，将集成电路专业人才的培养规模扩大到当前培养人数的 10 倍[22]，积极开展国际交流，拓展优化创新网络，不断提升国产智能芯片的制程技术，推动算力加速向“以智算为核心的需求驱动”转变。

中短期看，实施先进封装技术和推动算网一体化也是提升算力供给水平的重要手段。先进封装技术可以提供更高的集成度、更大的带宽、更好的芯片性能，从而提高算力。同时，建设国家新一代人工智能公共算力开放创新平台，优化算力供给，提供开放、共享、普惠、低成本的算力服务。

（三）建设数据走廊，保障能源数据供给

打破数据孤岛，推进能源系统数据走廊建设，需要从数据标准、数据

质量、数据安全、示范引领、数据价值等方面加强部署，破解数据孤岛。第一，规范数据标准。积极参与国家数据局主导的47项标准的制定工作，实现统一架构、统一标准、统一数据规范，确保不同系统和设备之间的兼容性和互操作性，促进数据联通。第二，提升数据质量。通过数据清洗、数据融合和匹配、数据完整性增强等方式，提升数据质量。第三，保障数据安全。依托人工智能等技术，加强数据脱敏、数据加密、访问控制、合规性审查等，推动数据安全。第四，发挥引领作用。建设能源数据开放共享先行区，激发头部企业承担数据开放共享的“主力军”职责，通过示范引领，促进更多企业参与数据联通和共享。第五，实现数据价值。推动数据资源化、资产化、资本化，打造数据交易体系，促进数据价值变现，提升数据开放的动力。

（四）扩大应用场景，推动能源领域垂直大模型低成本应用

建议设立示范区，扩大能源系统的应用场景，在应用中促进人工智能发展，强化人工智能在能源系统的渗透。为此，要着力把握好两点。第一，推动“人工智能+”行动，努力扩大人工智能在能源系统的应用场景。第二，加快企业的数字化智能化改造，借鉴浙江的经验[23]，根据能源系统各个产业的特性和企业规模，探索开源算法、补贴算力和共享数据的路径，将各个企业的小市场汇聚为多种类型的大市场，构造规模优势，降低转型成本，形成一批可学可仿的样本，带动一片企业实现数字化智能化转型。

（五）完善资金支持，缓解企业融资约束

发展风险投资市场是一项浩大的工程，需要投入长期的努力。当前着力减少三大障碍：第一，股权投资具有很大的风险与不确定性，需要建立政府监管机制，完善制度保障，在全社会形成良好的信用环境。第二，很多初创企业主对出让股权抱有认知和文化上的偏见，从而错失风险投资资金的引入机会，不利于企业融资与发展，未来需要纠正这种偏见。第三，

目前的税制使得企业将贷款利息计入经营费用，借以减少应纳税额，这有利于债务融资发展，而非股权融资发展。未来需要将股权资本成本计入经营费用，减少税额，进而激励企业引入风险投资资金，促进风险投资市场发展[24]。同时，积极发挥财政资金的引导作用，撬动更多资金进入，推动能源企业智能化升级。通过财政补贴、税收减免等措施，支持能源企业对现有设备进行更新和开展“智改数转网联”行动，使其符合工业互联网协议及接口标准，增强设备间的互联互通能力，降低升级改造成本。在此基础上，撬动更多社会资金进入，助力企业加快智能化工厂的建设进程。

（六）综合多种措施，应对资源消耗

应对稀有金属的消耗，关键在于提高稀有金属的利用效率，并加强战略储备，多渠道保障资源有效供给。同时，促进技术创新，寻求使用丰裕资源的替代方案，也是降低稀有金属供给约束的重要方式。一般地，电力费用占到数据中心运营成本的40%～60%，应对电力消耗，一要从系统角度提高能耗效率。创新和优化架构，形成更加高效节能的计算体系。根据不同大模型的最新技术需求，提供软硬件协同的支撑方案。研发使用专门面向人工智能负载的以太网架构，提升资源利用和数据传输效率[25]。二要建设新型能源体系，为人工智能发展提供清洁能源支撑。应对水资源消耗，使用间接蒸发冷却节能技术、冷板式液冷技术、变频水冷机组及热管背板空调等降低水消耗。

（七）优化空间布局，梯度趋近能源富集区

当前人工智能尚处于产业生命周期的创新阶段，仍然需要空间集聚，为此首先需要着力构建京津冀、长三角、粤港澳大湾区、成渝和长江中游等五大城市群构成的空间格局。成渝和长江中游城市群是中西部地区最有活力、经济社会联系最为紧密、人工智能等相关产业较为集中的区域，人工智能产业在成渝和长江中游城市群的加快布局，有利于人工智能产业更好地接近我国能源富集区，从而更好地跟踪市场需求。随着人工智能的进

一步发展与成熟，逐步推进人工智能向省级和市级城市群、中心城市梯度转移，进一步靠近能源富集区，从而更为便利地满足能源系统的智能化需求。

（八）完善风险体系，促进安全规范发展

建立安全、可靠和值得信赖的人工智能系统需要着力从应对伦理挑战、数据和网络安全两个方面完善保障措施。第一，应对人工智能带来的伦理挑战，需要完善生成式人工智能发展和管理机制，以伦理共识与治理原则为准绳，按照人本、公正和责任原则，将人类社会的伦理规范和价值观念嵌入能源系统的人工智能大模型，让人工智能更好地服务能源系统。使用合法来源数据训练模型，提高人工智能生成内容的准确性和可靠性。打造“以人工智能治理人工智能、以算法规制算法”的智能监管体系，探索智慧化监管模式。第二，保障数据有序使用与网络安全，需要政策法规与技术手段等的结合。立法确定能源数据的所有权，明确能源数据收集、存储、处理、使用等各个环节的边界，保护能源数据安全。加强网络安全体制建设，建立人工智能安全监管制度。使用“联邦学习”策略，在能源数据不出本地的前提下，将各地的模型参数上传到云端，保证能源数据安全。借助大数据和人工智能等技术，保障能源网络安全[26]。

参考文献

[1]伍尔德里奇．人工智能全传[M]．许舒，译．杭州：浙江科学技术出版社，2021.

[2]顾险峰．人工智能的历史回顾和发展现状[J]．自然杂志，2016，38(3)：157－166.

[3]张钹，朱军，苏航．迈向第三代人工智能[J]．中国科学(信息科学)，2020，50(9)：1281－1302.

[4]斯加鲁菲．人工智能通识课[M]．张瀚文，译．北京：人民邮电出

版社，2020.

[5]蔡自兴．中国人工智能 40 年[J]．科技导报，2016，34(15)：12－32.

[6]习近平．习近平谈治国理政：第三卷[M]．北京：外文出版社，2020.

[7]习近平．习近平谈治国理政：第四卷[M]．北京：外文出版社，2022.

[8]胡安俊．产业布局原理：基础理论、优化目标与未来方向[M]．北京：中国社会科学出版社，2021.

[9]胡安俊．京津冀人工智能产业发展研究[J]．河北师范大学学报(哲学社会科学版)，2024，47(5)：25－32.

[10]王艳．煤矿智能化开采技术的发展趋势与挑战[J]．陕西煤炭，2024，43(11)：184－188.

[11]李玲．煤炭行业数字化转型驶入"快车道"[N]．中国能源报，2024－05－27(9).

[12]WANG N，CHEN Y，ZHANG D．A comprehensive review of physics－informed deep learning and its applications in geoenergy development[J]．The innovation energy，2025，2(2)：100087.

[13]刘合，任义丽，李欣，等．油气行业人工智能大模型应用研究现状及展望[J]．石油勘探与开发，2024，51(4)：910－923.

[14]张栋，张柱．智能技术在电力自动化系统中的应用[J]．电子技术，2025，54(2)：290－291.

[15]朱俐娜．"人工智能＋电力"如何释放更大潜力[N]．中国城市报，2024－12－09(A10).

[16]耿明丰．人工智能在光伏组件缺陷检测中的应用[J]．集成电路应用，2024，41(7)：406－407.

[17]张冬冬，单琳珂，刘天皓．人工智能技术在风力与光伏发电数据

挖掘及功率预测中的应用综述[J]. 综合智慧能源, 2025, 47(3): 32-46.

[18]杨森. 人工智能技术在风力发电领域的应用[J]. 光源与照明, 2024(11): 243-245.

[19]董静怡. 中国大模型创业风潮:应用创新是下一个突破口[N]. 21世纪经济报道, 2024-03-01(10).

[20]卫平, 范佳琪. 中美人工智能产业发展比较分析[J]. 科技管理研究, 2020, 40(3): 141-146.

[21]威特. 黄仁勋:英伟达之芯[M]. 周健工, 译. 北京: 中国财政经济出版社, 2024.

[22]王阳元. 掌握规律,创新驱动,扎实推进中国集成电路产业发展[J]. 科技导报, 2021, 39(3): 31-51.

[23]毛光烈. 浙江工业中小企业"学样仿样推广法"[J]. 经济导刊, 2022(8): 28-34.

[24]吴军. 浪潮之巅:第四版[M]. 北京: 人民邮电出版社, 2019.

[25]张心怡. 如何驯服AI大模型"能耗巨兽"[N]. 中国电子报, 2023-12-01(7).

[26]胡安俊. 推进人工智能深入发展的几个关键点[J]. 中国发展观察, 2020(17): 61-65.

绿色金融推动我国能源转型的作用机制研究

任佳宁　王胜春　张　静　王若瑾　汪京京　李芊睿①

摘　要　本文总结了我国绿色金融领域政策制度的建设情况、各类绿色金融产品的发展现状，以及我国碳金融市场的发展现状，认为我国绿色金融的发展已初步具备支持能源行业向绿色低碳方向转型的基础。本文进一步分析了绿色金融在促进能源转型中的作用机制，认为绿色金融通过对高碳排行业的融资限制与约束，发挥资源配置的作用，促进传统能源行业转型升级，同时，通过更低的融资利率、更便捷的审批流程、更具价值的碳资产，为低碳行业的发展提供激励与引导。最后，本文提出，为了使绿色金融更好地发挥引领能源转型的作用，应完善碳核算方法学和绿色金融标准，更准确地评估碳减排的效果；应不断丰富和创新绿色金融产品，满足能源转型的需求；应推进碳金融市场规范健康发展，充分发挥其在能源转型中的作用；应健全激励机制，更好地鼓励绿色金融业务开展；应加强绿色金融领域的国际合作。

关键词　绿色金融　能源转型　融资限制　激励机制　碳金融市场

①　任佳宁，FRM，硕士，中国石化集团经济技术研究院有限公司，金融证券研究所研究员，主要研究方向为宏观金融、货币政策、绿色金融等；王胜春，博士，高级经济师，中国石化集团经济技术研究院有限公司，金融证券研究所所长，主要研究方向为资本金融、宏观金融、产业金融等；张静，硕士，高级经济师，中国石化集团经济技术研究院有限公司，金融证券研究所高级研究员，主要研究方向为产业金融、绿色金融等；王若瑾，硕士，高级经济师，中国石化集团经济技术研究院有限公司，金融证券研究所研究员，主要研究方向为产业金融、绿色金融等；汪京京，利物浦大学经济学博士，中国石化集团经济技术研究院有限公司，金融证券研究所副研究员，主要研究方向为公司金融与公司治理（绿色金融与ESG）等；李芊睿，香港中文大学硕士，中国石化集团经济技术研究院有限公司，金融证券研究所副研究员，主要研究方向为宏观金融、货币政策等。

能源转型是实现碳达峰、碳中和目标的重要途径，金融的支持对于促进能源行业绿色低碳转型至关重要。金融通过资源配置，为能源企业转型提供资金支持，帮助企业填补转型初期的资金缺口，促进技术创新和发展。在新能源技术如风电、光伏、氢能的初期发展阶段，国家政策和政府补贴发挥着关键作用，但从长远来看，新能源行业的健康发展需要一条可持续的发展路径。绿色金融在这一转型过程中扮演着双重角色：一方面通过金融市场和金融工具为新能源行业的发展提供融资支持；另一方面通过碳金融市场和碳价的调节，挖掘碳资产的价值，降低清洁能源项目的成本，使其更具比较优势，从而实现可持续发展。现有文献主要关注绿色金融如何支持能源转型的技术发展和融资需求，而本文从不同角度出发，探讨绿色金融在能源转型中的作用机制和引导效果。研究旨在评估我国绿色金融在能源转型中的作用是否充分，并探讨未来在哪些方面需要进一步发展和完善，以确保能源转型的可持续性。

一、我国绿色金融的发展现状

（一）绿色金融的政策制度体系不断完善

现阶段，我国对绿色金融定义、绿色金融工具及产品，以及绿色产业目录的界定均有相关政策文件支撑，已经形成较为完整的政策制度体系。

2016 年 8 月，中国人民银行、财政部、国家发展改革委、环境保护部、银监会、证监会、保监会七部委联合印发了《关于构建绿色金融体系的指导意见》。该指导意见是我国绿色金融领域的顶层制度设计，对绿色金融的概念、绿色金融体系的具体内涵作了权威界定[1]。2021 年，中国人民银行初步确立了“三大功能”“五大支柱”的绿色金融发展政策思路。其中，“三大功能”为资源配置、风险管理和市场定价，“五大支柱”包括绿色金融标准体系、金融机构监管和信息披露要求、政策激励约束体系、绿色产品和市场体系、绿色金融国际合作[2]。至此，绿色金融发展的政策思路基本明确。2024 年 4 月，中国人民银行、国家发展改革委等七部门联合发布《关于进一步强化金融支持绿色低碳发展的指导意见》，这是国家层面又一份重要的绿色金融顶层设计制度[3]。该意见进一步细化了此前提出的“三大功能”和“五大支柱”绿色金融发展政策思路，形成了我国下一阶段绿色金融发展的顶层指引。

与此同时，我国对于绿色产业的范围也在不断明确。2019 年，国家发展改革委等七部门印发了《绿色产业指导目录（2019 年版）》，将绿色产业界定为节能环保产业、清洁生产产业、清洁能源产业、生态环境产业、基础设施绿色升级和绿色服务等六大类。2021 年，中国人民银行、发展改革委、证监会三部门发布了《绿色债券支持项目目录（2021 年版）》，主要用于指导绿色债券的项目认定。2024 年，国家发展改革委等十部门发布了《绿色低碳转型产业指导目录（2024 年版）》，对此前 2019 年发布的绿色产业目录进行了修订和更新，2024 年版目录共分三级，包括 7 类一级目录、31 类二级目录、246 类三级目录，对绿色产业的界定更加清晰。2024 年版目录的发布主体范围由此前的七部门增加到十部门，意味着绿色低碳产业的范围界定得到了更多部门的认可，各领域对绿色产业的范围认定将趋于统一。

在绿色项目认定与国际接轨方面，中欧于 2022 年 6 月共同推动发布了《中欧可持续金融共同分类目录》，涵盖了中欧共同认可的能源、制造、建筑、交通、固体废物和林业六大门类共 72 项对减缓气候变化有重大贡献的经济活动，该目录有效促进了国际绿色债券贴标工作的开展。2023 年，新加坡加入该目录二期工作，中欧携手开展目录扩容，并启动《多边可持续金融共同分类目录》编制。扩容后的《中欧共同分类目录》于2024年11月正式发布。

近年来，我国相关监管部门陆续出台了一系列针对绿色贷款、绿色债券、绿色保险等绿色金融产品规范发展的制度性文件。在绿色贷款方面，银监会在2012年发布了《绿色信贷指引》，明确要求银行业金融机构优化信贷结构，提高服务水平，促进发展方式转变和经济结构调整。中国人民银行于2018年发布《关于建立绿色贷款专项统计制度的通知》明确了绿色信贷业绩评价的具体方案。在绿色债券方面，2015年，国家发展改革委发布《绿色债券发行指引》，积极支持发行绿色企业债券。2016年，证监会指导上海证券交易所和深圳证券交易所分别开展绿色公司债券试点，并于2017年3月发布《中国证监会关于支持绿色债券发展的指导意见》，进一步为绿色公司债券的发展提供政策保障。2023年，中国证监会和国务院国资委联合发布《关于支持中央企业发行绿色债券的通知》，旨在支持中央企业进行绿色低碳领域融资，从而在经济社会全面绿色转型的过程中起到引领带动作用。在绿色保险方面，针对绿色保险的统计制度、分类指引相继发布，2024年国家金融监督管理总局印发《国家金融监督管理总局关于推动绿色保险高质量发展的指导意见》，旨在发挥保险在促进社会绿色转型中的重要作用。我国绿色金融领域的制度文件见表1。

表1　我国绿色金融领域的制度文件

类别	发布年份	文件名称	发布机构
绿色贷款	2012	《绿色信贷指引》	银监会
	2018	《关于建立绿色贷款专项统计制度的通知》	中国人民银行
	2021	《银行业金融机构绿色金融评价方案》	中国人民银行
	2022	《银行业保险业绿色金融指引》	中国银保监会

续表

类别	发布年份	文件名称	发布机构
绿色债券	2015	《中国人民银行公告（关于绿色金融债券发行管理）》	中国人民银行
	2015	《绿色债券发行指引》	国家发展改革委
	2017	《中国证监会关于支持绿色债券发展的指导意见》	中国证监会
	2017	《非金融企业绿色债务融资工具业务指引》	银行间市场交易商协会
	2017	《绿色债券评估认证行为指引（暂行）》	中国人民银行、中国证监会
	2021	《关于明确碳中和债相关机制的通知》	银行间市场交易商协会
	2021	《绿色债券支持项目目录（2021 年版）》	中国人民银行等部门
	2022	《中国绿色债券原则》	绿色债券标准委员会
	2023	《关于支持中央企业发行绿色债券的通知》	中国证监会、国务院国资委
绿色保险	2022	《关于印发绿色保险业务统计制度的通知》	中国银保监会
	2022	《银行业保险业绿色金融指引》	中国银保监会
	2023	《绿色保险分类指引（2023 年版）》	中国保险行业协会
	2024	《国家金融监督管理总局关于推动绿色保险高质量发展的指导意见》	国家金融监督管理总局
绿色投资	2018	《绿色投资指引（试行）》	证券投资基金业协会

资料来源：根据新闻整理。

（二）绿色金融产品类型不断丰富

我国绿色金融市场发展规模不断扩大，以绿色贷款和绿色债券为主，多种绿色金融工具陆续推出。丰富的产品和广阔的市场空间，有助于在能源转型过程中，为企业提供适合的金融产品，解决发展过程中的资金等问题。

绿色贷款发展迅速。央行对银行类金融机构的绿色贷款规模进行定期统计，建立了绿色信贷统计制度，并开展存款类金融机构绿色信贷业绩评价工作。从2017年第三季度开始，24家全国系统重要性银行的绿色信贷绩效正式纳入MPA考核。央行还创设了减排支持工具，主要银行在发行绿色贷款产品后，可以向央行申请低成本的资金支持。央行通过“先贷后借”的直达机制，对金融机构向碳减排重点领域内相关企业发放的符合条件的碳减排贷款，按贷款本金的60%提供资金支持，利率为1.75%。这一制度安排提升了银行发行绿色贷款的积极性。截至2024年底，我国绿色贷款余额达36.6万亿元，同比增长21.7%，规模位居世界第一。从贷款的具体投向来看，主要投向基础设施绿色升级产业、清洁能源产业、节能环保产业，规模分别约为15.68万亿元、9.89万亿元、5.04万亿元。我国金融机构绿色贷款余额见图1。

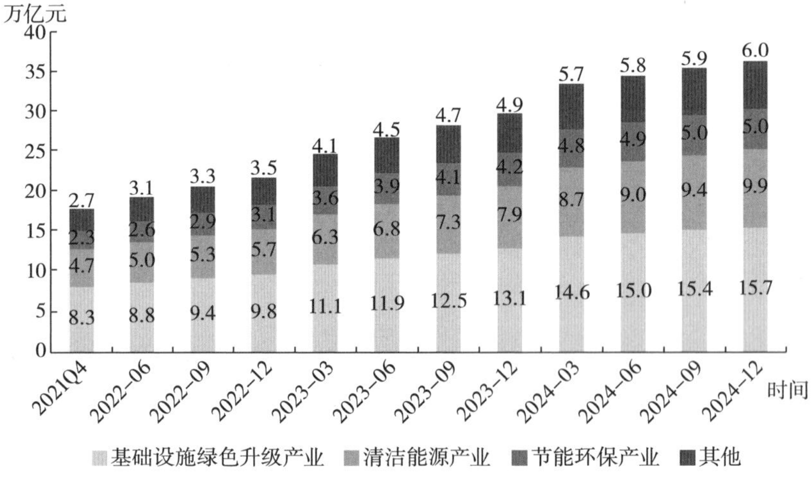

图1　我国金融机构绿色贷款余额

数据来源：wind

绿色债券规模不断扩大。基于中央结算公司的中国绿色低碳转型债券数据库统计，2016—2023年，中国绿色债券发行规模从2018亿元增长至8448亿元，翻了两番，年均增长22.7%，中国银行间市场交易商协会披露的2024年度中国绿色债券指数运行分析报告显示，2024年国内共发行各类绿色债券6814.33亿元，绿色债券发行规模有所下降，但仍位于全球领先地位。2024

年底我国贴标绿色债券托管量为2.09万亿元，同比增长5.57%。[4]

国家层面的绿色基金已经设立，2019年9月，国务院批复设立国家绿色发展基金，首期总规模达885亿元。其中，中央财政出资100亿元，撬动长江经济带沿线11省（市）、金融机构和相关行业企业出资700余亿元。国家绿色发展基金成立后，江苏、浙江等多地积极与社会资本开展合作，陆续设立了地方绿色发展基金。2024年，国家绿色发展基金实际出资额近100亿元（较2023年增长40%），累计完成投资决策项目超60个，覆盖长江经济带及全国重点战略区域，撬动其他社会资本投资绿色产业近1000亿元，实现近10倍放大效应。从投资规模上看，2016—2024年，中国绿色产业基金规模由2010年的286亿元增长至2023年的超4000亿元。

创新产品不断涌现。随着市场需求的增加，各金融机构与企业共同推出了一系列绿色金融创新产品，在推动各行业绿色低碳发展中起到了很好的示范作用，具体可见表2。

表2 我国推出的各类创新性“首单”绿色金融产品情况

金融产品创新	发行时间	案例介绍
碳债券	2014年5月12日	国内首单碳债券——中广核风电附加碳收益中期票据在银行间交易商市场成功发行，发行人为中广核风电，发行金额为10亿元，发行期限为5年，此次碳债券的发行利率为5.65%，较同期AAA级信用债估值低46BP
碳资产质押贷款	2014年9月9日	我国首单碳资产质押贷款——由湖北碳排放权交易中心、兴业银行和湖北宜化集团签订了“碳排放权质押贷款协议”，湖北宜化集团利用自有的碳排放配额获得了4000万元的质押贷款
融资租赁绿色债券（PPN）	2017年6月1日	由兴业银行主承销的国内银行间及交易所市场首单融资租赁绿色债券（PPN）——中电投融和融资租赁有限公司2017年度第一期非公开定向债务融资工具成功发行。债券注册金额为20亿元，首期发行10亿元，所募资金将全部用于风力、水力、太阳能光伏发电等清洁能源类租赁项目

续表

金融产品创新	发行时间	案例介绍
“碳中和”主题绿色信托	2021年5月	全国首单“碳中和”主题绿色信托计划正式签约。该信托计划由中航信托作为受托人发起，与中国节能协会、上海宝碳新能源环保科技有限公司合作设立，通过主动管理的基金化运作模式投资于全国范围内可交易的优质碳资产
绿色认证低碳产业基金	2021年12月	国家电力投资集团有限公司、中国人寿资产管理有限公司与深圳云能基金管理有限公司合作在东疆落地国内首只经绿色认证的绿色低碳产业投资基金“电投清能一期碳中和股权投资（天津）合伙企业（有限合伙）”。该基金已获中诚信绿金公司最高等级（G－1）标准认证，基金所投项目预计每年可节约103.29万吨标准煤，协同二氧化碳减排量约24.46万吨
保险＋转型金融贷款	2024年4月29日	上海农商银行向企业发放了全国首笔化工行业转型金融贷款4100万元，采用可持续发展挂钩贷款（SLL）方式，将贷款利率与企业的硫酸法锐钛型钛白粉生产转型发展绩效目标（SPT）挂钩，以金融力量激励企业绿色转型，若企业在评估期内完成SPT指标，则后续贷款利率在现行利率基础上下调10BP，有效降低企业转型的财务成本
碳资产证券化	2024年7月24日	由深圳担保集团有限公司、深圳市生态环境局、南山区金融发展服务中心、深圳排放权交易所共同打造的“碳金融”深圳新模式——“深圳担保集团—南山区—中小微企业19号资产支持专项计划（碳资产）”在深圳证券交易所正式挂牌，为南山区6家企业提供了合计1.15亿元的融资支持

资料来源：根据新闻整理。

（三）绿色金融市场活跃度稳步提升

绿色金融市场包括绿色债券的发行与交易市场、绿色资本市场、绿色保险市场、碳金融市场等。其中，碳金融市场的发展对于激励和约束高碳排行业绿色低碳转型最为直接，本节将碳金融市场的发展情况作为主要的分析内容。

自2013年以来，深圳、上海、北京、广东、天津、湖北、重庆7省（市）相继开展碳交易试点工作，截至2024年末，7省（市）试点碳市场覆盖7种温室气体、10余个行业，近10年累计成交额达176.42亿元。试点碳市场通过先行先试，在交易制度、市场准入和扩容、多类型市场间连接、配额分配及碳金融产品等多方面推行创新实践，为全国碳市场建设积累了经验。

2021年7月，全国碳市场正式启动。截至2024年底，第三个履约周期顺利完成，2024年成交额逾180亿元，创上线以来年成交金额新高，市场活跃度进一步提升。截至2024年12月31日，全国碳市场累计成交配额6.3亿吨、成交额430.33亿元，较2021年启动时分别增长35.5%和59.7%，已成为全球最大的碳市场。2023年10月，生态环境部联合国家市场监管总局发布《温室气体自愿减排交易管理办法》及配套文件，构建CCER基础制度框架。2024年1月，全国温室气体自愿减排交易市场启动，与全国碳排放权交易市场（强制碳市场）形成完整碳市场体系。2024年9月，生态环境部发布《全国碳排放权交易市场覆盖钢铁、水泥、铝冶炼行业工作方案》，计划2024—2026年启动实施，2027年后深化完善，2025年底前完成三行业首次履约。届时，管控气体将扩至二氧化碳、全氟化合物，全国碳市场覆盖温室气体排放量将占全国总排放量的60%以上，参与企业数量将超过3700家。

全国碳市场启动3年来，建设进展显著、成效显现：一是碳交易政策法规基础框架搭建完成。2024年5月1日起《碳排放权交易管理暂行条例》正式施行。二是市场交易活跃度提升。全国碳市场第二个履约周期以累计成交量2.63亿吨、累计成交额172.58亿元圆满收官，交易规模逐步扩大，交易价格稳中有升，交易主体更加积极，第二个履约周期参与交易的企业数量比第一个履约周期上涨32%。三是碳排放数据质量全面提升，全国碳市场数字化基础设施保障有力。四是企业碳排放管理能力有效提升，行业减排效果逐步显现。五是碳定价基础性作用初步发挥。2024年4

月 24 日，全国碳排放权交易市场收盘价首次突破每吨百元，12 月 31 日收盘价为 97.5 元/吨，较 2023 年上涨 22.8%。2025 年 3 月以来因市场回调，综合碳价有所回落，但仍高于 2023 年水平，反映出碳价影响力逐步扩大，市场机制在碳排放控制和交易中正变得更加成熟和有效。六是碳排放统计核算基础巩固提升，技术服务体系和市场初具规模。总体来说，碳市场通过市场机制控制温室气体排放，助力经济社会绿色低碳转型，对于落实主体减排责任、实现碳排放控制目标、降低行业减排成本具有重要意义（见图 2）。

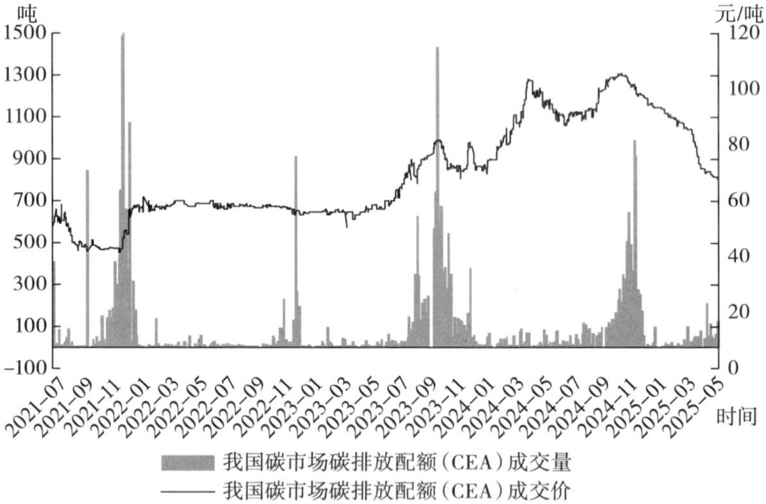

图 2　我国全国碳市场碳排放配额成交量及价格走势

数据来源：wind

二、绿色金融促进能源转型的作用机制

本文认为，绿色金融对能源转型的影响力取决于激励与约束机制。如果先有能源转型方面的融资和金融服务需求，金融机构再去满足这些需求，即属于绿色金融发挥支持性的作用。而引领性的作用需要绿色金融创新在先，通过价格机制和市场机制，限制资金流向高碳产业，通过低利率和增加收益激励资金流向低碳产业，起到引领转型升级的作用，这一作用

机制具体表现为激励与引导、限制与约束两个层面。

（一）绿色金融对能源转型的激励与引导作用

绿色金融对能源转型的激励与引导主要通过四个机制来发挥作用：一是融资便利性机制，二是投资引导机制，三是收益共享机制，四是碳市场机制。其中，融资便利性机制主要通过降低利率和加快流程，使资金需求方愿意使用绿色金融产品。投资引导机制主要通过指数建设及增厚投资收益，使投资方愿意将资金投向绿色方向。收益共享机制通过一些创新性的安排，使投资、融资双方在收益和风险中取得平衡。碳市场机制通过人为创设的碳价体系，调节高碳行业与低碳行业的相对成本，起到资源配置转移的作用。具体的分析如下。

第一，融资便利性机制，可提供更低的融资利率、更便捷的融资流程。为鼓励金融机构大力发展绿色贷款，央行创设了结构性的货币政策工具，为发放绿色贷款的商业银行提供低息再贷款支持，因此绿色贷款的利率一般会低于传统贷款的融资利率。绿色债券的利率水平一般也会低于同评级、同期限的普通债券，以 2023 年发行的绿色债券为分析对象，从利率水平来看，公布票面利率的 692 只债券中，AAA 评级的 208 只绿色债券票面利率平均为 3.03%，相较于 2023 年相同评级债券平均票面利率（3.42%）下降约 40 个基点（BP）。此外，一些地方政府也会为绿色债券等产品提供贴息支持。除利率的优惠外，绿色金融在资金可得性方面为绿色项目提供更多便利。一些清洁能源项目，由于发展风险较大，利用传统的融资工具较难通过评级的审核，绿色金融工具为这些项目提供了融资的可能性。另外，国内一些监管政策要求绿色金融在审核流程上要更加简化，这也给绿色产业融资带来了更多的便利。

第二，投资引导机制，通过构建多维度的资本市场工具加速绿色资本集聚。我国已形成涵盖股票指数、债券基金、碳金融衍生品的多层次投资引导体系：在权益市场，中证 ESG 等可持续发展指数产品规模快速扩容，截至2024年6月底，基于144条ESG相关指数的87只产品规模达839.95亿元[8]，而沪深交易所新能源及节能环保行业上市公司达451家，总市值4.6万亿元，较2019年增长76.9%。债券市场方面，交易所绿色公司债券（含ABS）规模达7902亿元，低碳转型债券501亿元，其中工商银行2024年发行的全球多币种碳中和债券创新整合美元、欧元、离岸人民币融资渠道，并依托“一带一路”银行合作机制（BRBR）强化国际资本联动。碳金融工具创新同步深化，上海碳市场试点碳配额回购交易，探索流动性提升路径，而欧盟碳边境调节机制（CBAM）倒逼跨国金融机构开发碳关税对冲基金，如摩根大通建立覆盖56国的碳风险对冲体系。这种立体化引导机制使绿色资产逐渐成为资本配置的“基准锚”，2024年全球ESG资管规模突破50万亿美元，较2020年增长3倍。可通过绿色指数投资吸引更多的资金投入到能源转型中；我国绿色指数投资产品近年来发展迅速，种类和规模都在不断扩大，有助于引导资金向绿色方向投资。

第三，收益共享机制，通过创新金融工具重构利益分配格局，使资本能够更多地分享绿色项目的收益，最直接的模式就是绿色股权投资。这种投资方式使投资者能够直接参与企业的经营决策，分享企业的增长和利润。除传统绿色股权投资外，资产证券化与公募REITs成为收益共享新范式：截至2024年8月，我国已发行8只绿色转型REITs，规模达210.16亿元，涵盖能源基础设施（如全国首座多能互补分布式能源中心站）和生态环保项目，通过未来运营收益证券化实现社会资本与公共项目的长期收益绑定。在地方层面，江西省创新“绿色票据+再贴现”模式，2021年办理绿色票据再贴现53.81亿元，并推出“百福碳汇贷”等个人碳资产质押产品，将碳减排量转化为可交易的金融权益。技术赋能的共享机制更趋精细化，例如，厦门“厦绿融”平台通过区块链存证实现278个绿色项目在线贴息申请，企业融资成本降低30～50BP。国际层面，高盛开发的碳抵免期权合约（CCO）将项目减排量证券化，使投资者可对冲碳价波动风险并分享减排收益，这种“环境效益货币化”机制正重塑全球绿色投资逻辑。此外，还有能源合同管理，这是一种市场化的节能机制，由专业的能源服务公司为用能单位提供节能项目的规划、设计、融资、施工及运营管理等服务，并与用能单位共享节能带来的经济收益，这种模式能够降低和减轻用能单位的初始投资风险和负担，并通过分享节能收益来获得合理的回报。

第四，碳市场机制，通过碳市场的交易开发碳资产，让低碳转型获得更高的收益，通过价格信号与金融衍生品加速低碳转型。政策端，2024 年《碳排放权交易管理暂行条例》实施，将碳配额清缴纳入法治框架，并计划将钢铁、水泥等高碳行业纳入管控，预计覆盖排放量占比提升至 70%；市场端，2023 年全国碳市场 CEA 成交价达 79.42 元/吨，同比上涨 44.4%，碳配额质押贷款、林业碳汇融资等工具在江西等试点地区规模突破 200 亿元；金融端，碳远期、碳掉期等衍生品在地方试点扩容，上海环境能源交易所探索碳配额跨境交易，助力中资企业对接欧盟 CBAM 机制。国际协同方面，我国积极参与全球碳定价机制建设，2024 年财政部发布《企业可持续披露准则》，强制跨国上市公司披露生物多样性影响等 28 项指标，推动碳核算标准与国际可持续准则理事会（ISSB）接轨。这种机制使煤电企业超低排放改造投资 2024 年同比增长 37%，电解铝行业绿电采购占比强制提升至 30%，碳成本刚性约束效应全面显现。随着碳市场的不断扩容，参与主体增多，交易更加活跃，碳价有序抬升，碳资产的价值将更加显现，对绿色项目的激励作用会更加突出。转型企业可充分开发碳资产，实现碳资产的价值。依托于碳资产的金融产品也将有更大的市场发展空间。

（二）绿色金融对高碳排行业的限制与约束作用

1. 融资限制

国际金融机构对融资的限制主要体现为加强对化石能源领域的融资约束，控制高耗能产业相关业务。很多国际金融机构相继调整融资政策，增加了传统能源企业融资的难度[6-7]。绿色金融对高碳行业的系统性约束机制可追溯至2002年诞生的赤道原则，其核心逻辑是通过金融机构的环境社会风险评估重塑全球资本流动方向。赤道原则4.0（EP4）的修订标志着这一机制的重大升级：将项目融资的温室气体排放监测门槛降至每年10万吨二氧化碳当量，要求金融机构对A类高碳项目实施全生命周期碳排放追踪，并强制披露生物多样性影响数据。这种约束已从单一项目评估扩展至产业链维度，例如，在石油炼化领域，金融机构不仅审查主体项目的碳强度，还需评估上游开采运输和下游化工生产的全链条排放。

国际金融机构的融资限制呈现三大新特征：一是政策工具创新，如欧洲投资银行推出的“碳锁定价”机制，对化石能源贷款实行与欧盟碳配额价格联动的浮动利率；二是准入标准趋严，世界银行2024年起将煤电项目融资的碳捕集率要求提升至90%，导致发展中国家23个在建煤电项目融资中断；三是退出机制明确，汇丰、渣打等38家赤道银行已建立煤炭资产剥离时间表，要求2030年前清退所有动力煤相关融资。这种融资限制正在形成“监管—市场”的双重驱动：一方面，欧盟CBAM迫使跨国银行将碳成本内部化，摩根大通已建立覆盖56个国家的碳关税对冲基金；另一方面，绿色金融衍生品创新加速，高盛开发的CCO使银行可将项目减排量证券化对冲风险。这种机制演进使得传统能源企业面临融资成本陡增，2024年全球油气企业债券平均利率较可再生能源企业高出220个基点，较2019年差距扩大3倍。部分国际金融机构对高碳排行业的融资限制如表3所示。

表3　部分国际金融机构对高碳排行业的融资约束情况

金融机构	融资约束情况
世界银行	2013年宣布，除没有可行的煤炭替代品、无法满足基本能源需求等极少数情况外，不再为燃煤发电项目融资
亚洲基础设施投资银行	在2020年表示不再为火电项目以及与火电相关的涉及煤炭的项目提供融资
花旗集团	2020年宣布禁止对动力煤矿的新建和重大扩建项目、北极圈油气勘探和生产提供融资，对动力煤开采企业分级削减信贷敞口，到2025年减少50%，到2030年减少100%

续表

金融机构	融资约束情况
高盛集团	持续更新融资标准框架，提出在没有碳捕获和存储技术的情况下不会为新的燃煤电厂开发、动力煤矿开发等项目提供融资，也不会为新的北极石油勘探或开发项目提供融资
德意志银行	强化了化石燃料融资政策，宣布最迟到2025年结束在动力煤开采方面的全球业务，承诺不再资助北极地区的新油气项目或油砂项目

资料来源：银行年报、ESG报告、引文［6－7］。

我国是煤炭大国，考虑到国情，国内银行在压降相关行业信贷时不会采取过于激进的操作。部分银行通过总量管控、能耗指标等限制传统能源行业融资，鼓励清洁能源发展。我国金融机构在煤炭行业信贷调控中呈现出“结构化压降、精准化支持”的特征，既避免对能源安全造成冲击，又推动低碳转型。这种策略体现在三个方面：一是总量管控工具创新，如工商银行对国家能源集团实行“3＋3”动态授信模型，基础额度保障保供生产性融资，额外给予碳捕集项目专项授信池；二是融资成本差异化定价，煤炭清洁利用项目可申请专项再贷款，利率较基准下浮50～80 BP，而传统煤化工项目融资成本上浮20%以上；三是监管考核机制升级，2024年起将金融机构煤电资产绿色转型率纳入MPA考核，要求大型银行每年煤炭行业绿色信贷占比提升不低于5个百分点。国内主要银行对高碳排行业的融资限制见表4。[6]

表4　国内主要银行对高碳排行业的融资限制

银行名称	融资限制
中国工商银行	加强对“两高”行业的投融资管理，通过提高对能耗标准的要求，降低其信贷占比，有序降低燃煤发电和煤炭开采融资比例
中国农业银行	为高碳行业设定信用限额，严控其风险敞口
中国银行	制定“两高”行业信贷管理方案，承诺从2021年第四季度开始，除已签约项目外，不再向境外的新建煤炭开采和新建煤电项目提供融资
中国建设银行	在贷前调查和项目评估时考虑客户的能耗水平、污染物排放情况等，授信客户的准入条件与其气候风险密切挂钩

资料来源：根据银行年报、ESG报告、引文［6－7］、新闻等公开资料整理。

在风险防控层面，银行建立“四色预警”机制：对产能置换矿井实行“红黄牌”管理，资产负债率超75%的煤企启动融资熔断；对符合《煤炭清洁高效利用重点领域标杆水平》的项目开辟绿色通道，审批时限压缩至7个工作日。这种精细化管理使2024年煤炭行业不良贷款率控制在1.2%，较2019年峰值下降4.3个百分点。与此同时，绿色金融工具创新加速，建设银行推出“碳配额+未来收益权”组合质押产品，将煤矿瓦斯发电项目的CCER预期收益纳入质押范围，质押率最高可达120%，中国银行试点煤炭供应链票据“绿贴标”机制，对采购绿电占比超30%的煤企给予贴现利率优惠。这种政策组合既保障了1.3亿吨基础产能的融资需求，又推动超300亿元信贷资金流向氢能冶金、煤基碳材料等颠覆性技术领域，形成传统能源保供与新能源培育的动态平衡。

2. 非融资限制

除融资方面的限制外，国际主流机构相继发布对各企业的ESG评分，金融机构将这一评分作为融资可得性及投资方向的重要参考之一。这种金融约束倒逼传统能源企业实施结构性改革。此外，国家及监管部门对上市企业环境信息披露的要求将逐渐从自愿性转变为强制性，对信息披露的深度和质量要求也越来越高，传统能源企业为满足信息披露的相关要求，也迫切需要明确自身的减排目标和路线，将绿色低碳转型提升至战略高度。

2024年4月12日，我国首部系统性可持续发展报告披露规范——《上市公司可持续发展报告指引》（以下简称《指引》）正式发布，并于5月1日起实施。这意味着，上市公司迎来统一明确的可持续发展信息披露规范。该《指引》明确了可持续发展报告信息披露框架，从环境、社会、公司治理三个方面设置21个具体议题。其中，环境信息披露章节设置了应对气候变化、污染物排放、生态系统和生物多样性保护、能源利用、循环经济等8个议题。其三大制度创新形成刚性约束：一是建立“双重重要性”评估机制，要求上市公司同时披露气候变化对财务的影响（财务重要性）及企业活动对环境的实质性影响（影响重要性），通过四要素（治理、战略、风险管理、指标与目标）框架实现全景式披露；二是设置动态升级的披露标准，2025 年 1 月发布的配套编制指南细化出 22 个气候相关披露要点，要求煤电企业必须披露碳捕集装置运行数据及技改投入明细；三是构建梯度化实施路径，对沪深 300 等指数成分股实施强制披露，允许中小板企业采用“定性 + 定量”混合披露模式过渡，但要求 2026 年前所有强制披露主体必须实现温室气体范围 1、2 排放的第三方核证。

未来，随着信息披露的要求更加细化，将对企业的绿色转型发展提出更多的约束和要求。ISSB 标准与我国《上市公司可持续发展报告指引》的趋同化进程正在加速。2025 年 3 月，财政部发布《企业可持续披露准则——基本准则》，首次将生物多样性影响量化纳入披露范畴，并要求跨国上市公司同步披露中英文版 ESG 报告。这种制度协同使得中国海油等企业在 2024 年报中增加海洋生态修复投入、甲烷逃逸监测等 28 项新指标，推动 ESG 管理从合规披露向价值创造转型。

碳市场的发展完善，通过碳配额分配的机制，对高碳排放的企业的限制更为直接。生态环境部明确，2025 年全国碳市场将强制性扩容至钢铁、水泥、电解铝三大行业，覆盖企业数量从 2257 家增至 8000 家，年交易量从 51 亿吨跃升至 80 亿吨。随着我国碳市场逐步扩容，碳配额的初始额度收缩，将会对企业的碳减排要求更为严格。国际方面，欧盟 CBAM 自 2023 年 10 月进入过渡期后，已形成覆盖水泥、钢铁、铝、氢生产等六大行业的监管框架，并计划于 2026 年正式实施碳排放证书购买制度，其核算范围从直接排放扩展至间接排放，甚至将钢铁制品纳入管控。欧盟实施碳边境调节税会使得美国或东盟等国家和地区陆续跟进，导致全球各地的碳排放成本趋同，地区碳排放政策会产生全球约束力[6]。

三、建议与展望

（一）完善绿色金融标准，做好碳减排效果评估

当前我国绿色金融标准还有不完善的地方，碳核算的方法学尚不足够支撑相关业务的开展，除电力等少数行业的核算方法学相对清晰外，其他行业的碳减排效果难以准确评估，绿色金融工具支持绿色项目的实际碳减排效果难以准确评估。尤其一些减排挂钩类的创新性金融工具，对碳减排的数据准确性提出了更高的要求，迫切需要开发更加权威系统的碳核算标准体系，根据方法学开发可落地实施的碳核算工具，解决金融机构碳数据薄弱以及碳核算标准缺失的问题[9]。此外，还应进一步健全绿色金融标准，适时成立绿色认证和评级方面的权威机构，为企业提供客观、公正的绿色认证和评级服务。

（二）创新绿色金融产品，更好地满足能源转型需求

创新绿色金融产品是推动能源行业向绿色低碳转型的关键措施之一。建议鼓励金融机构综合利用信贷、债券、信托等多样化工具提供绿色金融服务。创新产品服务，探索并购融资、气候债券、绿色信贷资产证券化、绿色不动产投资信托基金等创新产品。充分发挥绿色股权融资和绿色创业投资在培育绿色新兴产业中的重要作用，并通过上市等渠道畅通资本退出机制。创新绿色保险产品，有效分散绿色发展过程中的风险，并充分发挥绿色保险在新能源发展中的风险防范作用。在融资渠道方面，除传统金融机构提供融资外，建议充分发挥能源类央企财务公司在绿色贷款方面的作用，并将能源类央企财务公司纳入碳减排支持工具试点金融机构范围，发挥企业集团财务公司自身“产业＋金融”优势。

（三）充分发挥碳金融市场在能源转型中的作用

相较于行政指令、经济补贴等手段，碳排放权交易机制具有低成本、

可持续性强的优势；碳市场是利用市场机制控制温室气体排放的关键制度安排，是我国推动实现“双碳”目标的重要政策工具。未来全国碳市场将稳步扩大行业覆盖范围，陆续纳入钢铁、水泥、铝冶炼、石化、化工等重点排放行业，持续强化数据质量管理，逐步推行配额有偿分配，通过不断丰富交易主体、交易品种和交易方式，持续发挥市场在资源配置中的决定性作用，助力实现碳达峰、碳中和目标[10]。随着碳市场的建设发展和碳价的稳步提高，碳排放权的绿色金融属性正在逐步获得市场认可；碳市场交易价格为开展气候投融资、碳资产管理、配额质押等锚定了基准价格，碳金融产品的创新撬动了更多绿色低碳投资，碳市场与碳金融互推互助，从而有力推动了绿色投融资的发展，有利于进一步促进行业能效提升和能源结构调整。

（四）健全激励机制，更好地鼓励绿色金融业务的开展

我国应加大对金融机构开展绿色金融业务以及投资主体投资绿色金融产品的激励力度。一方面，目前国内已经发行的各类绿色金融指导意见主要停留在倡导层面，对银行等金融机构发行绿色贷款虽已经纳入 MPA 等考核机制，但正向激励的力度尚不足够。建议扩大央行创设的结构性货币政策支持工具的支持范围，使中小银行及非银行金融机构也可以享受到低息再贷款的支持。另一方面，加大对企业发行绿色债券的支持力度，出台全国层面的政府贴息等支持政策，对企业降碳行为可以享受到的各项优惠政策进一步予以明确。此外，还应加大对于投资主体投资绿色金融产品的激励力度，通过税收抵免、降低手续费等方式，鼓励社会资本投资绿色产品，并通过配套担保机制或保险产品等方式，降低投资绿色产业的风险，使绿色金融更好地发挥资源配置作用。

（五）加强国际合作，推动绿色金融国际化发展

我国应进一步推动绿色金融领域的国际合作。一是在绿色金融标准的国际化互认方面，以《可持续金融共同分类目录》为基础，扩大中欧绿色金融标准互认范围，将氢能、新型储能等新兴领域纳入协同框架，并支持

上海合作组织、金砖国家等机制下的绿色标准互认。二是在绿色投融资双向开放方面，推进跨境投融资便利化，稳步推广“绿色债券通”机制，并吸引国际长期资本参与我国绿色项目建设。此外，还可在绿色技术专利、绿色金融网络建设、绿色风险防控等方面加大国际合作力度，推动绿色金融全方位国际化发展。

参考文献

[1]马骏. 绿色金融体系建设与发展机遇[J]. 金融发展研究,2018(1):10－14.

[2]马梅若. 绿色金融“三大功能”“五大支柱”助力实现“30·60目标”:访全国政协委员、经济委员会副主任、人民银行副行长陈雨露[J]. 中国金融家,2021(3):31－33.

[3]李夺. 构建金融服务绿色低碳发展新格局[J]. 中国金融,2024(11):23－25.

[4]王林. 我国绿色金融发展进入“深水期”[N]. 中国能源报,2024－07－15(14).

[5]马骏. 论构建中国绿色金融体系[J]. 金融论坛,2015,20(5):18－27.

[6]郑忱阳. 绿色金融支持能源转型的国际经验及启示[J]. 新金融,2022(10):54－61.

[7]张毅颖. 金融支持能源低碳转型的实践与展望[J]. 现代金融,2023(12):38－43.

[8]中证指数. 中证ESG月报[R]. 2024.

[9]朱晨晨. IIGF观点 | 金融机构碳核算现状分析. 中央财经大学绿色金融国际研究院. https://iigf.cufe.edu.cn/info/1012/5103.htm.

[10]相超,王川. 碳金融模式综述及对油气公司的建议[J]. 国际石油经济,2023,31(10):30－41.

石 | 油 | 篇

油气行业勘探开发状况及竞争格局研究

陈　琳①

摘　要　2024 年，在复杂的地缘政治及能源转型背景下，全球油气勘探开发行业整体平稳发展。油气勘探开发投资较 2023 年度基本持平，维持在 6000 亿美元以上水平；石油液体供应微幅减少；天然气受到持续增长的需求驱动，供应量同比增长 1.3%。2025 年，特朗普重返白宫，新任政府奉行的单边主义严重冲击国际合作秩序。与此同时，特朗普政府针对能源行业实施的多项措施持续扰动能源市场。加之俄乌冲突仍未能顺利结束、中东局势再度升温，多重不确定因素给油气行业带来了极大的挑战及不确定性。据 Rystad Energy 分析，2025 年全球原油需求继续放缓，供需关系整体宽松。需求侧，全年石油需求预计将增长约 0.7 百万桶/天；供应侧，非“欧佩克+”国家的石油供应将增长约 1.1 百万桶/天，而“欧佩克+”从 4 月开始逐步增加石油供应量，给市场带来了潜在的失衡风险。未来短期，预计全球勘探开发投资仍将保持韧性，维持在现有水平。深水及超深水资源优越性及重要性凸显，成为油气公司竞争的主要领域。

关键词　石油　天然气　产量　可采储量　勘探开发　投资　深水油气　欧佩克+

① 陈琳，硕士，睿咨得能源管理咨询（北京）有限公司（Rystad Energy）勘探开发分析副总裁，专注油气行业勘探开发领域的研究。

一、全球油气供应现状及趋势

（一）2024年原油供应现状及趋势

1.2024年“欧佩克+”减产力保油市平衡，非“欧佩克+”产量增长

2024年全球石油液体（含原油、凝析油及天然气液）供应量为95.96百万桶/天，与2023年相比略有下降。其中，原油及凝析油产量为82.0百万桶/天，同比减少0.3百万桶/天；天然气液供应量为13.9百万桶/天，同比增加0.3百万桶/天。“欧佩克+”执行计划性减产，石油液体供应量为49.65百万桶/天，较2023年度减少1.23百万桶/天，其中原油产量为40.95百万桶/天，同比减少1.14百万桶/天。非“欧佩克+”阵营则借助北美页岩油产量的持续上升以及南美深水油田产量的显著增长，持续在全球石油市场攻城略地，其供应量占比一路飙升至48.3%，创下历史峰值，这无疑给“欧佩克+”的市场主导地位带来了严峻挑战。

（1）2024年部分成员国执行不力，“欧佩克+”勉力稳平衡

为了打破全球经济增长乏力及能源转型带来的石油消费增长疲软的困境，“欧佩克+”于2024年多次延长减产协议，力图维持市场供需平衡。2024年，受减产制约的18个“欧佩克+”国家（除伊朗、伊拉克、利比亚、墨西哥以外的“欧佩克+”产油国）平均原油产量为33.9百万桶/天，略低于34百万桶/天的年度产量目标，起到了支撑油价的作用。令人遗憾的是，其中部分成员国未能严格恪守既定的产量配额，减产执行大打

折扣，这一情况成为2023年石油市场关注的热点。此类违约行为不仅削弱了减产行动的整体成效，还冲击了“欧佩克+”内部合作的信任基石，极有可能在未来影响该组织政策的走向与决策。

“欧佩克+”政策执行不力包括两个层面：一是自愿减产的8个成员国实际超产，二是其余非自愿减产国家整体产量不及预期。

8个自愿减产成员国的产量目标为30.32百万桶/天，而实际生产原油为30.61百万桶/天，超出目标290.00千桶/天。超产国家主要包括哈萨克斯坦、伊拉克和俄罗斯。长期以来，哈萨克斯坦在恪守减产计划方面表现不尽如人意，2024年产量超出目标81.30千桶/天。主要原因是，该国的国家石油公司KazMunayGas对大型油田的掌控力不足，其产量仅占哈萨克斯坦原油产量的30%左右；反而国际公司如Chevron、ExxonMobil等在该国产量份额占比颇高，削弱了国家石油公司的话语权，使得哈萨克斯坦在严格遵守限产目标上有心无力。另一个严重超产的国家为伊拉克。首先，伊拉克联邦政府尚未掌控库尔德地区的原油产出；其次，在伊拉克政府管控的油田里，产量居首的Rumaila油田通常被用作产量调节的关键变量，然而，该油田所产生的伴生气是天然气发电的主要原料，为保障电力供应稳定，其产量无法无限制地削减；最后，伊拉克政府为避免加重财政负担，并未对国际石油公司施加过重的减产压力。种种因素交织，致使伊拉克全年产量超出配额159.90千桶/天。而俄罗斯则是因关井相关的技术问题，减产实施的进度不及预期，从而未能完成全年减产目标，全年平均超产93.1千桶/天。

另外，“欧佩克+”成员国中非自愿减产国家相较于目标产量，欠产387.3千桶/天，在一定程度上缓解了部分国家超产带来的产量供应过多的压力。产量过低国家主要为尼日利亚、阿塞拜疆、南苏丹及苏丹等。由于猖獗的石油盗窃、石油泄漏及基础设施等问题，尼日利亚历来难以达到产量目标，去年产量较其配额目标低160千桶/天；阿塞拜疆最大油田Azeri－Chirag－Gunashli（ACG）产量处于自然递减期，导致国家产量连年下降，难以达到“欧佩克 +”的配额产量；南苏丹及苏丹则是因战争问题，产量供应不足（见表 1）。

表 1　“欧佩克 +”国家 2024 年原油产量目标及实际产量

单位：千桶/天

减产意向	国家	目标产量	实际产量
自愿减产国家	俄罗斯	9111.75	9204.82
	沙特阿拉伯	8926.25	8903.84
	伊拉克	4000.00	4159.88
	阿拉伯联合酋长国	2912.00	2912.41
	科威特	2232.50	2210.64
	哈萨克斯坦	1468.00	1549.27
	阿尔及利亚	908.00	907.00
	阿曼	759.00	759.61
	小计	30317.50	30607.47
非自愿减产国家	尼日利亚	1500.00	1339.95
	阿塞拜疆	551.00	481.30
	马来西亚	401.00	344.52
	刚果	277.00	260.44
	加蓬	169.00	178.00
	文莱	83.00	79.98
	南苏丹	124.00	76.94
	赤道几内亚	70.00	55.95
	苏丹	64.00	49.77
	巴林	54.99	39.87
	小计	3293.99	2906.72
总计（含中立区）		34008.39	33911.09

资料来源：Rystad Energy。

（2）北美、南美引领非“欧佩克 +”产量增长，增幅较 2023 年放缓

2024 年非“欧佩克 +”石油液体供应量为 46.30 百万桶/天，同比增长 1.32 百万桶/天。其中页岩供应量增加 1.18 百万桶/天，深水石油供应量增加 0.21 百万桶/天，油砂供应量增加 0.11 百万桶/天，而浅水及其他

陆上资源供应量减少 0. 21 百万桶/天（见图 1）。非“欧佩克 +”产量的增长在一定程度上填补了“欧佩克 +”减产带来的供应缺口，而其产量增长主要受北美地区页岩及南美海上产量的增长驱动。

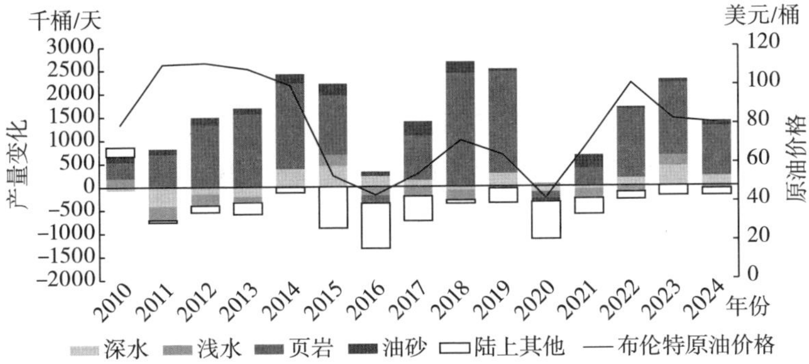

图 1 非“欧佩克 +”石油产量年度变化

资料来源：Rystad Energy

页岩产量再攀新高，但增幅已放缓。页岩已成为非“欧佩克 +”石油产量的第一大来源，2024 年非“欧佩克 +”页岩油产量（包括原油和凝析油）为 10. 86 百万桶/天，较 2023 年增长 0. 58 百万桶/天，创历史新高并占非“欧佩克 +”国家整体石油产量 30% 左右，但其产量增幅已明显放缓。页岩油气首次进入公众视野是 2000 年，但 2010 年是页岩产量真正腾飞的一年。从 2010 年到 2014 年，随着油价的升高，受北美页岩革命的驱动，全球每年的页岩油产量都大幅增加，到 2014 年，产量较 2013 年增加了 1. 24 百万桶/天，美国的 Baken 和 Eagle Ford 地区贡献了主要的产量增量。2014—2016 年，油价下行区间，页岩油气生产商也能够迅速反应，通过快速减产来适应低油价。2018—2019 年，布伦特原油价格回升至 60 美元/桶，Permian 盆地页岩产量快速上升，页岩油产量能够增加 1. 73 百万桶/天。2010—2020 年，页岩油在市场起到了调节作用。然而近年来这一情况发生了变化。2022—2024 年，随着油价上升，页岩油产量虽仍有增加，但增长幅度大不如前。这是由于页岩生产商的经营策略已经发生转变，更注重资本效率及股东回报，而不再盲目追求产量增长。

深水领域带动海上产量增长，南美洲、非洲、亚洲表现亮眼。2024年，非“欧佩克+”产量增长的另一动力来自海洋石油。2024年海洋石油产量为13.68百万桶/天，同比增长0.19百万桶/天。其中，深水石油产量为8.02百万桶/天，同比增长0.22百万桶/天；浅水石油产量为5.67百万桶/天，同比减少0.03百万桶/天。区域上，南美洲、非洲、亚洲呈现较大增量。南美洲作为2023年海洋石油产量增长的主要驱动力，其2024年海洋石油产量的增幅较2023年整体有所放缓，同比约增加0.18百万桶/天，达到3.96百万桶/天；其中一个关键因素是，巴西对多个重要油田开展检修工作（涵盖计划内与计划外的检修），致使该国石油产量出现下滑。受塞内加尔、安哥拉和埃及驱动，非洲的海洋石油产量较2023年增长0.08百万桶/天，达到1.57百万桶/天。亚洲受中国海上石油加速开发驱动，海洋石油产量增长0.06百万桶/天，达到2.13百万桶/天。

2. 短期内石油产量仍将继续增长，深水资源重要性凸显

2025年，随着全球能源格局的持续演变，石油市场供应端呈现出复杂且多元的态势。从“欧佩克+”方面来看，其减产同盟国在历经两年多的减产政策后，于2025年4月开始逐步解除减产措施，产量预计将增长；而非“欧佩克+”国家仍为石油产量增长的核心驱动力，美国页岩油及南美洲的巴西、圭亚那深水石油项目将推动石油供应增长。

2025年全球石油液体（包括原油、凝析油及天然气液）供应量预计会达到97.7百万桶/天，同比增长1.71百万桶/天，增幅为1.8%。分区域来看，北美地区仍将引领产量增长，但增幅将继续放缓，预计产量同比增长0.44百万桶/天，Permian盆地的页岩油仍成为主要产量增长来源；南美洲受巴西深水资源及阿根廷页岩油驱动，预计产量将增长0.35百万桶/天；非洲产量预计增长0.33百万桶/天，主要增长动力来自利比亚的陆上常规石油项目；中东地区产量预计增长0.34百万桶/天，沙特阿拉伯、伊朗、阿拉伯联合酋长国贡献主要增量；亚洲受哈萨克斯坦及中国驱动，产量预计将增长0.37百万桶/天；欧洲产量将增长0.10百万桶/天，挪威、丹麦

产量将增长，而英国等产量将下降；俄罗斯受制裁影响，产量将进一步下降，预计在 2025 年同比减少 0. 20 百万桶/天；大洋洲产量预计将同比降低 0. 03 百万桶/天。

“十五五”期间，在需求增长的带动下，石油产量有望延续增长态势，并预计在 21 世纪 30 年代初达到峰值。“欧佩克 +”在全球石油市场中依旧占据着举足轻重的地位，对市场供需平衡发挥着关键调节作用。与此同时，全球不同资源类型的石油供应格局将逐步发生变化。一方面，深水石油资源的优势及重要性日益凸显，凭借其资源丰富、开采潜力大等特性，深水石油供应占比预计将持续攀升，2024 年深水石油产量占全球石油总产量的 10. 2%，到 2030 年这一比例有望跃升至 11. 4%，在全球石油供应体系中的地位越发重要；页岩油产量增速将放缓，然而凭借成熟的开采技术和可观的资源量，“十五五”期间，该类石油在全球石油供应中的份额会进一步提升，预计其占比将从 2024 年的 18% 提高至 2030 年的 20%。另一方面，陆上常规石油由于长期开采，储量逐渐减少，开采成本上升；浅水石油受资源条件限制，增长空间有限，两者在全球石油供应中的占比将呈下降趋势。

（二）2024 年天然气供应现状及短期预测

1. 2024 年全球天然气产量增长放缓，中东、俄罗斯、亚洲供应增加，北美产量小幅增加

2024 年，全球天然气市场整体供需紧平衡，可销售天然气供应量为 4. 07 万亿立方米，同比增长 1. 6%。其中，中东地区产量增长 296 亿立方米，俄罗斯产量增长 304. 6 亿立方米，亚洲产量增长 150 亿立方米，北美产量仅增长 44. 8 亿立方米（见图 2）。

（1）中东地区成为全球第二大天然气产区

尽管中东地区历来凭借着极高的石油产量在全球声名远扬，然而近年来，该地区内的大部分国家也越发重视天然气资源的勘探开发，希望能够

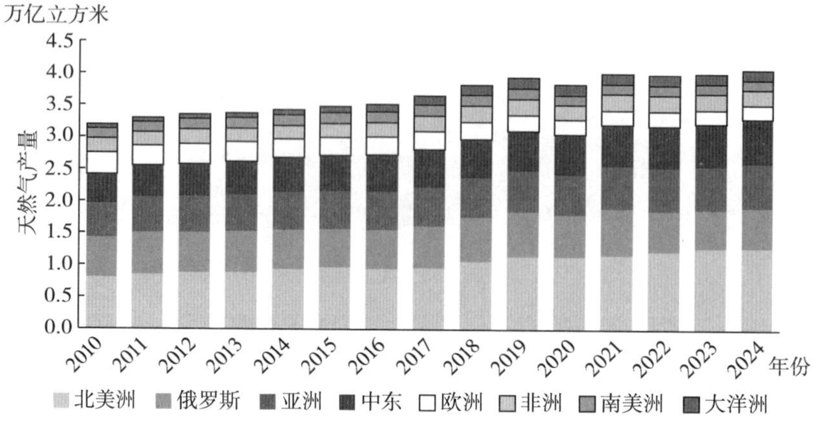

图 2　全球各地区可销售天然气产量

资料来源：Rystad Energy

保证该地区天然气的自给自足并且扩大出口潜力。在 2020 年新冠疫情暴发之前，尽管该地区持续笼罩在地缘政治动荡、冲突频发以及制裁的阴霾下，但其天然气产量仍然呈稳步增长态势。新冠疫情之后加之能源转型、俄乌冲突的影响，各方对天然气的关注度急剧攀升，助力天然气产量继续增长，2024 年该地区可销售天然气产量达到 6972.9 亿立方米，超越俄罗斯和亚洲，成为仅次于北美地区的全球第二大天然气产区。伊朗、卡塔尔、沙特阿拉伯及阿拉伯联合酋长国是主要的天然气生产国，其中，卡塔尔的 North Field 及伊朗的 South Pars 作为世界上最大的两个天然气田，产量占 2024 年中东天然气产量的一半以上。

（2）俄罗斯天然气产量呈现自俄乌冲突后首次增长

在国内消费增长以及对中国和中亚国家出口增长的驱动下，俄罗斯的可销售天然气产量扭转自 2022 年俄乌冲突以来的下降趋势，在 2024 年较 2023 年增长 304.6 亿立方米，达到 6339 亿立方米。其大部分产量增长来自非伴生气，而油田的伴生气产量基本保持稳定。产量增量主要由 Gazprom 的资产贡献，因为该公司加大了其国内液化天然气项目的开发。Gazprom 2023 年通过西伯利亚力量 1 号管道向中国出口 225.3 亿立方米天然气，2022 年仅为 153 亿立方米，而 2024 年出口量达到 310 亿立方米。

（3）中国带动亚洲天然气产量增长

2024 年，亚洲天然气产量攀升至 6888 亿立方米，与 2010 年相比，实现了 28% 的显著增长。然而，随着区域内天然气需求越发强劲，该区域天然气自给率持续走低，已从 2010 年的 86.3% 降至 2024 年的 68%。中国作为区域内的超级大国，其需求和产量的快速增长是带动亚洲供需增长的主要因素。为了满足日益增长的天然气需求，加之天然气在能源转型进程中发挥着重要的调节作用，中国近年来持续增加对天然气的勘探与开发。2024 年，中国的可销售天然气产量较 2010 年增长了 1.74 倍，可销售天然气产量达到 2244 亿立方米的历史高点；鄂尔多斯盆地、四川盆地及塔里木盆地贡献了主要的增量。未来，陆上常规天然气、页岩气、煤层气（尤其是深层煤层气）、深海天然气等各个领域将共同发力，促进中国天然气产量的进一步增长。

（4）北美天然气迎新冠疫情后最小涨幅

北美作为最大的天然气产区，2024 年可销售天然气产量为 1.28 万亿立方米，同比增长 44.8 亿立方米，增幅仅为 0.35%，主要增量来自加拿大。北美地区之所以迎来自新冠疫情恢复后最小涨幅，主要是因为亨利港天然气价格走低以及气候原因需求减少，使得美国在 Haynesville 区的页岩气产量减少。而加拿大天然气的增长主要是受到 Montney 页岩气产量增长的驱动。

2. 短期天然气供应展望

2025 年，全球可销售天然气产量预计为 4.16 万亿立方米，较 2024 年度增长 858 亿立方米，涨幅为 2.1%。区域上，北美地区作为全球第一大天然气产区，产量将增长 400.5 亿立方米，美国 Permian、Marcellus 页岩气及加拿大的 Montey 页岩气将成为主要的增长来源；中东地区将延续其强势的增长势头，2025 年产量预计增长 213.2 亿立方米，仅次于北美地区，沙特阿拉伯、卡塔尔、伊朗、伊拉克及土耳其是主要增产国。值得一提的是，沙特阿拉伯的超大页岩气田 Jafurah 预计将在 2025 年投产，并为该国的天然气产量增长做出极大贡献；非洲天然气产量预计将增长 136.5 亿立方米，阿尔及利亚、尼日利亚、毛里塔尼亚等国将驱动产量的增长，其中，毛里塔尼亚 Greater Tortue Ahmeyim 液化天然气项目的投产拉动了该国天然气产量的增长；亚洲产量预计将增加 84.4 亿立方米，中国、印度、巴基斯坦、缅甸等国是主要的增长动力；南美洲及大洋洲产量预计增长 59.1 亿立方米；俄罗斯、欧洲的天然气产量预计将下降 35.7 亿立方米。

“十五五”期间，全球天然气产量将保持稳定增长，预计在 2030 年达到 4.57 万亿立方米，较 2024 年增长 12%。这一增长主要由中东和北美驱动。中东地区是未来全球天然气产量增长最强有力的驱动力，卡塔尔、沙特阿拉伯、阿拉伯联合酋长国等国依靠丰富的资源和积极合理的开发规划，将引领产量的大幅提升。与此同时，北美受到全球液化天然气需求增长的驱动，产量将继续保持增长。

二、勘探开发现状及趋势

（一）勘探开发资本支出保持强劲势头

2024 年，全球勘探开发资本支出约为 6153 亿美元，与 2023 年度相比增加 3.4%。其中，陆上常规油气投资达 2359 亿美元，同比增长 1.0%，中东地区因卡塔尔的液化天然气等项目的建设，投资增长幅度显著；非洲地区受乌干达等国推动，投资也呈现较大增长。浅水油气投资为 1112 亿美元，同比增长 11.7%，主要得益于沙特阿拉伯、卡塔尔、挪威、中国等国的浅水油气项目。页岩方面，由于北美页岩公司策略的调整，投资额降至 1443 亿美元，较 2023 年度减少 4.3%；受巴西、圭亚那等投资热潮驱动，深水油气投资较 2023 年增长 12.5%，达到 1120 亿美元。另外，油砂投资为 118 亿美元，与 2023 年相比变化幅度较小（见图 3）。

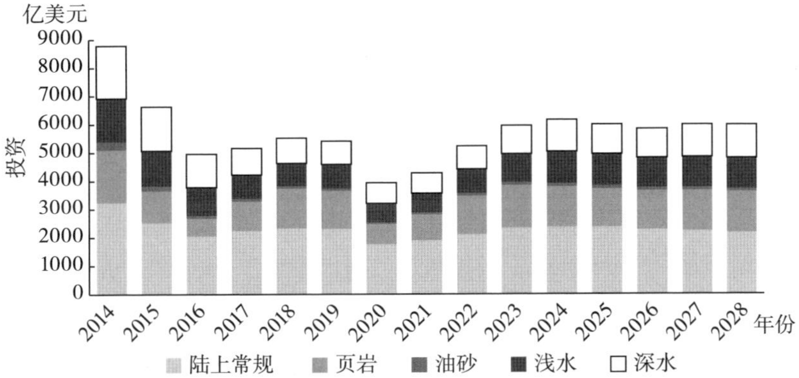

图 3　全球勘探开发投资（分资源类型）

资料来源：Rystad Energy

2025 年，全球勘探开发投资预计将呈现微幅下降，预计投资金额约为 5987 亿美元，较 2024 年度下降 3%。页岩、油砂以及深水油气的投资均出现下滑。页岩投资预计减少 6%，降至 1362 亿美元。由于北美页岩公司战略持续调整，更注重资本回报，加之页岩气钻完井技术的提升与页岩行业大规模兼并购之后的规模效应与协同效应带来的成本下降，使得页岩投资下降；油砂投资预计下滑 2%，降至 116 亿美元；深水油气投资额预计将下降 7%，至 1038 亿美元，主要是巴西、美国深水投资的下降引起的；陆上常规油气及浅水油气的投资与 2024 年基本持平，分别维持在 2362 亿美元及 1109 亿美元。

在 Rystad Energy 基准情景下，预计全球勘探开发投资至 2028 年以前将维持在 5800 亿～6000 亿美元的水平。

（二）全球油气勘探常规油气新增储量创新低

1. 深水区域成为勘探热点

勘探开发领域的勘探投资与新的油气发现有着密不可分的关系，两者相互影响，共同塑造油气行业的发展轨迹。21 世纪初，全球勘探投资规模约为 251 亿美元。当时，全球经济复苏，石油需求持续攀升，石油供应紧张局面加剧，推动油价不断上涨。在持续增长的油价刺激下，油气行业纷纷加大勘探投入，勘探投资也随之逐年递增。随着布伦特原油价格突破100美元/桶的高点，2013年全球勘探投资达到1209亿美元的峰值。2014年国际原油市场供过于求的矛盾凸显，原油价格下跌，勘探投资迅速缩水，到2016年已降至557亿美元，与2013年相比，缩减幅度高达54%。自新冠疫情后，全球勘探投资逐渐进入稳定期，基本保持在500亿美元左右，显示出勘探领域在经历前期的大幅波动后，逐渐走向平稳发展的轨道。2024年，全球勘探投资约为528亿美元。

低水平的勘探投资在一定程度上致使新发现油气储量走低。2000—2010年，全球每年平均新增常规油气可采储量约为369亿桶油气当量。而2011—2024年，平均每年新增常规油气可采储量降至约212亿桶油气当量，较21世纪初前10年减少43%。与此同时，新增油气储量的分布呈现明显变化，逐渐向深水区域转移。2000—2010年，深水油气新增可采储量在总油气可采储量中的占比平均维持在28%；2011—2024年，该比例上升至45%。深水油气已成为全球油气公司勘探的重点领域，多个油气公司加大在深水区域的勘探资源投入，以期获取更多优质的油气储量（见图4）。

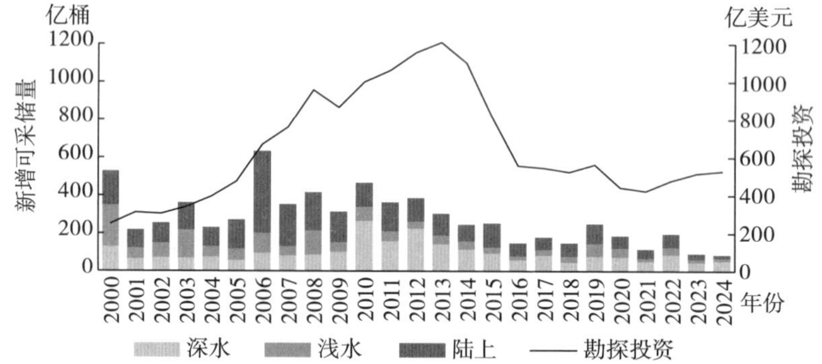

图4　全球勘探资本支出及常规油气新增可采储量

资料来源：Rystad Energy

2. 2024年新增可采储量创新低，纳米比亚新增储量居首位

2024年，全球当年新发现常规油气田的新增可采储量为88.1亿桶油当量，较2023年减少7%，再创近年新低。海上油气勘探仍占据主导地

位，2024 年海洋油气新增可采储量占总可采储量的 79.9%。非洲地区是 2024 年勘探最为成功的地区，其新增常规油气可采储量占全球总新增可采储量的 30%，达到 26 亿桶油当量。最具代表性的油气发现包括纳米比亚 Orange 盆地的 Mopane 油田及科特迪瓦的 Calao 凝析气田。亚洲排在第二位，贡献了 29% 的新增可采储量，主要受中国、印度尼西亚、马来西亚等国成功的海上勘探活动推动。另外，美洲贡献了 26% 的新增可采储量，墨西哥及圭亚那是主要驱动力。

2024 年，纳米比亚成为全球新增可采储量最多的国家。这一显著成绩主要得益于其境内的两个重要发现：Galp Energia 发现的 Mopane 油田以及 TotalEnergies 发现的 Manetti 油田。这两个油田均位于纳米比亚 Orange 盆地，该盆地的勘探在沉寂了近半个世纪后，于 2022 年迎来重大转机。当时，Shell 和 TotalEnergies 相继发现了 Graff 和 Venus 油田，给纳米比亚的勘探开发注入了新的活力。而此次 TotalEnergies 发现的 Manetti 油田或将是纳米比亚史上最大的油气发现，使其持续成为全球勘探领域的焦点区域，吸引众多油气公司与资本的关注。其次是中国，近年来，中海油在海域积极进行油气勘探活动，使得其渤海及南海的油气储量不断攀升，并推动了整个国家新增储量的稳健增长。科特迪瓦排名第三，意大利石油巨头 Eni 公司在 CI－205 区块发现 Calao 凝析气田，使科特迪瓦成为西非地区自 2019 年以来发现油气储量最多的国家，Eni 公司亦成为该地区最大的油气运营商。此外，墨西哥、圭亚那、印度尼西亚、马来西亚、挪威、科威特及美国也取得了相对积极的勘探成果，为全球新油气资源储备注入了新力量（见图 5）。

值得注意的是，近年来，新增油气可采储量的降低导致全球可采储量替代率不足 50%，这一比例在 2024 年更是降至 20% 以下。新增储量的下降在很大程度上归因于大量勘探井未能达到预期、新发现油气田数量减少且缺乏大型油气发现。在能源转型时代，油气公司对勘探投资的把控越发严苛。同时，失利的钻探活动致使诸多勘探区域面临退还，对新区投资意

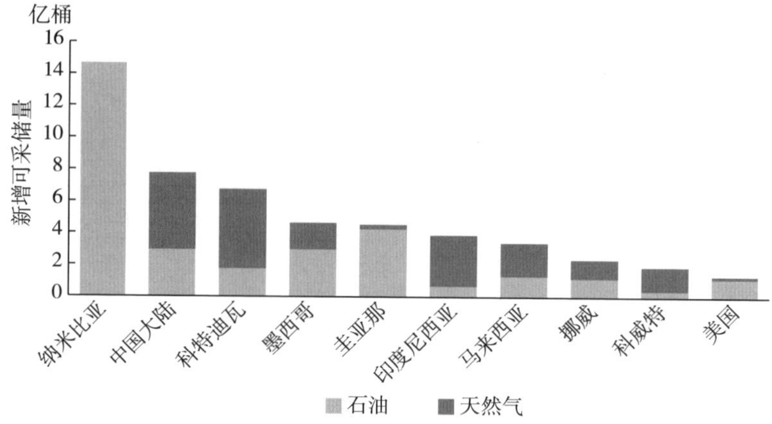

图 5　2024 年新增可采储量前 10 国家

资料来源：Rystad Energy

向的缺乏也使得油气公司的勘探开发资产不断缩减，极大地压缩了后续勘探空间。这引发了全球对未来能源结构的担忧。尽管为了减少碳排放，各国在努力增加可再生能源领域的研究和布局，但石油和天然气在满足全球能源需求方面仍将发挥关键作用。因此，未来能否在保障能源供应稳定的前提下，平衡好传统油气勘探与新能源开发之间的关系，成为亟待解决的关键问题。

3. 2025 年非洲仍将主导高影响力预探井活动，亚洲成为新热点

Rystad Energy 通过研究识别出 38 口将要在 2025 年完钻的高影响力井。其中，16 口井将部署在前沿盆地或新兴盆地，1 口井将目标锁定在新区带，3 口井的预期可采储量大于 5 亿桶油当量，另外 18 口井则是公司重点井，对公司的战略部署具有重要意义。国际石油巨头仍然引领高影响力井的钻探活动，将作为操作者钻探 17 口探井。TotalEnergies 和 Eni 各计划钻 4 口探井，TotalEnergies 将关注南非的大西洋沿岸及苏里南，Eni 则将在印度尼西亚钻 2 口探井，ExxonMobil 将在地中海的前沿盆地 Herodotus 钻 3 口探井，另外，Shell、BP 和 Chevron 将各钻 2 口高影响力井。这表明能源巨头公司都非常关注高影响力井的勘探。

从区域来看，非洲、亚洲主导高影响力钻井，分别部署了10口重要探井。在非洲，近一半的高影响力井是油气公司的关注井，对于确定资源规模和商业性至关重要，另有36%的井位于前沿盆地和新兴盆地。亚洲的10口高影响力井中，有4口分别位于印度、尼泊尔、印度尼西亚和韩国的前沿盆地，剩余6口井则是公司重点井。其中，在东南亚地区，Eni计划在印度尼西亚Kutai盆地钻探两口深水井：Kadal－1和Konta－1，这是其积极勘探战略的一部分，旨在扩大天然气资源，任何发现都可能在印度尼西亚深水开发（IDD）项目中快速推进开发。在中亚地区，KazMunayGas公司正在哈萨克斯坦内陆Precaspian盆地的Karaton区块进行钻探作业，目标是在Kungurian盐层之下寻找油气藏。该区块附近有完善的基础设施，据估计，蕴藏约26亿桶石油，且有50%的发现概率。与此同时，Dragon Oil计划在土库曼斯坦近海的19号区块进行一口探井钻探作业，若能在此发现油气，将有助于其附近Cheleken合同区的生产作业。美洲部署8口高影响力探井，除一口位于美国墨西哥湾外，其余均位于南美。苏里南、巴西是南美洲的热门勘探国家。

三、不同资源竞争力分析

在全球的能源版图中，中东地区的石油有着无可比拟的成本优势，占据着极为关键的战略地位。预计到2030年，全球石油液体日供应量将达到1.10亿桶。其中，中东地区凭借得天独厚的资源优势，将贡献约0.36亿桶/天的产量，占全球供应量的33%。据Rystad Energy评估，中东陆上石油加权平均平衡油价为14.0美元/桶，海上石油平衡油价略高，为18.0美元/桶，显著低于全球其他产区。在中东以外的地区，深海及超深海资源凭借着大规模储量及开采潜力，成为极具经济价值的战略资源。在世界其他地区，超深海石油平衡油价约为32美元/桶，深海石油平衡油价约为33.1美元/桶。到2030年，这两类资源的日产量将达到0.11亿桶。除中东地区外，其他陆上常规石油产区尽管面临着油田老化、地质条件复杂、开采难度大等挑战，但仍将凭借其庞大的储量，以 34.1 美元/桶的平均平衡油价，实现 0.20 亿桶的日产规模。北美地区作为全球非常规油气开发的前沿阵地，油砂与页岩油产业仍将继续发展。至 2030 年，油砂日产量预计为 0.04 亿桶，盈亏平衡油价约为 36.7 美元/桶。北美页岩油将以平均 37.8 美元/桶的盈亏平衡油价实现 0.20 亿桶的日供应量。除中东以外的浅海资源 2030 年日供应量约为 0.06 亿桶，其平均平衡油价为 37.8 美元/桶。此外，超稠油和俄罗斯陆上原油预计供应量为 0.13 亿桶/天，其平均平衡油价较高，大于 40 美元/桶（见图 6）。

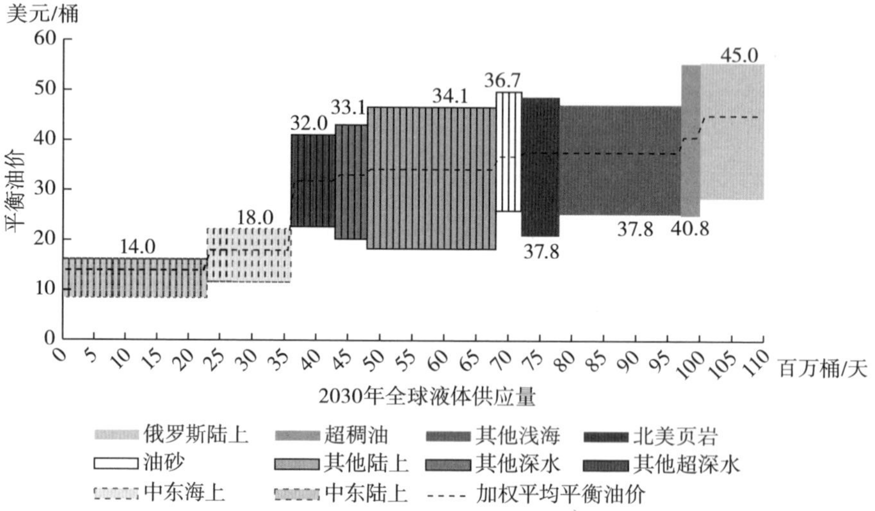

图 6　2030 年不同资源石油液体供应量与平衡油价关系

资料来源：Rystad Energy

在油价 70 美元/桶的情景下，测算了不同资源类型新项目的投资回收期和内部收益率，并且剖析了不同类型资源 2020—2024 年的平均二氧化碳排放强度。从投资回收期来看，页岩油凭借灵活的开发模式、成熟的开发技术及独特的生产特性，显著缩短了投资回收期，其平均投资回收期约为 2 年。相较之下，其余类型资源的平均投资回收期均在 9 年以上，凸显了页岩油在项目投资效率方面的优势。在内部收益率方面，欧佩克国家的陆上常规石油和深水石油展现出强大的盈利能力，内部收益率高达23%。而非欧佩克国家的陆上常规石油受资源禀赋、开发条件等多重因素制约，内部收益率仅为12%，远低于前者（见图7）。

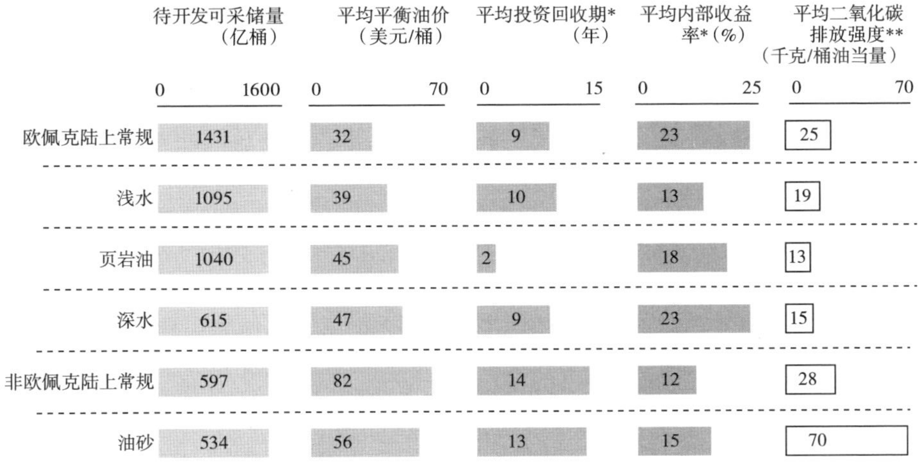

图7 不同资源类型新项目竞争力对标

资料来源：Rystad Energy

在全球加速向低碳转型的背景下，碳排放强度已成为石油公司投资决策的重要考量指标。过去4年，页岩油的平均二氧化碳排放强度为13千克/桶油当量，处于相对较低水平。深水领域的碳排放强度略高于页岩油，每桶油当量约为15千克。值得关注的是，油砂项目由于开采工艺复杂、能耗高等，其二氧化碳排放强度远超其他资源，达到70千克/桶油当量，这无疑给油砂行业的可持续发展带来严峻挑战。

地缘扰动加剧下的全球石油市场变化趋势

王 佩 侯 晖 张 晨[①]

摘 要 近年来，在全球地缘政治动荡加剧的背景下，国际油价的政治属性日益突出。2024 年，在全球经济稳步增长、中东与俄乌冲突扰动、“欧佩克＋”产量政策等多重因素的叠加影响下，国际油价呈“M”形走势，布伦特原油价格多数时间在 70～90 美元/桶范围内震荡。2025 年，全球经济上行动力不足，美国对等关税政策显著加剧了油市的不确定性，中东与俄乌冲突或持续常态化，但美伊关系牵动油市供应情绪。此外，“欧佩克＋”正式启动增产，在全球石油供应整体过剩情况下加剧供应压力。中长期来看，全球石油需求稳步达峰，成品油消费增长动力不足；非欧佩克供应增长逐渐放缓且部分国家供应逐步达到峰值，欧佩克剩余产能持续高位抑制油价走强。整体来看，中长期地缘扰动常态化，国际油价回归商品属性，整体维持中低位运行。

关键词 国际油价 地缘冲突 石油供需 能源转型 欧佩克

① 王佩，博士，教授级高级经济师，中国石化集团经济技术研究院副总经理，主要研究领域为国际油气市场、碳电市场和新能源行业；侯晖，学士，高级经济师，主要研究方向为国内外石油市场和国际原油价格研究预测；张晨，博士，中级工程师，主要研究方向为国际石油市场。

一、2024年全球石油市场回顾

2024年，国际油价宽幅震荡，整体价格运行区间下移，全年布伦特均价为80美元/桶，同比下跌2.7%（见图1）。全年来看，地缘因素与供需基本面因素交替影响国际油价走势。1—4月国际油价主要受红海局势升级、乌克兰无人机袭击俄罗斯炼厂、以色列与伊朗冲突风险加剧等地缘支撑持续上涨；5月地缘局势阶段性缓解，溢价回落，原油库存上涨；6月初“欧佩克+”决定10月起逐步退出减产协议，油价大幅下跌；7月以来，市场对夏季石油需求的乐观情绪支撑油价反弹；8月中下旬起，美国、中国经济和石油需求均不及预期，市场对美国经济衰退预期引发金融市场动荡，油价震荡下跌；10月，伊朗与以色列第二轮冲突推动油价短暂冲高，随着以色列未袭击伊朗能源设施，油价再次回落；11—12月，“欧佩克+”称将220万桶/日的自愿减产措施再延长一个月至12月底。

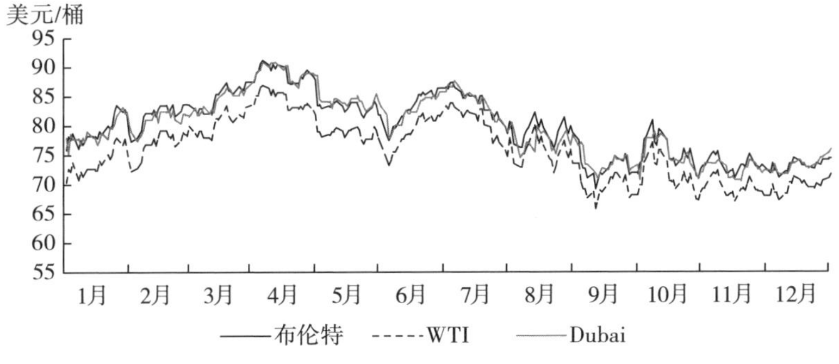

图1　2024年国际基准油价格走势

资料来源：路透社，Sinopec EDRI

（一）世界经济增长平稳但动力不足，拖累石油需求

虽然主要央行降息举措与各类刺激政策在下半年陆续出台，但2024年经济整体增长乏力。从制造业水平来看，全球制造业采购经理人指数（PMI）连续3年处于荣枯线以下，且2024年同比下降0.3个百分点，制造业的疲软也抑制了全球石油需求。从经济体看，9月美联储两年来首次超预期降息50个基点，11月7日再宣布降息25个基点；欧元区经济逐步摆脱低谷，2024年GDP增速为0.9%，同比提高0.5个百分点，这主要依赖于欧央行早在6月即抢先进入降息周期提振欧洲经济整体水平；中国经济增长略有放缓，2024年GDP增速为5.0%，但投资内部结构分化、地产调整、制造业投资回落等问题亟须解决，而经济的放缓也导致了中国石油特别是柴油需求表现低迷。

替代的加速同样冲击石油需求。2024年，全球石油需求增长85万～1.03亿桶/日，增量全部来自非经济合作与发展组织（OECD）国家。其中，中国石油需求增长16万桶/日，明显低于年初预期，当年原油加工量同比下降1.8%，原油进口量同比下降1.6%，全年成品油终端消费量下降1.9%。中国消费偏弱不仅受经济增速下行的影响，还因新能源汽车替代超预期发展和LNG重卡销量保持高位等挤占石油需求。

（二）全球石油供应充足，非欧佩克供应扩张挤占“欧佩克+”增产空间

2024年全球石油供应1.03亿桶/日，较2023年增长约70万桶/日，其中非欧佩克石油增长90万桶/日，基本覆盖了全球石油供应增量[2]。

非欧佩克国家产量大幅提升，挤占“欧佩克+”增产空间。2024年非欧佩克国家石油产量为7020万桶/日。美洲地区全年产量增长近100万桶/日，其中，美国、加拿大、圭亚那分别增长60万桶/日、20万桶/日和20万桶/日。美国原油产量在2024年10月达到1345万桶/日的历史新高，打破2023年12月创下的1331万桶/日的纪录。2024年加拿大跨山原油管道

扩建项目（TMX）达到约70万桶/日运输能力，西海岸海运原油出口量显著增长，其中增量原油主要流向亚洲地区。

“欧佩克+”为平衡市场不得不多次推迟增产计划。2024年欧佩克石油供应为3270万桶/日，叠加非欧佩克石油供应，全球石油总供给略高于总需求。2022年底开始“欧佩克+”数次实施减产计划：2022年11月强制减产200万桶/日，2023年5月自愿减产166万桶/日，2024年1月进一步自愿减产220万桶/日，一系列减产措施导致欧佩克剩余产能达到近600万桶/日高位。2024年6月，“欧佩克+”决定将220万桶/日的自愿减产措施延长至9月底，之后将视市场情况逐步回撤该部分减产力度，但由于市场预期供应趋于过剩，国际油价下跌，“欧佩克+”在9月和11月被迫推迟增产计划。

（三）俄乌冲突常态化，中东紧张局势的反复导致油价大幅波动

俄乌冲突持续，但整体对俄石油出口总量和收入的影响减弱。从石油产品出口量来看，俄罗斯石油出口总体高位运行，2024年石油（原油+油品）出口约750万桶/日，略低于俄乌冲突爆发前（2021年）780万桶/日的水平。其中，原油海运出口量为346万桶/日，略低于2019年的355万桶/日。受制裁后的海运原油与石油产品流向从欧洲地区转向亚洲，尽管折扣有所下降，海运原油仍大量涌入中国与印度。2024年，俄罗斯向中国出口原油约240万桶/日，较2021年上涨50%；向印度出口约190万桶/日，较2021年进口水平增长约19倍。从俄油价格来看，俄油与布油价差逐年收窄，全年布伦特与ESPO原油价差为2.8美元/桶，同比收窄5.1美元/桶；布伦特与Urals价差为14.9美元/桶，同比收窄6.2美元/桶。从石油产品出口收益来看，尽管G7对俄海运原油出口设定了60美元/桶的价格上限，但对整体出口收益影响较弱，2024年俄罗斯石油平均出口收益189亿美元/月，超过冲突前165亿美元/月的水平。然而，乌克兰多次使用无人机对俄罗斯炼厂、能源设施进行侵扰，乌克兰无人机袭击范围覆盖

俄罗斯约 410 万桶/日的炼能，占全部炼能的 60% 左右，2024 年 3 月实际影响了至少 110 万桶/日的炼油产能，短线推涨油价。

中东紧张局势的反复导致油价大幅波动。巴以冲突逐步由以色列与哈马斯的冲突外溢至黎巴嫩、伊朗等国家。红海危机作为巴以冲突的外溢，使本应过境红海的油轮数量大幅下降并绕行，造成运费的大幅上涨。2024 年以色列与伊朗罕现两次“本土互袭”：4 月 1 日，以色列空袭伊朗驻叙利亚大使馆，伊朗宣称将“报复”以色列，油价应声飙升 4 美元/桶至年内高点的 91 美元/桶，伴随伊朗提前向各方传达且仅对以色列本土军事设施进行了打击，靴子落地后溢价迅速全部回吐；10 月 1 日，伊朗从本土发射约 200 枚弹道导弹，打击以色列军事设施，伊方称此举是对以色列刺杀哈尼亚（哈马斯领导人）、纳斯鲁拉（黎巴嫩真主党领导人）等盟友的报复行动，布伦特油价再次由 72 美元/桶上涨至 80 美元/桶；10 月 26 日，以色列袭击了伊朗的军事设施，未对其核设施或石油设施进行打击，且消息称伊朗通过第三方告知以色列不会对此次袭击做出回应，第二次互袭结束，地缘溢价再次全部回吐。

二、全球石油需求面分析

（一）美国关税政策对 2025 年全球经济增长和需求造成拖累

全球经济增长步入低增速常态。2020 年新冠疫情全球暴发，全球经济增速下降了 2.7%，2021—2023 年随着疫情限制的放开，经济经历了恢复和反弹，2024 年全球经济总体稳定，增速由 2023 年的 3.5% 小幅回落至 3.3%。2025 年 4 月，美国宣布并实施了“对等关税”措施，其贸易伙伴随即采取相应的反制举措，使得美国有效关税税率攀升至近百年最高水平，对全球经济增长构成了重大的负面冲击。其间，这些关税措施在谈判过程中部分加征、部分阶段性暂缓，过程中充满了不确定性，不仅对当时的经济活动产生了负面影响，还使经济前景越发不明朗。2025 年 4 月，国际货币基金组织（IMF）预计，2025 年全球 GDP 增长 2.8%，比 2024 年下降 0.5 个百分点，2026 年为 3%，2027—2030 年为 3.1% ~3.2%，远低于 2000—2019 年 3.7% 的历史平均增长水平[1]。鉴于经济增长和石油需求之间存在显著的线性关系，经济增长放缓也将拖累全年石油需求走低。

过去 10 年，全球经济增长主要来自新兴经济体，特别是中国的经济增长。随着时间的推移，新兴经济体的市场份额将越来越大，从中端市场逐渐发展到中高端市场，为全球经济增长作出越来越显著的贡献。此外，全球经济体的 75% ~80% 受到人口老龄化的影响，劳动力可能出现短缺。另外，人工智能、数字经济、能源转型、生命科学等技术正蓬勃发展，将使得经济增长相对平稳。总体来看，未来全球企业间资源分配效率日益低下、主要经济体人口压力以及企业投资疲软，使得经济增长仍面临较大压力，如果没有重大技术进步或改革提高生产率，经济难以强劲增长。

未来各经济体经济增长分化相对严重。美国方面，由于政策不确定性加剧、贸易紧张局势升级以及国内需求动力减弱，预计美国经济增长将由 2024 年的 2.8% 降至 2025 年的 1.8%，2026 年为 1.7%，2027—2030 年为 2.0% ~2.1%。欧洲方面，能源成本较高、技术劳动力不足等进一步削弱欧洲制造业竞争力，而财政政策放松、降息等支撑经济增长，预计欧元区经济增长率由 2024 年的 0.9% 小幅放缓至 2025 年的 0.8%，2026—2030 年为 1.1% ~1.3%。新兴市场和发展中经济体仍处于技术追赶阶段，面临研发投入不足、高端人才流失、基础研究薄弱等结构性挑战，预计经济增长率将由 2024 年的 4.3% 降至 2025 年的 3.7%，2026 年为 3.9%，2027—2030 年为 4.0% ~4.2%。中国受美国关税政策冲击较大，需要国内出台一系列的政策抵消负面影响，以实现 5% 左右的增长目标。印度在人口红利和中高收入人群快速增长的利好下，仍将是全球经济增长最快的经济体之一。东盟国家寻求产业自主、安全发展，并着重扩大内需，经济仍有较大增长潜力，但部分国家对美国出口依赖性高，受美国关税政策影响较大。

（二）全球石油需求未来5年或将面临达峰

全球石油需求低速增长并将于2030年前后达峰。2020年新冠疫情全球暴发，各国采取封城限行等政策导致石油需求创有史以来最大降幅，全球石油需求同比大幅减少900万桶/日，甚至低于2013年需求水平。疫情造成的经济封锁导致汽油、航空煤油、柴油、燃料油等交通燃料消费品种不同程度下降。2021—2023年为疫后恢复期，其中2021—2022年除中国以外的其他国家逐步恢复，2023年中国全面解禁，2023年全球石油需求达到1.02亿桶/日，超过2019年1.01亿桶/日的水平。2024年，因全球经济增长放缓，新能源替代加快，特别是中国石油需求增长大幅放缓，全球石油需求增幅仅为85万桶/日。2025年，美国关税措施导致经济贸易增长的下降拖累全球石油需求增长，预计全年石油需求增幅为70～90万桶/日。

从中长期来看，化石能源消费占比下降、可再生能源消费占比上升仍是大趋势。国际能源署（IEA）发布的2024能源展望指出[3]，全球化石能源消费占比已从2013年的82%降至2023年的80%，在此10年间，能源需求增长了15%，而增量的40%基本由非化石能源需求提供，以可再生能源为首的其他能源与传统化石燃料供能共同增长。未来全球石油需求增长主要由新兴经济体崛起推动的需求增加和由能源转型引起的需求替代之间的相互作用决定。一方面，经济和人口增长仍将带动石油需求增加；另一方面，许多发达经济体和发展中国家正积极推动从化石能源向非化石能源转型，预计石油需求增幅逐渐下降，2026—2030年全球石油需求年均增长30万～40万桶/日，2030年前后全球石油需求达峰，达到1.06亿桶/日左右（见图2）。其中，OECD国家石油需求约为4270万桶/日，较2024年下降近300万桶/日，非OECD国家和地区需求达到6280万桶/日，较2024年增加560万桶/日左右。OECD国家石油需求早在2018年就达到峰值，经过新冠疫情大幅下降后有所恢复，2025年以后将重回下降趋势。而非OECD国家的石油需求在2040年前保持持续增长，之后转而下降。

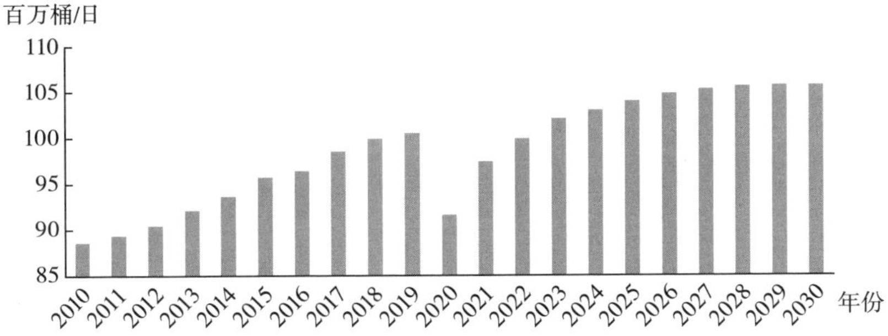

图 2　全球石油需求增长趋势

资料来源：IEA，Sinopec EDRI

非 OECD 国家石油需求的增长以亚洲为首。受经济结构调整和能源替代的影响，未来中国石油需求增速将明显放缓，目前预计 2026—2027 年中国石油需求达峰，表现需求为 1720 万桶/日左右，之后进入下降期。目前印度石油需求约为中国的 1/3，但从长期来看，印度经济和人均收入将保持较快增长，推动燃油汽车保有量快速增长和基础设施建设规模进一步扩张，从而带动石油需求增长，预计印度的石油消费量将从 2024 年的 564 万桶/日上升到 2030 年的 680 万桶/日左右。另外，中东地区人口保持快速增长，且年龄结构偏向年轻化，将有力地支持该地区石油需求的增长；沙特阿拉伯等中东油气生产大国正致力于发展本国炼油化工产业，新建的石化企业建成投产也将对石油需求形成一定的支撑。但由于沙特阿拉伯、科威特和伊拉克等国家都制订了能源转型与替代的计划，增加对新能源发展的投资来降低对燃油发电厂的依赖，这些政策很大可能将减缓石油需求增长。

新能源对交通运输燃料特别是汽油需求冲击较为明显。2030 年前，道路运输燃料（汽油和柴油）需求将有所增加，但增幅明显放缓。与此同时，来自航空运输的燃料需求有望持续增长。道路运输电气化将在未来对石油需求产生较大影响，初步预计，到 2050 年，将有 900 万桶/日左右的石油需求被电动汽车替代，其次是石化产品回收利用，将减少约 380 万桶/

日的石油需求。从全球范围来看，新能源汽车（电池电动＋插电式混合动力汽车）在轻型汽车销量中的份额将从2024年的20%上升到2050年的60%以上，特别是2030年后，车辆电气化速度将显著加快。预计2050年，全球电池电动汽车（BEV）保有量将超过5.2亿辆（占汽车总保有量的31%），而插电式混合动力汽车保有量为1.3亿辆左右（占汽车总保有量的8%），混合动力汽车保有量为2.1亿辆左右（占汽车总保有量的13%）。长期来看，由于石化产能的继续增长，未来液化石油气、乙烷、石脑油等化工原料需求持续增加，化工原料的需求增量将占大部分增量份额。

三、全球石油供应面分析

（一）全球石油上游开发与投资

全球能源转型持续，石油上游的投资韧性仍存。近中期来看，受石油需求增长动力不足的影响，全球油气上游投资规模上行遇阻，预计2025年总计约6100亿美元，较2024年减少约50亿美元，同比下降0.8%，低于疫情前（2017—2019年）年均增加180亿美元的水平（见图3）。其中，北美地区投资于2023年达到近年高点后逐步下降，预计2025年北美上游投资规模环比下降180亿美元至2000亿美元左右，中东、俄罗斯、亚太为投资增幅主体，预计2025年环比分别增长70亿美元、50亿美元和30亿美元左右。中长期来看，全球油气领域投资韧性仍存，预计2028年达到近10年内峰值6300亿美元左右。2030年，预计北美和中东分别较2024年投资大幅减少约310亿美元和230亿美元，分别约占其2024年投资总额的14%和22%。北美市场的上游投资规模下行主要受市场整合浪潮的推动，尽管特朗普政府主张通过降税、退出《巴黎协定》等方式鼓励增产，但市场整合与油价下行预期限制地区上游投资规模的扩张，同时增加关税造成开发利润的下行可能进一步拖累上游开采与投资。中东地区结合自身油气上游生产优势，目前大力转向中下游一体化协同发展，剩余产能处于高位抑制了进一步的上游开发投资，整体导致上游投资规模上探至 2026 年的 1150 亿美元左右高位后迅速转向，2030 年上游投资规模降至 800 亿美元左右。

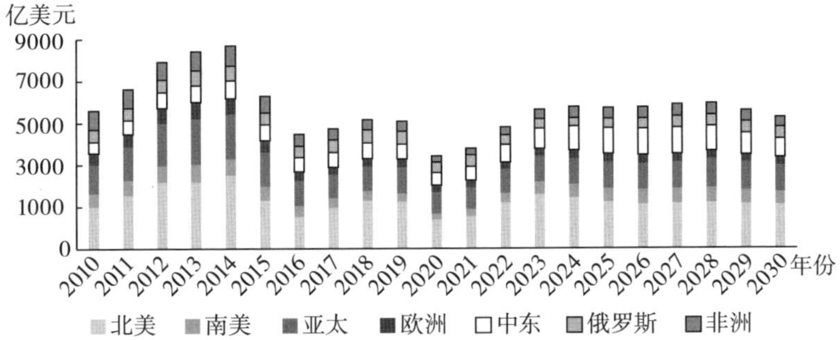

图 3　全球主要地区及国家上游投资规模走势

资料来源：Rystad Energy，Sinopec EDRI

运营商投资结构转变，运营收入的良好预期促使投资占比继续走低。由于 2022—2024 年国际原油价格大幅上涨，石油公司普遍扩大了短期上游投资规模，并于中长期保持相对稳定。在过去几年国际油价中高位运行的背景下，油气上游迎来新一波并购热潮，尤其是美国企业的并购趋势，由页岩油发展前期的“小而散”向未来的“大而集中”转变。例如，2023 年 10 月，埃克森美孚公司和雪佛龙公司爆出两笔高达 600 亿美元的巨额收购，在推高美国上游资产交易额的同时，也引领市场交易标的从资产交易向公司交易转变，开启了美国页岩产业的整合周期。长期来看，并购浪潮具备延续的动力，市场上仍有大量的页岩资产待售，构成了延续浪潮的基础。因此，全球上游投资规模韧性仍强，企业运营收入预期总体向好。

（二）全球石油供应变化趋势分析

全球石油供应增长主要集中在非“欧佩克 +”国家和地区，但“欧佩克 +”具备灵活产量政策以主导市场、应对价格和供需波动。短期来看，在“欧佩克 +”仅夏季增产以较好平衡市场供应的情景下，预计 2025 年全球石油产量增加约 140 万桶/日至 1.044 亿桶/日，超过全球石油需求量。非欧佩克石油供应增长强势，供应占比继续增加，2025 年非欧佩克石油供应增加约 130 万 ~7150 万桶/日，供应增量挤占“欧佩克 +”产量空间。中长期来看，预计 2030 年全球石油供应量约为 1.06 亿桶/日。供应增量主要源自非欧佩克美洲国家，未来 5 年将保持 7200 万 ~7300 万桶/日高位。由于全球石油需求中长期内或面临达峰，叠加非欧佩克国家石油供应增势不减，欧佩克产量增长空间备受挤压，剩余产能或长期处于高位。

1. 非欧佩克：持续引领全球供应增长势头

2024 年，非欧佩克供应增长约 90 万桶/日，几乎占据了全球石油供应增量，印证了非欧佩克已经成为拉动全球供应增量的新引擎。短期来看，非欧佩克产量增速动力不减，预计 2025 年产量增长 130 万桶/日左右，其中产量增长主要来源于美国、巴西、圭亚那等美洲国家，但需警惕的是，美国关税政策引发贸易战使油价持续低位，页岩油经济性走弱将可能拖累美国短期石油产量增长。2025 年 5 月，美国能源信息署（EIA）预计，2025 年美国原油产量增长仅 20 万桶/日，较 2 月特朗普上任前的供应增量预测下降了约 20 万桶/日。反观中长期，在特朗普能源政策的加持下，美国石油产量韧性仍存，总量仍保持全球第一，产量增速尽管放缓但空间仍在。巴西和圭亚那的增产也将占非欧佩克国家增产的绝大部分，但随着南美洲国家产能建设的放缓，预计 2028 年前后非“欧佩克 +”国家的供应或将达到 7290 万桶/日左右的峰值，随后在 2030 年石油产量将小幅回落至 7230 万桶/日左右（见图 4）。

美国石油供应受低油价影响导致预期增速放缓，但仍是非“欧佩克 +”石油供应的“主引擎”。2025 年美国石油供应增量将由 2024 年的 70 万桶/日降至 30 万桶/日左右[4]，未来增速将进一步下降，但增长势头延续，预计 2030 年美国石油总供应有望达到 2140 万桶/日左右（见图 5），2025—2030 年年均石油供应增量为 10 万 ~15 万桶/日，并呈逐年下降趋势。美国石油供应扩张逐步放缓主要由于大部分生产商开始进行能源转

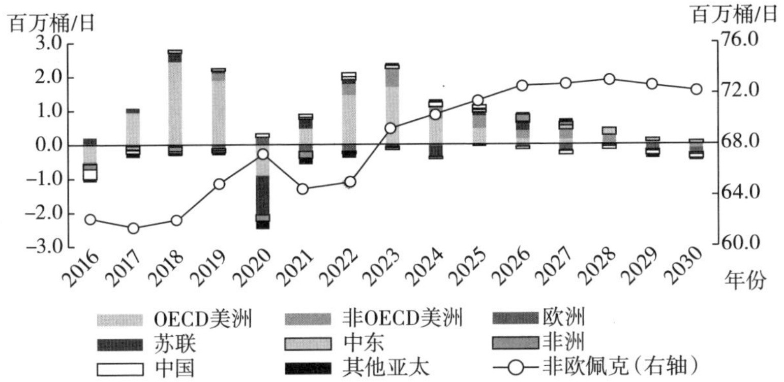

图 4 非欧佩克石油供应及增量

资料来源：IEA，Sinopec EDRI

型、企业资源整合且运营规范、运营成本上涨以及钻井数量减少，维持生产增长将变得更加具有挑战性。从页岩油产量看，当前 Permian、Bakken 等地区页岩油产量基本平稳，特朗普任期内将支持美国油气增产、批准新的液化天然气项目出口许可证、增加美国近海和本土的石油钻探，并废除拜登政府推行的一系列气候政策和环保规定。从成本端来看，美国页岩油产业经历了大规模并购重组、技术创新和管理优化以后，行业集中度更高，抵御油价负面冲击的能力增强。当前美国页岩油现有油井平均成本为 45～55 美元/桶，但新井盈亏平衡平均成本超过 60 美元/桶。若油价继续下跌，美国产量增长预期将进一步下调。综合分析，由于当前美国油气运营商正值整合期，未来将更加侧重规范运营和股东利益，特朗普任期的增产政策效果仍有待观察。

加拿大石油供应短期受美国政策影响，但长期面整体稳定。短期来看，美国曾宣称将对加拿大原油征收 10% 的关税，若政策落地将重创加拿大原油出口。2024 年，加拿大平均向美国出口原油 391 万桶/日，占原油总出口的 93%，其中，近 300 万桶/日原油通过管道运送至美国。由于当前加拿大跨山管道扩建项目（TMX）扩大加拿大海运原油出口市场，其西海岸原油出口量显著增长，增量原油主要流向亚太地区，然而，TMX 运送

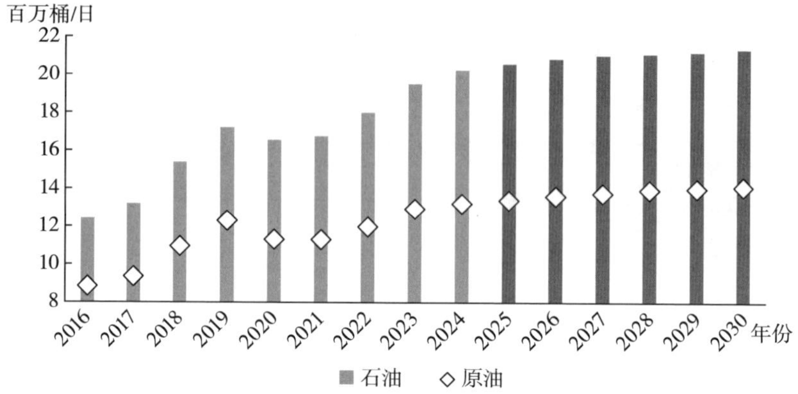

图 5　美国原油及石油产量增长趋势

资料来源：EIA，Sinopec EDRI

能力尚不足 100 万桶/日，因此大量加拿大出口原油除了美国很难向其他市场出口。长期来看，加拿大 TMX 运输油砂能力有所扩建，IEA 预计，2028 年前 TMX 的运输能力将完全利用，利好加拿大石油稳定出口。然而，加拿大上游资本项目和碳税限制均导致石油产量整体处于稳定区间，预计 2025—2030 年加拿大石油供应量将保持在 620 万～640 万桶/日。

巴西石油产量或在 2028—2029 年迎来峰值。巴西作为南美洲最大的产油国，秉持盐下层油田作为核心驱动力，近年来巴西石油产量波动增长。2024 年，巴西石油产量为 344 万桶/日，同比小幅下降 1.4%。巴西国家石油公司运营的油田预计将贡献整体石油增量的 85%，道达尔、壳牌、亚诺、中石油和中海油也在巴西海上石油产量方面作出较大贡献。桑托斯盆地是巴西石油增量的主要来源，目前基本贡献了 70% 的原油产量。中长期来看，IEA 报告指出，由于巴西陆上原油产量每年的下降率接近 15%，任何重大的项目延误或运营问题都可能使巴西预计的产量增长面临风险。对于巴西海上浮式生产船（FPSO）的建设，当前正在使用的装置有 7 套，预计 2028 年将继续投建 8 套海上装置。另外，巴西石油拟增加另外 4 套 FPSO 建设计划，以推动巴西石油产量增长并长期稳定。预计 2029 年巴西石油产量将达到 400 万桶/日左右峰值，较 2024 年增长约 50 万桶/日，

2025—2030 年平均石油产量约 390 万桶/日。

圭亚那的石油产量增长势头仍在，2028 年前后或面临达峰。近年来圭亚那成为全球勘探开发领域的新星，其产量在过去 5 年中实现了强劲的增长，从 2019 年的第一桶石油生产到 2024 年平均石油产量接近 60 万桶/日。近年来，埃克森美孚努力在斯塔布鲁克区块（Stabroek Block）发现更多石油资源，目前预计圭亚那探明可采石油当量资源接近 120 亿桶。截至 2024 年，圭亚那共有 3 艘 FPSO 进行石油开采，最近一套 FPSO 于 2023 年底投产，产能约 22 万桶/日。另外 3 艘预计投入使用的 FPSO 总计产能约为 75 万桶/日，Yellowtail 项目、Uaru 项目和 Whiptail 项目预计将分别于 2025—2027 年接续投产，每套装置产能约 25 万桶/日。若圭亚那 FPSO 装置顺利投产，预计圭亚那石油产量将在短期内小幅提高，并于 2028 年前后达到 120 万桶/日左右的峰值，随后保持在该水平。

2. “欧佩克 +”：2025 年“欧佩克 +”产量政策从减产托市转向加速增产

欧佩克作为全球主要产油国联盟，通过协调成员国石油政策、调整产量配额等手段，主导国际石油市场的供需平衡与价格波动。其成员国占据全球原油储量的 73% 和产量的 44%，历史上曾通过禁运或联合减产显著影响油价。近年来，面对美国页岩油崛起、能源转型加速及全球需求增速放缓等挑战，欧佩克重心转向维持油价稳定以保障成员国财政收入（如 2024 年延长减产协议至 2025 年前期），但市场份额与调控效力有所削弱。总体而言，欧佩克仍是石油市场关键力量，但其作用受地缘政治、新能源技术及全球经济形势等多重因素制约。

2025 年，“欧佩克 +”多次宣布增产，超出市场预期。3 月，“欧佩克 +”宣布自 4 月起逐步退出 220 万桶/日的自愿减产。4 月，“欧佩克 +”宣布同意原计划 5 月增产 13.7 万桶/日的计划，并额外增加增产计划，5 月合计增产规模将达到 41.1 万桶/日，6 月、7 月继续增产 41.1 万桶/日，远超市场预期。短期来看，尽管 2025 年初欧佩克宣布将逐步增产并尝试补偿性减产，但由于全球石油需求上行动力有限，非欧佩克国家石油产量增长势头仍存，预计“欧佩克+”石油产量增长空间相对有限，但无法排除“欧佩克+”希望“以价换市”加大增产力度挤占市场。若“欧佩克+”仅在旺季增产，预计2025年欧佩克石油供应为3300万桶/日左右，其中原油产量将增长20万~30万桶/日至2750万桶/日左右。中长期来看，在市场需求逐渐达峰、“欧佩克+”期望较好平衡市场的基准下，其原油产量保持相对稳定，叠加天然气液的产量增长，预计2030年欧佩克石油产量将达到3390万桶/日左右，但剩余产能长期高位将抑制油价上行（见图6）。

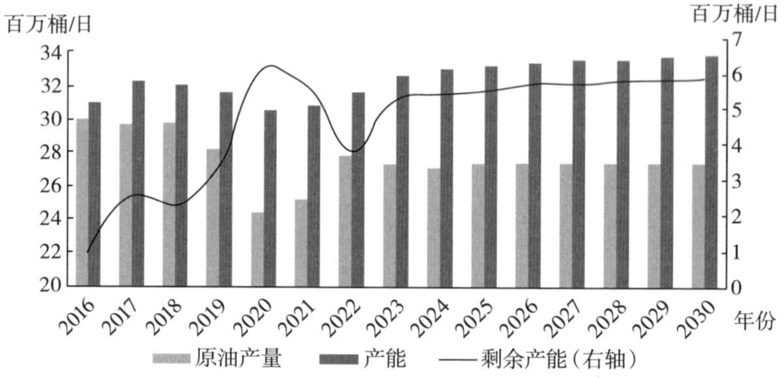

图6　欧佩克产量及产能变化走势

资料来源：FGE，Sinopec EDRI

沙特阿拉伯短期原油增产空间有限，长期将转向轻质资源开发。沙特阿拉伯是“欧佩克+”的核心领导者，其石油产量占该组织总产量的1/3，长期通过产量调控主导国际油价。受前期集中减产和自愿减产的影响，2024年沙特阿拉伯原油平均产量为908万桶/日，较2023年大幅下降近50万桶/日。2025年初，“欧佩克+”宣布开始逐步增产，根据配额计划，沙特阿拉伯或将在2025年三季度将原油产量增至950万桶/日左右，全年平均产量达到930万桶/日。中长期来看，非常规能源开发项目进入商业化阶段，沙特阿美授予价值100亿美元的贾富拉（Jafurah）气田开发合同，预计2030年前该气田将完全投产，沙特阿拉伯石油产量可能会随之增加约

100 万桶/日，其中包括约 87 万桶/日的 NGLs 和凝析油以及 27 万桶/日的乙烷资源。随着沙特阿拉伯石油产业的不断发展，石油需求的增长将更多地转向化工行业，因此，更多的轻质资源将在未来被开采使用。

阿拉伯联合酋长国中长期将成为欧佩克石油产能增长的“主引擎”。近年来，阿拉伯联合酋长国原油产量始终保持 320 万 ~ 330 万桶/日的水平，随着“欧佩克 +”增加阿拉伯联合酋长国产量配额，预计 2025 年其原油产量将小幅增长，约 340 万桶/日。中长期来看，相对较低成本的资源基础和安全的运营环境强化了阿拉伯联合酋长国的产能扩张计划，预计 2030 年前产能将额外增加 80 万 ~ 500 万桶/日左右。尽管阿拉伯联合酋长国产量高于欧佩克产量政策，但很难大幅超出配额标准，其产量在中长期将基本维持在 330 万 ~ 350 万桶/日左右。若市场对石油资源需求韧性仍存，在阿拉伯联合酋长国具有 100 万桶/日以上剩余产能的前提下，其产量很可能有所提高。

伊拉克石油增产潜力大，但产量受国内局势制约。伊拉克是拥有全球最大资源规模、最低能源成本的产油国之一，2019 年原油产量上探至 471 万桶/日的高点。随着新冠疫情以及伊拉克国内局势的影响，其原油产量短暂回落，近年回升至 430 万桶/日左右，远超“欧佩克 +”配额，剩余产能约为 60 万桶/日，短中期内其原油产量将保持相对稳定，做到完全遵守“欧佩克 +”配额的难度较大，预计 2025 年平均产量仍为 430 万桶/日左右。中长期来看，国际石油公司将针对伊拉克南部石油资源丰富的巴士拉（Basrah）地区进行共同开发，预计 2030 年前将达到 540 万桶/日左右。但考虑其政治和安全局势仍存在不确定因素，以及产量在一定程度上受欧佩克产量政策的制约，长期产量仍有一定不确定性。

科威特坚持石油作为长期能源核心地位，并与欧佩克政策保持一致。短期来看，受欧佩克控产保价政策的影响，2024 年科威特原油产量下降 11 万 ~ 250 万桶/日，处于历史中低位水平。尽管近年来科威特原油产量有所下滑，但科威特石油公司表示要继续加大投资力度并增加产能。科威特计划未来5年投资330亿美元用于提升产能，重点包括海上油田开发（如Al－Jlaiaa和Al－Nokhatha项目），初步勘探估计Al－Jlaiaa蕴含8亿桶中密度原油。预计2030年科威特原油产能将增加15万桶/日至近310万桶/日，原油产量也将随产能建设而增长。

尼日利亚原油产量企稳，但长期增产动力有限。2024年尼日利亚原油产量低点反弹至133万桶/日，主要得益于境内主要出口渠道于2023年起逐步恢复。短期来看，受“欧佩克+”配额影响以及出口渠道的进一步恢复，预计2025年原油平均产量为140万桶/日左右。长期来看，预计到2030年，原油产能可能出现进一步下降，主要缘于尼日利亚石油行业长期存在的投资短缺问题，尤其是上游开采领域。

在全球步入“后俄乌冲突”时代的背景下，俄罗斯作为世界第三大石油生产国仍将继续保持石油产量总体稳定。俄乌冲突发生后，俄罗斯石油产量增长停滞，但原油及产品出口仍较为稳定。2024年随着俄罗斯积极响应“欧佩克+”减产政策，其石油产量为1070万桶/日左右，比2023年下降26万桶/日。短期来看，2025年美俄加强对话，但谈判进程艰难，俄乌冲突结束仍需时日，欧美对俄罗斯石油行业的制裁也难以短期全部解除，西方资本重返俄罗斯的可能性较小。目前判断2025年俄罗斯石油产量仍主要受“欧佩克+”产量政策影响，预计年均产量为1060万桶/日左右，中长期来看，2030年前俄罗斯石油产量总体稳定，大体仍为1100万桶/日左右。

哈萨克斯坦轻质油渐受市场青睐，产量总体保持稳定。2024年哈萨克斯坦石油产量约为190万桶/日，基本保持2023年产量水平。由于西方国家对俄海运原油出口制裁，减少俄油进口的欧洲地区转向哈萨克斯坦轻质油，使得哈萨克斯坦原油增加市场占有份额，对其石油增产留有空间。然而，哈萨克斯坦当前原油产量（2025年4月达210万桶/日）已持续并远超出“欧佩克+”配额，后续增产面临一定压力，预计2025年全年平均产量为200万桶/日左右。长期来看，哈萨克斯坦80%的原油出口依赖

CPC，且储油设施建设滞后，叠加管道设计年代较早未来可能面临更多针对性攻击，预计哈萨克斯坦石油产量难有大幅增长。

特朗普任期内伊朗原油产量和出口量不确定性较大。特朗普上任后，恢复对伊朗的“极限施压”政策，大幅收紧对其石油出口制裁，对贸易商、港口、炼厂等多个环节采取了严厉制裁。2024 年伊朗原油产量为 330 万桶/日左右[5]，多数流向亚洲。近日美国与伊朗进行了多轮谈判，释放向好信号，但双方分歧较大，短期达成谈判仍然困难重重。预计 2025 年产量与 2024 年持平或小幅下降，但整体不确定性仍存。长期来看，伊朗原油出口流向地难以有实质性转向，亚洲地区对伊朗原油的需求长期存在。IEA 报告指出，若无重大突发事件，预计 2030 年前伊朗原油产量将基本保持在 330 万桶/日左右的水平。

委内瑞拉原油产量仍因美国制裁存在较大不确定性。2024 年委内瑞拉原油产量增长 11 万 ~88 万桶/日，连续第四年增长，主要得益于前期雪佛龙在获得美国政府许可后当地恢复开采作业。特朗普上台后，雪佛龙逐步缩减运营规模，包括停止新投资和减少原油出口量。关税政策方面，特朗普政府宣布自 2025 年 4 月 2 日起对任何从委内瑞拉进口石油的国家加征 25% 的二级关税，直接冲击中国、印度等主要买家，此举可能迫使委内瑞拉进一步转向非美元结算或其他交易渠道。短期来看，雪佛龙的逐步撤出和美国的关税政策将使委内瑞拉原油产量承压，若美国维持制裁，2025 年委内瑞拉原油产量可能为 60 万 ~80 万桶/日。长期来看，若当地政治局势未改善，产能复苏将面临更大阻碍，IEA 指出，委内瑞拉须年均投资 200 亿美元才能恢复至 120 万桶/日的产能水平，届时其产量才有望恢复至 100 万桶/日以上。

四、未来国际油价变化趋势

2025 年，全球经济增长动力不足，拖累整体石油需求的增长，油市供应过剩形势严峻，基本面脱离连续 3 年的供需紧平衡时代。美国对等关税政策打击经济前景，下挫石油增量预期。全球货币与财政政策进入宽松周期，但整体金融市场的波动仍增加大宗商品价格的不确定性。“欧佩克 +”多次宣布逐步增产，使全球石油供需进一步失衡。2025 年中美关系、中国经济、地缘冲突、金融风险、产量政策、气候变化等均为影响国际油市的主要因素。若无重大事件冲击，布伦特油价均价预测为 60 ~ 70 美元/桶，低于 2024 年均价。

长期来看，国际石油市场进入能源转型时代的供需再平衡阶段，国际油价运行中枢预计或下移至 55 ~ 65 美元/桶（见图 7）。全球石油需求预计 2030 年前后达峰，供应形势趋于宽松，在地缘形势较为稳定的情况下，油价运行区间下移。能源转型对石油消费替代冲击愈加显现，叠加碳市场的逐步渗透，对石油的生产和消费均产生一定的限制。基准情景下，全球地缘冲突对油价影响减弱，石油需求增量逐步减少，石油供应相对充足，能源转型稳步推进，“欧佩克 +”根据市场供需面调整其产量政策并较好地平衡市场，原油价格将呈下行态势，并随市场变化宽幅震荡。

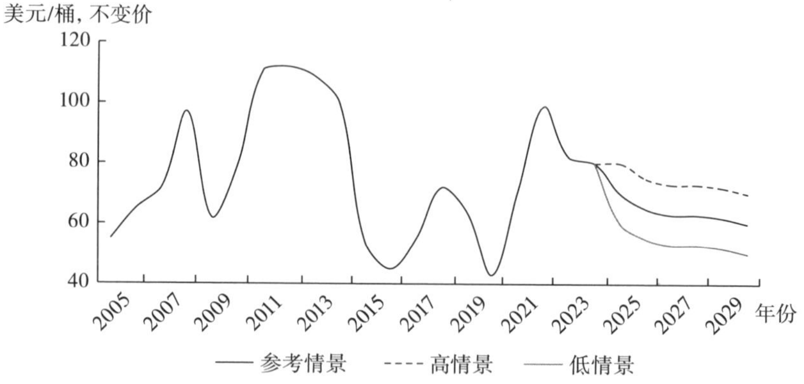

图 7　布伦特油价走势

资料来源：Sinopec EDRI

参考文献

[1] INTERNATIONAL MONETARY FUND. World economic outlook: a critical juncture amid policy shifts [R]. Washington DC: IMF, 2025.

[2] INTERNATIONAL ENERGY AGENCY. Oil market report [R]. Paris: IEA, 2025.

[3] INTERNATIONAL ENERGY AGENCY. World energy outlook [R]. Paris: IEA, 2024.

[4] US ENERGY INFORMATION ADMINISTRATION. Short - term energy outlook [R]. 2025.

[5] INTERNATIONAL ENERGY AGENCY. Oil 2024 [R]. Paris: IEA, 2024.

中国成品油市场发展状况及趋势研究

张　硕　杨　晨　乞孟迪　李　雪　许以欣[①]

摘　要　在全球能源转型和经济结构调整的大背景下，中国成品油市场正经历着深刻的变革。随着新能源汽车的快速发展和清洁能源的广泛应用，传统成品油市场面临前所未有的挑战。2024年国内成品油消费正式开启下行周期，同比缩减2%，标志着市场进入规模由扩张转向收缩的战略拐点。2025年成品油需求萎缩态势加剧，预计同比下降4.5%，主要受需求端结构性收缩、新能源加速替代等因素影响，仅民航运输领域保持刚性增长，支撑有限。同时，炼油产业在政策调控与市场需求双重作用下完成扩张周期，预计2025年总炼能达9.6亿吨/年，触及峰值水平。中长期来看，“十三五”末至“十四五”前四年（2016—2024年）构成行业发展分水岭，需求侧完成“需求增长→高位震荡→存量竞争”的演进路径，供给侧从“鼓励扩张”转向“结构性优化”；在从“规模驱动”转向“效率驱动”的大背景下，“十四五”末至“十五五”时期（2025—2030年），行业将呈现三大核心特征：成品油消费量进入长期下行通道、炼油企业竞争焦点从增量市场转向存量优化、资源过剩倒逼产业结构调整。

关键词　成品油消费　炼油产业　“十五五”　产业升级

① 张硕，中国石化集团经济技术研究院有限公司市场营销研究所研究员，高级工程师；杨晨，中国石化集团经济技术研究院有限公司市场营销研究所高级研究员，高级经济师；乞孟迪，中国石化集团经济技术研究院有限公司市场营销研究所专家，高级工程师；李雪，中国石化集团经济技术研究院有限公司市场营销研究所副研究员；许以欣，中国石化集团经济技术研究院有限公司市场营销研究所副研究员。

一、2024 年国内成品油行业迎来转轨

（一）成品油消费在“疫后”反弹结束后进入下降拐点

2023 年，国内成品油市场在经历三年动荡调整期后得到全面恢复。宏观经济回暖、用油行业复苏以及出行活动回归常态，推动成品油消费显著回升，整体消费量超越疫情前水平，根据中国石化经济技术研究院数据，2023 年国内成品油（汽、煤、柴、油）消费量接近 4.2 亿吨，与 2022 年相比大幅增长 14.4%，相较于疫情初期的 2019 年，累计增长 0.8%。

然而，2024 年消费侧形势发生变化。宏观经济恢复动力面临压力，此前积累的出行热情在释放后，“回补性”出行的拉动力逐渐减弱。同时，在经济性优势显现和基础设施日益完善的背景下，天然气、电力在物流运输及交通出行领域的使用占比加速提升。由于汽、柴油在成品油消费中占比超 90%，其需求随即进入下行周期，整体成品油需求呈萎缩态势。2024 年，国内成品油消费总量降至 4.1 亿吨，同比下降 2.0%，标志着行业进入新一轮调整阶段。

1. 拉动力边际下降后电动替代效应凸显，汽油消费转入下行

2023 年国内汽油终端消费 1.79 亿吨，同比显著增长 21%，较疫情前（2019 年）水平回升 4%。此轮回暖主要受双重驱动和支撑：一是疫情防控政策调整后居民出行需求集中释放，道路交通流量快速恢复；二是机动车保有量持续扩张形成刚性支撑（截至 2023 年末，全国汽油车保有量增至 2.67 亿辆，较 2019 年净增 5300 万辆）。

2024 年，尽管汽油车保有量进一步攀升至 2.69 亿辆，但增长动能明显减弱，减量因素主要体现在三个方面：一是出行强度增长边际衰减，补偿性出行需求基本释放完毕。2023 年全年我国完成跨区域人员流动量 612.88 亿人次，同比增长 30.7%①；2024 年全年我国跨区域人员流动量为 645.92 亿人次，同比增长 5.4%②，拉动力明显削弱。二是新能源替代加速，挤压传统燃油车存量消费。根据中国充电基础设施联盟数据，2024 年全国公共充电桩为 358 万台，累计充电量达 558 亿千瓦时，同比激增 55%，反映电动车使用强度持续提升。三是宏观经济复苏乏力叠加不利气候扰动形成的外部环境制约。社会消费品零售总额 2024 年同比增速回落至 3.5%（较 2023 年增速下降 3.7 个百分点），且 5 月起华南多地降水异常导致区域出行受阻。综合上述因素影响，2024 年汽油消费量降至 1.77 亿吨，同比下降 1.3%。

2. 行业动力不足叠加 LNG 加速替代，柴油消费跌破平台期

柴油恢复情况与宏观经济表现和企业生产关联度较强，伴随疫情防控政策转向、企业生产秩序全面恢复及物流运输体系常态化运转，柴油消费呈现触底回升态势，全年消费量虽较疫情前（2019 年）仍有差距（下降 1%），但已实现消费平台期内的显著修复。

2024 年，主要用油行业恢复动力严重不足，柴油消费面临结构性挑战，主要体现在三个维度：一是传统动能领域持续承压，房地产投资增速转负、传统基建项目开工率下滑及建筑工程施工景气度回落构成核心拖累，2024 年全年挖掘机平均开工小时数同比持平，持续徘徊于 2016 年以来历史低位，折射出工程基建增长乏力。二是物流运输复苏迟滞，车多货少局面持续加剧，在生产端低迷与消费市场动能不足的双重作用下，公路货运行业恢复不及预期。G7 易流平台监测数据显示，2024 年全国整车发

---

① 交通运输部《2023 年交通运输行业发展统计公报》。

② https://www.gov.cn/lianbo/bumen/202412/content_6994178.htm.

运趟次持续低于2023年同期水平，且长期处于近5年底部区间，物流用油需求扩张受阻。三是替代能源加速渗透，天然气经济性优势持续凸显，LNG与柴油价格比长期维持在75%平衡点下方。据第一商用车网统计，2024年全年，国内天然气重卡市场终端累计销售17.8万辆，同比增长17%，年末总保有量突破80万辆，替代柴油消费量达1342万吨，加速柴油市场萎缩。综合上述因素影响，2024年柴油终端消费量回落至1.96亿吨，同比下降5.5%。

3. 国内出行稳健提升，国际航班持续恢复，航煤消费全面修复

2023年，国内航空煤油消费随着航空业的复苏走出2022年洼地，全年航空煤油消费量为3469万吨，同比增长89%，恢复至疫情前同期水平的95%左右；国内全面恢复正常，春节、“五一”、暑运、国庆等连续假期带动的个人旅游需求以及释放的公务需求成为主要拉动力，差距主要来自国际航线恢复相对迟缓。

2024年，国内旅游、公务等需求航空业继续保持活跃，同时国际航线扩展加速，全年航空客运量合计达7.3亿人，同比增长17.8%，较2019年同期增长10.6%[①]；国际航线受到出入境的免签政策推动，全年维持较好的增长趋势，2024年底，国际客运市场将恢复至2019年的84%。2024年航煤消费量为3928万吨，同比增长13.2%，较2019年增长7.6%。

（二）需求萎缩、效益低迷抑制企业生产

自2019年以来，国内炼油产业呈现显著的结构性扩张特征，以民营炼化为代表的大型炼化一体化项目扮演了国内炼油产业扩能的主要角色。恒力石化、浙江石化（一、二期）、盛虹石化、裕龙岛项目等民营企业先后投产，2024年末合计产能达到9600万吨/年，占据全国炼油产能规模的10%左右；中科炼化、广东石化等国有集团新建项目也在“十四五”阶段

---

① http://www.caac.gov.cn/XWZX/MHYW/202501/t20250109_226379.html.

陆续实现运行；已建炼油企业如中国石化洛阳炼化、中国石化镇海炼化、中国石油华北石化等也完成扩能改造。截至2024年末，国内炼油产能达到9.54亿吨/年。

尽管一次加工能力维持增长，但成品油需求的萎缩叠加化工原料需求增长乏力，国内原油加工水平出现继2022年之后的再度下滑，根据国家统计局数据，2024年全年原油加工量为7.08亿吨，同比下降1.6%，开工负荷不足74%，较2023年水平下滑4.8个百分点。

二、2025年全产业链转型压力持续提升

（一）内需承压：国内消费加速萎缩

1. 汽柴油萎缩的三个关键词：经济放缓、行业转型与替代扩张

（1）外部环境承压运行，汽柴油消费向上拉动力持续转弱

从宏观经济环境来看，成品油消费，特别是与宏观经济密切相关的生产性用油变化，取决于宏观经济与行业的增长趋势。2025年，中国经济仍处于调整期，增速换挡的核心特征未发生根本改变。一是传统动能领域持续承压，特别是在房地产、传统基建、建筑施工、采矿、大宗生产加工等“旧动能”领域，产能过剩矛盾凸显，且政策扶持力度明显不及“新动能”领域；二是增长动能衰减，2024年产业景气程度处于近5年（剔除2022年特殊情况）低位，产业同比增速出现不同程度回落，上述行业的收缩直接抑制关联运输需求，反映出中国经济增长模式从投资驱动向创新驱动转型的深层变革，随之带来的工程机械作业强度下降，原材料、重工业产品大宗商品物流规模承压，生产性用油消费同步萎缩，将对成品油消费形成持续抑制效应。

（2）行业发展产生结构性变革，削弱汽、柴油用油基础

从行业变化趋势来看，车用油需求分别占汽油消费结构中的95%以上

和柴油消费中的75%～80%，传统燃油车保有规模的变化基本决定了汽、柴油消费的天花板。从增量数据来看，2025年国内汽车销量为3125万辆，同比增长1.2%（增速较2024年下降1.2个百分点）；尽管总体仍有增长，但从燃料结构来看，乘用车领域新能源较汽油的优势已全面确立，特别是混合动力车型成为分流燃油车的主力，预计燃油乘用车销量同比下降约14%；商用车领域则存在“新能源攻占短途，LNG挤占长途”的“两头”替代效应，预计整体商用车销量保持1.5%～2%的增长，其中新能源商用车渗透率稳步提升，LNG商用车渗透率到达高位，燃油商用车销量同比下降约5%。而在电、气冲击下，传统燃油车（汽油+柴油）保有量规模已接近增长尾声，2025年燃油车保有量约为2.9亿辆，其中汽油车保有量峰值为2.69亿辆，柴油车保有量峰值约为2300万辆（已于2021年达到）。

（3）交通用油“双轮替代”持续提速，增量效应继续放大

在总体消费萎靡的大背景下，替代总量和占比快速提速。2024年替代资源总量为5600万吨，同比增长19%，占成品油终端消费的13.8%。预计2025年替代资源总量为6440万吨，同比增长15%，占成品油终端消费的16.2%。值得关注的是，新能源汽车超越天然气成为首要替代能源品种，标志着能源转型进入新阶段。预计2025年替代资源总量将增至6440万吨，同比增长15%，占终端消费比重进一步升至16.2%。增量贡献仍将主要来自新能源汽车和天然气车辆。

新能源汽车方面，受益于技术迭代与充电基础设施完善，新能源汽车市场渗透率与使用强度持续提升。2024年新能源汽车销量达1287万辆（含出口），同比增长36%，渗透率达40.9%（如果剔除出口，国内市场新能源渗透率已经超过45%）。根据公安部统计数据，2024年末国内新能源汽车保有量达到3140万辆，占整个汽车保有规模的9%；估计2025年销量将超过1500万辆，渗透率超过50%，成为增量的绝对主体，保有量进一步提高至4250万辆，占汽车比重的15%，造成燃油车保有量达峰后

下降，全年替代汽柴油合计3500万吨左右。

天然气车辆方面，价格和长途运输优势仍将推动LNG重卡继续发力。2022年底以来，国际天然气价格回归中低位水平，国内车用LNG价格随之回落，较柴油价格表现出了较强的竞争实力；特别是在当下，货物运输行业本身运力供大于求，运价竞争激烈，物流公司对价格高度敏感。2024年国内车用LNG价格尽管呈现宽幅波动，从4月最低时的约4000元/吨一路上涨至9月的约5200元/吨，但全年均价为4664元/吨，与车用柴油（7550元/吨）比价为61.8%（参考热值及燃烧效率，一般认为LNG/柴油比价在75%以下时，LNG具有经济性，2021—2024年LNG/柴油比价分别为74.9%、76.7%、61.1%和61.8%），使物流企业使用LNG重卡相较于燃油重卡成本降低20%以上。同时近两年国内天然气保供压力的下降使车用气面临更为稳定和宽松的使用环境，助推LNG使用场景扩张。2024年LNG重卡销量17.8万辆，同比增长29.99%，保有量达75万辆；预计2025年保有量增至90万辆，占重卡保有量上升至10%左右，替代柴油1320万吨。

2. 航煤增长难抵汽、柴油减少，整体需求减少4%

综合来看，整体汽车销量维持低速增长，燃油车保有量受电动冲击增长乏力；传统动能领域难寻恢复动力，仅民航市场稳健增长态势相对确定，预计2025年成品油终端需求同比下降4.5%，为3.9亿吨，详见图1。

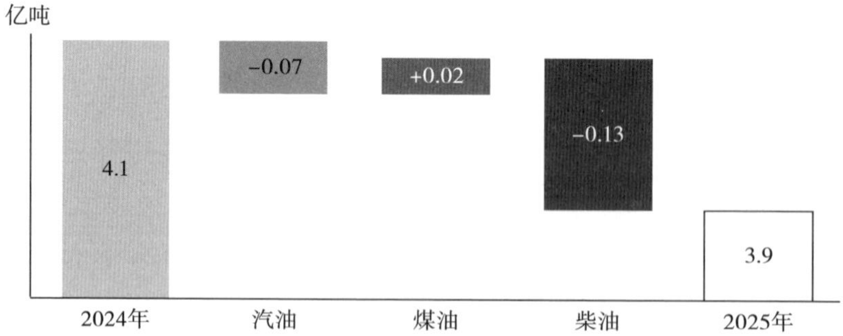

图1　2024—2025年国内成品油消费变化

（1）汽油车保有量仍有增长，但用油需求加速萎缩

2024 年汽油车保有量为 2.69 亿辆，汽油消费 1.77 亿吨，在经历 2023 年“报复性”出行的拉动后同比下降 1.3%；2025 年汽油车保有量为 2.74 亿辆，同比增长约 2%。但使用强度的持续下降冲击规模增长，出行增长的拉动力持续削弱，预计全年汽油消费 1.7 亿吨，同比下降 4.2%。

（2）航煤重回潜在增长周期，但“十四五”时期仍处恢复阶段

2025 年航空货运周转量和客运周转量都将恢复到 2019 年水平。由于航煤消费与民航客货运周转量相关性很高，2025 年民航周转量较 2019 年均恢复至正增长，推动消费量增长，但随着民航系统使用更加节能和低碳的机型，单耗水平将延续 2019 年前的递减趋势。预计 2025 年航煤消费 4079 万吨，同比增长 3.9%，2019—2025 年年均增长 1.9%，仍然低于 2015—2019 年年均增长 9.3% 的水平。

（3）产业转型和替代发展使柴油突破平台期后快速下降

从整体柴油消费来看，柴油消费部门主要是工业生产和运输领域，柴油消费与工业增加值走势基本一致，今年以来的中美贸易战对工业、出口、货物运输等都有一定的冲击，进而拖累柴油需求增长。此外，天然气价格继续低位运行，也支撑 LNG 重卡销量继续增长。结合用油行业分析，预计 2025 年柴油终端消费 1.84 亿吨，同比下降 6.5%。

（二）外需受限：成品油出口收缩趋势难以回转

近 30 年，炼油产业扩张和生产能力提升使国内成品油供应得到有力保障，国内成品油市场先后经历了 1998—2008 年的结构性短缺阶段、2009—2013 年的基本平衡阶段、2014 年后的全面过剩阶段。2015—2019 年，伴随过剩压力，我国成品油出口由 2544 万吨增加到 5537 万吨，一度成为亚太地区最大的成品油出口国；2020 年以来，受新冠疫情导致海外需求减弱，以及我国“双碳”进程加快等因素影响，成品油出口规模逐步削减，

近3年稳定在4000万吨上下（见图2）。

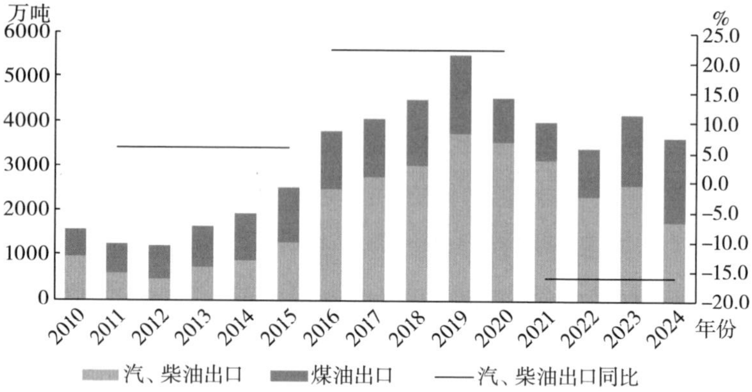

图2　2010—2024年国内成品油出口变化

长期来看，成品油出口在过去10年中一直是国内应对产能过剩问题的重要手段，但未来政策调控与能源转型将带来更多的不确定性。从未来发展趋势来看，成品油出口主要受制于出口政策变化，特别是汽、柴油出口规模存在进一步萎缩可能。即使不考虑配额限制，在美国保持大规模成品油出口、中东和亚太等炼油产业崛起等的背景下，国际成品油市场竞争格局加剧，我国要进一步加大成品油出口也将面临韩国、新加坡、印度和中东等地区炼厂的激烈竞争。

（三）行业触顶：产能扩张基本完成

继2024年陆续实现投产的裕龙岛项目（2000万吨/年）和中国石化镇海炼化（1100万吨/年）后，本轮以千万吨级以上大型炼化一体化项目为主的炼油扩能潮基本完成，2025年计划投产的仅中国海油大榭石化扩建项目（净增炼油能力400万吨/年）。同时，2020—2022年在传统地炼完成集中产能置换及100万吨/年以下小规模炼厂关停后，全国目前仍存在3000万吨/年左右200万吨/年以下产能（含主营炼厂），考虑目前政策及地炼企业经营情况，存在关停可能，2025年国内炼油产能最高达到9.6亿吨/年，达到峰值水平。

三、从“十四五”到“十五五”：经济换挡、能源转型与低碳约束重塑行业发展

（一）成品油消费的长期下行趋势基本确定

1. 经济结构调整与人口规模下降削弱油品消费根基

经济发展是能源消费增长的内生动力，而人口增加、城市化建设以及工业发展均是构成经济增长的因素。结合发达国家的经验来看，经济增速换挡与产业结构调整往往伴随炼油产品消费拐点的出现。

以柴油为例，第二产业的壮大是柴油消费是否停止增长的重要原因之一。日本1960—1973年经济处于高速发展期（按照2015年美元不变价计，GDP年均增长8.8%），国内柴油消费增速也在10%以上；1974—1995年日本经济进入低速增长期，GDP增速为5%以下，同期柴油消费增速在3.5%左右；1996年日本遭遇亚洲金融危机，国内生产总值并未出现下降（根据世界银行统计，按照2015年美元不变价计，1996—2000年日本GDP年均增长0.5%），但第二产业出现萎缩苗头（1996—2000年日本工业和制造业增加值年均下降0.04%），相应地，柴油消费也达到了峰值。美国则不同，第二产业虽出现过短期波动（1978—1982年、1989—1991年经历了一定回调），但长期处于增长状态，柴油消费也随之增长至2006年前后水平。韩国柴油消费同样受到亚洲金融危机的冲击，于1996年达到峰值，但第二产业仍然实现了增长（根据世界银行统计，1996—2000年韩国制造业增加值年均增长0.3%），这主要与韩国调整产业结构，大力发展电子工业等轻工产业，实现了第二产业的“高端化、信息化、轻量化”发展有关（1996—2000年韩国高新技术产业占制造业增加值的比重由47.8%上升至52.5%）。

（1）经济具备中高速增长潜力，但传统用能行业空间面临挤压

我国经济进入转变发展方式、优化经济结构、转换增长动力的攻关阶

段；未来10年，我国全面深化改革不断释放制度红利，人力资本和科技创新对经济增长的贡献逐步提高，尽管前半程外贸、房地产困难重重，但后半程消费经历短期刺激、场景培育、能力建设后将带领经济稳健增长。预计“十五五”时期经济整体中速增长，GDP年均增速约4.8%。总体来看，中长期我国经济发展仍有较大的潜力、余地和韧性。同时，随着我国传统工业化基本完成，产业升级将遵循“轻工业→重化工业→技术密集型产业”路径，加之行业赛道变化，部分产业受冲击严重，而在低空经济、新能源汽车等高新领域将持续发力。

（2）低生育率冲击人口结构，消费升级加速传统产品峰值到来

人口增长是石油消费增长的根本动力之一。在人口寿命增长和生育水平下降的双重因素影响下，中国正加速进入老龄化社会，尽管政府逐步放宽生育限制，但是生育观念的改变、公共资源服务的不足、社会基础保障体制的欠缺恐将导致生育意愿长期下降，总人口开启长期持续负增长模式。同时，主力消费人群的代际转变、城镇化和老龄化趋势的持续深化将助推能源消费电气化、智能化转变，这意味着在5G时代到来、高端制造业发展、环保升级、人工智能快速渗透的宏观背景下，民众对健康舒适生活的追求将使传统行业中能耗高、效益差的低端产品市场不断萎缩，高端产品、差异化产品、绿色产品则越来越受到消费者青睐，成为行业消费升级和增长的主线。

2. 行业迭代升级与“向绿向新”趋势削弱油品市场增量

除了宏观经济和产业结构调整，燃油效率的提升和能源的替代是改变油品消费增长曲线的长效手段，特别是分别开始于20世纪和21世纪的天然气和电力替代，在经济性优势下强势替代石油燃料部分，导致石油燃烧属性不断减弱。

（1）汽车市场仍保持扩张，但电动化浪潮下燃油车市场加速萎缩

从总量上看，成品油消费达峰国家的经验证明，汽车保有量峰值直接

影响汽、柴油消费峰值，而燃油经济性的提高和能源替代发展加速了峰值的到来。对于我国，2024 年中国乘用车保有量为 207 辆/千人，相较于发达国家和地区（美、加、英、日等国家为 600～800 辆/千人；法、德等欧洲国家为 400～600 辆/千人）仍有一定差距。结合汽车行业分析结果，由于我国的人口密度远高于北美国家，低于日本人口密度，与主要欧洲国家相似，支撑我国汽车市场的峰值水平与主要欧洲国家相似，预计为 450～600 辆/千人。

从资源禀赋上看，我国耕地资源短缺，导致道路资源要比欧洲国家、日本更少、更紧张，加之国内石油储量、经济工业化发展阶段及能源供给安全的现实，公共交通出行设施建设，以及共享和自动驾驶技术的普及，中国的峰值可能低于主要的欧洲国家，为 400～500 辆/千人，当前发展进程仅过半，这就意味着在未来 10～15 年汽车市场仍有增长空间，预计 2035 年后汽车保有量由目前的 3 亿辆左右增长至 4 亿辆，年均新车销量将长期保持在 2800 万辆以上。

从燃料结构上看，新能源汽车全面转入市场驱动，未来 10 年仍然是高速发展时期，2025 年渗透率将超过 50%；预计 2030 年新能源汽车渗透率将达到 71%，2035 年将接近 80%（见图 3）。在这一冲击下，预计我国燃油车保有量将提前在 2025—2026 年达峰，但由于存量规模较大，在 2030

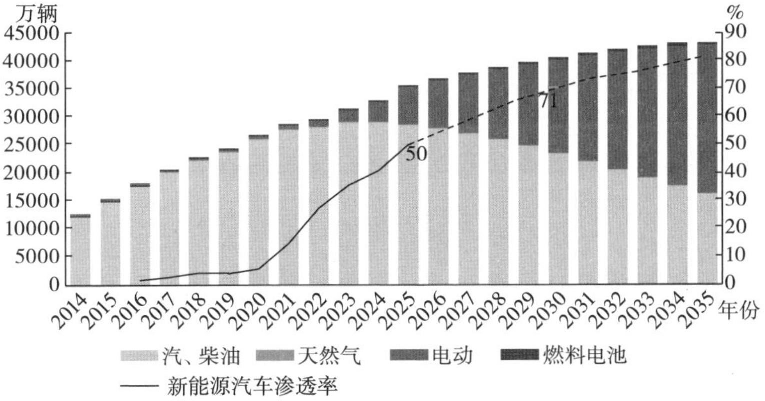

图 3 2014—2035 年国内汽车保有量与新能源渗透率变化

年前燃油车仍然是道路交通出行主力。

（2）国内运输需求将继续增长，但公路运输占比下降

交通运输行业趋势是影响我国炼油产品，特别是柴油消费变化的重要因素。交通运输分为旅客运输和货物运输。我国旅客运输中大部分由私家车和铁路承担，未来民航客运占比将提高，公路客车和水路客运占比不断降低；货物运输主要由公路、水运和铁路承担，其中内河航运在2019年后实现车用柴油、普通柴油、部分船舶用油“三油”并轨；铁路大面积电气化之后消耗柴油量逐年萎缩。

从市场需求来看，经济发展将持续带动生产和生活物资运输需求的提高。2017年我国货物周转量达到了25.45亿吨公里，是1978年的25倍。我国工业化和城市化的持续推进，以及居民收入水平的提高，都将进一步带来货运需求增加。从国际对比角度，发达国家的人均货物运输量在工业化后期趋于稳定。不同国家货物周转量的差别主要为国土面积、资源结构以及产业结构等不同所带来的货物消费量和运距的差异，一般在发达国家人均GDP达到3万~4万美元时，货物运输量基本达到饱和，饱和值为40~70吨/人；2024年我国货物运输为41吨公里。

从运输结构来看，低碳约束和效率提升将持续削弱公路运输占比。货物运输一般通过公路、铁路、水路、航空和管道五种方式运输，国家由于国土面积、基础设施建设不同，不同运输方式之间结构差别较大：美国和俄罗斯地域广阔、油气资源产量丰富，铁路及管道运输比重相对较高。日本国土面积较小，海洋环绕，货运以公路为主、以水路为辅。前期随着大量高速公路的建设，我国公路货物运输占比由1979年的68.5%提升至2018年的76.8%，2020—2025年维持在72%左右；铁路货运发展相对落后于公路，占货运总量的比重由1979年的20%降至2024年的不足10%。未来，我国铁路运输比重将有所提高：一方面，随着高铁的建设，原来紧张的铁路货运将逐渐释放出运力；另一方面，相对于车辆，铁路运输是目

前已知的最有效及清洁的陆上交通运输方式，且费用低于公路。2018 年的《打赢蓝天保卫战三年行动计划》明确提出，要积极调整运输结构，发展绿色交通体系，大幅提升铁路货运比例；国务院办公厅印发的《推进多式联运发展优化调整运输结构工作方案（2021—2025 年）》也提出，加快完善综合运输集疏运体系，降低大宗货物中长距离公路运输比例，这一结构的变化和运输效率的提高也将使运输需求对交通运输用油量的拉动力持续削弱。

（3）民航运输保持增长，但线上办公习惯和燃油效率提高减缓增速

经过几十年的建设和发展，我国机场总量初具规模，机场密度逐渐加大，机场服务能力逐步提高，现代化程度不断提高。2024 年，我国境内运输机场共有 263 个，完成旅客吞吐量 145952 万人次，同比增长 15.9%，较 2019 年增长 8.0%；完成货邮吞吐量 2006 万吨，较上年增长 19.2%，较 2019 年增长 17.3%①。

航空运输周转量和航煤单耗是决定航煤消费的两大核心因素。周转量最大影响因素为人均乘机次数，目前我国人均乘机次数仅为 0.5 次/年，相较于发达国家水平，随着居民人均收入的增长仍具备持续增长潜力（目前仅为美国的 1/6，韩国的 1/4，德国的 1/3，日、法的 1/2 左右），考虑我国地域、人口及资源限制，预计“十五五”末人均乘机将达到 0.65 次/年，国内人均乘机次数饱和值约为 1.0 次/年，将在 2050 年前后达到，民航旅客周转量随之渐进峰值；随着居民收入水平的提高，长途出行和出国旅行选择飞机的比例不断提高，我国民航旅客平均运输距离自 2000 年以来呈现小幅提高的趋势，未来随着高铁对中短途航线（一般认定为 800 千米及以下）的分担，长途航线占比上升，预计民航旅客平均运输距离将继续小幅提高。随着高端物流和航空快速业务的发展，航空货运量将会持续增长。航煤油耗方面，随着节油技术的进步、飞机大型化及航线的延长，国

① 《2024 年全国民用运输机场生产统计公报》。

内航空每亿吨公里单耗仍将小幅下降，预计“十五五”时期航煤单耗年均降低约0.5%，之后仍有下降空间。

（4）电、气双轮驱动道路交通能源替代，氢能、生物燃料仍面临成本压力

①近中期天然气是重要的交通替代燃料

天然气汽车技术、政策较成熟，常规排放和碳排放低，经济性优势将是影响其发展的主要因素。通过经济性对比，天然气与汽、柴油比价在75%以下时，天然气汽车有较好的经济驱动性。

LNG汽车主要替代商用车中的中重卡车，以及部分公交车。与CNG车相比，LNG车减小和降低了车载燃料系统的尺寸和质量，提高了续航能力，是车用柴油的主要替代燃料。LNG汽车对经济性更加敏感，未来LNG重卡将逐渐成为天然气汽车主要市场。预测未来天然气汽车总保有量将达到千万辆以上。同时，LNG船舶也将形成一定发展规模。从目前来看，“十五五”期间，全球LNG将迎来新一波项目投产高峰，美国、卡塔尔、澳大利亚等多国LNG项目集中投产，使得全球天然气市场陷入供应过剩局面，天然气价格或显著走低，也使得未来几年LNG重卡和船舶的经济性凸显。

②成本及资源等因素制约生物燃料发展，未来推广依赖政策

生物质是零碳可再生能源，作为液体燃料潜力很大，主要包括生物燃料乙醇、生物柴油、绿色甲醇和可持续航空燃料等，中期将更多地应用在无法电气化的领域，如民航运输和航运等。“十五五”时期是各国生物燃料政策密集出台和陆续实施的重要阶段，生产技术不断更新，使得原料的应用空间更加广阔，但推广的最大障碍是成本过高，其成本一般为石油燃料的时2~6倍。

燃料乙醇发展处于瓶颈阶段，后续推广乏力。国家2017年在全国范围为推广E10乙醇汽油，2021年推广方案重新调整为“未建及未批粮食乙醇

项目将不再建设或批准”，仅有已应用乙醇汽油的地区保持不变，全国消费量保持在300万吨左右的水平。在未有进一步推广目标或政策调整的前提下，加上汽油消费的下降，燃料乙醇作为汽车燃料发展空间已基本触顶。

生物柴油原料收集难、成本高，影响推广。截至2024年末，我国生物柴油产能已接近500万吨/年；产品主要供出口，2024年出口量超过200万吨。目前，仅上海市形成了较完善的“收—运—处—调—销”运行体系，年消费量为40万~50万吨，占国内柴油消费的0.2%左右。

可持续航空燃料（SAF）当前成本远高于传统航煤，政策目标引领产业发展。截至2024年，国内SAF累计消费量约0.3万吨，主要为试飞用油。《“十四五”民航绿色发展专项规划》提出，2025年可持续航煤供需达到4万吨水平。目前可持续航空燃料的消费呈现地点分散、掺混比例不一等特征。未来绿证模式和掺混比例固定有利于SAF的推广应用，预计2030年中国SAF需求量达130万~150万吨，占航空燃料需求的2%~3%。

绿色甲醇发展处于进入期。中国绿色甲醇产业发展不仅要依托技术上的进步，还必须解决标准与市场两头在外的情况。甲醇作为燃料，中短期只有航运业具备应用的可能性。当前国内绿色甲醇规划产能超过1500万吨/年，已开工项目产能约367万吨/年；2030年预计保税绿色甲醇燃料消费量80万~120万吨规模（占保税船燃比重不足2%）；预计2030年我国生物甲醇产量为50万~100万吨，以试点示范项目为主，国内消费潜力有限，产品出口则面向欧洲、日本等市场，主要用于替代传统船用燃料。

3. 成品油消费在“十四五”中后期达峰后将加速下滑

“十五五”阶段成品油消费替代路径相对明确，“电代汽”“气代柴”使成品油消费迎来拐点后继续下降，而航煤仍具备持超过5200万吨（汽、柴油合计减少6300万吨，航煤消费增加1100万吨）；2030—2035年年均下降3.2%，在2030年的基础上再萎缩近5400万吨（汽、柴油合计减少

6300 万吨，航煤消费增加近 900 万吨），未来 10 年国内汽、柴油萎缩约四成。

同时，成品油消费见顶，也意味着未来 2～3 年内石油消费将达 8 亿吨左右峰值，但化工原料需求抵消部分燃料需求减量，2030 年前石油消费保持 7.5 亿吨左右高位；化工原料占比由目前的约 20% 升至 2030 年的 29%。

（二）政策、市场助推行业转型，产能加速迭代升级

1. 产业政策由“放”到“收”，低效产能面临生存压力

从政策方向上看，“十三五”阶段是国内炼油产业市场化内涵持续深化，产业开放维度渐次提高的过程。2015 年，国内向地方炼油企业开放进口原油进口权和使用权，超过 40 家地方炼油企业合计获得超过 1.7 亿吨/年进口原油配额（含民营炼化一体化企业）；2017 年，中共中央、国务院印发了《关于深化石油天然气体制改革的若干意见》，提出深化石油天然气体制改革要坚持问题导向和市场化方向，并部署了包括改革油气管网运营机制、深化下游竞争性环节改革在内的八个方面的重点改革任务；2018 年《外商投资准入特别管理措施（负面清单）（2018 年版）》取消外资连锁加油站超过 30 家需中方控股的限制；2019 年国务院办公厅印发了《关于加快发展流通促进商业消费的意见》，明确提出扩大成品油市场准入，取消石油成品油批发仓储经营资格审批，将成品油零售经营资格审批下放至地市级人民政府。

进入“十四五”阶段，市场化程度不断提高的炼油产业面临产能增长和释放后的产能过剩压力，并且“双碳”约束下行业执行的安全、环保、能耗等标准将更严格，作为高耗能产业和重资产行业的炼油行业，发展空间面临明显挤压，企业的绿色环保、节能降碳成本将大幅增加，国家出台一系列政策推动传统石化行业高质量发展，从“量的扩张”转向“效率、效益提升”。行业转型层面，2023 年 2 月，中共中央国务院印发的《质量强国建设纲要》提出开展重点行业资源效率对标提升、攻关低碳关键技

术、推动高耗能行业转型等举措；2023 年 8 月七部门印发了《石化化工行业稳增长工作方案》明确 2023—2024 年行业年均工业增加值增速 5% 左右，2024 年主营业务收入达 15 万亿元等目标。能源转型层面，2023 年 3 月国家能源局印发了《加快油气勘探开发与新能源融合发展行动方案 2023—2025 年》推进新能源和低碳产业发展。节能环保层面，2023 年 6 月五部门发布《工业重点领域能效标杆水平和基准水平（2023 年版）》，明确炼油、乙烯等能耗标准；8 月十部门印发《绿色低碳先进技术示范工程实施方案》，布局减排项目并将绿色技术分类；10 月四部门印发《关于促进炼油行业绿色创新高质量发展的指导意见》，明确到 2025 年炼油产能能效、原油一次加工能力不超过 10 亿吨/年等目标，到 2030 年技术装备与能源利用效率达国际先进水平。

国内炼油产业落后产能淘汰步伐坚定，曾经历三次大规模整顿：一是 2000 年清理整顿未列入计划的 100 万吨/年以下小炼厂。二是 2011 年限制和淘汰规模小、产品质量低劣的炼油装置。三是 2015 年进口原油“双权”下发推动 200 万吨/年以下炼油装置淘汰，但在市场扩张阶段及监管不到位的情况下效果并未完全体现，炼油产业大而不强、整体过剩而结构性短缺的问题长期存在，炼厂平均规模不足 600 万吨/年（世界平均 760 万吨/年）；装置利用率始终徘徊在 80% 以下；表征炼化产业成熟度的一体化水平长期低下，一体化炼厂占比仅为 40% 左右，与美国（71%）、欧洲（55%）存在明显差距。

未来 10 年，市场的结构性变化和政策的强力引导将推动炼油产业投资和发展重点由聚焦产能扩张转向结构性升级，围绕重劣质化原料加工、过程绿色低碳和炼油产品结构升级等需求，部分纯燃料型炼厂推进适度发展下游化工业务，减少低附加值产品外售；拥有润滑油业务的炼厂布局基础油、特种油基地，大力推进“油转特”；炼化一体化企业根据各企业自身发展优势及市场需求，积极推进“油转化”；化工规模较小的炼化一体化企业进行乙烯扩能改造，提高能效水平；不具备发展潜力和竞争力的小型企业，关停退出将成为必然[①]。

2. 市场整治和税收监管持续推进，助推行业内部整合

我国成品油监管体系长期面临监管难度大的现实难题。一方面，石油化工产业链长，涉及产品多为混合物且分级、分类体系复杂，难以建立起统一的质量标准，导致征税监管体系异常庞大，形成了不合规操作的空间；另一方面，油品不仅质量标准多元，价格也存在差异，目前执行的汽、柴油标准有国家标准、乙醇汽油标准、地方标准（含甲醇汽油），部分炼厂还有许多非标产品，如轻质燃料油、高芳烃溶剂油、粗白油、轻烃等。特别是随着炼油产业生产主体增多，地方炼厂能力逐步增强，原料应用领域扩大，原料入厂后犹如进入操作黑箱，无法判定用途，单靠原料进入和产品流程的两头管理无法实现精准监督。

自 2008 年初步构建我国成品油消费税制度的框架起，税务部门不断强化成品油税收征管，2015 年进一步提高汽油、石脑油等产品消费税单位税额，2018 年起持续推进成品油消费税的电子化管理。特别是 2021 年以来，市场监管和行业治理释放前所未有的强力信号，由各个部门独立为战转向多部门、多维度、全产业链的系统性追查，行业监管逐步进入深水区：2021 年 12 月，山东省出台《关于开展全省成品油行业税收违法政策核查工作的通知》，针对省内税收政策和 45 家地炼开展大规模检查；2022 年 8 月，成品油市场专项整治行动扩展到全国，通过详细核定炼油企业产品结构，对混合芳烃、轻循环油视同石脑油征税进口环节消费税、追溯原油、稀释沥青、燃料油等原料流向、开展高频和大范围的终端加油站检查、推进加油站云平台和大数据建设等手段，对炼油企业、经销商销售非标品的限制和规范力度继续加大，产品流通范围缩减，调油和票据操作成本显著增加。

鉴于成品油产销链条长、牵涉部门多、监管难度大，且成品油消费税

① 张硕．炼油产业发展新逻辑：从规模扩张到格局重塑[J]．中国石化，2024(12)：39－41.

是国家财政收入的主要来源之一，长效监管体系仍有待建立。特别是当前部分企业仍存在侥幸心理，监管一放松，不合规行为仍有冲动卷土重来，如前期调研省市公司及咨询机构均显示，目前汽、柴油带票平均比例已从行动高峰期的70% ~80%降至60%左右。同时部分地区及运行后加油站真实进销情况得到有效监控，但存在政府推广动力不足、私人运营有意破坏云平台正常运行等行为，需各部门通力合作，持续推进。

长期来看，落后产能和不合规资源存在的根基是当前定价机制和监管体系下市场竞争中仍有利可图，因此根治手段在于全面深化要素市场的改革和产能的迭代升级。在目前的政策完善和执行力度下，以完善全产业链统计为基础，以提升税收治理技术和能力为支撑，以中央各部门和地方政府联合管控为保障，以推进成品油价格市场化为动力，对全面提高炼油与销售全产业链监管水平，推动产业升级，保障能源安全将具有重要意义。

中国化工品市场发展状况及趋势研究

隋谨伊　吕晓东　肖　冰　李　超
崔佳瑶　王丽敏　赵　睿　史湘宁[①]

摘　要　近年来，国内石化行业在产能持续扩张和油价高企的背景下，行业盈利表现持续陷入低迷；进入2025年以来，行业在大量产能投放之际，又遭中美贸易摩擦升级，导致行业供应和需求均处在巨大不确定性当中。在当前“不利开局”的情况下，国内化工行业仍积极通过调整原料结构和供应结构，分散出口市场和打造新贸易渠道，利用国家稳市场的政策红利积极应对，以化解大部分关税冲击。预计全年部分产业链盈利仍有望好转。中长期来看，由于近年来的产能投放节奏打破了传统5~7年的投资周期，同时，在人口红利下降、投资及出口增速下滑、循环经济发展等因素影响下，国内消费增长仍然难寻出路，行业产能过剩或将需要更长时间才能消化，行业整体毛利或将经历更长时间的低迷阶段。

关键词　乙烯　PX　三大合成材料　产能　周期

① 隋谨伊，中国石化集团经济技术研究院有限公司，工程师；吕晓东，中国石化集团经济技术研究院有限公司高级专家，高级经济师；肖冰，中国石化集团经济技术研究院有限公司市场营销研究所副处长，高级经济师；李超，中国石化集团经济技术研究院有限公司，高级工程师；崔佳瑶，中国石化集团经济技术研究院有限公司，工程师；王丽敏，中国石化集团经济技术研究院有限公司，高级工程师；赵睿，中国石化集团经济技术研究院有限公司，高级工程师；史湘宁，中国石化集团经济技术研究院有限公司，工程师。

一、2024 年国内化工市场回顾

2024 年，在扩能暂时放缓的背景下，国内需求仍是制约化工行业盈利的关键因素，宏观经济形势及房地产行业的持续不振，导致化工行业盈利情况已连续 3 年下跌。

（一）行业扩能明显放缓，但潜在供应压力不容忽视

2019 年以来，国内石化行业迎来新一轮扩能周期，我国基础化工原料（三烯三苯）新增规模已连续 6 年超过 1500 万吨/年，远高于需求年均增长 1100 万吨/年的规模。2024 年，国内石化产品扩能节奏略有放缓，同时由于化工板块效益不佳，许多项目主动推迟投产时间，全年基础化工原料新增规模为 1600 万吨左右。其中，乙烯新增产能规模为 170 万吨，较往年大幅减少。新增投产项目仅包括天津南港 120 万吨/年裂解装置（实际为 2025 年达产），宝丰煤基新材料第一系列 100 万吨/年煤制烯烃装置；丙烯扩能则进一步加速，新增投产项目主要包括台塑宁波、福建美得石化等 PDH 装置，新增产能规模为 500 万吨/年左右。整体来看，石化产品新增供应略有放缓，且多数装置为年底投产，年内实际新增供应有限。

即便如此，国内市场潜在供应压力也未大幅削减，国内存量装置开工负荷提高，导致国内新增供应甚至远超新增产能规模。2024 年国内存量裂解装置平均开工负荷较上年提高 4.7 个百分点，相当于新增乙烯供应约 240 万吨；PX 存量装置开工负荷较上年提高 10.3 个百分点，相当于新增 PX 供应 440 万吨左右，同时考虑新增产能，2024 年国内新增供应规模也

不容忽视。2024 年国内新增主要石化项目见表 1。

表 1　2024 年国内新增主要石化项目

公司（项目）	路线	乙烯（万吨/年）	丙烯（万吨/年）	丁二烯（万吨/年）	投产时间
台塑宁波	PDH		60		2 月
福建美得石化	PDH		100		3 月
宁波金发二期	PDH		60		4 月
金能科技新材料	PDH		90		6 月
振华石油化工	PDH		75		8 月
裕龙石化	FCC		35		10 月
天津南港项目	石脑油	120	50	16	11 月
宝丰煤基新材料第一系列	CTO	50	50		12 月
合计		170	520	16	

数据来源：根据公共资料整理。

（二）内冷外热格局致使下游消费增长不及预期

2024 年，国内三大合成材料消费增速约为 5.4%，与 2023 年相当。具体来看，除石化产品得益于国内出口额大增 10 个百分点外（美元计），国内工业及居民消费均不及预期。其中，2024 年国内社会消费品零售总额仅增长 3.5%，低于 2023 年的 7.2%；工业规模以上工业增加值增长 5.8%，虽高于 2023 年，但利润下滑幅度进一步扩大至 3.3%，整体工业产能利用率为 75.0% 也略低于 2023 年。

分行业来看，占国内石化产品消费 20% 的房地产表现低迷，成为拖累消费的最主要原因。2024 年，全国房地产开发投资比 2023 年下降 10.6%，新开工面积下降 23.0%，房屋竣工面积下降 27.7%，降幅较 2023 年进一步扩大，预计将影响合成树脂消费近 100 万吨，对于其他各类合成材料及化学品，如减水剂用环氧乙烷、建筑防水用合成橡胶、家装用合成纤维等，预计将影响 100 余万吨。

同年，纺织服装行业的表现格外亮眼。一般来说，纺织服装约占石化产品消费的 10%。2024 年，国内合成纤维消费增速高达 8.9%，直接拉动国内乙二醇（7.8%）、PTA（9.1%）等聚酯产业链产品消费，其中海外需求强劲是消费增长的主要原因。2024 年，我国纺织品服装出口总额同比增长 2.8%，其中纺织品出口增速达 5.7%。特别是四季度美国加征关税前的“赶出口”效应显著，推动短期纺织服装出口大幅放量。同时，在东南亚、中东等新兴市场需求旺盛的刺激下，国内纺织服装企业通过跨境电商模式提升其全球资源投放能力。

汽车行业方面，2024 年，我国汽车行业延续稳健增长态势，产销量再创新高，汽车出口 585.9 万辆，同比增长 19.3%。其中新能源汽车产销量首次突破 1000 万辆，同比增长 30% 以上。受此利好影响，国内轮胎需求持续释放，叠加充电桩、电池密封件等配套需求，合成橡胶消费持续增长。但受墨西哥等多国继续加码对我国轮胎的反倾销调查，以及传统燃油车需求减弱等影响，国内轮胎产量有所下滑，导致国内合成橡胶消费增速较 2023 年略有下滑，至 4.4%。

家电方面，在以旧换新政策刺激下，国内消费潜力得以释放，我国家电行业景气度大幅回升。同时随着东南亚、非洲以及中东等新兴市场的迅速崛起，海外需求成为家电市场新的消费增长点。2023 年以来，我国家电出口持续增长。2024 年，我国家电出口量同比增长 20% 以上，有效地拉动了聚苯乙烯、ABS、EPS 等相关产品的需求。

（三）行业连续 3 年亏损，经营形势越发严峻

2024 年，受制于潜在供应压力以及弱势的下游需求表现，市场观望情绪浓厚，国内 20 余种大宗石化产品价格整体涨幅不足 1%，除合成橡胶产品价格整体显著上涨外，其他产品价格水平基本持平于 2023 年或微跌。考虑同期东北亚石脑油价格涨幅为 5.3% 左右，国内石化行业整体毛利水平下降 4.6%，这已经是国内石化行业整体盈利连续第三年下跌，行业经营形势依然严峻。

从行业运行数据来看，化工行业利润延续前期下滑走势。2024 年，我国化工行业营业收入为 9.76 万亿元，同比增长 4.6%；实现利润 4544.4 亿元，同比下降 6.4%，为连续第三年下降，尽管降幅较 2023 年显著收窄，但整体利润仍处于下降态势，呈现“增收不增利”的特点。石化产品价格及石脑油指数见图 1。

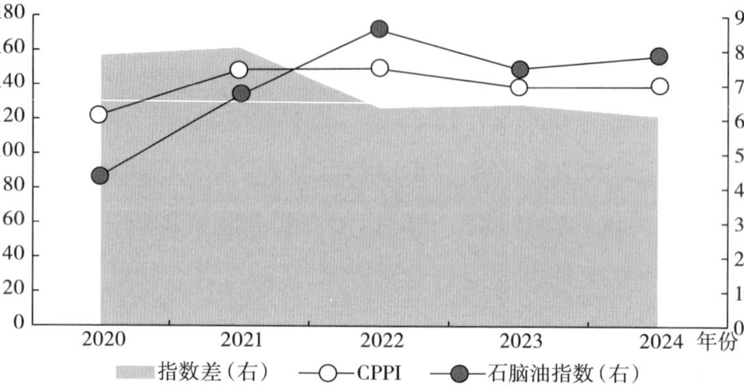

图 1　石化产品价格及石脑油指数

注：CPPI 为中国石化产品价格指数，样本产品包括苯、甲苯、对二甲苯、丁二烯、苯乙烯、LDPE、LLDPE、HDPE、PP、PS、PVC、ABS、PTA、EG、AN、CPL、涤纶、腈纶、锦纶、BR、SBR 等。

数据来源：中国石化集团经济技术研究院

二、2025 年我国化工市场展望

2025 年，面临高度不确定的外部环境，国内化工行业在低油价、高供应的复杂背景下，艰难权衡需求在“外部关税冲击，内部政策托底”情景下的发展走势，力图捕捉短期市场利好和长期市场结构转变。

（一）2025 年石化行业再迎产能投放历史高峰

2025 年，国内石化产品扩能再次提速，产能规模迅速增长，基础化工原料产能预计增幅为 2500 万吨左右。以乙烯为例，国内包括裕龙石化两套（每套 150 万吨/年乙烯）、万华化学（120 万吨/年乙烯）、埃克森美孚

（160万吨/年乙烯）等大型项目集中上半年投产，考虑2024年底投产的天津南港、宝丰等产能，市场供应压力将居历史之最。全年乙烯新增产能将突破1000万吨大关，是新增产能规模最大的一年，总产能规模将超过6400万吨。同年，在国内丙烷脱氢（PDH）项目的推动下，国内丙烯新增产能规模逼近1200万吨，同样远超往年，并创历史新高。在庞大新增供应压力的冲击下，以及考虑关税对终端需求的影响，国内多数石化产品装置开工将进一步下挫。

对于C2产业链，美国聚乙烯、乙二醇等产品如被高企的关税阻挡在外，同时，自美乙烷进口如发生阶段性中断，或利好国内石脑油及煤化工等装置开工2～3个百分点；但对于C3产业链，考虑国内PDH项目因贸易摩擦导致原料获取受阻，因此，预计将有很多PDH生产企业采用换货方式，通过自中东、非洲、大洋洲、东南亚等地采购现货的方式补足美国资源的缺口。因此，国内对丙烷采取豁免的可能性较小。即使不征收关税，国内进口丙烷进行生产的PDH装置成本仍高于石脑油裂解装置，经济性较差。预计PDH装置开工负荷或将下滑15～20个百分点，其中大部分将由国内石脑油裂解等项目填补。此外，因贸易摩擦带来的市场需求不确定性增强，部分装置推迟投产和延长检修时间，都将影响全年行业运行情况。整体来看，预计全年行业开工负荷将较上年下降10个百分点左右。2025年国内新增主要石化项目见表2。

表2　2025年国内新增主要石化项目

公司	原料路线	乙烯（万吨/年）	丙烯（万吨/年）	丁二烯（万吨/年）	投产时间
华泰盛富提质增效项目	轻烃	40	15		25Q1
裕龙石化一套	石脑油+FCC	150	144.5	22	25Q1
山东中海精细化工	PDH		40		25Q1
泉州国亨化学	PDH		66		25Q1
宝丰煤基新材料	CTO	100	100		25Q1
万华化学（蓬莱）	PDH		90		25Q1

续表

公司	原料路线	乙烯（万吨/年）	丙烯（万吨/年）	丁二烯（万吨/年）	投产时间
广东埃克森美孚	石脑油	160	85	16	25Q2
万华化学	石脑油/乙烷	120	60	20	25Q2
山东京博	K－COT		39		25Q2
中国石化镇海炼化	PDH		60		25Q2
金诚石化	石脑油/DCC	70	45	10	25Q2
福建中景石化	PDH		100		25Q2
裕龙石化二套	石脑油	150	64.5	22	25Q2
吉林石化转型升级项目	石脑油	120	60	15	25Q4
广西石化	石脑油	120	60	18	25Q4
巴斯夫湛江一体化	石脑油	100	50	16	25Q4
新浦化学（泰兴）	PDH		80		25Q4
浙江圆锦新材料	PDH		75		25Q4
联泓格润（山东）新材料	MTO	20	20		25Q4
合计		1150	1254	139	

（二）石脑油原料的主体性将进一步增强

近年来，因成品油销售下滑，国内一体化企业正加强柴油、加氢尾油等重质组分的化工利用，相关组分进裂解装置比例有所提高；为补足原料缺口，降低装置成本，部分装置加大外购液化气力度；石脑油馏分因炼厂生产效益不佳，进料规模有所下降。进入2025年，随着中美间贸易争端升级，出现乙烷进口受阻，以及丙烷快速上涨等现象，与此同时，随着原油价格下行，低油价下的石脑油将更具吸引力，大量裂解装置预计将削减液化气进料，转而切换为石脑油进料。

对于丙烯而言，因近年大量PDH装置投产，PDH产能已占到国内丙烯总供应量的30%左右，达2423万吨/年；2025年，虽然国内仍将有500余万吨的PDH产能投产，但考虑PDH项目平均开工负荷或从此前的65%左右大幅下滑，因此PDH丙烯供应占比或不升反降，国内石脑油裂解等装置生产的丙烯占比或将显著提高。

对于 PX 装置而言，由于前期效益较好，2024 年为提高装置开工，国内大量石脑油资源流向芳烃装置，PX 原料中石脑油占比显著提升；同期，在效益驱动下国内生产商利用 PX – 甲苯价差进行套利生产，甲苯歧化需求迅速增长。然而，2025 年以来，国内 PX 效益出现显著下滑，生产商生产芳烃意愿不强，预计国内石脑油资源将向裂解装置倾斜，部分甲苯歧化装置预计也将难以运行。

（三）消费在高度不确定性之下较预期下滑

2025 年，行业进入疫情后的第三年，除房地产市场外，各行业基本进入复苏后稳定增长阶段，部分行业如汽车等发展形势良好。具体来看，地产方面，在国内新一轮房地产优化政策组合拳下，多地新房市场成交持续回升，房地产市场呈现止跌企稳预期，考虑地产库存去化压力仍然较大，新开工面积持续下降，对合成树脂、环氧乙烷等相关石化产品拖累作用仍将持续；家电方面，以旧换新政策延续执行将提振国内家电市场需求，考虑 2024 年政策的透支作用及政策的边际利好递减，对需求提振作用将有所减弱；汽车方面，随着全球贸易动能下降，加上 2024 年的抢出口导致海外库存高企，预计我国汽车出口增速将有所放缓；纺织服装方面，居民服装支出仍有增长空间，同时，随着国际市场需求逐渐恢复，稳外贸政策不断显效，我国纺织服装出口活力也将持续增强。

整体来看，如果未发生中美贸易摩擦，全年国内石化产品消费在考虑 2024 年“以旧换新”及抢出口的透支影响后，增速有望达到 4% 左右。对等关税发生后，预计国内石化产品消费将较预期下降约 1 个百分点，即国内石化产品消费增速有望达到 3% 左右。具体来看，目前，中国向美国出口的相关制品（产品）占中国出口总量的 2% ~ 20% 不等，其中塑料制品及纺织服装对合成树脂产业链和合成纤维产业链影响较大，考虑其他贸易渠道、部分产品关税豁免以及新市场的开拓，预计在当前关税情景下，将拖累国内聚烯烃消费 2 ~ 4 个百分点，影响 150 万 ~ 300 万吨的聚烯烃消费量，同时，拖累合原合纤消费 2 ~ 3 个百分点。

此外，考虑中国对美国关税政策采取的一系列反制措施，特别是加强与东盟、欧洲、南美等贸易合作，如近期中国—东盟自贸区 3.0 版落地，欧盟取消了自 2024 年起对中国电动汽车加征的 17% ~ 35.3% 的关税，中日韩重启自贸协定谈判等；加之整体偏弱的人民币汇率预期，将为国内下游产品出口打开部分增量市场。整体来看，预计相关政策将利好国内消费 1 ~ 2 个百分点。同时，为了对冲美国关税政策带来的不利影响，国内还将进一步推出一系列刺激政策，以托底国内消费。其中，2025 年我国计划发行 1.3 万亿元超长期特别国债，较上年增加 3000 亿元，重点投向智能电网等新基建领域，预计拉动相关领域设备消费增长 10% 以上；加码消费品“以旧换新”和新能源汽车置换补贴，预计带动新能源汽车销量增长 20% 以上；实施定向降准和再贷款，如对中小微企业和外贸企业实施定向降准，对光伏、动力电池等出口企业实施“绿色贸易专项再贷款”；通过各类平台发放消费券，重点覆盖餐饮、文旅、零售等受关税冲击较大的服务业，预计拉动消费增长 2 个百分点左右；推出“离境即退税”政策以及自贸区专项发展资金政策，预计 2025 年跨境电商出口额增长 30% 左右。整体来看，预计将对冲关税带来的消费不利影响 3 ~ 4 个百分点。

（四）油价下行利好行业整体亏损收窄

2025 年，布伦特均价较上年 80 美元/桶的水平将有明显下降。受此影响，同期国内石化产品价格将同步下行。尤其受中美关税政策影响，油价重心迅速下跌，国内石化产品价格也随之走低。2025 年 5 月，随着中美经贸会谈取得进展，市场情绪有所好转，多数石化产品价格止跌反弹。整体来看，终端产品看价格跌幅不及原料。但随着国内埃克森美孚、烟台万华及广西石化等几套大型项目投产，加上下游需求较预期下滑，外部不确定性持续存在，企业拿货观望态度明显增强，产业链价格和盈利将再度回调。全年仍需观望中美能否达成相关协议情况，整体而言，产业链盈利空间较 2024 年明显扩大。

芳烃产业链由于纺织服装出口冲击最为直接且影响最大，短期内价格下探力度最大，包括 PX 等前期价格就已经进入下行周期的产品一度陷入亏损；根据关税新政实施两周以来的数据测算，PX 与石脑油价差较 3 月下降 12%；后期预计需求改善程度难以对冲关税影响，虽然年内没有新增产投产，但预计芳烃产业链盈利仍较 2024 年出现较大幅度下滑。

对于不同路线盈利情况来说，石脑油路线得益于大幅下行的原料价格，以及进口乙烷及丙烷装置让出的部分市场空间，盈利或将明显改善。但对于进口乙烷裂解的装置而言，在 125% 的关税情景下，若美国乙烷 FOB 价格因需求走弱下跌 10% 左右，国内进口乙烷裂解装置成本仍将较加征关税前上涨 65% 左右，高于国内石脑油裂解装置成本 3000 元/吨左右；即便关税降低或取消，由于乙烷来源的单一性，美国对乙烷资源出口加以限制，这也将导致国内相关装置开工负荷大幅下滑。同期，国内 PDH 装置成本也将较加征关税前上涨 55%（按美国丙烷占原料结构的 60% 计），高于国内石脑油裂解装置成本 4000 元/吨左右。即便丙烷关税取消，或国内企业转向其他地区采购，因东北亚丙烷溢价较高，国内 PDH 装置也难以获得竞争优势。但若中美达成关税协议且不设限出口，国内进口乙烷裂解项目将保持对石脑油裂解项目 800 元/吨左右的成本优势。

三、“十五五”时期我国化工市场发展展望

“十五五”期间，国内石化行业将在大规模产能建设下艰难寻求市场再平衡的消费支点。整体来看，国内石化行业产能过剩或将需要更长时间才能消化，行业整体毛利将经历更长时间的低迷和“L”形的复苏走势。

（一）我国石化产能建设进入“更新式淘汰”阶段

预计“十四五”期间，我国乙烯新增产能规模超 2900 万吨/年，PX

新增产能规模为1600万吨/年左右，到2025年，我国乙烯产能规模将增至6400万吨/年，PX产能规模将增至4238万吨/年。“十五五”期间，新增产能规模将有所下降，但绝对规模依然可观，预计乙烯和PX新增规模分别为2500万吨/年和950万吨/年左右。受国内石化产品自给率不断提升，部分产品产能持续过剩，部分板块效益持续低迷影响，很多企业开始着手进行生产经营优化，其中通过淘汰老旧装置，建设新的规模更大的装置，是部分存量装置较多的企业适应市场规模化竞争的主要手段之一。据不完全统计，“十四五”期间，国内将关停乙烯产能100万吨/年左右，同时原企业新建乙烯产能240万吨/年；“十五五”期间，国内还将关停乙烯产能350万吨/年左右，同时原企业新建乙烯产能540万吨/年。同期，PX也有共计60万吨/年的关停，通过这种“更新式淘汰”，到“十五五”末期，我国裂解装置平均规模将从目前的80万吨/年左右提高至100万吨/年，PX装置平均规模将从目前的110万吨/年左右提高至125万吨/年左右，行业竞争力获得显著提升。

（二）“油转化”和“非一体化”加速行业转型

随着成品油达峰的到来，国内炼油行业开始向化工转型。虽然经历了近几年的效益低迷周期，但从中长期来看，炼油向化工转型的动力和趋势都未改变。预计“十五五”期间，国内炼油行业化工轻油收率将从目前的17%～18%提高至23%～24%，各类催化裂化、氢裂化增产化工原料的同时，还将进一步提高各类副产化工品（C3、C4、芳烃等）的产量，预计“十五五”期间，炼厂化工产品收率将从目前的15%左右提高至19%。此外，各类重油催化裂解工艺、原油直接制化学品工艺等，不仅实现了对原油资源的“吃干榨净”，也为炼油向化工转型提供了新途径。

同时，为缓解成品油达峰给石化项目投资带来的影响，越来越多的民营企业选择非一体化路线，其中规模最大的就是PDH项目。近年来，受需求、政策等因素驱动，国内PDH装置迎来爆发式增长。2020—2024年，国内新增PDH装置产能近2000万吨/年，占丙烯新增产能的50%以上。预计2030年前，国内仍有超1000万吨/年的PDH项目预期投产。此外，乙烷裂解路线同样值得关注。近年来，国内乙烷裂解项目等发展迅猛。目前国内已有多家企业大规模布局乙烷裂解制乙烯项目，包括中石油塔里木、长庆乙烷裂解、华泰盛富炼厂气裂解，以及新浦化学、卫星化学二套进口乙烷裂解装置。截至2024年，我国乙烯生产路线中乙烷裂解产能占比已提升至8%左右。“十五五”期间，国内仍有超600万吨/年乙烷裂解装置预期上马，包括中国石油、万华化学、华泰盛富等多家企业积极布局乙烷裂解路线，此外，还有大量乙烷裂解项目尚处于规划当中。整体来看，新型的“油转化”项目正取代传统的炼化一体化项目成为“十五五”期间扩能的主要动力。预计到2030年，国内烯烃非一体化的产能比例将从目前的22%左右提高至25%以上。“油转化”和“非一体化”的发展在为行业提供更多元化路线的同时，也推进了丙烯等产业链的过剩压力和装置竞争力格局的重构。

（三）产业绿色化转型势在必行

石化工业作为我国碳排放量较大的产业之一，未来无论是出于国家实现“双碳”目标的内在动力，还是为了应对国际上欧盟碳边境调节机制等政策的外在压力，产业低碳化发展和绿色转型升级都将是大势所趋。2022年，国家发布的《关于“十四五”推动石化化工行业高质量发展的指导意见》明确提出，鼓励石化化工企业因地制宜、合理有序开发利用绿氢，推进炼化、煤化工与绿电、绿氢等产业耦合示范。尤其，煤化工项目生产过程中普遍存在“碳多氢少”、碳氢比不匹配的问题，导致生产碳排放量较大。因此，煤化工与风能、光伏等绿色新能源产业耦合将成为“十五五”期间产能升级发展，实现产业深度降碳的主要途径之一。理论上看，不调整工艺流程的背景下，若考虑绿氢全部替代传统能源，预计将大幅缩减原料煤使用量，生产过程中的碳排放预计将减少50%以上。目前，国内包括宁夏宝丰、中煤集团、中国石化等企业规划的新建煤制烯烃项目均实现绿氢和煤化工的有效耦合。考虑绿氢供应的稳定性、可再生能源规模、成本等因素，“十五五”期间，国内项目仍将以万吨级绿氢耦合为主。同时，利用煤化工变换工艺排放产生的高浓度二氧化碳捕集成本低的优势，煤化工以及大型碳捕集、利用与封存（CCUS）循环利用项目，如驱油、加氢制甲醇等，也将成为产能转型的有力抓手。

（四）国内消费将更加依赖新周期和新通道建设

“十五五”时期，我国人口总量已经进入下降阶段，同时我国目前已处于中度老龄化阶段，并逐步向深度老龄化社会迈进。此外，我国城镇化水平已经逼近70%，未来我国城镇化水平进一步提高的速度将显著放缓，城镇化带来的消费市场扩张和升级也将放缓。而外部贸易环境的变化、循环经济的发展将进一步拖累传统石化产业的发展。

在这样的宏观背景下，国内消费基本盘将更加依赖国民收入的提高、房地产等产业的复苏以及新兴产业的兴起，即国民经济新周期的开启。目前，我国居民人均可支配收入为41314元，未来增长速度将与宏观经济表现紧密相关，考虑我国经济在很长一段时间内仍将保持4%～5%的增速水平，因此人均收入仍有较大提升空间，并有望顺利迈入高收入国家行列；房地产方面，随着国家出台一系列扶持政策，国内部分地区房地产市场在2024年底和2025年初已经出现小规模回暖迹象，目前国内外多数机构预计国内房地产行业有望在2025—2026年触底，此后将呈现复杂的分化态势和缓速恢复特征；新兴产业方面，目前我国已在风，光新能源，动力电池，电动汽车等领域取得规模化收益，并带动了包括石化产业在内的众多行业发展，未来，我国还将在机器人、低空经济、6G通信、氢能、核能等产业继续取得突破，并开启新的万亿级市场，为消费创造更多场景和可能。

对于新通道，目前我国建设的“一带一路”已经取得积极成效，2024

年，我国对共建“一带一路”国家出口同比增长9.6%，高于出口整体增长7.1%的增速，共建“一带一路”国家占我国进出口的比重首次超过了50%，达50.3%，“一带一路”沿线国家已为我国出口提供了广阔市场。未来，随着中国—东盟自由贸易区3.0版的落地，以及中拉、中非贸易合作的开展，新贸易通道将为我国产品消费市场注入新的动力。综上，在新兴消费、新产业和新出口持续发展的背景下，我国乙烯当量消费增速有望提高至4%，甚至更高。

（五）石化市场将在2030年后进入新平衡发展阶段

国内石化产能自2020年开始大规模上马，年均新增乙烯产能500万吨以上，随着“双碳”目标的临近，国内石化项目上马节奏进一步加快，预计2025年前后，年均新增乙烯产能规模或将超过1000万吨，国内乙烯自给率将快速升至80%左右，大量石化产品面临产能过剩压力，行业整体开工和盈利表现也持续低迷。

预计到2030年，国内乙烯产能规模将逼近9000万吨/年，届时国内90%以上的大宗石化产品将出现产能过剩。由于产能投放节奏打破了传统5~7年的投资周期，行业短期内难以消化大量产能，因此国内石化将不可避免地迎来相当长时间的盈利低谷，同时随着“碳达峰”时间窗口的到来，行业在国内的投资热情也将消散。预计2030—2035年，国内已规划项目规模远低于前期，仅为3~4个，年均新增乙烯规模仅为60万吨左右，产能建设速度极大放缓，为消化前期过剩产能提供了契机。

对于我国芳烃产业而言，“十四五”末期，国内PX新增产能因被调控而显著放缓，预计“十五五”时期，国内PX年均新增产能规模将从上个五年的500万吨左右降至30万~40万吨，即便到了2030年后，年均新增规模仍保持为50万吨上下的水平，使得国内芳烃产业链自“十四五”末期就开始自上而下地消化前期累积的产能。

总体来看，行业投资周期、政策约束以及市场过剩使得国内石化行业在2030年后进入新的发展阶段，新增放缓和老旧产能淘汰并举，过剩产能消化与新增消费放缓并行，市场也将逐渐达到新的平衡。

（六）“十五五”期间原料和产品结构调整空间或将收窄

为应对近年来低迷的石化市场行情，许多企业积极采取措施调整自身生产经营，其中低成本原料是许多企业降本增效的首选。自2019年国内首套乙烷裂解装置投产以来，国内乙烷裂解项目产能规模已达430万吨/年（含干气乙烷及乙丙烷混合裂解），预计2030年前后将增至935万吨/年左右，卫星石化等乙烷裂解生产企业已成为国内乙烯市场不容忽视的重要参与者，而中国石油将成为国内最大的以乙烷为原料生产乙烯的生产企业。从实际生产成本来看，预计乙烷裂解成本较石脑油裂解低1000元左右，成本优势十分显著。但因美国乙烷出口规模近年持续扩张，加上NGLs关键产区Permian盆地天然气产量增长放缓，预计美湾乙烷价格（纯乙烷，Mont Belvieu价格）将在2027年前后出现一轮快速上涨，至210美元/吨左右，较2023年大幅上涨，上涨幅度为45%。此后，随着出口规模继续增长，以及美国NGLs产量接近峰值，美国乙烷价格有望进一步上涨至250美元/吨，届时国内到港乙烷价格将达580美元/吨，与东北亚石脑油价差将从目前的140美元/吨缩窄至60美元/吨。加上造船（租船）、码头、储罐、管线等一系列费用和运输周期问题，乙烷裂解成本的巨大优势正在逐渐缩小。

此外，由于“油转化”目前仍缺少低成本的转化手段，一体化项目加氢装置石脑油成本较高；而柴油组分直接作为原料进行生产不仅成本高，还将副产大量乙烯焦油等低值产品；重油高效催化裂解（RTC）等技术仍面临丙烯收率、副产品利用和能耗偏高等问题；外购液化气顶替石脑油作为裂解料，又受近年集中投产PDH项目对液化气市场价格的强力拉动作用影响。因此整体看，目前国内原料低成本的手段不足，需要更加精细化的原料利用和挖潜方案。

产品结构方面，差异化和高端化产品开发是近年行业主要发展方向，经过近年的发展，国内高端化产品自给率为70%左右，一些市场规模较大的高端产品，包括光伏级EVA、超高分子量聚乙烯树脂、POE、碳纤维、碳酸乙烯酯、己二腈、尼龙66、PBAT、DINP等，随着国内产能的集中上马，已经出现过度建设的迹象；茂金属聚乙烯等国内仍有缺口，且市场规模较大的产品，随着外资企业在国内设厂并大幅扩张产能，也限制了国内相关产品的进一步开发和生产。其他高端的产品，因为市场较小，如企业没有精细化生产管理和持续研发投入，仍难以适应大规模的炼化一体化生产。

对于差异化大宗产品的开发，一方面面临国内市场过剩时期，低价通用料和改性料的挑战；另一方面面临下游细分市场涌现，需求定制化开发的挑战。这些都需要企业更为精细化的管理和持续的研发投入，才能够适应“十五五”期间市场的新局面和挑战。

（七）新材料行业也需警惕供应过剩问题

当前，我国石化行业正处于新旧动能转化的关键时期。以房地产、农业、家电、燃油车为代表的传统产业基本步入发展的成熟期甚至是衰退期。相较之下，以新能源汽车、高端装备等为代表的战略新兴产业，以及以量子计算机、人形机器人为代表的未来产业，虽然当下仍处于发展的成长期和培育期，未来将成为支撑石化消费增长的核心动力。同时，这些新兴产业将推动需求向高性能树脂、高性能纤维、电子化学品等高附加值的化工新材料倾斜。尤其，在当下国内大宗化学品同质化严重、低端产能过剩加剧的形势下，这些产业将成为未来驱动石化产品需求增长的第二成长曲线。目前，我国化工新材料总需求为4400万吨左右，自给率不足70%。预计到2030年，随着我国战略性新兴产业与未来产业高速发展，化工新材料总需求将增长至6900万吨左右，年均复合增长率达7%，自给率将提升至76%。近年来，AI赋能催生了诸多高成长赛道，对高性能纤维、高性能工程塑料及电子化学品等高单位产值产品产生了更为迫切的需求，如随着人形机器人、无人机、智能驾驶等领域发展，市场对碳纤维及高性能工程塑料（PEEK、PPS、PA 等）、高性能膜材料（PI 膜、PET 光学基膜、PVA 光学膜等）以及电子化学品（如光刻胶、CMP 抛光垫等）的需求将持续增长。

2021 年以来，外资（含中外合资）在中国投资化工新材料产能超过 700 万吨/年，多数产品为工程塑料、高端聚烯烃等高性能树脂。同时，国内民营企业产业竞争力持续增强，万华化学、新和成等多家企业成为细分赛道的领头羊，但高回报吸引了大量企业涌入，EVA、POE、PA66、茂金属聚乙烯等一系列产品正面临产能过剩风险。“十五五”期间，据不完全统计，国内 EVA 规划产能规模为 340 余万吨/年，POE 规划产能为 450 余万吨/年，茂金属聚乙烯规划产能规模为 600 万吨/年左右，PA66 规划产能规模更是高达 700 万吨/年左右。

（八）塑料循环经济将进入新发展阶段

随着“双碳”目标的提出，石化行业面临越来越大的绿色转型升级压力，持续深入贯彻循环经济理念成为行业共识。全球包括埃克森美孚、韩国 LG、科思创在内的多家企业开始着手布局塑料的循环回收再利用。从回收手段来看，物理回收是国内目前最主流的塑料回收方式（占 99%）。然而，当前国内废旧塑料回收体系尚不完善，同时物理回收面临废塑料收集效率低、分拣难度大等问题。目前，我国产生废塑料回收量超 2000 万吨，其中物理回收、填埋和焚烧各约占 30%。未来随着废旧塑料回收产业链进一步完整，特别是随着欧盟碳边境税的实施，加上各国大量限制塑料消费规定的出台，尤其是 2024 年“全球塑料条约”第五次政府间谈判委员会会议（INC－5）的举行——虽然谈判未能如期达成关于塑料污染的具有法律约束力的国际文书，但谈判仍会进行——未来有可能达成以下条约：一是限制塑料生产，二是向塑料生产企业征收塑料污染治理费。后续若相关政策落地实施，将给塑料生产企业带来巨大的负担。

相较于物理回收，化学回收也是塑料循环利用的有效途径之一，但回收技术目前仍处于发展初期，目前尚未实现大规模产业化应用。其中热裂解法是目前产业化进度最快、发展最为成熟的废塑料化学回收技术，在国内外已有工业化应用。Plastic Energy、QuantaFuel、霍尼韦尔等欧美企业抢先布局热裂解法塑料化学回收，工艺相对成熟。国内方面，中国石化石油化工科学研究院自主研发了废塑料连续热解技术（RPCC）工艺，所得热解油经深加工技术可生产出塑料单体，进而生产出塑料产品，形成“塑料—废塑料—烯烃—树脂—塑料”的闭合循环。此技术已通过实验室试验，并已在塔河炼化建设了万吨级生产装置。除热裂解法外，化学回收的技术工艺还包括催化裂解法、解聚法等。当前国内化学回收处于起步阶段，未来随着技术不断突破、加工能力提升，化学回收有望成为塑料回收再生行业的重要赛道，从而进一步促进石油化工行业的绿色转型。整体来看，随着废旧塑料回收产业链进一步完整，特别是随着欧盟碳边境税的实施，加上各国大量限制塑料消费规定的出台，预计到2030年，我国塑料回收量将增长至2600万吨左右，其中化学回收有望达到百万吨回收规模。

天 | 然 | 气 | 篇

2024年中国天然气发展情况与未来展望

郝　勇　孙　勇　孙　慧①

摘　要　2024年，中国大陆（不含港澳台）天然气表观消费量为$4260.5\times10^{8}m^{3}$，同比增长8%。交通用气增长亮眼，LNG重卡连续第二年销量超过15万辆。天然气发电的灵活性电源作用进一步体现，全年燃气装机新增超过1800×10^{4} kW。油气增储上产“七年行动计划”继续推进，全年新增天然气（含页岩气、煤层气）探明地质储量超$1.6\times10^{12}m^{3}$。全年天然气（含页岩气、煤层气、煤制天然气）产量达$2463.7\times10^{8}m^{3}$，连续8年增量超过百亿立方米。管道天然气和液化天然气的进口量增速均超过10%。基础设施不断完善，主干管道总里程、LNG接收和再气化能力、储气能力均保持稳健增长。未来，中国天然气需要重点解决国产气供应潜力及其衍生的天然气发展规模和空间问题、基础设施灵活性和应急情况应对能力问题、体制机制的深化改革问题。建议：持续推进天然气产供储销体系建设；进一步深化勘探开发环节改革，促进市场潜能释放；以满足日现货交易要求为目标，多途径推进基础设施信息公开透明，完善基础设施运营机制；坚持系统观念，开展区域天然气市场化改革试点；推动建设国际高影响力价格指数。

关键词　中国　天然气　发展　改革

① 郝勇，硕士，国家石油天然气管网集团有限公司油气调控中心高级专员，工程师。主要从事油气管网调控工作，油气管网运行调度机制、公平开放、市场化等研究工作。孙勇，硕士，中国石油天然气集团有限公司政策研究室智库管理处副处长，高级政工师。主要从事能源经济、能源政策、国有企业改革发展研究工作。孙慧，通讯作者，博士，北京大学能源研究院助理研究员，高级工程师。主要从事天然气、生物油气、能源相关的战略规划、政策制定和市场研究工作。

一、2024 年中国天然气行业发展情况

（一）天然气消费

2024 年，中国①天然气表观消费量为 $4260.5\times10^8m^3$，同比增长 8%[1]。与 2023 年表观消费量 $3945\times10^8m^3$[2] 相比，全年消费增量为 $315.5\times10^8m^3$，增量同比增加 $33.5\times10^8m^3$。

从用气行业来看，居民、采暖、商业、交通等城镇燃气以及工业燃料、发电、化工原料用气均呈普涨态势。全年用气人口和居民用气继续保持稳步增长，新增用气人口保持在 2000 万～3000 万人的水平。采暖用气市场主导特征明显。长江流域夏热冬冷地区仍然是采暖用气增长主力，继续呈现无补贴和高端化的特征。北方“煤改气”市场增长缓慢，增量主要集中在西北地区。据统计[3]，2024 年全国冷凝式燃气采暖热水炉销量为 45 万台，同比增长 30.4%，“煤改气”燃气采暖热水炉销量为 8 万台，同比下降 46.7%。交通用气增长亮眼。依靠 LNG 的价格优势和清洁优势，全年液化天然气（LNG）重卡销售量达到 18.2 万辆，占重卡总销量的 20%，连续第二年销量超过 15 万辆，是 2022 年销量（不足 4 万辆）的 4 倍以上，全年 LNG 重卡天然气消费量达到 $340\times10^8m^3$ 左右[4]。天然气发电的灵活性电源作用进一步体现。全年燃气装机新增超过 1800×10^4kW，总装机规模超过 1.4×10^8kW，发电量接近 3200×10^8kWh，年均发电小时超过 2200 h，同比减少 171 h。

① 本文中提到的中国不包含港澳台地区。

（二）天然气供应

2024 年，中国油气增储上产七年行动计划继续大力推进，“两深一非”领域仍是勘探开发重点。全年新增天然气（含页岩气、煤层气）探明地质储量超 $1.6\times10^{12}m^3$[5]。其中，蒙陕煤层气田新增探明储量为 1300 亿 m^3，是国内外首个气藏埋深超过 3000 米的煤层气田[6]。四川盆地新增 3 个千亿立方米规模深层页岩气储量区。塔里木盆地顺北超深层大油气田塔科 1 井钻探深度超 1 万米并成功取出万米深地岩心。琼东南盆地探获全球首个超深水超浅层千亿立方米大气田——陵水 36－1 气田，首个深水高压气田“深海一号”二期天然气开发项目（陵水 25－1 气田）顺利投产[7]。

2024 年，中国天然气产量依旧保持较快增长态势。根据国家统计局数据，全年天然气（含页岩气、煤层气、煤制天然气）产量为 $2463.7\times10^8m^3$，同比增速为 6.2%，增量为 $166.6\times10^8m^3$，连续 8 年增量超过百亿立方米。分盆地来看，鄂尔多斯盆地和四川盆地是产气重点，2024 年产量分别超过 $720\times10^8m^3$ 和 $700\times10^8m^3$，二者产量合计占总产量的比例超过 57%。分公司来看，中国石油长庆油田分公司、中国石油西南油气田分公司、中国石油塔里木油田分公司、陕西延长石油（集团）有限责任公司、中国石化西南油气分公司的产量超百亿立方米，分别为 $513.1\times10^8m^3$、$447.0\times10^8m^3$、$326.1\times10^8m^3$、$104.6\times10^8m^3$、$102.1\times10^8m^3$[8]，上述 5 家公司的产量合计为 $1492.9\times10^8m^3$，占全国总产量的比例超过 60%。其中，陕西延长石油（集团）有限责任公司、中国石化西南油气分公司的产量首次超百亿立方米。

2024 年，中国进口管道天然气为 $760\times10^8m^3$[9]，与上年进口量 $671\times10^8m^3$ 相比，增加 $89\times10^8m^3$，增幅 13%。主要增量贡献为中俄东线，进口增量约为 80 亿 m^3，占管道气进口总增量的 90% 以上。根据海关总署数据，全年进口 LNG 为 7657×10^4t（折合约 $1072\times10^8m^3$），同比增加 526×10^{4t}（折合约 $74\times10^8m^3$），增速为 7%。合计 2024 年中国大陆进口天然气约 $1832\times10^8m^3$，与

2023 年总进口量 $1656\times10^8m^3$ 相比，增加 $176\times10^8m^3$，增速超过 10%。与此同时，全年出口天然气 432×10^4 t（折合约 $60\times10^8m^3$），天然气净进口量约 $1772\times10^8m^3$。

（三）天然气基础设施

2024 年，中国以西气东输系统、陕京系统、川气东送、西南管道等为骨架的全国性供气网络[10]不断完善，供气能力不断提高。截至 2024 年底，中国天然气长输管道总里程达 12.8×10^4km，同比增加约 3500 km[11]，主要贡献来自中俄东线全线贯通、西气东输四线吐鲁番至哈密段投产，漳州 LNG 外输管道投产、华瀛 LNG 外输管道投产、海西天然气管网长乐至福鼎段投产、山东管网东干线机械竣工等。

截至 2024 年底，中国投产运行 LNG 接收站（含具有综合接收能力的沿海 LNG 储备站/调峰站）31 座，接收能力超过 15100×10^4t/a。全年新投产 3 座 LNG 接收站，分别为国家管网漳州 LNG 接收站、中国石化潮州华瀛 LNG 接收站和广东能源惠州 LNG 接收站；扩容建设 6 座 LNG 接收站，分别为国家管网天津 LNG 接收站、中海油珠海 LNG 接收站、中海油盐城 LNG 接收站、新疆广汇启东 LNG 接收站、河北建投曹妃甸新天 LNG 接收站、北京燃气天津南港 LNG 接收站。

据不完全统计，2024 年中国新建投产储气库 3 座，扩容达产储气库 3 座。截至 2024 年底，中国在运行储气库（群）约 38 座，储气能力达 $270\times10^8m^3$[11]，占国内表观消费量的 6.3%。

二、中国天然气发展主要存在三方面问题

（一）国产气供应潜力及其衍生的天然气发展规模和空间问题

1. 国产资源决定了天然气发展的规模和空间

乌克兰危机后，能源安全成为各国能源政策首要考虑的因素。由于近

年来我国天然气进口依存度始终保持在40%以上，结合中美关系和世界油气版图重构，提升天然气安全水平也成为未来我国天然气发展必须优先考虑的问题。立足国内发展天然气，合理控制天然气进口比例已经成为共识。同时，在极端情况下，国产资源是能源安全的“兜底保障”，更是天然气底线平衡的基石。也可以说，国产天然气供应能力在一定程度上决定了天然气的总体发展规模。

2. 国产资源是提高天然气市场竞争力的关键

作为一种可替代能源，价格偏高、竞争力弱始终与天然气发展一路同行。考虑天然气热值为8500 kcal/m^3、燃气锅炉热效率为90%，煤炭热值为5500 kcal/kg、燃煤锅炉热效率为65%，若天然气价格取中国石油2024年的平均实现价格2.277元/m^3[12]，则相当于煤炭价格1064元/t。在发电领域，相对较高的天然气价格也是制约气电发展的主要因素。即使天然气价格按照2.0元/m^3计算，对应的气电上网电价也需要超过0.5元/kWh才能保证气电不亏损。可以说，目前天然气与煤炭、风电、光伏发电相比并不具有经济竞争力。与新型储能可预见的成本下降相比，市场对天然气发电成本下降的期望值不高。

由于国产气的成本总体低于进口天然气，因此成为天然气夯实发展底气、提升发展安全指数、提高市场竞争力的关键。考虑天然气易于调峰的特性，降低天然气成本是天然气在未来新型电力系统中扩大份额的重要条件。

3. 国产资源决定了天然气在“双碳”战略实施和新型能源体系建设中地位和作用

天然气是公认的清洁能源，与煤炭相比其在减少大气污染物排放、降低二氧化碳排放、提高能源效率等方面具有明显优势。天然气具有“灵活易储”的能源特性，能够适应小时、天、月、季节等不同时间尺度的调峰需求，在新型能源体系和新型电力系统中将发挥灵活调节和保障安全等重要作用，这也是发达国家的经验。

然而，长期的气量和气价问题叠加历史上多次气荒产生的影响和对进口安全的顾虑，使其他能源品种、政府管理部门在认可天然气能源特性优势的同时，不敢鼓励和支持天然气发展。天然气发展进一步凝聚共识的关键就是国产资源的供应潜力，因为国产资源决定了天然气的价格竞争力和发展规模。

（二）基础设施灵活性和应急情况应对能力问题

1. 天然气干线管道建设难度大

未来 10 ~ 15 年天然气快速发展的趋势不会改变，加快天然气产供储销体系建设、保持基础设施适度冗余仍然是行业发展的主要任务。国家管网集团成立后在原有三大油管网基础上，通过加强互联互通建设，优化管网布局，减少了重复建设，减少了“盲肠段”和“肠梗阻”管道，基本突破了天然气长输管线的硬瓶颈。

与此同时，也存在管道建设难度大的现象。究其原因，一是管道建设和运营的动力发生改变，由国家管网集团成立前的促进销售变成了成立后的确保安全运营和合理收益。二是长输管线与省级管线的利益博弈问题，当国家管网建设的路由和地方规划建设的管道路由发生冲突时，与三大油一体化多元经营相比，国家管网业务较为单一，与地方谈判的筹码和抓手较少。三是电网在新能源发展过程中存在源网建设不匹配问题，天然气也存在由于 LNG 接收站建设主体多于外输管线建设主体导致的 LNG 接收站码头、气化、外输能力协同发展不强的问题。

2. 基础设施的连通质量存在欠缺

无论是自由贸易状态还是极端情形，不管是数天的短时间应急还是数周数月的长时间短缺，当某路气源中断或某条管道故障时，迅速组织其他气源或管道进行补充供应是常规做法。这就需要基础设施的灵活支撑和保障，主要体现在三个方面：一是气源型管道和气源型基础设施能力的富裕能力和互保互济能力，二是天然气管网内部各管道的互联互通和灵活供气能力，三是储气设施包括 LNG 接收站的储存能力和有效供气能力。

近年来，我国天然气基础设施建设速度明显加快，资源互保互供、管道互联互通的能力明显增强。但由于目前各市场主体信息不对等，一方在规划和建设管道时往往对其他方规划和建设情况了解不多。存在诸如干线下载能力与省网接收能力不匹配、支线上载压力无法满足干线接入压力要求等情况。同时，各市场主体在系统建设、安全标准、制度规范、管理模式等方面水平参差不齐，部分企业仍将站场分散控制、设备单体手动控制作为主要操作模式，不具备高水平的维护力量，工艺、自控等方面的技术和管理水平也亟须提高。这不仅影响日常运营中管道输送的最优路径选择，更重要的是影响应急情况下的快速应对和互保互济。

3. 储气能力不足的短板尚未补齐

2022 年能源危机中，为补充俄气减少，欧盟 27 国及英国大幅增加 LNG 进口量（$615\times10^8 m^3$），其背后即是强大基础设施的综合支撑，特别是强大储气能力的支撑。2022 年其已建 LNG 接收站年平均利用率从 2021 年的不到 50% 提高到接近 80%。地下储气库库存达到过去 5 年的最高值。欧盟国家之间、欧盟与其他欧洲国家之间的管道天然气贸易量大幅增加近 $100\times10^8 m^3$。欧盟 27 国地下储气库总能力为 $1144\times10^8 m^3$，约为 2022 年消费量的 30%。与此相比，截至 2024 年底，中国地下储气库形成的调峰能力仅占天然气表观消费量的 6.3%。

（三）体制机制的深化改革问题

深化体制机制改革的目的是建立由市场供求关系决定价格的机制，创造更加公平、更有活力的市场环境，防止政府对价格形成的不当干预，实现资源配置效率最优化和效益最大化。

1. 上游改革红利释放不足制约国产气供应能力释放

国产资源供应不及预期的原因除了有通常所说的我国资源品位和资源潜力问题，还有国内市场供气主体多元化程度不够、竞争不充分、市场活力不足的问题。与“三桶油”相比，新增市场供气主体的综合竞争力、市场影响力、价格话语权等均偏弱。

未来的上游体制改革，需要重点回应三方面述求。一是如何继续深入推进矿业权流转。在总结新疆油气勘探开发管理体制改革试点经验的基础上，如何继续引导和鼓励符合条件的境内外各类市场主体参与油气勘探开发，如何继续加大油气区块投放力度，尽可能减少自然资源管理部门手中积压的探矿权区块面积。

二是如何提升勘探开发市场新主体的建产能力。随着市场的成熟，其他主体的投入会逐步加大，技术使用能力和技术创新能力将是决定勘探开发市场新主体转变为供应市场新主体的关键。

三是如何平衡勘探开发放开与天然气保供。可以预见，当前及未来较长一段时间内，石油公司仍然是天然气增储上产、采暖季保供和极端情况下保供的主体，因此任何勘探开发政策都需要考虑如何保护其生产积极性，同时需要考虑如何最大化发挥其他主体的保供积极性，扩大保供的参与范围，真正做到各个市场主体利益共享、压力共担。

2. 市场透明度不够制约价格信号作用的发挥

一是部分省份或地区仍然存在集管输与销售于一体的局部垄断格局，影响了公平开放的质量，制约了市场竞争的形成。在部分地方，供气商通过建设供气管道锁定发电等终端用户，损害了终端用户对供气商的选择权。部分油田的长距离生产性管道也存在与管道基础设施运营商的连接和开放问题。

二是所有权的全国一张网尚未实现，同时管输路径、管容罐容库容等基础设施运营信息透明度不够，无法支撑较短时间内商品交易的达成。目前，普遍关注的剩余能力计算方法、信息公开的频率和颗粒度等均没有明确的规定，与现货市场交易密切相关的实时运行数据并不公开。托运商对管容、罐容和库容剩余能力的了解主要通过国家管网集团的不定期招标或竞拍，以及向国家管网集团咨询等方式获得。

三是监管规则不健全，监管能力需提高。目前对基础设施公平开放监管的监管力量大多为原电力监管人员，对油气市场的了解还不全面，油气监管力量不足。从相关单位借调人员临时参与监管任务成为常态，导致监管人员连续性较差、存在监管顾虑等问题。同时，监管力量不足，相关制度和规则出台较慢，也是基础设施运营信息透明度不够的原因。

3. 体制机制问题在天然气价格管理上集中体现

一方面，“体制的病、价格的症”。我国油气市场体系的建设目标是上游油气资源多主体多渠道供应、中间统一管网高效集输、下游销售市场充分竞争（“X+1+X”），目标是充分发挥市场在资源配置中的决定性作用。国家管网集团成立后，由于3家石油公司仍然是天然气供应的绝对主体，天然气批发市场主体较少、竞争活力不足的问题依然存在，竞争性市场交易结构也还没有形成，加之对天然气供应安全的担忧，对民生用气气量和气价的保障等，保供稳价成为价格管理的出发点之一，这直接导致了价格管理与市场化发展不协同的问题。

具体体现在三个方面：一是管输价格与基准门站价格并存。国家管网集团成立后，管输价格虽然单独定价，但基准门站价格中仍然包含管输价格，不适应“管住中间、放开两端”的发展趋势。二是在批发环节政府规制与市场化定价并存。目前政府价格规制范围涉及供需两侧，供应侧包括国产陆上常规天然气和2014年底前投产的进口管道天然气门站价格，需求侧为居民用天然气门站价格。资源构成和居民用气比例直接决定了批发环节的购气成本，也成为各方博弈的关键。三是管输费用形成方式相对复杂，影响商品交易达成的速度。我国区域运价率和按路径形成价格意味着天然气管输费用将取决于入口与出口的路径和距离。随着管网的日益发达及资源多元化，我国管网正在形成多气源混输、流向复杂多变的格局。加之信息公开问题，在当前条件下，供气商在销售天然气时，并不能准确、及时地了解天然气的管输成本，甚至无法知道天然气是否能够运输至意欲销售的目的地（下载点）。

另一方面，价格改革不到位制约了市场调节供需的作用。以储气设施为例，在批发环节，真正由市场决定价格的天然气量较少。最大供气商中石油的销售气量中仅非合同量天然气完全由市场形成。目前绝大部分天然气的价格已经通过与门站价格上浮比例确定，或与进口 LNG 价格挂钩，市场套利空间基本不存在，因此市场主体没有使用储气设施的动力，不仅制约了储气价格的下降，也影响了储气价值的发挥。同样，由于没有真正的市场价格，石油公司在制定天然气销售价格时也缺少类似于美国 HH、欧洲 TTF 等基准价格作为参考。

三、天然气发展相关建议

1. 持续推进天然气产供储销体系建设

在继续保持现有增储上产力度、确保天然气国内供应能力稳步增长的同时，也需要以提升能源安全保障能力，以及提升设施的灵活性和韧性为切入点，加速补齐基础设施建设短板，确保 2030 年前天然气基础设施，特别是储气调峰设施基本建设完成，为天然气市场化发展打下坚实基础。

考虑“西气东输、北气南下”与“南气北上、东气西进”并存，天然气复杂流向特征愈加明显等客观趋势，未来基础设施发展还需重点提升沿海至华中地区天然气管道的双向流动能力、华中华东地区不同管道间的互联互通能力，重点确保 LNG 接收站码头、气化、外输能力协同发展。

2. 进一步深化勘探开发环节改革，促进市场潜能释放

2011 年，我国大力推进矿业权特别是探矿权改革，但目前勘探环节的改革成效还没有体现到产量环节，改革成效未及社会预期。该现状既与勘探开发本身的投资大、风险高，从勘探到产量周期较长有关，又与早期推出区块资源潜力相对较差有关，还与新的市场主体技术能力偏弱等因素相关。

建议加大油气区块投放力度，尽可能减少自然资源管理部门手中积压

的探矿权区块面积。健全和完善油气地质资料的汇交和共享机制，解决区块地质资料不透明等问题，吸引更多技术和资金、实力兼具的企业进入市场。研究国有油气企业工程技术、工程建设和装备制造等业务专业化重组的可行性，探索提升新的市场主体技术使用能力的途径。加快推进多主体的页岩气、煤层气等的产能建设，形成规模供气能力。

3. 以满足日现货交易要求为目标，多途径推进基础设施信息公开透明，完善基础设施运营机制

一是在2019年《天然气管网设施公平开放信息公开示范文本》基础上，参考欧美经验，借鉴我国电力市场信息披露经验，制定“油气市场信息披露基本规则”“油气调度机构信息报送与披露办法”，制定信息颗粒度更细、时间周期更短的“天然气管网设施公平开放信息模板”。二是在《油气管网设施公平开放监管办法》（发改能源规〔2019〕916号）基础上，制定“管容、罐容和库容的剩余能力计算方法”，解决目前供需双方的矛盾焦点之一。三是在2021年《天然气管网设施运行调度与应急保供管理办法（试行）（征求意见稿）》基础上，出台“天然气基础设施容量分配、运营调度机制及平衡责任管理办法”，进一步完善相关规则。四是制定“天然气管网设施托运商管理办法”，明确托运商的准入门槛、进入退出机制，托运商和承运商各自的权利和义务。五是在现有应急保供工作基础上，制定更详细的“油气管网应急保供预警和响应程序”“天然气储存条例/管理办法”。六是制定各级各类型“油气管网调度技术规程/标准规范”。

4. 坚持系统观念，开展区域天然气市场化改革试点

建议从区域天然气市场化改革试点做起，将价格改革与竞争性区域市场建设相结合，在试点区域内统筹考虑取消门站价格、完善管输价格机制、省网与国网融合、主干管网与省级管网价格机制协同等问题。基础设施方面，区域内主干管网与省级管网/省内其他管道实现融合，融合方式可在“所有权融入”、“股权融入”和“运营融合”模式中选择其一。管输定价方面，过境天然气按照路径收取费用，简化区域内管输费，采用“邮票制”或

“出入口法”进行收费。过境天然气管输费用可考虑的方式有“区域运价率×实际路径”、“区域运价率×供需双方协商路径”或“区域运价率×多条路径的算术平均值”等。区域内“邮票制”管输费含义为，不管路径如何，均按照固定价格收取费用。需要说明的是，制定区域内统一管输费时与目前的省网收费不同，是将区域内主干管网与省级管网合并统一考虑。气源价格方面，可仅保留严格核算的居民用气的门站价格管理，也可考虑全部放开。这样可以大幅促进区域市场的便利交易和市场繁荣。

5. 推动建设国际高影响力价格指数

一是积极促进供气主体销售方式转变，逐渐扩大平台交易规模，将定价机制从“与基准门站价格上浮比例相关”转变为“与价格指数挂钩”。借鉴欧美天然气市场现货交易经验，研究管道输气量不平衡结算的可行性，提升市场主体天然气线上交易/现货交易的主动性。二是以价格指数覆盖范围内的管网设施为目标，简化指数范围内的管输定价，具体方式可视具体设施情况而定。国外采用的方式主要是在“两部制”基础上的出入口法或邮票法。我国可研究在现行管输定价机制的基础上，通过与信息公开及时透明、管道剩余能力较快获得相结合，采用“一部制”基础上的出入口法或邮票法。三是在价格指数覆盖范围内，提供更高质量的管容服务，包括日前、日间管容产品等，进一步提高市场的流动性和便利性，促进交易。

参考文献

[1]运行局．2024 年 12 月份全国天然气运行快报[EB/OL].（2025 - 01 - 23）[2025 - 06 - 06].https://www.ndrc.gov.cn/fggz/jjyxtj/202501/t20250123_1395858_ext.html.

[2]《中国天然气发展报告(2024)》编委会．中国天然气发展报告(2024)[M]. 北京:石油工业出版社,2024:5.

[3]燃气供热及应用平台．燃气采暖热水炉产品 2024 年度市场统计公

告[EB/OL].(2025-02-13)[2025-06-06]. https://mp. weixin. qq. com/s? __biz = MzI4NTAxMzMyMg = = &mid = 2651932490&idx = 1&sn = b9e5697becce96f2b334d98b7e87e772& chksm = f017436fc760ca79c36f97774fd2eb89cadcde989b01713150a82ceb2d89219 393052ea49a8e&scene = 27.

[4] 王占黎,周淑慧. 我国车用 LNG 需求 2030 年将达 480 亿方[J/OL].(2025-01-27)[2025-06-06]. 石油商报. https://www. shpgx. com/html/xyzx/20250127/7364. html.

[5]钱兴坤,陆如泉. 2024 年国内外油气行业发展报告[M]. 北京:石油工业出版社,2025:110.

[6] 中华人民共和国自然资源部. 2024 年中国自然资源公报[EB/OL].(2025-03-14)[2025-06-09]. https://gi. mnr. gov. cn/202503/P020250314582653365259. pdf.

[7] 国家能源局. 2024 年全国油气勘探开发十大标志性成果[EB/OL].(2025-01-20)[2025-06-09]. https://www. nea. gov. cn/20250120/f16a9ad91ce8459d9fc03d1d2869a588/c. html.

[8]罗大勇. 2019—2024 年中国天然气产量[J]. 国际石油经济,2025,33(3):106.

[9]高芸,王蓓,胡迤丹,等. 2024 年中国天然气发展述评及 2025 年展望[J]. 国际石油经济, 2025,33(2):55-67.

[10]孙慧. 我国天然气产业结构分析与优化升级研究[D]. 北京:中国地质大学(北京),2018:17.

[11]钱兴坤,陆如泉. 2024 年国内外油气行业发展报告[M]. 北京:石油工业出版社,2025:98,99.

[12] 中国石油天然气股份有限公司. 2024 年度报告[EB/OL].(2025-03-30)[2025-06-12]. https://www. petrochina. com. cn/petrochina/rdxx/202503/b8750418435d4da380a6b13d5725ebe9/files/92270a9aae594f98ad78d1bec1e35b1f. pdf.

多因素驱动下气电产业发展中长期展望

蒋　珊　罗大清　刘潇潇　马　莉　孔欣怡　程　诺[①]

摘　要　在资源保障可靠、成本疏导有效、政策推动有力、协同管理顺畅、行业竞争充分等因素驱动下，全球气电产业发展已较为成熟，平均气电发电量占比已达到23%，但我国气电发电量占比仅为3.2%，远低于世界平均水平。当前，制约我国气电发展的主要因素为资源稳定性较弱、发电成本较高、政策支持有限。未来，随着新型电力系统建设加速推进，气电作为重要的需求侧调峰电源，将发挥灵活性补位作用，对维护电力系统稳定性的作用进一步凸显，装机需求将长期处于2亿千瓦以上。因此，国家亟须进一步明确气电定位，助推气电发展；制定适宜电价、碳价政策，全方位疏导气电成本。企业也应积极介入、加强合作，共同推动我国气电产业高质量发展。

关键词　天然气　气电　灵活性需求　驱动因素　发展空间　度电成本

---

① 蒋珊，中国石化集团经济技术研究院有限公司产业发展研究所工程师，主要从事能源产业研究；罗大清，中国石化集团经济技术研究院有限公司党委书记、副总经理，正高级经济师，主要从事能源化工产业研究；刘潇潇，中国石化集团经济技术研究院有限公司副总工程师，产业发展研究所所长，正高级经济师，主要从事能源化工产业研究；马莉，高级工程师，主要从事天然气产业研究；孔欣怡，工程师，主要从事天然气市场研究；程诺，高级工程师，主要从事能源产业经济研究。

一、全球气电产业发展现状及主要驱动因素

（一）全球气电发展规模

截至2024年，全球气电发电量为6.80万亿千瓦，占总发电量的22.0%左右。分地区看，俄罗斯气电在总发电量中占比最高，达到44%；其次为美国，气电发电量约1.87万亿千瓦，占总发电量的43%；再次为日本，气电发电量在总发电量中占比约34%。全球气电发电量占比总体呈上升趋势，不同地区天然气发电发展的程度与资源禀赋关系较强。天然气发电发展比较成熟的国家可以划分为三个类型（见表1）：第Ⅰ类是天然气资源丰富型，第Ⅱ类是能源进口依赖型，第Ⅲ类是可替代（煤炭）资源丰富型。我国若要发展气电，可归为第Ⅲ类可替代（煤炭）资源丰富型。

表1 气电发展成熟国家分类

类型		国家	过去30年气电发展特点
天然气资源丰富型	十分丰富	俄罗斯、伊朗、沙特阿拉伯、阿拉伯联合酋长国、埃及、澳大利亚	气电占比始终较高，当前普遍为50%左右（澳大利亚17%，更偏重煤电）
	比较丰富	印度尼西亚、马来西亚、越南	气电占比10%~20%，近年呈下降趋势
	资源发生大变化	美国、英国、荷兰、泰国、阿根廷、墨西哥	除荷兰外，气电占比总体呈上升趋势，当前占比为40%~65%；荷兰气电近几年波动大

续表

类型	国家	过去30年气电发展特点
能源进口依赖型	意大利、日本、韩国	气电占比总体呈上升趋势，当前占比为25%～50%
可替代（煤炭）资源丰富型	德国、西班牙、土耳其、哈萨克斯坦	哈萨克斯坦气电占比总体呈上升趋势，当前占比接近30%；西班牙、土耳其都经历大幅下跌后稳中有增，当前占比超过20%；德国先逐步增长，后在15%上下波动

（二）全球重点区域气电发展驱动因素

在全球能源格局的演变进程中，气电作为一种重要的能源利用形式，其发展受到多种因素的综合影响。资源状况、电价机制、环保政策与体制以及电力体制改革和行业协同管理等，都在气电发展进程中扮演着关键角色。

1. 拥有丰富的天然气资源或可靠的资源获取路径是气电发展的前提

拥有充足的天然气资源或稳定可靠的进口渠道，是气电得以大规模发展的首要前提。以英国为例，在其气电快速发展时期，本国天然气产量显著增长为气电提供了坚实物质保障。英国北海地区天然气田开发，实现了大量廉价天然气的稳定供应，从而有力地推动了气电产业的蓬勃兴起。德国则凭借其发达的管道基础设施，从俄罗斯等天然气资源丰富国家进口大量天然气，满足气电发展需求。美国更是兼而有之，不仅通过页岩气革命实现了天然气产量大幅跃升，而且其完善的天然气管道网络能够高效地调配资源。

然而，像日本、韩国、德国等天然气资源匮乏的国家，尽管认识到气电的诸多优势，但在能源战略选择上并未高度依赖气电。这些国家始终致力于使电力来源结构内向化，背后有着复杂的战略考量。日本和韩国由于本土资源匮乏，几乎完全依赖国际液化天然气（LNG）贸易获取天然气资源，使其能源供应面临价格波动风险以及地缘政治风险。德国在能源转型过程中，虽然在一定程度上发展气电，但也在积极探索可再生能源等多元化电力来源，以减少对进口天然气的过度依赖，避免因天然气供应不稳定或价格飙升对本国能源安全和经济稳定造成冲击。

2. 气源具有经济优势或高成本疏导机制，有利于提高企业发展气电的积极性

燃料成本占气电度电成本的70%～85%，较低的气源成本是推动气电发展的重要因素。以美国为例，美国气电发展主要得益于页岩气革命，天然气产量快速增长，成本不断下降，使气电与煤电相比，具有经济方面的优势。2024年，美国发电部门用气价格为2.86美元/千立方英尺（约0.72元/立方米）①，按照"1立方米天然气生产5千瓦时电力"估算，电价在0.14元/千瓦时以上时，气电即具备经济性。当前美国商业用电价格为0.145美元/千瓦时（折合人民币约1.05元/千瓦时），居民用电价格更高，气电企业有较大盈利空间。

天然气价格较高地区，气电的发展则有赖于电价和补助对成本的疏导。英国和德国电价相对较高，为气电发展提供了一定的经济空间。在英国，较高的电价水平使气电在与其他发电形式竞争中，能够凭借其相对清洁、高效的特性获得市场份额。德国能源转型政策以及对清洁能源的需求，使气电在高电价环境下能够实现一定的盈利，从而吸引投资和推动产业发展。

韩国则有所不同，尽管其电价水平相对较低，但电力公司能够从政府处获得补助。这种补助机制有效地确保了电价不会因天然气原料成本上涨而大幅提高，从而保障了气电产业稳定运营。在天然气价格波动情况下，政府补贴能够缓冲成本压力，使得气电企业能够在合理利润空间内持续发

① 数据来源：https://www.eia.gov/dnav/ng/ng_pri_sum_dcu_nus_m.htm。

展，维持电力供应的稳定性和可靠性。

日本的电费定价依据燃料费变动进行调整。这种动态的定价机制能够较为及时地反映天然气价格的变化，将燃料成本的波动传导至电费价格中。一方面，使得消费者能够对能源成本有较为清晰的预期；另一方面，保障了气电企业能在一定程度上根据成本变化调整运营策略，确保气电产业在气源成本变动环境下仍能保持相对稳定的发展态势。

3. 气电需要日益严格完善的环保法律体系或利于其优势发挥的体制机制

环保法律体系在气电发展中起到了重要的导向和约束作用。美国1990年修正的《清洁空气法》具有里程碑式的意义。该法案采取了新的污染物排放控制策略，对传统燃煤发电等污染较大的发电形式提出了更为严格的排放要求，同时建立了排放权交易制度。这一制度创新为气电的发展创造了有利的市场环境，因为气电相对于煤炭发电而言，具有显著的低排放优势。在排放权交易市场中，气电企业能够通过其较低的排放水平获得额外的经济收益，或在市场竞争中凭借环保优势占据更大的市场份额，从而极大地推动了气电的发展。

英国在1988年正式认同了工业CO_2排放与温室效应之间的联系，加拿大多伦多会议进一步推动英国正式考虑解决由燃煤引发的环境问题。这一系列的环保意识觉醒和国际会议促使英国加大对清洁能源的发展力度，气电作为一种相对清洁的发电方式，成为英国能源转型的重点方向之一。在环保政策的引导下，英国逐步减少对煤炭发电的依赖，提高气电在电力结构中的比例，同时通过不断完善相关的环保法规和监管机制，确保气电发展符合严格的环境标准。

适宜的体制机制有利于气电调峰、低碳等优势充分发挥。美国于21世纪初强调电网的可靠性并逐渐上升为立法，这一举措使气电作为灵活性电源的重要性得到提升，促进了气电在电力市场中的地位巩固和规模扩张。英国通过不断改进碳交易机制，使得气电的低碳优势得以充分发挥，从而激励更多投资进入气电领域。日本在气电发展初期即制定了严格的环保法律法规，通过收取碳税等方式，对高污染的发电形式进行限制，同时让企业享受气电外部性收益。这种政策手段有效地引导了企业和市场向气电方向转型，促进了气电产业在日本的起步和发展。

4. 电力体制改革引入竞争机制，有利于激发气电市场活力

电力体制改革对于气电发展具有深远影响。美国20世纪90年代对电力市场进行管制，打破了传统电力行业的垄断格局。非公用事业发电得以迅速发展，其中燃气轮机发电因具有高效可靠、经济性好、易于维修、满足污染物排放要求等特点，在竞争激烈的电力市场中脱颖而出。随着新市场参与者进入，燃气轮机发电企业通过不断提高技术水平、优化运营管理以及降低成本，在电力市场中占据了一席之地，推动了气电在美国的大规模发展。

英国20世纪90年代电力工业私有化改革同样对气电发展产生了重大的推动作用。在私有化改革过程中，现有大型发电商退出，私有发电商进入，市场竞争格局发生了根本性的变化。气电因具有相对灵活的建设周期和运营模式，成为私有发电商青睐的发电形式。大量私有资本涌入气电领域，触发了气电大规模发展，使得气电在英国电力结构中的占比迅速上升，改变了英国的电力供应格局。

日本持续推进市场化和自由化电力体制改革，旨在促进竞争、降低电价。在改革过程中，政府通过税收、补贴政策支持和鼓励燃机核心技术开发，弥补气电成本高的缺陷。一方面，市场化改革使得电力市场更加活跃，气电企业能够在市场竞争中不断提升自身竞争力；另一方面，政府的政策支持为气电技术创新和成本控制提供了有力保障，使气电在日本得以持续发展，在满足能源需求的同时，也有助于日本实现其能源转型和环保目标。

5. 天然气行业与电力行业共同管理或协同发展，保障了产业间的协调与衔接

从需求侧来看，天然气和电力是用户直接消费的两种主要能源品种，它们在能源终端消费中相互补充又相互替代。例如，在工业生产中，一些设备既可以使用电力驱动，也可以使用天然气作为能源；在居民生活中，燃气热水器、燃气炉灶与电热水器、电磁炉等电器并存。从供应侧来看，天然气可以作为电力供应的主要来源，尤其是在燃气发电领域。天然气行业和电力行业实现协同，具有多方面的重要意义。

首先，有利于优化资源配置。通过协同管理，可以根据天然气资源的供应情况、价格波动以及电力市场的需求变化，合理安排天然气发电的规模和运行时间。例如，在天然气供应充足且价格较低时，可以适当增加气电发电量；在电力需求高峰且天然气供应紧张时，可以通过电力需求侧管理等手段，调整部分可替代天然气消费电力设备的使用时间，保障电力市场和天然气市场的平衡。

其次，协同发展能够保障电力市场和天然气市场稳定运行。天然气行业供应中断或价格大幅波动会对气电企业生产运营产生直接影响，进而影响电力市场供应稳定性；电力市场需求变化、电价波动也会对天然气消费需求产生反馈作用。只有实现两个行业协同管理，建立有效沟通协调机制、应急响应机制以及价格传导机制等，才能确保两个市场在面临各种内外部冲击时保持相对稳定，避免出现能源危机或市场失衡现象。

二、我国气电产业发展现状

（一）我国气电发展规模较小，年均利用小时数不足3000小时

气电在我国总发电量中所占比重较小，发电用气在天然气终端消费中的占比较世界平均水平低。截至2024年，我国天然气发电装机容量约为1.44亿千瓦，占全国电力总装机容量的比重约为4.3%；天然气发电量为

3395 亿千瓦时，占总发电量的 3.4%。气电发展规模虽较小，但发电所消耗的天然气，是我国天然气消费的重要组成部分。2024 年，我国天然气发电用气量约为 772 亿立方米，约占天然气消费总量的 18%。气电发电利用小时数较低，2013 年以来，年均利用小时数均为 2300～3000 小时。

（二）资源、需求及政策差异导致我国气电发展地区不均衡性特征突出

华南、华东和华北是我国气电主要消费地区。其中，广东、长三角及北京是气电消费较为集中的省（市）。广东、江苏、浙江 3 省气电装机总计约 7357 万千瓦，占全国气电装机近 60%。这些地区气电发展较好，主要原因有三点。

第一，拥有稳定的气源和完备的基础设施。长三角地区气电产业发展得益于西气东输一线贯通，随着川气东送管线投产，煤制气、LNG 等基础设施和资源的完善，一系列天然气发电厂应运而生；广东省接收站密集且部分接收站资源与电厂“背靠背”绑定，跨省长输天然气管道和省内天然气主干管网的铺设使区域内燃气电厂形成了“多元互补，就近供应”的供气模式；四川省天然气资源量和产量均为全国第一，丰富的自产气资源为区域内电厂提供资源保障；北京市拥有全国最长的燃气管网，天然气输送整体有保障，区域内气源为自产气、进口 LNG 和煤制气。

第二，拥有气电用电需求或电力缺口。一是存在季节性供应紧张等实际电力缺口。长三角地区、四川省选择发展气电的主要原因是迎峰度夏期间，电力供需形势紧张，存在用电缺口，而气电启停快，具有较高的灵活性，作为调峰电源可以对电网需求做到快速响应。二是在工业园区中具有经济优势。江苏省选择发展气电的理由之一是区域内工业发达，在工业园区中，气电（燃气热电联产）的供热方式与分散锅炉供热的方式相比，在能源利用成本方面具有经济优势。三是其他化石能源资源匮乏。上海市选择发展气电是因为区域内化石能源资源较为缺乏，所以对发展气电产业具

有强烈需求。

第三，限煤政策推动、电价政策引导推动部分省市气电发展。一方面，严格的限煤政策是推动气电发展的主要原因。2015 年，国家发展改革委等六部门联合发布了《重点地区煤炭消费减量替代管理暂行办法》，明确提出北京市、江浙沪、广东省珠三角地区等，落实煤炭消费总量控制目标，切实减少大气污染。北京、广东、江苏等地“十三五”时期严格限制煤炭消费，助推了气电较快发展。我国气电装机由 2015 年的 6603 万千瓦增至 2020 年的近 1 亿千瓦。另一方面，电价政策对成本的疏导是气电快速发展的重要条件。长三角地区、广东及四川等地积极出台政策鼓励发展天然气发电，同时积极为气电提供高成本疏导方案（例如，调整上网电价、实行气电“两部制”电价、建立“中长期 + 现货 + 辅助服务”的电力市场体系等），为电厂维持生存提供了基本保障，但对气电盈利性的改善作用有限。

三、我国气电产业发展主要影响因素

（一）气电发展经济性有待进一步提高

1. 气电成本主要受燃料成本、利用小时数影响

就气电成本结构而言，天然气价格是影响气电成本最主要的因素，燃料成本占气电总成本的 70% ~85%。一般而言，对于燃气联合循环来说，每年固定资产费用约占度电成本的 20%，运维费用约占 5%，燃料费用约占 75%。

不同利用小时数下的度电成本变化见图 1。

就气电成本敏感性而言，燃料成本和年利用小时数是气电度电成本中最敏感的因素。由于燃料成本可调整空间较小，因此，合理的利用小时数成为提高气电经济性的一个关键途径。如图 1 所示，发电小时数在 2000 小时以内，度电成本对利用小时数敏感度较高，9E 机组利用小时数每增加

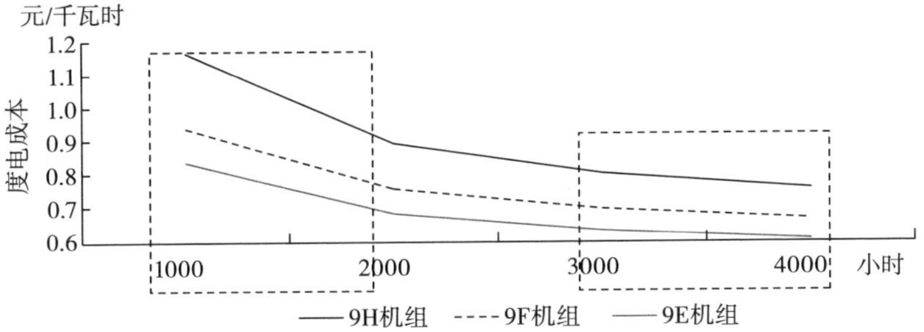

图 1　不同利用小时数下的度电成本变化

1000 小时，度电成本降低 0. 27 元/kWh，9F 机组利用小时数每增加 1000 小时，度电成本降低 0. 18 元/kWh，9H 机组利用小时数每增加 1000 小时，度电成本降低 0. 15 元/kWh。而超过 3000 小时之后利用小时数对气电成本的边际效应大幅减弱，9E 机组利用小时数每增加 1000 小时，度电成本仅降低 0. 05 元/kWh。广东、江苏、浙江等地区，电力需求缺口大、严格控制煤电发展，气电利用小时数能维持在 2000 小时以上，可通过合理化气电利用小时数降低气电度电成本，具备发展气电的良好条件。

2. 考虑低碳价值、调峰价值情境下，气电经济性提高

在能源转型与电力系统变革的背景下，如果将低碳价值与调峰价值内部化，考虑进天然气发电的经济性分析中，气电潜在的经济性将有所提升。

一方面，低碳价值对气电经济性的影响。能源转型背景下，碳定价机制应运而生并逐渐完善。我国已实行碳市场定价机制，旨在通过市场手段将碳排放的外部成本内部化，推动各行业朝着低碳方向转型。2021 年 2 月 1 日，碳交易进入全国实施阶段，排放配额分配初期以免费分配为主，后续适时引入有偿分配，并逐步提高有偿分配的比例。在发电领域，不同电源的碳排放情况差异显著。相对于传统的煤炭发电，天然气发电的 CO_2 排放量大幅减少，通常仅为煤电的 40% ~60% 。较低的碳排水平为气电在碳价机制下奠定了一定的成本优势基础。《2022 年中国碳价调查报告》称，

受访者预计全国碳市场的碳价将会稳步上涨。未来，随着碳价升高，煤电等传统高碳排的发电方式将面临更高的环境成本，煤电度电成本因碳成本的叠加而上升，气电与煤电之间的度电成本差异逐步缩小。

另一方面，调峰价值在气电经济性提升方面发挥着关键作用。随着新能源发电，如太阳能、风能等大规模接入，电力系统调峰压力日益增大。新能源发电的间歇性和不确定性特点，使得其难以完全满足电力系统实时的负荷需求。煤电由于其自身的技术特性，如启动和停机过程相对复杂、耗时较长且能耗较高，在应对频繁的负荷波动进行调峰操作时灵活性较差。气电具有独特的优势，燃气轮机能够在较短时间内快速启动和停机，并且可以在不同负荷水平下高效运行。当电力系统处于调峰需求强烈的情景，如在夏季高温空调用电高峰时段或冬季取暖用电尖峰时刻，气电可以迅速响应，增加发电出力以满足高峰负荷；在负荷低谷时，气电能够及时停机或降低发电功率，减少不必要的能源消耗。

综上，随着年利用小时数的降低、启停次数增加、碳价升高，煤电的度电成本会因为启停成本等的大幅增加而上升，气电的度电成本虽然也会有所增加，但增加幅度远低于煤电，气电和煤电度电成本的差异逐步缩小，部分省市气电调峰具有经济竞争力。例如，当年热启停次数上升至300次/年，碳价提升至200元/吨，燃煤机组的度电成本上升幅度远超燃气机组（见图2）。与基准情景（年热启停次数，碳价70元/吨）相比，在1000兆瓦超超临界机组4000小时等效利用时间下，度电成本在功率范围内由0.391~0.416元/千瓦时增加到0.547~0.580元/千瓦时，度电成本提升约39%；600兆瓦-9H气电机组度电成本由0.516~0.573元/千瓦时增加到0.597~0.660元/千瓦时，度电成本提升约15%。二者之间的经济性差异显著缩小。

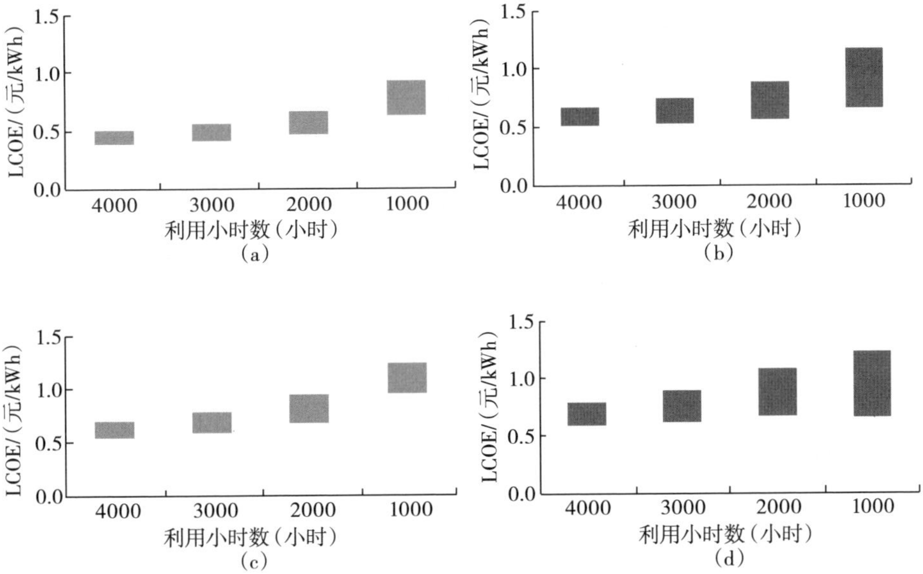

图2　不同情境气电与煤电度电成本对比

注：图（a）和图（b）分别为70元/吨，年热启停10次情景下煤电和气电度电成本；图（c）和图（d）分别为200元/吨，年热启停300次情景下煤电和气电度电成本

（二）气电发展政策有待进一步完善

从2011年，国家能源局发布《关于发展天然气发电的指导意见》开始，我国气电行业发展规划经历了从以鼓励性为主的指导性文件阶段，到强制性约束阶段，再到为行业主动发展提供技术性指导阶段。

1. 天然气产业政策逐渐向调峰侧重，但缺少落地政策

国家对天然气热电联产政策先放开后又逐渐收紧，调峰发电政策有所放开，但是落地政策较少。2007年，国家发展改革委制定并发布了《天然气利用政策》，将天然气利用分为优先类、允许类、限制类和禁止类，提出鼓励分布式热电联产、热电冷联产，允许重要用电负荷中心且天然气供应充足的地区建设利用天然气调峰发电项目。2012年，国家发展改革委对《天然气利用政策》进行了修订，放宽了天然气发电政策，天然气发电项

目被纳入允许类。2016 年，国家发展改革委和国家能源局发布的《电力发展“十三五”规划（2016—2020 年）》提出，有序发展天然气发电，适度建设高参数燃气蒸汽循环热电联产项目，推进天然气调峰电站建设；大力推进分布式气电建设，重点发展热电冷多联供。2017 年，国家发展改革委印发的《加快推进天然气利用的意见》提出，实施天然气发电工程，大力发展天然气分布式能源，鼓励发展天然气调峰电站，有序发展天然气热电联产。2018 年，国务院公开发布的《打赢蓝天保卫战三年行动计划》则提出，有序发展天然气调峰电站等可中断用户，原则上不再新建天然气热电联产，这是首次提出限制发展天然气热电联产。2024 年，中共中央、国务院《关于加快经济社会发展全面绿色转型的意见》解除了天然气发电原有限制，并在新修订的《天然气利用管理办法》中，将气源落实、具有经济可持续性的天然气调峰电站项目列为优先类，鼓励优先发展。

总体来说，天然气热电联产政策在实现节能减排、改善大气质量、消除 $PM_{2.5}$ 和雾霾的推动下逐渐放开，在受到 2017 年气荒冲击，天然气供应紧张、天然气价格过高影响下，又逐渐收紧。而天然气调峰发电在新能源装机不断增长的推动下逐渐放开，已成为天然气优先类利用项目，但目前相关落地政策较少。

2. 电价政策疏导作用有限

当前电价机制对气电的高成本疏导有限，主要通过减少亏损提高企业积极性。容量电价方面，当前我国部分省市实行“两部制”电价，对气电执行 100 ~ 800 元/（年千瓦）的容量电价补偿，但容量电价仅能用于收回固定成本，且收回比例大多在 30% 左右（个别省份能达到 50%），对气电成本疏导作用有限。气电联动机制方面，当前部分省市实行了气电联动机制，主要有固定比例变动和浮动变动两种形式，变动幅度均近似为气价每变动 1 元/立方米，电价相应变动约 0. 2 元/千瓦时。大部分省市气电联动政策对成本疏导作用有限。以河北为例，基准电量电价为 0. 3124 元/千瓦时，基准天然气价为 1. 84 元/立方米，基准天然气价每变化 0. 5 元，上网电价在基准电量电价上相应调整 0.1 元。天然气价格达到 2.84 元/立方米，基准电价仅为 0.5124 元/千瓦，难以覆盖气电发电成本。峰谷差机制方面，当前峰谷差机制主要用于引导用电侧错峰消费，向发电侧传导作用较弱。

3. 部分省市出台了政策明确支持气电发展

基于国家能源政策的大方向，我国大部分省市出台了气电相关产业政策，但由于区域经济环境、自然环境的差异，各省市政策规划方向不同。部分北方城市如太原、西安着重于布局天然气发电项目以清洁供暖；部分经济较发达区域如江苏、广东的相关政策主要集中在天然气发电的上网电价和补贴机制、针对区域内单个天然气发电项目予以支持两个方向；另外，部分城市如三亚、西安等区域着重推进多源贯通的城乡气网系统建设，通过推进天然气供应系统以解决乡村能源供应问题。具体来看，江浙沪、广东、四川等地气电政策较为积极。江苏提出加快调峰燃机建设，到 2030 年，全省各类燃气发电装机约 2800 万千瓦。浙江提出发挥气电过渡支撑作用，因地制宜推广天然气分布式能源，储备应急调峰机组。上海提出有序布局燃气调峰电厂，推动重燃重大专项和闵行燃机建设。广东提出加强托底保障电源建设，推进灵活性气电建设。四川提出加快天然气应急调峰备用电源建设。

四、我国气电产业发展空间预测

（一）新能源消纳形势越发严峻，灵活性电源需求快速增长

非化石能源正在成为我国能源系统增量主体，并将于 2030 年前后超过化石能源发电量。近中期，光伏、风电等可再生能源加速扩大规模，预计到 2030 年，我国非化石能源发电量增至 6.15 万亿千瓦时，非化石能源发电装机容量增至 33.87 亿千瓦。与此同时，风电、光伏等波动性电源利用率逐渐下降，消纳问题成为非化石能源发展的关键。远期，随着新型能源体系构建完善，非化石能源成为我国主导能源，预计到 2060 年，我国非化

石能源发电量超过 17 万亿千瓦时，占我国总发电量的 91%，非化石能源装机量超过 84 亿千瓦。

随着风电、光伏装机快速增长，电力系统负荷峰谷差将逐渐加大，预计 2030 年平均峰谷差达到约 11.68 亿千瓦，2035 年达到约 16 亿千瓦。消纳成为制约新能源发展的主要问题，推动灵活性电源需求快速增长。近期灵活性需求以需求侧季节性波动造成的长时调节为主，但随着风电、光伏的快速增长，短时、中时调节需求逐渐增多（见图 3）。预计 2030 年，短时、中时、长时灵活性调节需求分别达到约 3.2 亿千瓦、8.0 亿千瓦、9.7 亿千瓦。中远期随着波动性风电、光伏大规模并网，日间、小时级的短—中时调节逐渐成为重点。预计 2060 年，短时、中时、长时灵活性调节需求分别达到约 14 亿千瓦、13.2 亿千瓦、14.4 亿千瓦。

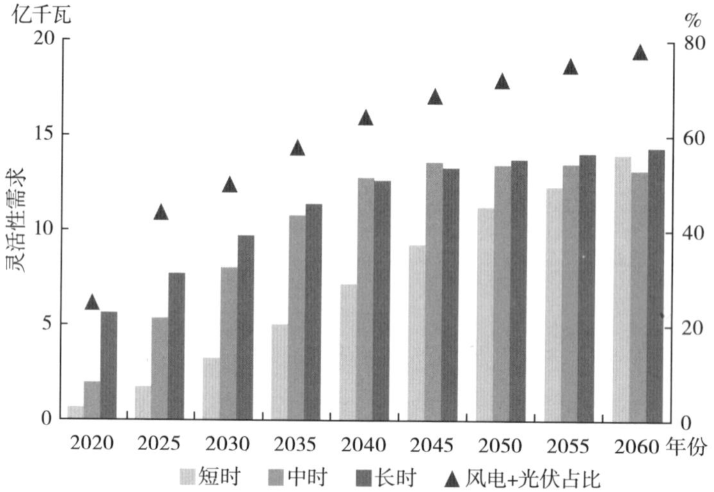

图 3　灵活性需求预测

（二）气电作为重要的需求侧调峰电源，将发挥灵活性补位作用

电力系统灵活性资源来源于源—网—荷—储各环节，不同灵活性资源技术特性差异明显，提供灵活性的成本也各不相同。天然气发电、煤电灵活性改造、抽水蓄能、储能等是当前源侧灵活性电源的主要选择，相关特

性对比见表 2。

表 2 灵活性电源相关特性对比

调峰方式	调峰深度（%）	冷启动时间	最大爬坡速率（1/分钟）	调节尺度
抽水蓄能	-100～100	秒级	50% FP	日内、多日
燃气电厂	0～100	分钟级	15% FP	日内、长周期
煤电灵活性改造	30～100	分钟级	6% FP	日内、长周期
储能	-100～100	毫秒级	100% FP	分钟级、日内

按照调节起始点和终止点所跨时间尺度以及作用持续时长不同，灵活性可分为短时间尺度、中时间尺度和长时间尺度灵活性：短时间尺度灵活性应对秒级、分钟级供需不平衡，进行频率调整；中时间尺度灵活性应对小时级、跨日的电力供需不匹配问题，主要解决系统调峰和运行优化问题；长时间尺度灵活性应对跨周、跨季度乃至跨年的电力供需平衡问题，保障灵活性容量充裕度。不同灵活性电源特性差异，导致不同电源适用场景不一，煤电灵活性改造、抽水蓄能和电池储能最佳利用场景分别在季节平衡、日间变化和小时级调节中。

煤电灵活性改造不仅存在调峰深度有限、深度调峰安全性问题突出等问题，而且在频繁启停、利用小时数大幅降低的情况下，煤电的成本甚至会超过气电。抽水蓄能受到资源、选址限制，增长空间有限。储能还存在许多限制：一是成本较高，未来下降空间有限。二是当前储能发电无法上网，实际利用率低，充放电次数少，进一步影响盈利性。三是储能安全性问题突出。据不完全统计，2023 年，全球储能电站发生的事故至少为 67 起。因此，气电作为高价、高品质灵活性电源，适宜在各个时间尺度下发挥补位作用。

此外，气电作为最优质的灵活性电源，是需求侧调峰的重要电源。沿海经济发达地区难以大规模新建煤电项目，同时接近海上 LNG 资源，气电是最优调峰选择，主要发挥顶峰出力的作用。

（三）气电需求将长期维持在2亿千瓦以上

气电技术成熟、建设年限短，可同时满足长短时调峰需求，相较于抽水蓄能不受区位限制，相较于燃煤发电更加灵活、低碳，相较于储能更适宜跨周期调节，是重要的灵活性电源“稳定器”，将是新型电力系统中灵活性调节需求的重要选择。因此在中国逐步实现碳中和目标过程中，特别是在储能大规模利用的2045年前，气电将有可预期的发展空间。

近中期，气电处于快速增长阶段，以季节性补充为主。新能源占比迅速增加，电力波动性、峰谷差加大，气电调峰需求增加；气电顶峰出力需求大；在政策、技术、气价的共同推动下，气电经济性提升等影响下，气电快速发展，预计2045年，气电装机达到约2.26亿千瓦。中远期，气电处于缓慢下降阶段，以日内调峰发电为主。储能侧、需求侧响应等快速发展，电力系统调峰压力缓解；气电碳排放制约气电进一步发展；新能源成本进一步降低，弃风率、弃光率要求降低等因素共同作用下，气电发展空间逐渐收窄，至2060年，气电装机将降至约1.80亿千瓦（见图4）。

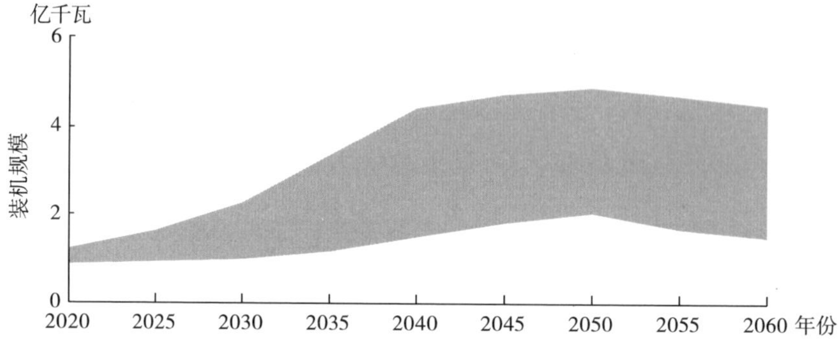

图4　气电装机规模预测

五、政策建议

气电虽然在经济性等方面仍有不足，但在新型电力系统建设中至关重要，需进一步完善气电产业政策，充分释放气电产业发展潜力。

1. 进一步明确气电定位，制定政策鼓励气电发展

明确气电发展定位，将气电作为重要的需求侧调峰电源，制定落地政策鼓励气电发展。气电的第一定位是需求侧调峰电源，在电力需求旺盛的地区，发挥顶峰出力作用来填补电力缺口。第二定位是风光大基地配套电源，在新能源资源丰富地区，用于缓解风电、光伏大规模上网对电网造成的波动和冲击。第三定位是灵活性平衡器，在除上述两种地区以外的其他地区，气电主要发挥灵活性补位作用，用以维护电力系统稳定。

2. 不断完善电价、碳价机制，疏导气电成本

首先，从建设补偿、运营分担、交易获利3个方面不断完善电价机制，提升气电经济性。建设补偿方面，适当提高及扩大容量电价标准及适用范围，用于气电利用小时数降低情况下，收回固定成本。参考煤电容量电价，近期提升至可收回固定成本50%，中远期提升至60%甚至更高，以推动调峰气电机组建设。运营分担方面，广泛开展气电联动机制，适当调高基准电价、浮动比例，用于在气价过高时，分摊气电运营成本。气电联动机制中，适当调高基准电价，基准气价为2元/立方米时，基准电价为0.6元/千瓦时左右，才能确保气电具有经济性。同时，适当调高浮动比例，气价每变动1元/立方米，电价至少变动0.3元/千瓦时。交易获利方面，不断优化发电上网分时电价时段划分方式，扩大分时段交易范围，使气电在顶峰出力时能获得相应收益，凸显气电调峰价值。其次，应不断完善碳市场运行机制，在电力成本中体现环境成本，肯定气电相对于煤电的低碳价值。相关研究表明，在频繁启停、利用小时数大幅降低的情况下，加上碳价的影响，先进机组气电的成本或将低于煤电成本。

参考文献

池立勋,周淑慧,黄龑,等. 新型电力系统中气电与煤电调峰经济性研究[J]. 国际石油经济,2024,32(9):56-67,77.

“全国一张网”战略下省网融入模式新探索

吴　超　温　文　李宏飞　牛国富　张仲藜[①]

摘　要　我国油气体制改革背景下，省级天然气管网融入国家管网体系成为实现“全国一张网”战略的重要任务。我国省网融入工作已取得一些积极进展，但各省级管网主体数量多、构成复杂，实现“全国一张网”目标仍面临诸多挑战。本文提出“物理一张网”“调度一张网”“商务一张网”的省网融入新构想，通过物理组网实现基础设施互联互通、调度组网优化资源调配效率、商务组网构建市场化交易体系，助力实现“全国一张网”高效运行，有效激发市场活力。为实现“全国一张网”，建议进一步完善政策法规与顶层设计、省级管道定价机制、商务规则及统一运营模式，从“物理整合”向“价值共创”升级，因地制宜多维推动省网融入。

关键词　油气体制改革　省网融入　“物理一张网”　“调度一张网”　“商务一张网”

① 吴超，国家石油天然气管网集团有限公司科学技术研究总院分公司战略与经济研究中心研究员，高级工程师；温文，国家石油天然气管网集团有限公司科学技术研究总院分公司战略与经济研究中心研究员，高级经济师；李宏飞，国家石油天然气管网集团有限公司科学技术研究总院分公司战略与经济研究中心研究员，经济师；牛国富，国家石油天然气管网集团有限公司科学技术研究总院分公司战略与经济研究中心研究员，高级工程师；张仲藜，国家石油天然气管网集团有限公司科学技术研究总院分公司战略与经济研究中心研究员，经济师。

一、引言

中国油气体制改革目标是建设上游油气资源多主体多渠道供应、中间统一管网高效集输、下游销售市场充分竞争的“X + 1 + X”油气市场体系，上游的X包括进口通道、国产气田等资源勘探开发，下游的X包括城燃企业、工业用户等，“X + 1 + X”模式中打造“全国一张网”的核心是处理国家管网和各级省网的关系。2017年《关于深化石油天然气体制改革的若干意见》提出了输销分离的改革要求，明确了“管住中间、放开两头”的油气行业改革方向，为省网融入创造了条件。2019年国务院《石油天然气管网运营机制改革实施意见》明确“全国一张网”的改革思路，强调要通过市场化方式推动省级管网融入国家管网体系，为省网融入提出具体指引。国家管网集团成立后，积极引导和推动省级管网公司以市场化方式融入国家管网集团，逐步整合部分省级管网资产，例如浙江、广东等省份的省级管网公司已经通过股权交易或资产重组的方式融入国家管网集团，推动了“全国一张网”的初步形成。2023年中央全面深化改革委员会《关于进一步深化石油天然气市场体系改革提升国家油气安全保障能力的实施意见》对省网融入工作提出“因地制宜、厘清边界、模式引导、平衡利益”的总体思路，积极稳妥推进省级管网以市场化方式融入国家管网。目前我国各省省网融入工作面临来自宏观、行业和企业层面的多重阻力，本文以“物理、调度、商务”三网协同为切入点，探讨省网融入的创新协同发展路径。

二、我国省网融入现状及面临的挑战

1. 省网公司现状分析

截至2024年底，全国省级天然气管输企业共计155家，总里程约63367千米，这些省内管道主要由各省的省级管网公司负责运营，省级管网公司以省属国企为主，约占全国省级管道里程的45%，部分省级管网公司为央企、民企或其他多元社会资本的混合所有制企业。多数省份的省级管道企业数量较多，如河南省有50多家、重庆市有30多家、贵州省有18家。

目前我国省网公司经营模式主要包括“统购统销”模式、“允许代输”模式、“开放型”模式、“一体型”模式[1]。从输销分离情况来看，可将全国省级管网公司分为三类，一是输销实质分离（产权分离），即管道运输企业与天然气销售企业没有相互关联关系，主要有国家管网集团所属的省级管网企业及少数其他省网企业，如广东省网、浙江省网、海南省网等，据统计，68家企业运营的省网管道实现输销分离，占比43.9%，涉及省网管道375条；二是输销形式分离（法律分离、财务分离），即管道运输企业独立开展运输业务，但仍然与天然气销售企业存在相互关联关系，主要包括部分省属企业主导省网企业及多数资源方主导省网企业，据统计，24家企业运营的省网管道仅实现形式上的输销分离，占比15.5%，涉及省网管道198条；三是输销未分离，主要包括多数省属企业及民营企业主导省网公司，据统计，63家省级管输企业运营的省网管道未实现输销分离，占比40.6%，涉及省网管道374条。

从资源来源及市场组成来看，主要分为沿海资源输入型、资源自给型及内陆资源输入型三类。沿海资源输入型的典型省份包括广东、福建、江苏、海南等，依托沿海海气及LNG资源形成局部产供储销体系。资源自给型的典型省份包括陕西、四川、山西、黑龙江、新疆等，该类省份旨在实现省内天然气的统购统销，掌握资源话语权，保障本省的天然气供应安全。内陆资源输入型省份的资源主要依托国家管网主干管线，如湖南、湖北、江西、安徽等，这些省对天然气等清洁能源的需求不断增加，需要建设省级管网公司来保障天然气的稳定供应，推动能源结构的优化升级，提高天然气在本省的普及率[2]。

2. 省网融入现状分析

截至2024年底，国家管网已整合广东、浙江、海南、福建、甘肃、吉林等省级天然气管网。其中浙江省与广东省在政府与企业实体的紧密协作下，分别成立了隶属国家管网集团的省级管网公司，有效促进了资源整合与优化配置。

省网融入工作稳步推进的省份包括福建、甘肃、贵州、湖南等，其中部分省份已有国家管网集团的省网公司，如国家管网集团福建省网有限公司、国家管网集团甘肃省天然气管网有限公司等，各项工作正在有序、稳步推进。例如，2024年10月湖南省发展改革委、国家管网集团湖南分公司、湖南省能源投资集团签署了三方协议，湖南省网主体与国家管网集团在省网融入上取得阶段性进展。

省网融入条件较好的省份包括江苏、江西、安徽、广西等，虽尚未成立省网公司，但政府层面和省内主体均对省网融入持开放态度。其中，国家管网集团在江苏开展了多维组网模式试点，物理组网推进互联互通项目，并在联合调度响应、高效商务链接等方面开展深度合作。

其他省份省网融入条件相对一般，尽管政府层面对省网融入原则上秉承支持的态度，但主要管道主体并未表达对省网融入的意愿，部分省份由于上、中、下游一体化的垄断，无意愿进行输销分离；或本身掌握油气资源和油气田管网，融入国家管网意义不大。

3. 我国省网融入的困难与挑战

尽管我国省网融入工作已取得一些积极进展，但距“全国一张网”目标仍任重道远。当前，各省级管网主体数量多、构成复杂，具体情况差异大，我国省网在融合过程中遇到诸多困难与挑战。

（1）国家层面缺乏省网融入具体指导意见政策，多数省网未完成输销分离

部分省网未真正实现输销分离，其设施不具备公平开放的条件，这成为省网融入“全国一张网”的重要阻力。究其原因，主要是以下两个方面。一是国家层面未有明确政策细则。尽管国家层面已出台油气体制改革的总体政策，但对于地方执行过程缺乏明确的指导细则和操作指引，导致各地执行标准不一。有的省份认为以市场化方式推进省级管网融入国家管网、实现基础设施公平开放是有选择的，可以选择融入，也可以选择不融入；还有部分省级管网企业在推进输销分离时持观望态度，甚至以政策不明确为由拖延改革进程[3]。二是国家对输销分离缺乏严格的监管措施。因为没有强制性监管措施，大多数省份输销分离不积极或仅为简单完成输销分离任务，并未实质性地推进后续设施的公平开放，背离了激发上下游市场竞争活力的改革初衷。同时，省级管网的输配费率核定标准不一，缺乏全国统一的定价指导意见和监管框架，导致各地政策和监管强度参差不齐。

（2）地方政府层面由于税收及市场控制力对省网融入缺乏积极性

目前部分省份政府部门省网融入缺乏积极性。一是为保障税收而限制省网融入。部分省份为保障本地能源供应、税收、就业等，通过行政手段限制管网开放，变相阻碍第三方准入。这种地方保护主义不仅阻碍了省网融入的市场化进程，也加剧了区域间的市场分割。二是为保障单一企业对市场控制力而限制省网融入。省级管网企业长期依赖纵向一体化模式，形成了以资源控制为核心的运营机制，这种模式在资源配置、利益分配和运营管理上高度集中化。省网融入可能打破这种模式，削弱地方政府对市场的控制力，从而影响区域保供、产业格局构建等环节[4]。

（3）企业层面由于经营存在利益壁垒缺乏融入意愿

省网融入将打破部分省网公司区域垄断，部分省级管网企业借助管道

垄断上游资源或下游市场，担心公平开放后，无法实现对上下游资源的垄断利润。部分企业修建的管输收入不透明，与销售收入捆绑，改革可能会损害其现有收入，从而对改革产生抵触情绪[5]。另外，部分省网公司对省网融入的必要性、融入程度和具体方式等认识不一致。经营状况好的省级管道和三大油所属省级管道出于经济利益及区域市场控制等方面的考虑不愿意融入，而经营状况差的省级管道希望尽快融入[6]。此外，省网融入过程中需要与上下游企业重新协商利益分配，协调难度较大，进一步削弱了企业的融入意愿。

（4）省网管输定价政策不完善、定价机制不统一

省网管输定价是推进省级管网以市场化方式融入国家管网，平衡好各方利益主体之间关系的重要途径[7]。但目前各地制定的省级管道价格管理政策中，仅贵州、安徽、广东等少数省份较好地结合了本地省级管道发展的实际情况，其他多数省份在结合本地省级管道经营实际情况、遵循天然气市场化改革要求等方面存在不足，部分省份制定的价格管理办法大部分内容直接采用跨省管道定价办法的相关规定[8]。此外，省级天然气管道存在一省一价、一线一价、分区定价等多种运输价格形式。定价成本参数也存在差异，如控制负荷率等设定的标准不同，多数省份统一按照60%负荷率计算，贵州按照管道投运年份不同，设定30%～60%的控制负荷率。省内管输层级较多，管输费累加增加下游天然气成本，目前贵州对管输费累加进行了总额限制规定：最高不超过0.6元/立方米，超过0.6元/立方米的，各条管道最高结算管输费分别按比例折算[9]。

三、我国省网融入新思路

“全国一张网”的核心目标是推进天然气管网建设、提升天然气配置资源能力、保障国家能源安全。政策要求“省网通过市场化方式融入国家管网”，考虑我国省网主体复杂的情况，单纯依靠收购、增资扩股等方式

很难完全实现省网融入。省网融入可借鉴欧盟的相关经验。欧盟通过立法保障与统一标准体系、基础设施互联互通、市场化机制创新、统一交易平台、监管体系重构等方法实现了欧洲天然气管网有效整合。省网融入不仅是物理组网的管网“硬联通”，也可以通过全国统一调度平台、统一交易规则及平台等方式实现“调度一张网”和“商务一张网”，最终实现“全国一张网”。

1. 物理组网实现“全国一张网”资源整合

“物理一张网”要打破地域和行政的界限，将各地的天然气管网有机地连接起来，形成一个覆盖全国的、互联互通的天然气管网体系。这不仅能够实现天然气资源在全国范围内的自由流动和高效配置，还能够提高管网设施的利用效率和运行安全性，降低运营成本。物理组网主要包括以下三个方面：对已有省网天然气基础设施的资产或股权的收购、对已有国家管网与省网天然气基础设施的互联互通、对未来新建天然气管网的统筹规划和统一建设。

（1）合理有效地推进省网资产或股权的收购

在资产或股权收购整合过程中需要注意以下几个方面：一是目标公司的资产权属与状况，包括资产构成结构、股权配置、资产担保、不良资产情况等都要进行全面梳理和评估。二是目标公司的财务状况，包括盈利能力、偿债能力、运营能力等，以评估其未来的经营风险和盈利能力。三是交易的结构与条款，在设计收购交易结构时，应充分考虑税收、资金安排、支付方式、交割条件等因素，确保交易的合法性和可操作性，同时明确交易条款，包括转让价格、付款方式、交割时间、人员安置、债权债务处理等，以避免后续出现争议。

（2）实现全国天然气基础设施互联互通

应进一步扩大和提升天然气管网规模和覆盖率，保障资源外输通道通畅，国产气主产区、储气库、接收站应尽快连接入“全国一张网”，打破地域限制和壁垒，形成互联互通的天然气输配网络。国家管网应对天然气输配体系进行优化布局，实现天然气通道充分连通，确保资源的合理配置和高效利用。

（3）规划和新建管道需统筹规划、统一标准建设

在建设之前，应坚持适度超前规划，明确时间节点、目标任务、责任分工等，应充分考虑气源供应情况、市场需求、地形地貌、环境保护等多方面因素，确保管网的合理性和可行性。与上下游产业相关配套的规划需要适度超前，战略性动脉与主要气区、LNG 接收站、储气库的外输通道等基础设施要配套联动，上游资源的产能建设布局、LNG 接收站和储气库等基础设施布局，下游天然气利用产业布局要与管道设施布局配套融合。建设过程中应严格执行统一的技术标准和规范，确保管网设施的质量和安全，同时降低运营成本和提高运行效率。

2. 调度组网实现“全国一张网”高效运行

建立涵盖全国各资源方、各管道主体及用户的统一调度准则，对全国各主体管道实施集中统一调度。通过集中统一调度，统筹优化天然气资源调配，优化管道运输路径，提高管网应急保供能力，系统解决管输瓶颈问题。

（1）建设统一调度系统及规则

建立全国统一的天然气调度系统，将各省网纳入其中，实现调度指令的集中下达和实时反馈。这一系统应具备高度的自动化和智能化水平，能够实时监测全国天然气管网的运行状态、供需情况、储气设施容量等信息，为科学调度提供数据支持。另外，需制定全国统一的天然气调度规则，明确调度原则、优先级、紧急应对措施等，确保在天然气供应紧张或突发事件发生时，能够迅速、有序地进行调度[10]。

（2）不断优化资源配置，完善应急保障机制

根据各地区的用气需求、管网设施条件、储气设施容量等因素，科学

制订天然气分配计划，确保资源的高效利用，加强与上游气源企业的沟通协调，确保气源的稳定供应。建立健全应急保障机制，制定应急预案，确保在突发事件发生时，能够快速调动资源，保障重点地区和用户的用气需求。

（3）加强信息化与智能化建设

优化各省天然气管网信息化和智能化建设，提高调度系统的自动化水平，具备与国家管网信息互联的能力，通过大数据分析、云计算等技术手段，对全国天然气管网运行数据进行深度挖掘和分析，为科学调度提供更加精准的数据支持。

3. 商务组网实现“全国一张网”统一市场

商务组网构建全国统一的市场平台，为市场主体提供公平、透明、便捷的交易环境。推动公平竞争和市场化改革，打破地方保护和行业壁垒，促进天然气市场健康发展。同时，统一的市场平台能够降低运营成本，提高市场效率，为天然气行业的可持续发展奠定坚实基础。通过商务合作与资源整合，构建全国统一的天然气市场平台，促进天然气行业的公平竞争和高效运营。

（1）推动商务合作模式的创新

推动天然气省网与国家管网之间的商务合作模式创新，实现资产和资源的有效整合。在合作过程中，明确各方权益和责任，确保合作关系的稳定和可持续，探索建立市场化的交易机制，促进天然气资源的自由流动和高效配置[4]。

（2）构建全国统一市场平台

依托国家管网集团构建全国统一的公平开放平台，为上游供应商、中游管网运营商和下游用户提供公平、透明、便捷的交易环境。该平台具备信息发布、交易撮合、结算清算等多种功能，能降低交易成本，提高市场效率。通过平台的统一运营，打破地域限制和行政壁垒，促进天然气市场的全国一体化发展。

(3) 迭代升级创新服务产品

基于“全国一张网”拉通与之相连的所有接收站、管道、储气库，利用天然气基础设施开放服务交易平台，建立任意两点间或组合式的服务产品，为天然气产业用户提供包括注采气、LNG 接卸气以及管输在内的综合性一站式服务，最大效能提高基础设施利用率，不断迭代升级“峰谷通”“气液通”等国家管网“四通八达”创新服务产品体系，提高交易效率和用户体验[11]。

以“物理一张网”打破区域壁垒，统一全国管网标准与接口；通过“调度一张网”构建国家管网与省级管网高效调度中枢，动态优化输配效率；依托“商务一张网”建立统一的市场化交易规则，按主体差异设计阶梯式管容交易与收益分成机制，实现全国天然气资源全局统筹。

四、措施及建议

省网融入的具体工作举措需在国家宏观政策的基础上，按照“因地制宜、厘清边界、模式引导、平衡利益”总体思路，紧密结合国家管网集团省网融入的工作实际和“物理一张网”“调度一张网”“商务一张网”多维融入方法，全面统筹考虑各省省网融入的实际情况及所面临的挑战，因地制宜实施不同的融入举措。

1. 完善政策法规与顶层设计，明确改革方向与法律依据

输销分离是省网融入的前置条件，建议进一步完善天然气管网输销分离的政策法规，专项制定省级管网输销分离的指导细则，规定管网设施输销分离、公平开放的强制性要求。政策文件应明确省级管网公司的责任与义务，确保输销分离后管网设施向第三方公平开放，强调“管住中间，放开两头”原则，省级管网需与国家主干管网规则统一，避免形成区域垄断。同时，省级能源主管部门根据油气体制机制改革总体要求，因地制宜

定制省网输销分离工作路径，并加强公平开放监管，确保无歧视性开放，建立健全管网调度运营规则，完善管容分配、托运商等制度，规范服务合同内容，防止垄断行为。此外，鼓励省级管网通过市场化方式（如股权划转、混合所有制改革）融入国家管网体系，借鉴广东省、浙江省融入国家管网成功经验，引入央企、地方国资和社会资本参与，打破统购统销模式。

2. 完善省级管道定价机制，实现分类施策和精确指导

完善省级管道定价机制是实现省网融入的核心抓手，需构建科学、透明、动态的定价体系，并针对不同区域发展水平实施差异化策略。一是未制定管输价格管理办法的省份应尽快出台相应的办法，并开展省内天然气管道成本监审与价格核定，已超过监审周期或价格有效期的省份管道，应及时重新监审定价。二是出台较早的价格管理办法应参照国家跨省管道的办法进行修订完善，比如相关定价参数，管道折旧年限跨省管道采用40年，有些省份仍采用30年，国家发展改革委在各省价格管理办法制修订过程中要发挥监督指导作用。三是各省可根据省内天然气管道发展阶段制定有差异性的定价参数或定价形式，比如省内管道不完善需鼓励建设的，可考虑有吸引力的基准收益率和较低的控制负荷率，也可根据省网分散或成环网的不同形态，选择合适的定价形式（递远递增或同网同价等）。四是加强跨市管道的建设监管，注重省网、市级、下游用户的界面划分管理，减少管输层级和管输费叠加，或对管输费叠加进行相应限制。五是经济发达地区（如长三角）托运商气量不确定性高的新建管道，可探索“两部制”、阶梯定价、照付不议等新模式，为国内天然气管输定价改革积累经验。六是积极推进省网融入，优化省网融入经济评价方法，按照“算大账、算长远账”的原则优化省网融入经济评价指标，发挥“全国一张网”对省网的整合、协同、带动作用，形成“定价引导融入、融入促进开放”的良性循环。

3. 建立统一的调度规则

建立涵盖各资源方、各管道主体及用户的统一调度准则，实施集中统一调度，保障管网应急保供能力的发挥；建立分散分级的调度体系，实施主干管道、各类资源接入管道全部由主控中心集中统一调度，支线管道等其他管道由各分控中心、省网调度机构实施调控运行，从而最大限度实现管输系统的优化运行和资源的高效配置，应急状态下，由国家发展改革委指导，对全国范围内天然气进行运行调度，提高“全国一张网”的调度效率。

4. 完善商务规则统一运营模式

为实现管网设施利用效能最大化，建议构建国家管网、省级管网相互统一的管容分配办法、服务协议和流程标准，从商务规则方面科学、高效地分配资源，循序渐进建立“商务一张网”。近期，利用国家管网开放交易平台，建立国家管网和省网组合式的服务产品，实现第三方企业商品上架，支持“两段联运”模式，拆分订单，分开结算，国家管网和省网各自完成所辖管道管容的申请、预定与受理；远期，通过商务融网，推动建立“一体化”服务产品体系，实施一站式订单、一票制结算，为天然气产业用户提供包括注采气、接卸气以及管输在内的综合性一站式服务，最大限度提高基础设施利用率。

5. 因地制宜推动多维省网融入

根据省份的不同情况，因地制宜推动多维组网工作，对于已经实现省网融入的省份，针对融入路径、模式和效果进行深入研究和完善，提炼出可借鉴、可推广的经验，向其他条件成熟的省份进行推广。对于融入条件较好的省份，推动省网公司组建，制定合理有效的输销分离方案，推进实施互联互通项目，通过“物理一张网”促进国家管网集团与其他管道主体的物理融合。对于融入条件一般的省份，在互联互通的基础上，推动调度组网及商务组网，促进国家管网集团与其他主体管道主体信息共享与资源协同，利用“调度一张网”和“商务一张网”实现国家管网和省网的共赢。

参考文献

[1]刘满平,孙莉莉. 透过浙江省管网改革看省级管网未来改革思路[J]. 价格理论与实践，2020(4):7.

[2]郑海俊. 关于广东省天然气管网融入国家管网的运行机制研究[J]. 广东化工，2022，49(17):3.

[3]赫晓东,彭晗,赫晓忠,等. 华北天然气产运储销体系建设现状和发展建议[J]. 城市燃气，2021，561(11):26－33.

[4]范静静,田磊,王建良,等. 天然气管容分配机制:欧美经验与中国探索[J]. 天然气工业，2023，43(7):117－125.

[5]王亮,蔡林,焦中良,等. 基于“全国一张网”的天然气基础设施经营模式创新探索:中国天然气管网运营机制研究之三[J]. 国际石油经济，2022，30(1):67－76.

[6]罗佐县. 省级天然气管网需与改革同步[J]. 中国石油石化，2019(22):1.

[7]刘满平,孙莉莉. 我国省级天然气管网未来改革思路[J]. 当代石油石化，2020，28(6):10.

[8]邢金艳,雷怀玉,王家亮,等. 我国天然气管网存在问题及市场化改革建议[J]. 天然气技术与经济，2018，12(1):5.

[9]张清清,魏锐,许佳玮,等. 油气体制改革背景下省级天然气管道公司的发展趋势:以河北省为例[J]. 石化技术，2023，30(3):240－242.

[10]王亮,焦中良,高鹏. 中国天然气管网“专业化管理＋区域化运维”模式探讨:中国天然气管网运营机制研究之二[J]. 国际石油经济，2019，27(10):11.

[11]唐森,杨安,吴超等. 中国油气与新能源产业发展报告(2024)[M]. 北京:中国经济出版社,2024:152－163.

新能源篇

中国风电光伏产业发展现状与前景展望

王 恰①

摘 要 2024 年 2 月 29 日，习近平总书记在中共中央政治局第十二次集体学习时强调，“我们要顺势而为、乘势而上，以更大力度推动我国新能源高质量发展，为中国式现代化建设提供安全可靠的能源保障，为共建清洁美丽的世界作出更大贡献”。本文从装机容量、电力生产、并网消纳、市场份额、技术进步、出口贸易 6 个方面对 2024 年中国风电光伏产业发展情况进行梳理，探讨了当前中国风电光伏产业发展面临的问题与挑战，并对 2025 年以及“十五五”时期产业发展前景作出展望。

关键词 风电 光伏 新能源

① 王恰，中国社会科学院数量经济与技术经济研究所副研究员，硕士生导师。

一、2024 年中国风电光伏产业发展现状

（一）风电和太阳能发电装机规模与火电相当

2024 年，中国新能源装机规模保持快速增长，风电和太阳能发电新增装机容量约 3.55 亿千瓦，占全部新增装机的 83%。其中，风电新增装机容量约 7924 万千瓦，太阳能发电新增装机容量约 27618 万千瓦。

截至 2024 年底，中国风电和太阳能发电累计装机规模突破 14 亿千瓦，提前 6 年完成 2020 年 12 月 12 日在气候雄心峰会上承诺的“到 2030 年中国风电、太阳能发电总装机容量达到 12 亿千瓦以上”目标。如图 1 所示，2024 年中国风电累计装机容量约 5.2 亿千瓦，同比增长 18.0%，是 2015 年的 4 倍；太阳能发电累计装机容量约 8.9 亿千瓦，同比增长 45.2%，是 2015 年的 21 倍。

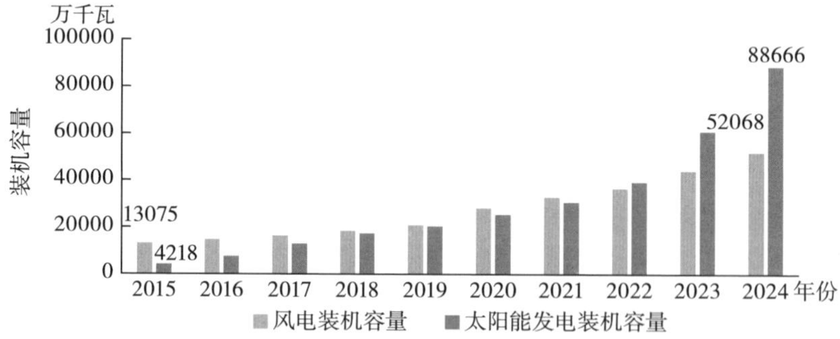

图 1　中国风电和太阳能发电累计装机容量

数据来源：2015—2023 年数据来自中国电力联合会发布的《中国电力统计年鉴 2024》，2024 年数据来自国家能源局发布的《2024 年全国电力工业统计数据》

从电力装机结构来看，火电占 2024 年全国发电装机总量（334862 万

千瓦）的43%，太阳能发电占比为26%，风电占比为16%，水电占比为13%，核电占比为2%。风电和太阳能发电合计装机占比为42%，与火电相当。

（二）风电发电和太阳能发电占全国总发电量的比例接近两成

2024年，中国风电发电和太阳能发电合计18360.8亿千瓦时，占全社会用电量（98521亿千瓦时）的18.6%。其中，风电发电量约9970.4亿千瓦时，同比增长12.5%；太阳能发电量约8390.4亿千瓦时，同比增长43.6%（见图2）。

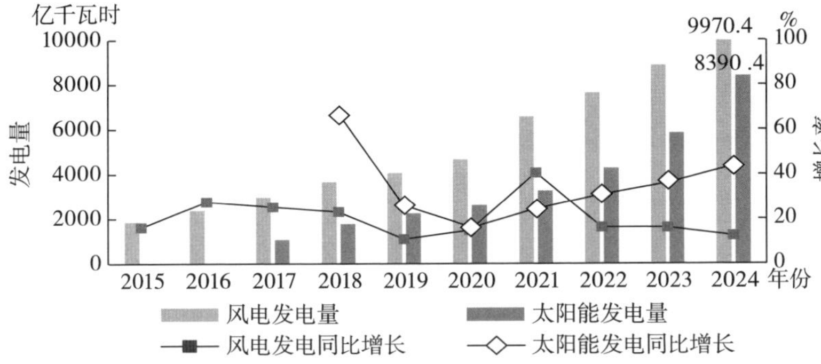

图2 中国风电发电量和太阳能发电量

数据来源：2015—2023年数据来自《中国电力统计年鉴2024》，2024年数据来自《中华人民共和国2024年国民经济和社会发展统计公报》

从发电结构来看，火电占2024年全国总发电量（100868.8亿千瓦时）的63.2%，水电占比为14.1%，风电占比为9.9%，太阳能发电占比为8.3%，核电占比为4.5%。风电发电和太阳能发电合计占全国总发电量的18.2%左右，电力供给的“含绿量”在持续提升。

（三）风电和光伏发电利用率均保持在95%以上

2024年，中国风电、光伏发电利用率均保持在95%以上，连续3年均处于较高水平。然而，也要看到，随着新能源装机规模的快速增长，消纳压力渐显，部分地区新能源利用率呈现下降趋势。

2024 年全国平均风电利用率为 95.9%，同比下降 1.4 个百分点。分地区来看，上海、浙江、安徽、福建、重庆、海南 6 个省（市）的利用率为 100%。天津、江苏、江西、四川、广东、贵州、云南 7 个省份的利用率在 99% 以上，利用率也比较高。利用率低于 95% 的地区有 9 个，分别是河北 92.6%、蒙西 93.7%、蒙东 94%、吉林 93.6%、山西 94.4%、甘肃 94%、青海 92.8%、新疆 93.4%、西藏 83.0%。

2024 年全国平均光伏利用率为 96.8%，同比下降 1.2 个百分点。分地区来看，上海、浙江、福建、重庆 4 个省（市）的利用率为 100%。北京、天津、江苏、安徽、江西、湖南、广东、海南 8 个省（市）的利用率在 99% 以上，利用率也比较高。利用率低于 95% 的地区有 6 个，分别是蒙西 93.7%、山西 94.5%、甘肃 91.3%、青海 90.3%、新疆 92.2%、西藏 68.6%（见图 3）。

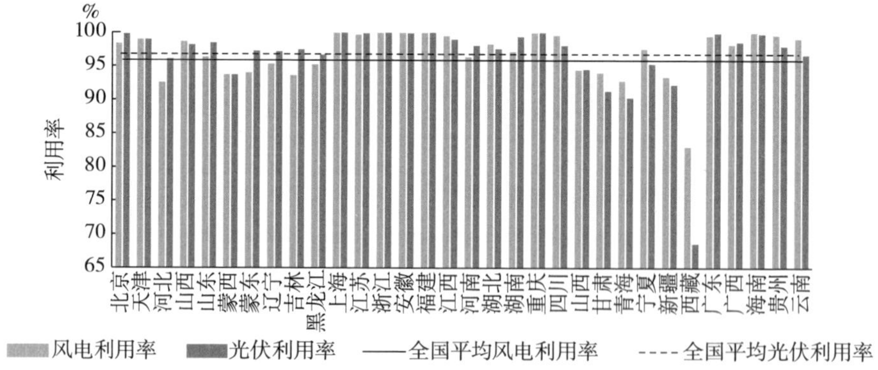

图 3　2024 年全国主要地区风电、光伏发电利用率

数据来源：全国新能源消纳监测预警中心

（四）风电光伏头部企业占据主要市场份额

1. 风电市场

根据中国可再生能源学会风能专业委员会（CWEA）统计的吊装数据①，2024 年中国风电新增装机容量为 8699 万千瓦，共有 13 家整机制造企业有新

① 国家能源局统计的是并网装机数据（见图 1），CWEA 统计的是完成吊装的装机数据，两者的统计口径不同。一般来说，已完成吊装的装机容量大于已完成并网的装机容量。

增装机。前5家市场份额合计为75%，分别是金风科技、远景能源、明阳智能、运达股份、三一重能；前10家市场份额合计98.7%。

2024年，陆上风电新增装机容量为8137万千瓦，共有13家整机制造企业有陆上风电新增装机。前5家市场份额合计为76.2%，分别是金风科技、远景能源、运达股份、明阳智能、三一重能。前10家市场份额合计98.5%。

2024年，海上风电新增装机容量为562万千瓦，共有7家整机制造企业有海上风电新增装机。其中，明阳智能新增装机185台，容量为175.7万千瓦，占比31.3%；其次为金风科技、东方电气、电气风电、中船海装、远景能源和运达股份（见图4）。

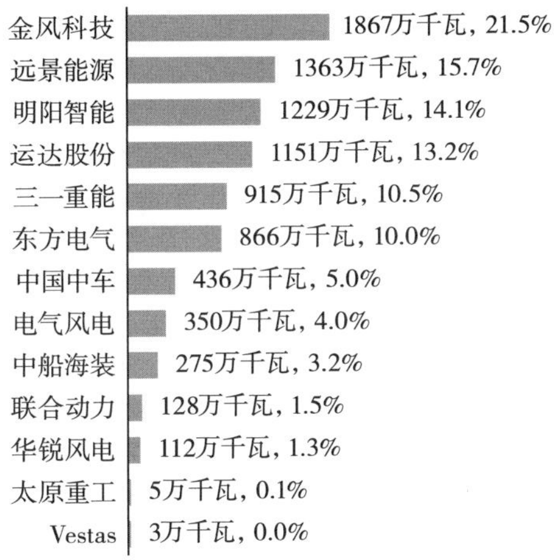

(a) 中国风电新增装机容量及市场份额

(b) 陆上风电新增装机容量及市场份额

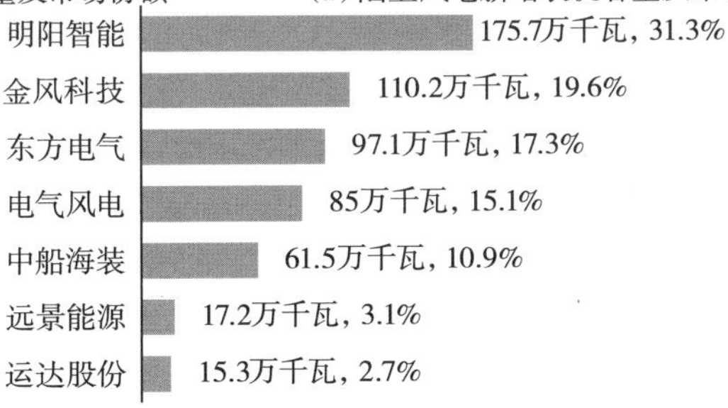

(c) 海上风电新增装机容量及市场份额

图4　2024年中国风电整机制造企业新增装机容量及市场份额

2024 年，中国有新增装机的风电开发企业 200 多家，前 15 家新增装机容量合计超过 5700 万千瓦，占全部新增装机容量的 66.3%。国家能源集团（简称“国能投”）新增装机 736 万千瓦，占全部新增装机容量的 8.5%，市场份额位居第一（见图 5）。

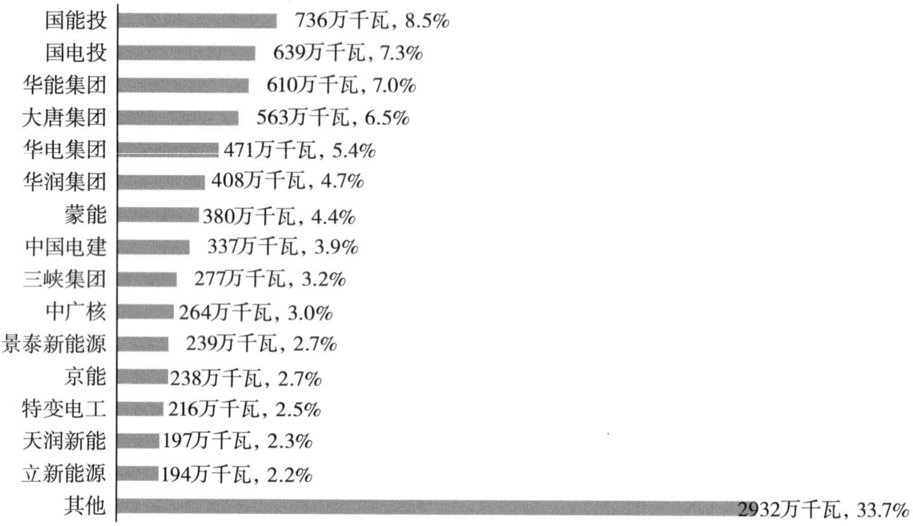

图 5　2024 年中国风电开发企业新增装机容量及市场份额

2. 光伏市场

根据国家能源局公布的《2024 年光伏发电建设情况》，2024 年光伏新增装机容量为 27757 万千瓦。其中，集中式新增装机容量为 15939 万千瓦，占比 57.4%；分布式新增装机容量为 11818 万千瓦，占比 42.6%。集中式新增装机主要来自以“沙戈荒”为重点的大型风电光伏基地，如河北、山东、广东等地区。在分布式新增装机中，工商业分布式新增 8863 万千瓦，占 2024 年全部光伏新增装机的 31.9%，市场分布以浙江、江苏、山东、广东等东部沿海地区为主；户用分布式新增 2955 万千瓦，占 2024 年全部光伏新增装机的 10.7%。

从光伏组件出货量来看，2024 年晶科能源组件出货为 9287 万千瓦，蝉联全球光伏组件出货量首位。晶科能源、隆基绿能、晶澳科技、天合光能稳居前四，预期这 4 家的组件出货总量超过 30000 万千瓦，超过全行业组件总体量的 60%。从 2020 年至今，晶科能源、隆基绿能、晶澳科技、天合光能四巨头的格局在行业里已经稳定地保持了 5 年。此外，阿特斯、一道新能、英利能源、协鑫集成等企业也进入了出货量前十的榜单，出货量均在 2000 万千瓦以上（见表 1）。

表 1　2024 年中国光伏企业出货量

排名	企业	2024 年组件出货量（万千瓦）	排名	企业	2024 年组件出货量（万千瓦）
1	晶科能源	9287	22	阳光能源/欧达光电	550
2	隆基绿能	8232	24	润阳股份	520 ~ 550
3	晶澳科技	7944.7	25	新盛美/亿晶光电	520
4	天合光能	7000 +	27	大恒能源	505
5	通威太阳能	4571	28	中节能太阳能镇江	485
6	正泰新能	4020	29	弘元绿能	450
7	阿特斯	3110	30	新霖飞	420
8	一道新能	2500 ~ 2600	31	昱辉光能	364.7
9	英利能源	2480	32	旭合科技	330
10	协鑫集成	2141.4	33	双良新能	287.9
11	东方日升/横店东磁	1900 ~ 2000	34	正信光电	277
12	赛拉弗	9500	35	中南光电	240
13	华耀光电	862	36	汉伏能源	220
14	环晟光伏	799.5	37	高景太阳能	206
15	中清光伏	≈700	38	英辰新能源	200
16	爱旭股份	630	39	润海新能源	143.7
17	华晟新能源	600			
18	海泰新能/红太阳新能源/润马光能	580			

注：表内数据是作者根据企业年报和一些公开资料［包括索比光伏网、PVTECH、智汇光伏、上海有色网（SMM）、光伏资讯、北极星太阳能光伏网等］整理。

（五）风电装备与光伏产品的技术水平持续提升

2024年，中国风电、光伏等新能源装备的技术水平持续提升，新技术、新装备、新模式、新业态层出不穷，数字技术与新能源技术深度融合。

1. 风电领域的技术进步

风电新机型迭代加速，大型化呈跨越式发展态势。2024年，全国新增装机的风电机组平均单机容量为6.046兆瓦①，同比增长8.1%。其中，陆上风电机组平均单机容量为5.886兆瓦，同比增长9.6%；海上风电机组平均单机容量为9.981兆瓦，同比增长3.9%（见图6）。2024年是中国陆上风电机组迈进10兆瓦时代的重要节点，多家企业开始在10兆瓦级风电机组样机测试②。2024年10月8日，三一重能自主研发的陆上15兆瓦风电机组SI-270150在吉林通榆顺利实现吊装。这一重大突破刷新了已吊装陆上机组的最大单机容量和最大叶轮直径两项全球纪录。2024年，海上风电项目开始安装16兆瓦及以上的海上风电机组。2024年6月30日，由中国船舶自主研发的18兆瓦中速全集成海上风电机组在营口华能仙人岛热电厂成功完成吊装，创造了风轮直径260米、单机功率18兆瓦“两个全球第一”纪录。9月26日，明阳智能自主研制的当时全球单机容量最大、风轮直径最大的海上风电机组MySE18. X-20MW成功并网发电。10月12日，由东方电气研制的26兆瓦级海上风电机组下线，成为当时已下线的全球最大风电机组。

2024年，中国在风电叶片、塔架、轴承、齿轮箱等风电机组零部件研制领域不断刷新纪录。2024年1月，三一重能在内蒙古巴彦淖尔下线了131米陆上风电叶片，创造了当时最长陆上风电叶片纪录。3月，全球首台25兆瓦级风电主轴轴承及齿轮箱轴承在洛阳轴研科技下线，刷新了当时

① 单位换算：1万千瓦=10兆瓦，1兆瓦=1000千瓦，1吉瓦=100万千瓦。

② 赵靓. 2024年，中国风电创新成果丰硕[J]. 风能，2025(1):50-53.

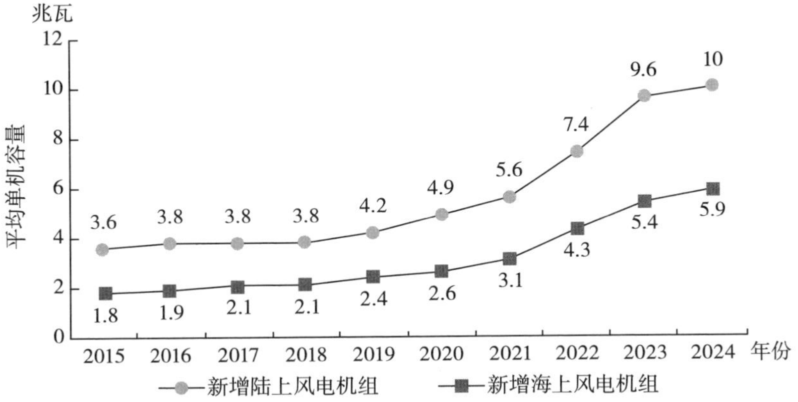

图 6　中国新增陆上和海上风电机组的平均单机容量

数据来源：中国可再生能源学会风能专业委员会（CWEA）发布的《2024 年中国风电吊装容量统计简报》

全球风电轴承最大单机容量纪录。5 月，明阳智能 143 米风电叶片运往广东阳江，在国家海上风电装备质量检验检测中心开展测试工作，这是当时全球下线最长的风电叶片。8 月，中车株洲所首台 185 米混塔风电机组成功吊装，不仅成为当时全球陆上风电最高塔架，也是全球首例抗台型风电超高塔。9 月，由金风科技设计、中材叶片阳江公司生产试制的 GW147 型叶片顺利通过静力测试验证，是当时中国完成静力测试的最长叶片。12 月，远景能源 190HH 混塔吊装，再度刷新全球混塔高度纪录。

在漂浮式海上风电领域，2024 年中国风电产业也取得重要进展。截至 2024 年底，中国已安装或投运了 5 台漂浮式机组，也有多家整机企业宣布下线漂浮式机组。12 月 11 日，全球单体容量最大的漂浮式风电平台，“明阳天成号”，在广东阳江正式投运。“明阳天成号”是全球首次在一个浮式基础上搭载两台 8.3 兆瓦海上风电机组，总装机容量达到 16.6 兆瓦，是当时已投运的全球最大漂浮式风电平台。

2024 年，“风电 + 渔业”、风电制氢氨醇、“风电 + 海水淡化”、“风电 + 波浪能”等技术逐渐从技术创新转向示范应用阶段。2024 年 9 月，中广核汕尾“伏羲一号”风渔融合项目投运，并完成首批养殖鱼苗投放。该项目对中国“海上风电＋海洋牧场”产业融合发展具有重要示范意义。同月，在珠海桂山风电场的31号风电机组上，制氢电解槽等模块正常工作，各项技术指标满足设计指标，标志着亚洲首个工业级海上风电制氢示范项目顺利落成。

2. 光伏产业链的技术进步

在光伏发电领域，技术创新十分活跃。在多晶硅、硅片、电池片、组件等产业链各个环节的一系列重要技术突破，驱动着光伏产业持续实现降本增效。

在多晶硅环节，2024年多晶硅平均综合电耗已降至54.5 kWh/kg－Si，同比下降4.4%；多晶硅平均水耗在60.0 kg/kg－Si的水平，同比下降25%；三氯氢硅法多晶硅企业综合能耗[①]平均值为7.4 kgce/kg－Si，同比下降8.6%[②]。从国内多晶硅市场来看，2024年棒状硅市场占比为85.6%，颗粒硅占比为14.4%[③]。

在硅片环节，2024年拉棒平均电耗水平从2023年23.4 kWh/kg－Si降至22.3 kWh/kg－Si（方棒）。2024年，p型单晶硅片平均厚度为150微米左右，与2023年持平；用于TOPCon电池的n型硅片平均厚度为130微米，较2023年增加5微米；用于异质结电池的硅片平均厚度为110微米，较2023年下降10微米。2024年，用于单晶硅片的高碳钢丝母线直径为35微米，用于单晶硅片的钨丝母线直径为33微米。从国内硅片市场来看，2024年多晶产品市场份额几乎被单晶产品取代，单晶硅片（p型＋n型）市场占比已接近100%。随着n型产品的释放，p型单晶硅片市场占比减少至27.5%，n型单晶硅片占比增长至72.5%。

---

① 综合能耗包括多晶硅生产过程中所消耗的天然气、煤炭、电力、蒸汽、水等。

② kWh/kg－Si表示生产每千克多晶硅所需的电能，电能以千瓦时（kWh）为单位。kg/kg－Si表示生产每千克多晶硅的用水量，用水量以千克（kg）为单位。kgce/kg－Si表示生产每千克多晶硅的能耗，能耗量以千克标准煤（kgce）为单位。

③ 当前主流的多晶硅生产技术主要有三氯氢硅法和硅烷流化床法，产品形态分别为棒状硅和颗粒硅。

在电池片环节，2024 年 p 型 PERC 单晶电池平均转换效率达到 23.5%，较 2023 年提高 0.1 个百分点。在 n 型电池对 p 型电池实现全面替代的背景下，2024 年 n 型 TOPCon 电池平均转换效率达到 25.4%，异质结电池平均转换效率达到 25.6%，二者较 2023 年均有较大提升；XBC 电池平均转换效率达到 26.0%。从市场份额来看，2024 年 PERC 电池片市场占比降至 20.5%，n 型 TOPCon 电池片市场占比达到 71.1%，成为占比最高的电池技术路线；异质结电池片市场占比约 3.3%；XBC 电池片市场占比约 5.0%；BSF、MWT 等电池片产品的市场占比约 0.1%。

在组件环节，2024 年采用 182 毫米方片尺寸 72 片 PERC 单晶电池的组件功率达到 555 瓦；采用 210 毫米方片尺寸 66 片 PERC 单晶电池的组件功率达到 665 瓦。采用 182 瓦方片尺寸 72 片 TOPCon 单晶电池组件功率达到 593 瓦，采用 182 毫米 ×210 毫米尺寸 66 片 TOPCon 单晶电池组件功率达到 619 瓦，采用 210 毫米方片尺寸 66 片 TOPCon 单晶电池组件功率达到 712 瓦；采用 210 毫米方片尺寸 66 片异质结电池组件功率达到 720 瓦；采用 182 毫米 ×210 毫米尺寸 66 片 XBC 电池组件功率达到 645 瓦。从组件市场份额来看，2024 年双面组件市场占比提升至 77.6%，远超单面组件，成为市场主流。

在薄膜太阳能电池/组件方面，2024 年中国研究单位在钙钛矿电池等领域 4 次被美国国家可再生能源实验室（NREL）发布的“太阳能电池研究最高效率图”（Best Research – Cell Efficiency Chart）收入，创造世界效率纪录。目前能够商品化的薄膜太阳能电池主要包括碲化镉（CdTe）、铜铟镓硒（CIGS）、砷化镓（GaAs）等，转换效率见表 2。

表 2　2024 年薄膜太阳能电池/组件转换效率

薄膜太阳能电池	小电池片实验室转换效率	组件量产转换效率
碲化镉（CdTe）电池	最高 20.6%	最高 17.7%； 平均 16.1%
铜铟镓硒（CIGS）电池	最高 23.0%	最高 17.6%； 平均 16.5%

续表

薄膜太阳能电池	小电池片实验室转换效率	组件量产转换效率
柔性铜铟镓硒（CIGS）电池	最高 22.5%	最高 18.6%； 平均 17.3%
砷化镓（GaAs）三结电池	平均 36.9%	
刚性钙钛矿太阳能电池	最高 26.7%（≤10 平方厘米）	小组件最高 23.5%（10 平方厘米 < S < 200 平方厘米）； 中试组件最高 23.5%（200 平方厘米 ≤ S < 7200 平方厘米）； 量产组件最高 19.0%（S ≥7200 平方厘米）
柔性钙钛矿太阳能电池		小组件最高 26.6%（幅宽≤100 毫米）； 中试组件最高 18.1%（100 毫米 < 幅宽 < 400 毫米）； 量产组件最高 17.5%（幅宽≥400 毫米）
钙钛矿－晶硅叠层太阳能电池	最高 34.6%（1 平方厘米≤S < 165 平方厘米） 最高 30.0%（165 平方厘米≤S < 441 平方厘米）	中试叠层组件最高 27%（441 平方厘米≤S < 6500 平方厘米，硅片级子电池数量≥4 片）； 叠层量产组件最高 26.3%（≥6500 平方厘米）

资料来源：中国光伏行业协会（CPIA）发布的《2024—2025 年中国光伏产业发展路线图》。

（六）风电、太阳能发电等新能源装备出口成绩斐然

2024 年，中国新能源产品畅销全球，不仅丰富了全球供给，也为全球应对气候变化和绿色低碳转型作出了巨大贡献。

在风电装备出口方面①，2024 年中国风电机组新增出口 904 台，容量为 5193.7 兆瓦，同比增长 41.7%，其中，陆上风电机组出口 882 台，共计 5115.5 兆瓦；海上风电机组出口 22 台，共计 78.2 兆瓦。截至 2024 年底，中国风电机组累计出口 5799 台，容量为 20787.8 兆瓦，其中，陆上风电机组累计出口 5661 台，共计 20206.3 兆瓦；海上风电机组累计出口 138

① 数据来源：中国可再生能源学会风能专业委员会（CWEA）发布的《2024 年中国风电吊装容量统计简报》。

台，共计581.5兆瓦。2024年，有5家整机制造企业分别向23个国家出口了风电机组。其中，金风科技出口到15个国家，共450台，容量为2478.4兆瓦；远景能源出口到8个国家，共378台，容量为2284.8兆瓦；运达股份出口到4个国家，共39台，容量为240兆瓦；明阳智能出口到2个国家，共27台，容量为143.6兆瓦；电气风电出口到2个国家，共10台，容量为47兆瓦。

在光伏产品出口方面①，2024年中国光伏产品出口总额约320.2亿美元，同比下降33.9%。其中，光伏组件出口量为23880万千瓦，同比增长12.8%，出口额为279.9亿美元；电池片出口量为5750万千瓦，同比增长46.2%，出口额为24.6亿美元；硅片出口量为6090万千瓦，同比下降13.3%，出口额为15.7亿美元。从出口地区来看，前五大市场分别为荷兰（占比16.8%）、巴西（占比9.2%）、巴基斯坦（占比7.1%）、沙特阿拉伯（占比6.8%）、印度（占比6.7%），合计占出口市场46.6%的市场份额。

二、中国风电光伏产业高质量发展面临的问题与挑战

为推动构建以新能源为主体的新型电力系统，近年来中国电力市场化改革快速推进，统一开放、竞争有序、安全高效、治理完善的高标准全国统一电力市场体系加快建设，在新能源上网电价政策、新能源市场化交易等方面取得积极进展。

在新能源上网电价政策方面，2025年2月9日，国家发展改革委、国家能源局联合印发了《关于深化新能源上网电价市场化改革 促进新能源高质量发展的通知》（发改价格〔2025〕136号，以下简称“136号文”），标志着新能源“固定电价”时代的结束，全面进入市场化电价发展周期。

① 数据来源：中国光伏行业协会《2024年光伏行业发展回顾与2025年形势展望》。

自2025年6月1日起，每年新增纳入机制的电量规模，由各地根据国家下达的年度非水电可再生能源电力消纳责任权重完成情况，以及用户承受能力等因素确定；机制电价由各地每年组织已投产和未来12个月内投产，且未纳入过机制执行范围的项目自愿参与竞价形成，竞价时按报价从低到高确定入选项目，机制电价原则上按入选项目最高报价确定，但不得高于竞价上限。具体实施细则目前有待各地区进一步完善。

在新能源市场化交易方面，2021年4月，国家发展改革委、国家能源局联合印发了《关于进一步做好电力现货市场建设试点工作的通知》，标志着新能源电量入市的启动。2023年，全国新能源市场化交易电量达6845亿千瓦时，占全部新能源发电的47.3%。部分大型发电企业新能源参与市场比例已超过50%。绿电、绿证交易规模不断扩大，2024年上半年全国绿电交易电量达到1519.3亿千瓦时，同比增长233%，交易绿证1.6亿个。当前，新能源参与市场化交易的核心为省内中长期交易，诸如蒙西、甘肃、冀北等地区，跨省跨区交易存在壁垒，并且短期和现货交易占比较低。

然而，也要看到，中国风电光伏产业发展仍然面临着一些问题与挑战。

（一）内卷式竞争加剧，风电光伏企业经营承压

近年来，中国风电光伏产业内卷式竞争问题突出。碳达峰、碳中和目标提出以来，随着政策支持和市场需求的推动，新能源企业纷纷扩大产能，导致市场出现暂时性的供大于求。光伏产业尤为明显，2024年硅料、硅片、电池、组件价格均快速下跌，部分企业为争夺市场份额甚至以低于成本价销售。除价格战以外，还有人才战、专利战等，乱象频出，导致行业整体陷入恶性循环。根据中国光伏行业协会的统计，2024年前三季度光伏主产业链企业营业收入同比下降28.8%，净利润同比下降72.2%，资产负债率高达65.8%，应收账款周转天数为180天。部分中小企业已宣告破

产，截至2025年2月底，已有33家光伏上市企业由于营业收入减少、由盈转亏、业绩预增、项目暂停、股权变更等进行财报预披露。另外，由于缺乏对前沿技术的投入和创新，新能源产品同质化严重。光伏市场上，多数企业集中在常规单晶和多晶组件的生产上；风电市场上，风机制造商在技术路线和产品设计上高度相似，风机质量问题愈加频发。

当前，行业已高度重视并正在努力解决内卷式竞争问题。2024年10月14日，中国光伏行业协会在上海召集了16家企业，召开防止行业内卷式恶性竞争专题座谈会。2024年10月16日，在2024北京国际风能大会暨展览会上，12家风电整机商签订《中国风电行业维护市场公平竞争环境自律公约》。此后，多晶硅、硅片、电池价格、风机等价格有所企稳，部分产品的中标价格甚至有小幅回升。

（二）土地和并网问题突出，风电光伏发展受到制约

当前，土地和并网问题是制约中国风电光伏产业健康发展的两大非技术性障碍。

在东中部地区，土地资源的稀缺性与风电光伏项目的用地需求之间存在突出矛盾。风电项目通常需要大面积土地用于风机布局和基础设施建设，而光伏项目需要大量集中土地来铺设太阳能板。然而，在实际开发中，各省对建设用地指标有着严格的管控，将其主要分配给了城镇规划、铁路交通性质的开发，尚未形成预留新能源项目建设用地的管理机制。按照现有政策，风电和光伏项目建设也不能直接利用基本农田。倘若占用农田或荒地开发新能源，则需要政府将这块地调整成建设用地，但是调整用地属性耗时很长、手续烦琐。除此之外，目前新能源开发的审批流程较为复杂，不适用于农村地区推进分散式风电和分布式光伏项目。以分散式风电为例，安装两三台风机的审批手续与集中式风电项目开发审批流程基本相同，申请过程涉及土地、环保、水保、电网等方面的多个支持性文件和多个政府主管部门。

并网问题由来已久，一直是制约中国风电光伏产业发展的一大顽疾。最早在2010年，中国开始出现明显的弃风限电现象。后来，随着风电和光伏产业的快速发展，弃风、弃光问题越来越突出。2016年，弃风电量达497亿千瓦时，超过三峡全年发电量的一半。2018年10月30日，国家发展改革委、国家能源局联合印发《清洁能源消纳行动计划（2018—2020年）》，其目标提出“2018—2020年确保光伏发电利用率高于95%，弃光率低于5%”。95%消纳红线的提法就此形成。此后，中国还建立起新能源消纳监测预警机制，弃风弃光严重的区域新建新能源项目受到限制，如红色区域就要求暂停新项目的开发。近年来，风电光伏超预期的装机增速使得消纳压力陡增，95%消纳红线已然成为制约风电光伏装机的金箍儿。为此，2024年5月28日，国家能源局印发《关于做好新能源消纳工作 保障新能源高质量发展的通知》（国能发电力〔2024〕44号），对部分资源条件较好的地区适当放宽新能源利用率目标，取消原来的95%消纳红线，要求原则上不低于90%。这也就意味着更多的新能源安装可以批复，新能源利用率低的地区新增装机容量或将显著增加；新能源产业的市场竞争可能会更加激烈，并网消纳形势也会更为严峻。

（三）国际贸易壁垒高企，风电光伏企业正努力突围

随着全球贸易保护主义抬头，各国纷纷出台贸易限制措施，包括关税壁垒、技术标准认证、绿色贸易壁垒、市场准入限制等。这些措施对中国风电光伏企业的国际化进程构成了严峻考验，但也促使企业努力寻求突破，提升自身竞争力。

2024年2月以来，欧盟依据《外国补贴条例》针对中国企业发起相关调查，涉及铁路机车、光伏、风电和安检设备等机电产品。5月27日，欧盟正式通过《净零工业法案》（*Net Zero Industrial Act*，NZIA）。法案提出，到2030年，欧盟本土净零技术包括太阳能板、风力涡轮机、电池和热泵等制造产能应达到部署需求的40%；到2040年，欧盟在这些技术上应达到

世界产量的15%。11月19日，欧盟委员会通过《强迫劳动法规》，禁止在欧盟市场上销售使用强迫劳动生产的产品。我国生产的光伏、新能源汽车等产品出口或将因此受限。

美国多次对中国光伏产品发起“双反”调查（反倾销、反补贴调查），并加征高额关税。2024年，美国对东南亚四国发起“双反”调查，我国企业在越南、马来西亚的基地已受到相关影响。12月11日，美国根据301条款宣布对从中国进口的某些钨产品、硅片和多晶硅提高关税，太阳能硅片和多晶硅的税率将提高至50%，某些钨产品的税率将提高至25%，关税上调将于2025年1月1日生效。

2024年4月1日，印度ALMM清单①正式生效，印度政府支持的光伏项目将不再使用中国企业制造的组件产品，但进口中国的光伏电池暂不受影响。9月7日，印度新能源和可再生能源部（MNRE）提议将ALMM（组件制造商批准清单）条件扩展到光伏电池制造领域。随后，MNRE正式宣布自2026年4月1日起将启动属于光伏电池的ALMM清单2。

2024年，一些国家和地区出台了保护本土新能源产业链的政策。3月，土耳其宣布对来自越南、马来西亚、泰国、克罗地亚、约旦的光伏组件征收25美元/平方米的关税，部分我国企业被豁免。6月，南非税务局宣布进口光伏组件关税税率从0提高到10%。11月，巴西宣布将光伏组件的进口税率从9.6%提高至25%，并重新制定免税配额分配方法。

面对贸易壁垒，国内新能源企业尝试选择海外市场“本土化经营”策略，不再是简单的产品、人才、服务出海，而是在海外建立生产基地，推行从研发、制造、供应链、销售、物流到售后服务等全价值链的本土化。近年来，隆基绿能、天合光能、晶科能源、晶澳科技等头部光伏企业纷纷

---

① ALMM是印度政府推出的主要非关税壁垒。2019年1月2日，印度新能源及可再生能源部颁布了《太阳能光伏发电组件型号及制造商认证强制注册令》（ALMM）。ALMM包括清单1（光伏组件的型号和制造商）以及清单2（光伏电池的型号和制造商）。光伏组件清单于2021年3月10日发布，印度政府相关项目、政府资助项目等只能使用清单中的制造商和产品。

在东南亚配置生产基地，形成了海外一体化产能和完善的供应链体系。在美国，隆基绿能与美国清洁能源开发商 Invenergy 合作，在俄亥俄州建设年产能为 500 万千瓦（5 吉瓦）的组件厂；晶科能源在佛罗里达州投资新建年产 100 万千瓦太阳能组件生产线，并追加投资进行扩产；天合光能宣布投资超 2 亿美元在美国建造年产能 500 万千瓦的太阳能光伏制造厂；阿特斯在得克萨斯州梅斯基特建立 500 万千瓦太阳能光伏组件厂。还有一些光伏企业将目光投向了中东地区。在风电领域，2024 年 4 月 26 日，金风科技与 GE（通用电气）在巴西巴伊亚州卡马萨里市（Camaçari）签署相关协议，完成金风首个海外风电装备制造基地——卡马萨里总装厂的收购。11 月，金风科技与越南 T&T 集团签署合作协议，支持 T&T 集团在越南开发能源支持工业园，并参与投资该项目的一部分，拟开发风电设备制造工厂。远景能源于 2018 年正式进入印度风电市场开展业务，目前成为印度市场最大的风电机组供应商，一举超越了印度本土企业苏司兰（SUZLON）和德国西门子歌美飒等老牌厂商。作为动力电池企业，远景能源拥有众多的海外工厂，实现和客户近距离配套。据远景动力官网信息，其在美国、英国、法国、西班牙和日本共有 8 个海外生产基地，其中美国田纳西工厂、英国桑德兰工厂、日本神奈川全球工程中心/工厂 3 家已投入运营，其余均为在建。2024 年 7 月 16 日，远景科技集团与沙特公共投资基金（PIF）、沙特能源设备公司 Vision Industries 共同宣布将在沙特阿拉伯成立风电装备合资公司，携手加速中东地区的新能源发展。

三、中国风电光伏产业发展前景展望

2025 年是“十四五”收官与“十五五”谋划的承前启后之年。“十四五”时期，中国风电光伏产业进入高速发展的快车道，几乎每年的新增装机都会超出原有的规划。展望“十五五”，中国风电光伏产业有望继续保持快速增长，推动能源结构向低碳化和清洁化转型。中国碳达峰的时间很可能会提前，即在未来5年中实现达峰。

以下就2025年以及“十五五”时期中国风电光伏产业发展前景作出5点展望。

第一，预计到2025年底中国风电累计装机容量为6亿千瓦左右，太阳能发电装机将超过11亿千瓦，风电和太阳能发电合计装机容量（约17亿千瓦）将超过火电，在电力生产结构中占比达到45%以上。风电发电量和太阳能发电量均将超过1万亿千瓦时，占总发电量比例可能超过20%。如果按照当前的每年风电光伏新增3亿千瓦装机来估计，那么预计到2030年中国风电和太阳能发电累计装机规模将从当前的14亿千瓦再翻一番，增长至29亿千瓦。

第二，中国将会继续出台推动风电、光伏发电市场化发展的政策措施。一是新能源上网电价政策。“136号文”出台以来，山东、广西、广东已出台相应的地方细则。山东的细则以“全链条覆盖”为特点，在价格机制、市场交易体系及风电防控上均作出明确规定。广东则聚焦增量项目的市场化运作。广西的政策以“灵活性”与“省级统筹”为亮点。近期，还会有更多省份结合本地资源禀赋与市场特点出台差异化的政策措施。二是新能源市场化交易政策。2024年11月29日，中国电力企业联合会发布的《全国统一电力市场发展规划蓝皮书》提出“三步走”战略：第一步，到2025年初步建成，实现跨省跨区市场与省内市场有序衔接；第二步，到2029年全面建成，实现新能源在市场中的全面参与；第三步，到2035年完善提升，支持新能源大规模接入，形成市场、价格和技术全面协调的市场机制。预计“十五五”时期，新能源市场化交易节奏或将进一步加快，现货市场将会更加活跃，诸如价差合约机制、低价保障机制、容量补偿机制等现货交易机制将会建立和完善。三是2025年政府工作报告指出要“加快构建碳排放双控制度体系，扩大全国碳排放权交易市场行业覆盖范围”，碳交易将为风电光伏项目提供稳定的收益保障，相关配套政策也会在近期出台。

第三，未来5年风电和光伏技术将取得进一步突破。在风电领域，风机单机容量持续增大，海上风电技术不断成熟，漂浮式海上风电有望实现商业化应用。在这些趋势下，将会出现大量新的技术，包括：碳纤维复合材料叶片，纳米材料，叶片回收，轻量化合金，高度更高、重量更轻、强度更高的混塔设计，滑动轴承，磁悬浮轴承，漂浮式风电平台，海上风电机组动态电缆等。在光伏领域，技术进步速度会更快，高效单晶硅、钙钛矿等新技术将加速商业化，推动光伏转换效率进一步提升。技术发展前沿有TOPCon电池、HJT电池、IBC电池、钙钛矿电池、叠层电池、钨丝金刚线切割技术、黑硅技术、透明导电氧化物、量子点材料、双面组件、半片组件、叠瓦组件、无银化技术、原子层沉积技术、建筑一体化光伏、柔性光伏组件、透明光伏组件、组件回收技术等。到2030年，风电光伏产业可能将全面进入智能化和数字化时代，通过物联网、大数据和人工智能技术，实现设备的远程监控、故障预警和智能运维，显著降低运维成本，提升发电效率。

第四，“风光储氢”有望进一步实现一体化协同发展。氢能是一种重要的二次能源，对于构建清洁低碳安全高效的能源体系、实现碳达峰碳中和目标具有重要意义。2022年3月23日，国家发展改革委、国家能源局联合印发《氢能产业发展中长期规划（2021—2035年）》。规划提出，到2025年，形成较为完善的氢能产业发展制度政策环境，产业创新能力显著提高，基本掌握核心技术和制造工艺，初步建立较为完整的供应链和产业体系。氢能示范应用取得明显成效，清洁能源制氢及氢能储运技术取得较大进展，市场竞争力大幅提升，初步建立以工业副产氢和可再生能源制氢就近利用为主的氢能供应体系。燃料电池车辆保有量约5万辆，部署建设一批加氢站。可再生能源制氢量达到10万～20万吨/年，成为新增氢能消费的重要组成部分，实现二氧化碳减排100万～200万吨/年。到2030年，形成较为完备的氢能产业技术创新体系、清洁能源制氢及供应体系，产业布局合理有序，可再生能源制氢广泛应用，有力支撑碳达峰目标实现。预计“十五五”时期，输氢管道、储氢、加氢站等氢能基础设施建设将会进一步加快，风电光伏产业将与储能、氢能、电动汽车等行业深度融合，形成“风光储氢”一体化的能源生态系统。

第五，中国风电光伏企业将继续拓展国际市场，提升全球市场份额。2024 年，中国新能源市场继续保持全球领先地位，在风电、光伏、储能、氢能等领域取得了显著成就，为全球能源转型和新能源产业发展树立了标杆。从全球来看，通货膨胀、原材料价格上涨、地缘政治等因素导致西方供应链企业面临产能不足的问题，西方供应链企业面临的盈利压力也使投资建设新产能变得较为困难。目前，欧美地区的本土产能均无法满足市场需求，这为中国风电光伏供应链出海创造了机会窗口。另外，“一带一路”沿线国家的绿色转型意愿在不断增强，中国风电光伏企业凭借其供应链价格竞争力、快速的交付能力以及产业链协同出海策略，仍然具有较多的市场机会。

中国储能发展状况及趋势分析

郝洪亮　郄晶晶[①]

摘　要　在全球能源转型与“双碳”目标驱动下，储能技术作为平衡能源供需、提升能源利用效率以及保障能源系统稳定性的核心手段，已成为中国能源战略的关键技术。中国储能市场在“双碳”目标驱动下快速扩容，形成以电化学储能为主导、抽水蓄能为支撑、多元技术路线并存的竞争格局，处于全球领先地位。市场竞争呈现“头部集中、区域分化、技术多元、全球化布局”的特征。本文全面介绍了中国储能行业的发展现状，深入剖析了当前中国储能行业的技术路径、市场格局及发展趋势，系统分析了中国储能行业目前面临的挑战和机遇，并对中国储能行业的发展前景进行展望。

关键词　储能技术　新型储能　储能产业　能源转型　技术迭代

① 郝洪亮，北京大学能源研究院特聘研究员、北京大学鄂尔多斯能源研究院副院长、新型储能研究方向首席科学家，博士生导师，正高级工程师；郄晶晶，北京大学鄂尔多斯能源研究院助理分析师，理学硕士。

作为全球最大能源消费国，中国在“双碳”战略驱动下加速能源结构转型。围绕构建新能源主导的新型电力系统目标，储能产业在技术创新、市场机制和产业链整合三重驱动下，已形成“技术研发—装备制造—系统集成—场景应用”的完整产业链生态，其规模化、市场化、智能化发展态势正在重塑全球能源技术创新版图。

一、储能技术全景洞察

（一）储能及其应用

储能作为能源形态时空转换的核心技术载体，其本质是通过物化介质实现能量形态的跨域存储与可控释放的闭环过程。广义上讲，储能是指通过一种介质或设备，把一种能量形式用同一种或转换成另一种能量形式存储起来，基于未来应用需要以特定能量形式释放出来的循环过程。狭义上讲，针对电能的存储，是指利用化学或物理等方法将电能存储起来并在需要时释放的一系列技术和措施。

随着“双碳”战略推进，我国新型电力系统呈现高比例可再生能源接入与高比例电力电子设备应用的“双高”特征，但也面临新能源消纳、电网稳定性等技术挑战。作为新型电力系统的重要组成部分，储能技术已成为提升系统稳定性和运行经济性的关键支撑，在电力系统中发挥着调峰填谷、减少弃风弃光、缓解电网阻塞、提供备用容量等多重功能。

表1　储能技术在电力系统三侧的应用场景

应用侧	应用类型	放电时长	响应时间	主要作用	典型案例
电源侧	能量时移	8h	小时级	削峰填谷，转移弃风光电量，提升发电经济性	中城大有诸暨城北储能电站，英国 Tiln Famn 项目
电源侧	容量机组	4h	小时级	替代火电调峰容量，提高机组利用率	永仁致信项目，山东枣庄400MW/800MWh 电化学储能项目
电源侧	调峰、调频	2h	毫秒至秒级	快速响应电网频率波动（秒级），提升新能源并网稳定性	国家电投河北龙山电厂抽汽熔盐储能项目，聊城莘县观城镇储能电站
电源侧	负荷跟踪	2h	分钟级	平滑出力调整，降低运维成本，支撑电能质量	山东华电滕州电化学储能，国家电投海阳储能电站
电源侧	可再生能源并网	5min	秒级	平滑风光出力波动，固化发电容量，提升电能质量	国信靖江示范项目，广东南控电力新疆氢储能调峰电站
电网侧	缓解输配电阻塞	3h	分钟级	在线路过载时储存电能，缓解局部电网阻塞	江苏连云港电网侧储能，新疆克州构网型独立储能项目
电网侧	延缓设备扩容	3h	分钟级	通过储能替代新建输配电设施，降低电网升级成本	浙江乐清线路侧储能，美国加州 San Juan Capistrano 项目
电网侧	无功支持	<1min	秒级	调节电压波动，改善电能质量	青海格尔木储能电站，广东佛山宝塘储能电站
电网侧	调频、调峰	15min	秒级	大规模消纳新能源电力，降低弃电率	山西长治飞轮储能调频电站，内蒙古磴口混合储能
电网侧	备用容量	15min	秒级	提升电网灵活性与稳定性，支撑新能源高比例消纳，参与电力辅助服务市场	宁夏固原电网侧储能，西藏拉果盐湖“源网荷储”
电网侧	黑启动	2h	秒级	快速恢复电网供电，降低启动成本与风险	内蒙古乌兰察布风电黑启动，湖北荆门新港构网型储能电站

续表

应用侧	应用类型	放电时长	响应时间	主要作用	典型案例
用户侧	削峰填谷	1h	分钟级	利用峰谷电价差降低用电成本	东方物钢用户侧储能电站，河北畅储科技工商业储能
	需量管理	1h	分钟级	平滑用电曲线，降低最大需量电费	清安储能长寿综合智慧零碳电厂，河北周口电网侧储能
	动态增容	1h	秒级	避免变压器扩容，降低设备投资	天合富家智能微网项目，云赛智联松江大数据中心
	提高供电可靠性	10min	秒级	作为备用电源保障关键负荷供电	浙江温州滩涂储能电站，河北保定光储充荷检微电网
	光储充一体化	2h	秒级	结合光伏发电与充电桩，优化能源利用	石家庄辛集国网营业厅，颍河能源科技产业园项目

注：电源侧：核心需求是提升电力灵活性与经济性，重点解决新能源波动性和传统机组调节能力不足的问题。电网侧：以提升电网安全性和经济性为目标，通过储能实现调峰、调压和延缓投资。用户侧：聚焦降低用电成本和增强供电可靠性，应用场景与工商业用电特性强相关。

截至2024年底，我国新型储能项目应用场景分布呈现以下显著特征[1]。

一是电网侧储能主导格局。电网侧储能以67.85%的占比居于榜首，其中电网侧独立储能占比达64.7%，满足电网企业对转动惯量补偿（需≥20%系统总惯量）与输电阻塞缓解（典型提升率为18%～22%）的刚性需求。

二是电源侧协同发展。电源侧储能以24.93%的占比位列第二，其中“储能+光伏”模式占比为11.47%，通过DC/AC耦合技术的规模化应用，实现弃光率降低（均值7.2%→3.8%）与AGC调节精度提升（±2%→±0.5%），显著增强了新能源并网消纳能力。

三是用户侧发展滞后。用户侧储能占比最低，仅为7.23%（工商业储能4.1%与户用储能3.13%）。受制于市场机制完善度不足，当前主流0.5MW/1MWh单元配置方案的经济性模型仍高度依赖峰谷价差机制（临界值0.7元/kWh），受电价政策波动影响显著，尚未形成可持续的商业闭环。

不同场景下储能的应用模式与价值示意图见图1。

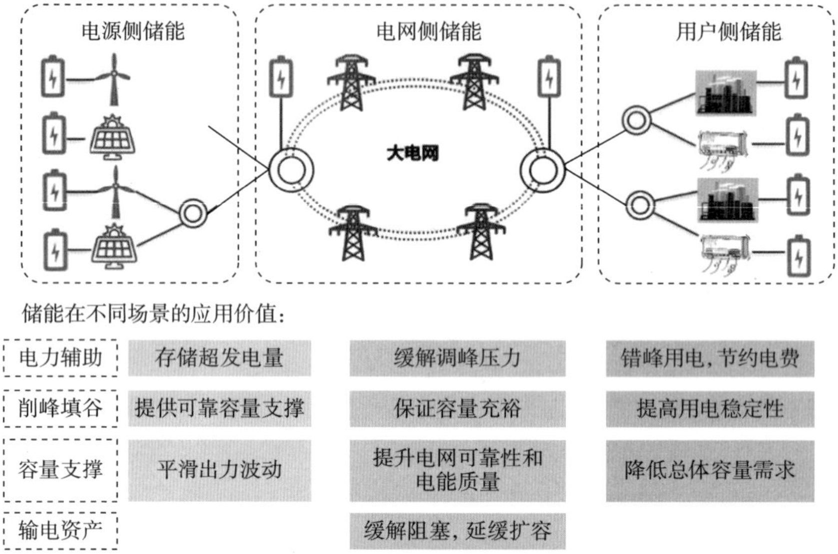

图1　不同场景下储能的应用模式与价值示意图

当前储能应用集中于电源侧和电网侧，推动大型化、长时储能电站发展。用户侧以2小时储能的工商业及户用储能柜为主，其发展受区域电价政策波动影响显著，尚未形成可持续商业模式，仍处于发展初期。未来需在巩固电网侧技术优势的同时，重点突破用户侧市场化机制，构建可持续的商业闭环，推动储能应用场景的均衡发展[2]。

1. 电源侧储能

截至2024年末，我国电源侧储能装机规模达47.1GW（占新型储能总量的60.1%），形成以锂离子电池为主导（占新型储能总量的97.4%）、压缩空气储能（占新型储能总量的1.8%）和液流电池（占新型储能总量的0.6%）协同发展的技术格局。储能通过调频、新能源消纳和黑启动支撑电网稳定，典型案例包括华能长兴电厂调频成本降至3.2元/MW。市场

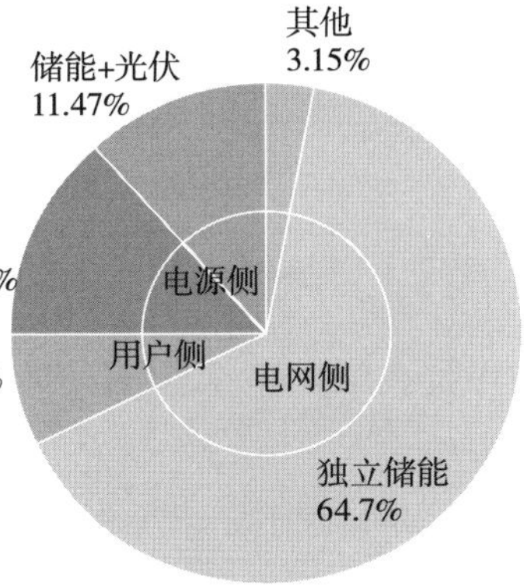

图 2　截至 2024 年底中国累计运行新型储能项目应用分布情况

资料来源：CNESA

化收益占比提升至 58.7%，能量时移套利实现 0.15～0.28 元/kWh 度电收益，11 省份调频补偿标准升至 12 元/MW 次。技术迭代加速，锂电池循环寿命突破 12000 次，液流电池在 4h + 长时储能场景 LCOS 低至 0.35 元/kWh，压缩空气储能效率达 65.2%。政策驱动下 2024 年电源侧储能招标规模达 51.24GW/133.3GWh，其中风光储一体化项目占比为 57%。新能源配套储能项目的等效利用系数仅 6.1%，未来随着新能源上网电价市场化改革推进，储能电站将获得更多现货市场参与机会[3]。

储能系统在电源侧应用项目见表 2。

表 2　储能系统在电源侧应用项目

电源侧应用项目	并网时间	规模	功能特点	地点
浙能乐清发电公司电化学储能调频项目	2022.08.15	20MW/20MWh	“火电 + 储能”联合调频	浙江
广东能源集团 20MW 新型储能系统示范项目	2023.11.1	16MW/8MWh 磷酸铁锂电池和 4MW × 10min 超级电容器	广东省首个“锂电 + 超级电容器”火储联合调频项目，提升了区域电网的调频能力，为电网新能源消纳和安全稳定运行提供了强有力技术支撑	广东

续表

电源侧应用项目	并网时间	规模	功能特点	地点
镇安抽水蓄能电站	2024.12.12	1400MW（4×350MW）	我国西北地区开工建设的首个抽蓄电站工程，也是陕西建设的最大水力发电站，可实现与西北地区火电、风电、太阳能发电的联合协调运行，减少机组调停，每年促进消纳富余风电、太阳能发电量12亿KWh，有效缓解西北地区窝电和弃风、弃光现象	陕西
河北丰宁抽水蓄能电站	2024.12.30	3.6GW	装机容量、储能能力、地下厂房规模以及洞室群规模均创下“世界第一”的纪录，年发电量可达66亿KWh	河北
内蒙古磴口储能项目	2025.01	605MW/1410MWh	全钒液流电池与磷酸铁锂电池技术，既能满足长时调峰需求，又能实现快速响应	内蒙古
阳西电厂#3～#6机组储能调频辅助服务工程项目	2025.01	105MW/111.81MWh	采用基于磷酸铁锂电池技术的1C储能辅助调频系统，调频响应速度较快，是国内容量最大的火储调频项目	广东
华电山东莱州土山1000MW盐碱滩涂光储一体化项目	2025.01.07	200MW/400MWh	盐碱滩涂光储一体及盐光互补，预计每年发电量达14.42亿KWh	山东
能储一号	2025.01.09	300MW/1500MWh	利用盐穴资源，成功实现了非补燃压缩空气储能技术的商业化应用，系统效率超过70%，预计年发电量接近5亿KWh，每年将节约标准煤超15万t，助力应对新能源发电的波动性、间歇性和随机性	湖北

2. 电网侧储能

2024年我国电网侧备案项目共1453个，规模总计553GWh，占全国新增备案总规模的88.2%，其中独立储能规模占比达99%，形成以锂离子电池主导、飞轮储能与压缩空气储能协同发展的技术格局。系统稳定方面，锂离子储能系统可实现±0.05Hz的调频精度，响应时间缩短至200 ms以内。广东佛山储能系统结合动态无功补偿技术，将功率因数优化至0.95，电压波动降低70%。市场价值方面，电网侧储能形成辅助服务（2024年调频里程均值达9.8元/MW）、容量租赁收益［江苏均价240元/(kW年)］、价差套利（浙江现货市场峰谷价差0.82元/kWh）扩三重收益。基础设施替代方面，电网侧储能通过“虚拟输电”模式重构电网投资逻辑。四川、吉林等地通过“虚拟输电”提升输电通道利用率。

当前电网侧储能仍面临成本—收益结构性矛盾：初始成本高（1.2～1.8元/Wh）、收益波动大（IRR离散度±3.2%）及利用率低（年均循环280次）。未来需进一步构建容量市场等机制，推进锂电循环寿命提升、混合储能系统发展，推动其从“单一调节工具”向“系统必要元件”转型。

储能系统在电网侧典型应用项目见表3。

表3 储能系统在电网侧典型应用项目

电网侧应用项目	并网时间	规模	功能特点	地点
华严第一储能电站项目	2023.12.30	200MW/400MWh	采用奇点分布式模块化智慧储能系统解决方案，共投入1076台eBlock-372产品，全生命周期碳排放降低40%，运维成本节约20%	宁夏
宝塘锂电新型储能站	2024.01.01	300MW/600MWh	实现9条储能技术路线的“一站集成”，在拓扑技术路线上采用组串式、双极式、单极式、低压级联和高压级联；在温控方式上采用风冷、间接式液冷和浸没式液冷	广东

续表

电网侧应用项目	并网时间	规模	功能特点	地点
大唐湖北100MW/200WM·h钠离子新型储能电站科技创新示范项目一期工程	2024.06.30	50MW/100MWh	国内最大钠离子电池储能电站，每年可充放电300次以上，单次充电即可储存电量高达10万kWh。在电网高峰期，这些电能可满足约2万户家庭的日常用电需求	湖北
阜康抽水蓄能电站	2024.07.31	1200MW（4×300MW）	主要执行乌昌电网调峰、填谷、黑启动、调频、调相和紧急事故备用等任务	新疆
华能海南州储能项目	2024.08.26	150MW/600MWh	全球海拔最高、规模最大的35kV高压直挂储能系统，单机容量达25MW/100MWh，充电一次可储存60万MWh电量，可单机独立接受电网调控，系统效率提升4%～6%，可实现10ms内快速响应	青海
鼎轮飞轮储能电站	2024.09.12首台飞轮（机组并网）	30MW	由12个储能调频单元组成，每个单元由10台飞轮组成，以110kW电压等级接入电网，为电网调频和储能提供了高效解决方案	山西
新疆克州构网型独立储能项目	2024.11.7	300MW/1200MWh	全球磷酸铁锂电池储能路线中容量最大的构网型项目，能在电力需求高峰时段为电网提供电力补充，有效缓解电力供需矛盾	新疆
吉林松原乾安中卉玉字储能项目	2024.12.24	100MW/400MWh	中国严寒地区首套百兆瓦级全钒液流电池共享储能电站，能够在－30℃的低温环境中稳定运行	吉林

3. 用户侧储能

截至2024年末，我国用户侧储能装机达6.5GW（占新型储能总量7.23%），其中长三角、珠三角区域占比78.6%，形成以磷酸铁锂技术主导（94.3%）、钠离子电池新兴渗透（3.2%）的技术格局[4]。工商业场景中，长江三角洲制造业利用0.8元/kWh峰谷价差实现基础收益，浙江怀胜500kW/1370kWh项目年降本28万元。居民领域通过“光储协同”将光伏自用率提至70%，极端工况下可维持8～12小时供电。数据中心与5G基站应用储能系统削减峰值负荷18%～25%，腾讯云通过AI算法将峰谷套利预测准确率提至92%。政策层面，雄安新区强制5G基站储能配置不低于30%，叠加0.15元/（Wh·年）补贴激活市场。离网与微电网场景成为新兴增长点，非洲塞内加尔1MW光储系统解决886kW工农业供电，年降本72%。当前用户侧储能仍面临循环寿命短、响应速度低等技术挑战，未来需深化“政策+技术”双轮驱动，推动储能从电费管理向综合能源服务转型，支撑新型电力系统末端节点建设。

储能系统在用户侧典型应用项目见表4。

表4　储能系统在用户侧典型应用项目

用户侧应用项目	并网时间	规模	功能特点	地点
先阳新能源肇庆储能项目	2023.12	931.84kWh	自主研发液冷储能柜，模块化设计，依托广东分时电价实施两充两放策略，年放电53万kWh，节省电费30.6万元	广东
陕西西安台区分布式储能项目	2024.04	14.1MW/30.0MWh	覆盖面积广，部署149套台区分布式储能设备，分布在多个区（县）的130个村中，主要用于提升区域电力系统的灵活性和可靠性	陕西
京能国际山东威海荣成市成山共享储能项目	2024.05	200MW/400MWh	运用智能液冷温控系统协同调峰调频，模块级消防保障安全，年调峰2亿kWh，节煤6.4万t，减排19.94万t，实现移峰填谷效能	山东
星源能投-金沙重工用户侧储能项目	2024.06	5MW/5MWh	智能微网管理，分布式新能源，智慧储能系统和综合能源管理系统一体化，实现清洁能源高比例消纳，优化电能质量，降低用电成本	湖南

续表

用户侧应用项目	并网时间	规模	功能特点	地点
万国数据上海数据中心储能项目	2024.08	17.3MWh	采用磷酸铁锂高安全电芯，“气消＋水消”双级消防，实现安全防护与能效管理一体化	上海
晶科科技腾讯滨海大厦用户侧储能项目	2024.09	100kW/215kWh	通过智能调度实现日均两充两放，结合专业运维服务，保障电力稳定供应与系统高效运行，年均节省电费5.6万元	深圳
临泉华源医院储能项目	2024.11	800KW/1864KWh	实现电力削峰填谷，在电网停电时能够快速断开电网，保证医院重要负荷的供电，降低医院综合用电成本	安徽
科创广东大型工商业储能项目	2024.12	49.2MW/95.5MWh	高耗能企业储能实现峰谷套利，降本增效，保障企业的电力稳定供应。通过科创分布式能量管理系统EMS，可对储能系统进行智能监控和预警	广东

（二）储能技术路线划分

储能技术的分类方式多样，可以根据技术路线（能量储存方式）、应用场景功能需求、电力系统（服务主体）、市场细分、附属状态和电源属性等多个维度进行划分（见表5）。

表5　储能技术分类

<table>
<tr><th>分类标准</th><th>细分类型</th><th>典型技术</th><th>应用场景与功能</th></tr>
<tr><td rowspan="6">能量储存方式</td><td rowspan="4">机械储能</td><td>抽水蓄能</td><td rowspan="3">容量型（削峰填谷≥4 h）</td></tr>
<tr><td>压缩空气储能</td></tr>
<tr><td>重力储能</td></tr>
<tr><td>飞轮储能</td><td rowspan="2">功率型（15～30 min）</td></tr>
<tr><td rowspan="2">电磁储能</td><td>超级电容器储能</td></tr>
<tr><td>超导储能</td><td>功率型（快速响应）</td></tr>
</table>

续表

分类标准	细分类型	典型技术	应用场景与功能
能量储存方式	电化学储能	锂离子电池	容量型/能量型/功率型/备用型
		铅酸电池	备用型（≥15 min）
		液流电池	容量型（≥4 h）
		钠电池	容量型/能量型
		锌电池	备用型/功率型
	热储能	储热/储冷	容量型（削峰填谷≥4 h）
	化学储能	氢储能	容量型（长时储能）
应用场景功能需求	容量型	抽水蓄能/压缩空气储能/储热/储氢	削峰填谷/离网储能（≥4 h）
	能量型	锂离子电池（如磷酸铁锂）	调峰/备用（1～2 h）
	功率型	超级电容/飞轮储能/超导储能	电网调频/平滑波动（15～30 min）
	备用型	铅酸电池/飞轮储能	紧急供电（≥15 min）
服务主体	电源侧	抽水蓄能/压缩空气储能/锂离子电池	新能源消纳/负荷跟踪/系统调频
	输配电侧	超级电容/液流电池/锂离子电池	电网调峰/备用容量/增强消纳
	用电侧	锂离子电池/铅酸电池/飞轮储能	削峰填谷/自发自用/备用电源
市场细分	源网侧储能	抽水蓄能/压缩空气储能/液流电池	电网调节/新能源消纳
	工商业储能	锂离子电池/超级电容	降低用电成本/参与虚拟电厂
	户用储能	锂离子电池/铅酸电池	自发自用/备用电源
	便携储能	锂离子电池/铅酸电池	户外旅行/应急备用
附属状态	集中式储能	抽水蓄能/压缩空气储能/储热/氢储能	大型电站配套
	分布式储能	锂离子电池/钠离子电池/飞轮储能/超级电容	电动汽车/集装箱储能
	可再生能源储能	光伏/风电配套储能	新能源消纳/平滑输出
	传统能源储能	火电/水电配套储能	新能源消纳/平滑输出

表 6　各类储能技术路线参数对比

储能技术	能量密度	循环次数	响应时间	系统效率	技术特点	度电成本	技术成熟度	适用规模	应用场景
抽水蓄能	0.5 ~ 1.5Wh/L	50 年及以上	分钟级	70% ~ 80%	技术成熟、储能容量大、寿命长，但受地理条件限制、建设周期长、初期投资大	约 0.31 元/kWh	高，大规模商用	百兆瓦级至吉瓦级，适合大规模储能	大规模电网调峰、备用电源、可再生能源并网
压缩空气储能	0.7 ~ 3.0 MJ/m^3，与地质条件有关	30 ~ 50 年	分钟级	50% ~ 70%	大规模储能能力、长循环寿命、经济性、灵活性和安全性	0.2 ~ 0.4 元/kWh	中，示范及商用	兆瓦级至百兆瓦级，适合中大规模储能	电力系统、可再生能源配套、工业领域、综合能源系统
飞轮储能	几十瓦时/千克	20 年以上	毫秒级（<2ms）	90% ~ 95%	功率密度高、响应速度快、充放电次数多	约为 1.255 元/kWh	中，示范及商用	兆瓦级以下，适合短时高频储能	电网调频、UPS 电源、轨道交通
重力储能	与设备和提升高度等有关	30 ~ 35 年	秒级	60% ~ 75%	环境友好、安全性高、维护成本低、储能规模灵活、响应速度快	约为 0.5 元/kWh	中，示范初期	兆瓦级至百兆瓦级，适合大规模储能及电网侧应用	电网侧调峰调频、新能源并网、综合应用
锂离子电池	100 ~ 260Wh/kg	1000 ~ 3000 次及以上	毫秒级	85% ~ 95%	能量密度高、响应速度快、适用范围广	0.3 ~ 0.4 元/kWh	高，大规模商用	兆瓦级至百兆瓦级，适合分布式储能	电源侧、电网侧、用户侧储能
铅蓄电池	30 ~ 50Wh/kg	500 ~ 1000 次	毫秒级（<10ms）	70% ~ 85%	成本低、安全性高、维护方便	0.5 ~ 0.7 元/kWh	高，大规模商用	千瓦级至兆瓦级，适合分布式储能及备用电源	分布式及微网、工商业、变电站备电

续表

储能技术	能量密度	循环次数	响应时间	系统效率	技术特点	度电成本	技术成热度	适用规模	应用场景
钠电池	100～200Wh/kg	2000～3000次	毫秒级	80%～90%	资源丰富、安全性好、宽温域	0.3～0.4元/kWh	商用初期	兆瓦级至百兆瓦级,适合大规模储能及电网侧应用	储能、低速电动车、通信基站
液流电池	<100Wh/L	理论上无限次	毫秒级	70%～85%	安全环保、设计灵活、寿命长	低于1元/kWh	中,示范级商用	兆瓦级至百兆瓦级,适合大规模储能	新能源发电优化、储能电站
超级电容器储能	5～10Wh/kg	50万次以上	微秒级	90%～95%	功率密度高、充电速度快、循环寿命长	—	中,示范及商用	兆瓦级以下,适合短时大功率储能	电能质量改善、短时功率支撑
超导储能	200～400MJ/m^3	理论上无限次	微秒级	90%～95%	高能量密度、高效率、快速响应和长寿命	—	技术研发阶段	兆瓦级至百兆瓦级,适用于大规模储能和需要快速功率补偿	电力系统、可再生能源和工业领域
氢储能	140MJ/kg	2万次左右	秒级(<1s)	30%～60%	能量密度高、可长时间存储、无污染	1.85～1.92元/kWh	低,研发示范阶段	百兆瓦级至吉瓦级,适合长周期、跨季节储能	电力系统、可再生能源配套、交通运输、分布式能源系统
热储能	100kWh/m^3	20年以上	秒级至分钟级	60%～90%	高储能密度、长循环寿命、环境友好、成本低、不受地理条件限制	约为0.2元/kWh	中,示范及商用	千瓦级至吉瓦级,适合大规模储能	光热电站及电源侧、电网侧、用户侧综合能源服务

储能技术作为能源转型的核心支撑，呈现出多维度、多层次的发展格局。从技术成熟度来看，抽水蓄能、锂离子电池等已实现大规模商业化，而氢储能、固态电池等仍处于研发突破阶段；从应用场景来看，容量型、能量型、功率型及备用型储能技术各司其职，覆盖电力系统“发—输—配—用”全环节需求，助力电网稳定、新能源消纳和用户降本增效。未来，随着技术进步与市场需求的双重驱动，储能技术将进一步向高效化、低成本化、场景定制化发展，成为构建新型电力系统和实现“双碳”目标的关键支柱。不同储能技术特点见图3。

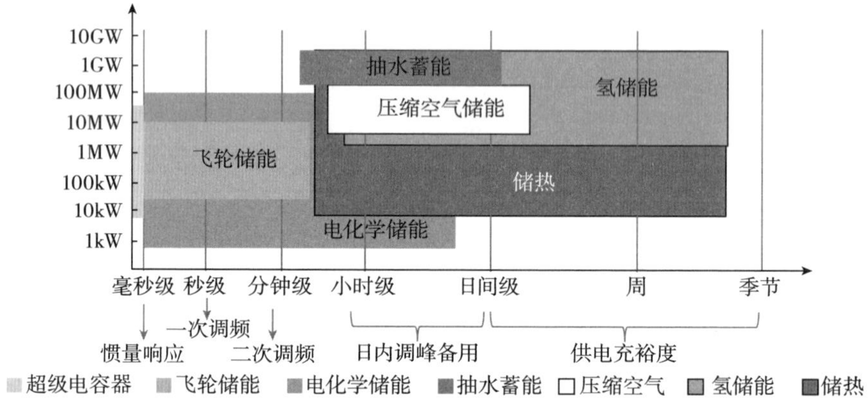

图3 不同储能技术特点

资料来源：EESA

二、国内储能市场现状

近年来，随着全球能源转型的加速，储能技术作为连接可再生能源发展与电网现代化的关键纽带，正迎来快速发展的机遇。中国作为全球最大的储能市场，在技术创新、政策支持和市场需求的推动下，储能行业呈现出蓬勃发展的态势。

（一）发展状况

1. 初步发展阶段（2016年之前）

20世纪初，中国储能技术研发起步，储能技术的发展主要聚焦于抽水蓄能和铅酸电池。抽水蓄能技术作为相对成熟的大规模储能方式，在电力系统储能总量中的占比高达99%[5]。1968年，中国第一座混合式抽水蓄能电站——河北岗南水电站投运，标志着国内机械储能技术进入工程化探索阶段。20世纪90年代，随着电力系统对调峰需求的增加，抽水蓄能技术进入快速发展期，1998年广州抽水蓄能电站投运标志着第一代储能技术体系形成。截至2015年底，我国抽水蓄能装机容量达23GW，占储能总装机的98.7%，通过动态容量补偿机制可使区域电网负荷率提升12～18个百分点，形成电力调峰领域的天然垄断格局。

电化学储能尚处于萌芽阶段，铅酸电池凭借成本优势占据通信基站市场65%的份额；锂离子电池技术逐步突破，宁德时代2010年研发的磷酸铁锂电池实现160Wh/kg能量密度和2000次循环寿命。压缩空气储能技术初步验证，2013年1.5MW超临界示范项目系统效率达52.1%。此阶段电化学储能成本较2005年下降58%，但受限于电网准入标准，仍以抽水蓄能为主导。

2. 技术突破阶段（2016—2020年）

2016—2020年，中国储能技术加速突破。2016年末，中国投运储能项目累计装机规模达24.3GW，其中电化学储能累计装机规模为243MW。至2019年末，中国已投运储能项目累计装机规模达32.4GW，占全球市场总规模的17.6%，同比增长3.6%。其中，电化学储能累计装机规模达1709.6MW，同比增长59.4%[6]。

锂离子电池作为电化学储能主流技术，2020年储能系统成本（不含PCS）降至1000～1500元/KWh；宁德时代研发的高镍三元电池能量密度突破260Wh/kg。钠离子电池实现产业化突破，2020年宁德时代第一代钠电能量密度达160Wh/kg，中科海钠建成1GWh量产线。全钒液流电池技术成熟，大连化物200MW/800MWh调峰电站缓解辽宁电网波动。抽水蓄能持续优化，河北丰宁电站应用数字化建模提升效率。压缩空气储能取得关键进展，张家口100MW/400MWh示范项目实现100%自主化。电化学储能初步形成商业化能力，但抽水蓄能仍占主导地位。

3. 多元发展阶段（2021 年至今）

“十四五”以来，国家高度重视储能技术的多元化发展，相关部门相继发布了一系列政策文件，引导产业链安全，推动储能从单一调节向系统支撑转型。2021 年中国新增投运储能项目装机规模为 4.6GW，2023 年进一步攀升至 15.5GW。新型储能发展势头迅猛，2021 年新增装机 2.9GW，截至 2024 年底，已达到 43.7GW。

抽水蓄能加速扩张，2024 年投产装机 6.98GW，累计超 58GW，华东、西南地区占比超 40%。压缩空气储能突破盐穴储气技术，湖北应城、山东肥城 300MW 项目并网，系统效率在 60% 以上。锂离子电池成本降至 0.28～0.32 元/Wh，宁德时代新一代磷酸铁锂电池能量密度提升 18%。钠离子电池进入规模化应用阶段，广西伏林、湖北大唐 50MW 项目并网。液流电池在光伏配储领域扩展，中核汇能 50MW 项目投运。此外，飞轮、超级电容等技术在调频、能量回收场景实现商业化，如华能罗源电厂混合储能系统，其技术方案和运行效果具有行业示范意义[7]。

（二）市场规模与增长率

中国储能产业呈现爆发式增长态势，2023 年，中国储能行业市场规模约为 1296.82 亿元，近 4 年复合增长率高达 115.79%，2024 年预计实现 2973 亿元市场规模。据 CNESA 统计[8,9]，截至 2024 年末，中国电力储能累计装机规模突破 137.9GW 历史性关口，同比增长 59.9%，其中新型储能装机规模达 78.3GW/184.2GWh，功率与能量规模同比增幅分别为 126.5% 与 147.5%，较“十三五”末增长约 20 倍（见图 4）。

技术迭代驱动新型储能加速替代传统模式，2024 年底抽水蓄能占比首次跌破 50%，锂离子电池以 97% 的市场份额主导市场，钠离子电池与液流电池实现应用突破。成本下降显著加速商业化进程，2023 年系统成本同比下降 43%，2024 年磷酸铁锂储能中标均价 628.07 元/kWh（同比下降 43%），2 小时系统单位成本降至 825.87 元/kWh，推动 LCOS 进入经济性拐点。

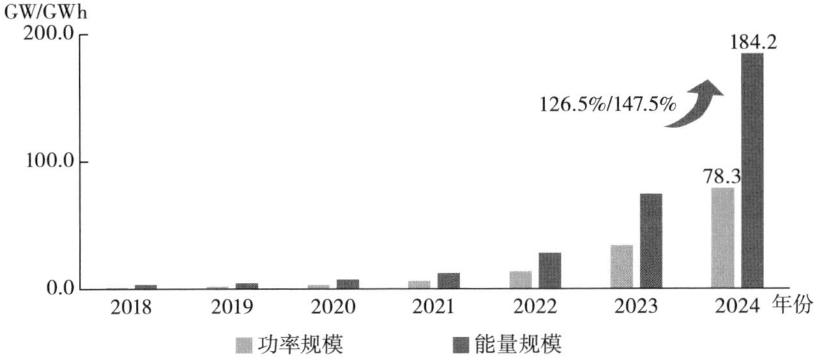

图4　中国已投运新型储能累计装机情况（截至2024年12月底）

资料来源：CNESA

地理空间分布呈现非均衡特征。内蒙古、新疆等西北能源基地依托新能源大基地建设，分别以10.23GW/24.39GWh和8.57GW/28.71GWh的装机规模领跑全国，形成“源网协同”型储能发展范式。山东、江苏等负荷中心探索“网荷互动”模式，装机规模均突破5GW门槛。此外，河北、浙江、甘肃等10个省（区）的新型储能累计装机规模均超过2GW（见图5）。区域层面，华北地区以30.1%的占比成为新型储能装机核心承载区，西北地区凭借25.4%的占比凸显其在新能源消纳中的战略地位。

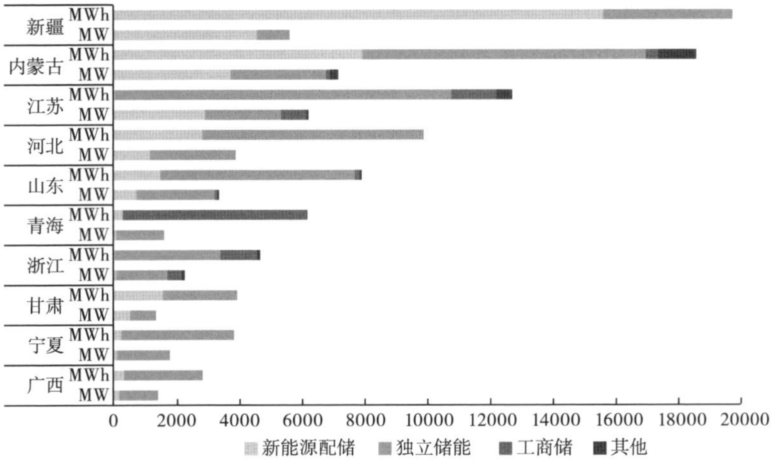

图5　中国新增投运新型储能项目装机前十省份（2024年1—12月）

资料来源：CNESA

项目规模结构呈双极化趋势。截至 2024 年底[10]，单站装机大于等于 0.1GW 项目占比为 62.3%，较 2023 年提高约 10%；0.01～0.1GW 项目装机占比为 32.8%（见图 6）；小于 0.01GW 项目装机占比为 4.9%。储能时长 4 小时以上项目占比为 15.4%，较 2023 年底提高约 3%。系统平均储能时长增至 2.3 小时，2～4 小时项目占主导（装机占比为 71.2%）（见图 7）。100～500MW 级项目规划占比同比提升 19 个百分点，中小型项目占比持续缩减，新型储能加速向大型化方向演进。

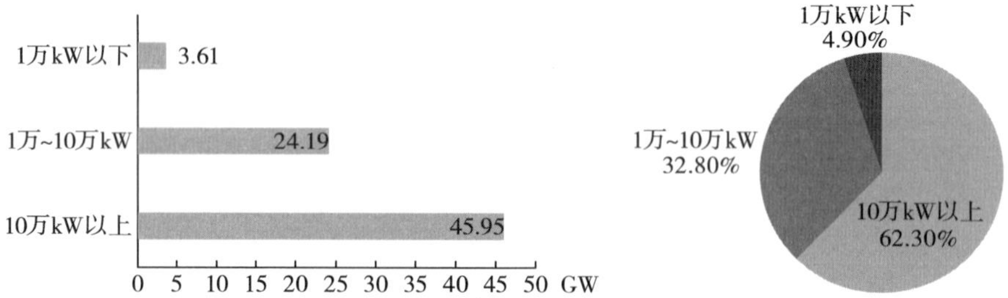

图 6　截至 2024 年底新型储能电站单站累计装机规模分布

资料来源：国家能源局

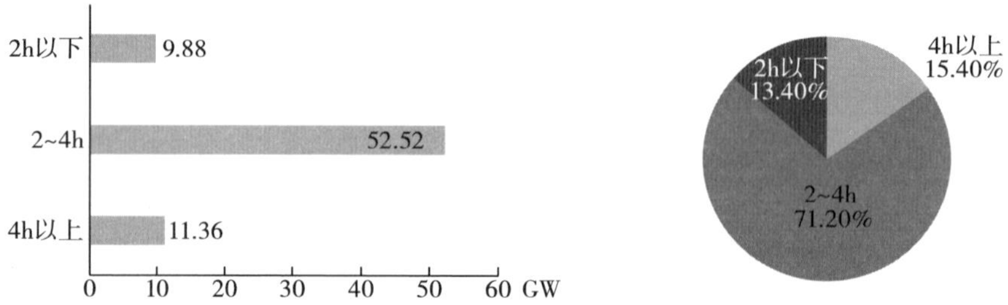

图 7　截至 2024 年底新型储能电站储能时长累计装机规模分布

数据来源：国家能源局

市场前景呈现持续增长动能，预测 2025 年新型储能新增装机将达 40.8～51.9GW，2030 年累计装机有望突破 300GW，5 年复合增长率超 28.7%（见图 8）。在全球维度，中国占据主导地位，2024 年上半年装机量已达 2023 年全年规模的 69%，预计全年全球市场占有率将突破 50%。系统效率持续优化，2024 年新型储能等效利用小时数达 1000 小时，技术经济性指标持续改善，为构建新型电力系统奠定坚实基础。

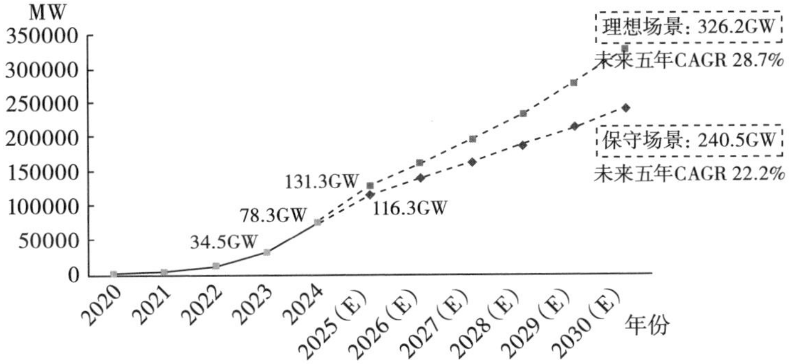

图8　中国新型储能累计装机规模预测

资料来源：CNESA

（三）市场竞争格局

中国储能市场在“双碳”目标驱动下快速扩容，已形成以电化学储能为主导、抽水蓄能为支撑、多元技术路线并存的竞争格局。市场竞争呈现“头部集中、区域分化、技术多元、全球化布局”的特征。

1. 头部企业主导，市场集中度持续提升

（1）储能电池领域：寡头垄断格局凸显

2024年全球储能电池出货量达到369.8GWh，其中中国企业占比93.5%[11]。宁德时代以110GWh出货量（市场占有率为29.5%）稳居榜首，其280Ah电芯CTP技术实现175Wh/kg能量密度与8000次循环寿命，第三代钠电能量密度提升至180Wh/kg；亿纬储能凭借46系大圆柱电池降本12%，以13%的市场占有率跃居第二位；海辰储能跻身前三；比亚迪等企业分列第四位至第十位[12]（见图9）。

（2）抽水蓄能：传统电力央企主导

2024年我国抽水蓄能累计装机容量超过57GW，占全球总量的近30%，预计到2025年，中国抽水蓄能投产总规模将达到62GW以上[13]。国家电网运营规模占比超70%，在建及待建项目达94GW；南方电网通过西电东送促进新能源消纳2.8万GWh；中国电建主导90%的规划设计及80%的EPC市

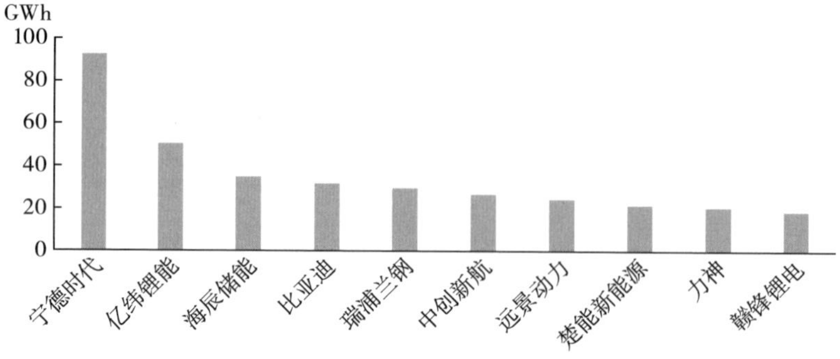

图 9　中国企业 2024 年度全球市场储能电池出货量排行榜

资料来源：CNESA

场。产业链中，哈尔滨电气与上海电气双寡头垄断水轮机组市场（合计 90.1% 的份额），其 700MW 级机组水力效率达 92.3%；特变电工 500kV 变压器市场占有率为 61.4%，空载损耗降至 0.8%。商业创新上，国家电网通过“容量租赁 + 辅助服务”模式提升电站收益率至 6.8%；宁德时代与国网综能合资实现全链条成本优化，度电成本降低 0.05 元。中国电建应用三维建模技术将电站建设周期压缩至 58 个月，较行业平均缩短 14 个月。

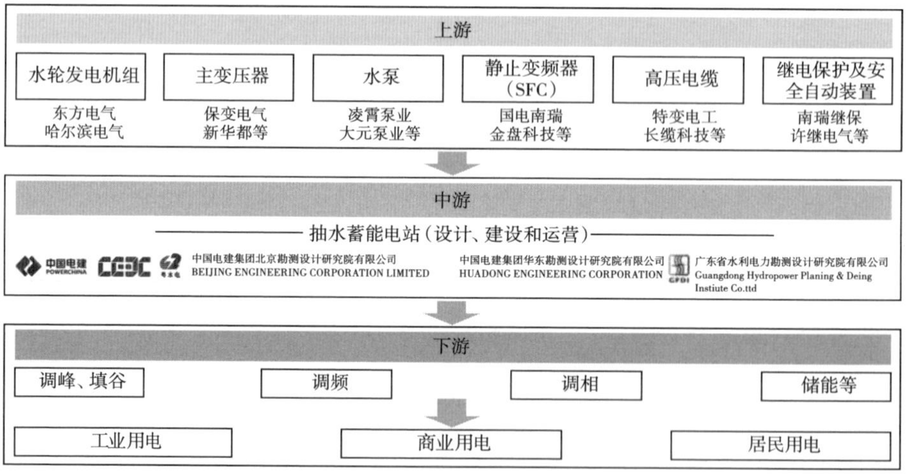

图 10　抽水蓄能产业链

资料来源：智研咨询

表 7　抽水蓄能产业参与方

主体类别	开发方	设计院	电网	运营方	投资方	设备制造
典型代表	中国电建 中国能建	西北院 中南院 北京院 华东院 东北院 广东院	国家电网 南方电网	—	国网新源控股公司 南网调峰调频公司 发电企业 能源建设管理公司 金融机构	哈尔滨电气 东方电气 上海电气 物变电工 保变电气
场址资源	地域性强，集中在负荷中心或新能源集中发电区域周边					
主要优势	规划建设能力，技术人才，全产业链服务	市场化竞争	运营管理，资源整合能力强，电网协同性	市场化竞争	市场渠道，专业经验技术	技术研发，产品质量，市场渠道完善
建设能力	强	产业链上下游延伸	外包建设	强	无	强
收益要求	赚取工程利润	赚取工程利润	仅调度，不额外赚取收益	赚取运维费用	赚取项目投资收益，收益要求高	赚取工程利润
资金能力	出资灵活，为获取工程可垫付前期费用	工程垫资	具有资金优势		具有资金优势	资金积累雄厚
决策机制	仅赚取建设费，不持有项目	仅赚取设计费，不持有项目	对电站进行统一调度	仅赚取运维费，持有项目	赚取电站收益，持有项目	赚取设备费和运维费，持有项目
运维能力	无	无	有	有	有	有

2. 技术路线多元化，电化学储能主导新型市场

当前电化学储能市场呈现“锂电主导、钠电渗透、液流补充”的竞争态势。2024 年预计实现 565 亿美元市场规模，同比增长 77.7%。中国以 2661 亿元规模领跑全球，储能电池出货量占全球 93.5%（见图 11）。锂电出口额同比增长 120%，在欧美大型项目中标率超 50%[14]。

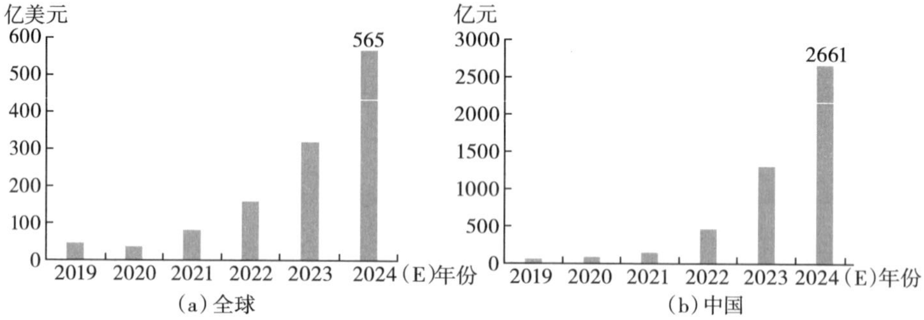

图 11　2019—2024 年全球及中国电化学储能产业市场规模分析

资料来源：前瞻产业研究院

磷酸铁锂技术路线已形成绝对市场优势，截至 2024 年 6 月，中国累计投运的电化学储能项目中，锂离子电池项目总能量达到 72.86GWh，其中 99.84% 为磷酸铁锂电池（见图 12）。2024 年全球储能锂电池产能突破 2000GWh 关口，中国产量预计超 300GWh，占全球总产量的 70% 以上。技术经济性指标持续优化，头部企业系统集成成本已降至 0.8 元/Wh 以下，循环寿命突破 8000 次。

钠离子电池产业化进程取得实质性突破。2024 上半年中国钠电池出货量达 1.7GWh，同比增幅 200%，其中宁德时代第三代普鲁士蓝基钠电能量密度突破 280Wh/kg，－20℃低温容量保持率为 92.5%。江苏如东 50MW/100MWh 钠电储能系统实现度电成本 0.48 元；中科海钠开发的铜铁锰层状氧化物正极体系，配套硬碳负极首效达 93.5%，推动钠电在户用储能领域渗透率提升至 7.3%。

全钒液流电池在 4～8 小时长时储能场景建立技术优势。2024 年大连

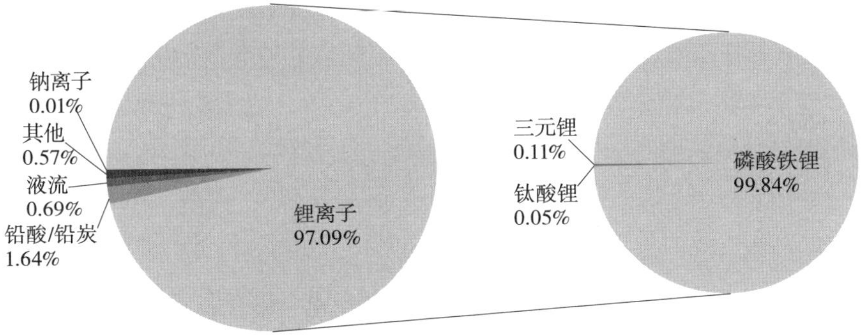

图 12　各类电池类型电化学储能项目累计能量分布

资料来源：国家电化学储能电站安全监测信息平台

200MW/800MWh 全钒液流储能电站并网运行，系统循环效率提升至 75%，度电成本降至 0.4 元以下。钒电解液租赁模式创新推动初始投资降低 40%，加速商业化进程。北京普能研发的混合酸电解质体系将工作温度窗口拓宽至 -30～60℃，能量效率提升至 82.3%，在新疆哈密 120MW 风光配储项目中实现 8 小时持续出力调节能力。

固态电池技术路线呈现多元化发展态势。2024 年中国新增 39 个固态/半固态电池产业化项目，总投资 1134.29 亿元，规划年产能为 208.5GWh。硫化物电解质体系通过固态电解质实现 400Wh/kg 能量密度突破，界面阻抗进一步降低。清陶能源开发的聚合物—氧化物复合电解质方案实现 10C 快充能力，2024 年在乘用车储能领域完成 10MWh 级装车验证。

产业链技术持续升级。上游高镍三元正极材料（NCM811）毛利率维持在 25%～28%，复合集流体技术（PET 基材 + 磁控溅射）降本 15%。中游 Top3 企业产能利用率达 85%（行业均值 72%），通过极片辊压工艺优化（压实密度 2.8→3.1g/cm^3）使电芯体积能量密度提升 18%。下游系统集成智能化趋势显著，基于 LSTM 神经网络的 AI 能量管理系统实现 SOC 估算精度 ±1.5%（较传统模型提升 60%），在 2024 年新增项目中渗透率达 90%。

市场集中度 CR3 提升至 61%，同比增长 2%，头部企业研发投入超

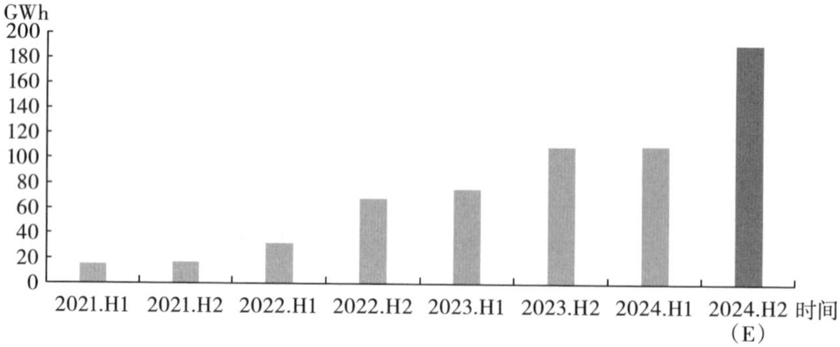

图 13　国内储能型锂电池半年度产量

资料来源：工业和信息化部，CNESA 整理

6%，储能系统能量密度年均提升 15%，循环寿命年增长 20%。新兴企业通过差异化技术路线切入细分市场，钠电领域形成中科海钠、宁德时代双龙头格局，液流电池市场大连融科、北京普能占据 75% 的份额。

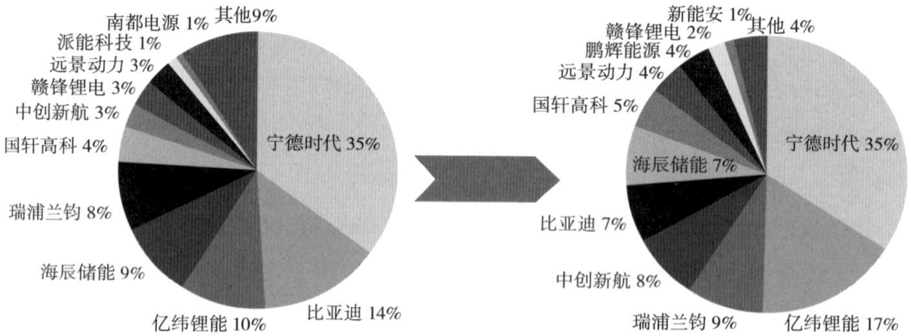

图 14　2023—2024 年中国储能电池竞争格局

3. 区域竞争

（1）区域装机分布的空间非均衡性

截至 2024 年底，华北地区累计装机规模达 22.2GW，占全国累计装机规模的 30.1%；西北地区累计装机规模达 18.7GW，占全国累计装机规模的 25.4%，排名第二。华东地区、华中地区、南方地区、东北地区累计装机规模分别为 12.5GW、10.8GW、9.1GW、0.4GW[15]。

西北地区依托新能源大基地战略形成电源侧储能集聚区。内蒙古、新

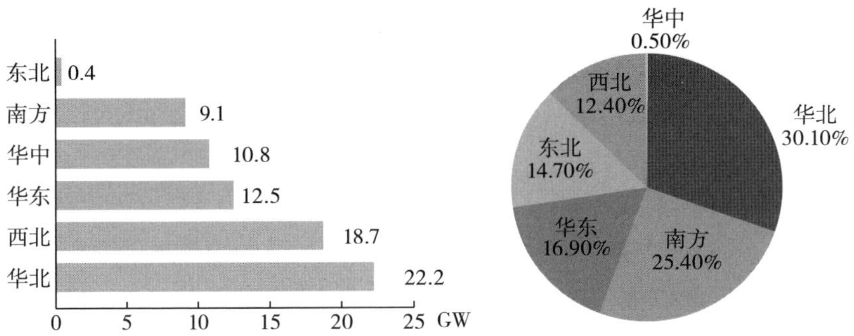

图15　2024年中国新型储能区域分布情况

资料来源：国家能源局

疆、宁夏三个自治区新型储能装机达23.2GW（占全国总量的28.9%），其中国家电投乌兰察布2.1GWh液冷储能项目通过技术创新，将LCOS压至0.23元/kWh，较行业基准低17.9%。华北地区构建多元化电网调节体系，宁夏在建独立储能超2GW/4GWh，山东部署台区储能超百兆瓦时，预计2024年新增电网侧储能19GW/46GWh（占全国总量的47.5%），巩固其调节枢纽地位。东南沿海用户侧商业化领先。广东、浙江装机占比为43%，工商业项目IRR达12.7%（全国均值为9.8%），投资回收期缩短至6.8年。西南地区聚焦水电配储长时技术，四川、云南规划2025年水电配储5GW（全钒液流占比为68%），攀枝花200MW/800MWh项目验证，当利用小时超4500小时，LCOS可降至0.38元/kWh。

（2）企业空间布局的竞合策略

头部企业通过产业链整合构建区域壁垒。宁德时代在青海建成2.4GWh储能电站，系统成本降至1.35元/Wh（年降15%），循环寿命超8000次；中车株洲所飞轮储能在山西火储联调市场装机420MW，调频报价0.45元/MW（传统机组0.67元/MW），响应时间小于200ms，年利用超6000小时。阳光电源针对东部分布式市场推出PowerNano户储系统，在山东、河南市场占有率超40%，户均年收益增2100元，光伏消纳率提至95%。

（3）区域市场分化机制

技术路径选择呈现地理适应性，西北地区液冷储能渗透率为82%（全国均值为75%），阳光电源宁夏液冷系统全生命周期成本较风冷低19%。长三角钠离子电池在通信储能领域快速渗透，宁德时代钠电模块在江苏铁塔基站部署1.2GWh，循环寿命突破6000次。政策创新催生区域红利，山东实施容量电价政策（280元/kW·年）使远景能源1.5GWh共享储能项目年固定收益增加2.1亿元；广东需求响应补贴（0.5元/kWh）使华为深圳科技园项目补贴收益占比达37%。供应链地理集聚效应显著，福建宁德储能电芯产业集群产能达180GWh，物流成本降低8%～12%，产能利用率达85%；武汉液流电池产业集群实现钒电解液本地化生产，成本降幅达34%。

（4）产业演进趋势

产业演进趋势呈现集中化与专业化并存态势。预计2025年行业CR5将提升至65%，头部企业通过区域定制化产品（如宁德时代西北液冷方案）挤压中小厂商生存空间，2024年已有23家区域集成商退出市场。西南地区（云贵川）规划2025—2030年新增15GW长时储能装机（4h+占比80%），液流/压缩空气储能技术渗透率将超40%，标志着新型储能技术路线的地理扩散进入新阶段。

4. 国际化竞争：海外市场成新增长级

（1）企业出海加速

中国储能企业依托“技术+成本”双优势加速渗透欧美、中东等核心市场。2024年在海外订单超150GWh，头部企业海外营收占比均值高于25%，预计2025年中国储能企业出口量将超过100GWh，重点市场包括中东、欧洲和北美[16]。宁德时代以91.6%的全球市场占有率主导北美市场，其CTP 3.0电池循环寿命超12000次，推动美国加州项目度电成本降低23%；阳光电源沙特7.8GWh项目采用PowerTitan2.0液冷系统，实现全生命周期 LCOS 降至 0.12 美元/kWh（较传统方案降低 19%），并中标欧盟 4.4GWh 液冷储能项目。

（2）细分市场差异化布局

欧美高端市场，阳光电源德国 400MW/800MWh 项目采用 10MWh 液冷系统保障 20 年寿命；派能科技推动欧洲户储市场占有率升至 23.5%，循环效率达 96%。中东聚焦风光储一体化，华为沙特项目 LCOE 降至 0.015 美元/kWh，宁德时代迪拜项目采用 300Ah 大容量电芯，系统能量密度提升 18%。东南亚依托成本优势，瑞浦兰钧 8.4GWh 订单度电成本为 0.28 美元，比亚迪荷兰光储充站充电利用率提至 85%。拉美及非洲布局长时储能，大连融科巴西 200MW/1.6GWh 全钒液流项目 IRR 达 9.8%，海辰储能阿根廷项目高温系统可用率大于等于 99.3%[17-18]。

技术标准输出与产业链协同正在重构全球储能生态。中国企业占全球储能电池出货 Top10 中 9 席，宁德时代主导 IEC 标准，阳光电源牵头 IEEE 电网标准。亿纬储能模块化系统推动欧洲工商业储能 IRR 升至 14.7%；远景动力英国项目应用 ABS 工具资金周转率达 3.2 次/年。华为沙特 AI 运维平台将故障响应压至 15min。面对欧盟《净零工业法案》及美国强制配储政策，中国储能全球化正从产品出口向技术标准、商业模式全维度输出跨越，巩固全球能源转型核心地位[19]。

（四）政策环境

在碳达峰、碳中和战略目标驱动下，储能产业战略定位经历从技术储备到系统关键要素的跃迁，政策体系呈现密集落地、多维推进的显著特征。截至 2024 年 12 月，全国累计颁布储能相关政策文件 2470 余项，形成覆盖技术创新、产业培育、市场机制、标准规范的全生命周期政策框架。

国家层面政策体系呈现三阶段演进特征：初期（2016—2020 年）侧重技术研发与示范应用，中期（2021—2024 年）转向产业规模化与市场化机制建设，近期（2025 年后）着力构建国际竞争优势。2024 年《关于促进新型储能并网和调度运用的通知》标志着我国储能政策进入市场化机制建设新阶段，通过建立并网技术规范、优化调度运行机制、创新“新能源＋储能”联合调用模式等制度创新，推进储能系统与新型电力系统的深度耦合。中国社会科学院工业经济研究所同期发布的政策评估报告揭示了现行制度环境下储能价值实现机制的结构性矛盾，反映出政策体系需在产权界定、交易机制等制度经济学层面深化突破。2025年《新型储能制造业高质量发展行动方案》的颁布标志着政策体系进入高质量发展新阶段。该方案通过技术创新引领、产业链协同优化、智能绿色转型等六大专项行动，系统构建制造业国际竞争力提升机制，特别是在技术经济性突破方面，提出研发投入强度提升、专利池建设等量化指标，形成创新要素集聚的政策引力场。

地方政策创新呈现差异化协同特征：广东、浙江等产业先发地区聚焦补贴激励与市场机制创新，构建“政策—产业—资本”良性循环；山东、安徽等能源转型重点区域侧重储能设施规划与系统集成应用；新能源渗透率较高地区聚焦市场交易机制突破，形成“配储比例动态调整”“多能互补交易”等特色制度。这种分层协同的政策供给打破“一刀切”模式，通过政策试验区机制形成全国统一市场下的区域创新网络。

储能行业相关政策见表8、表9。

表8　国家储能相关政策

时间	发布机构	政策名称	主要内容
1996年		《关于国民经济和社会发展“九五”计划和2010年远景目标纲要的报告》	提出优化电源结构、积极发展水电，强调抽水蓄能电站多方面作用，将其作为关键设施规划建设保电力稳定
2005年	国家能源局	《可再生能源产业发展指导目录》	涵盖风能、太阳能、生物质能、地热能、海洋能和水能等六个领域的88项可再生能源开发利用和系统设备/装备制造项目，用以指导相关部门制定支持政策和措施，引导相关研究机构和企业的技术研发、项目示范和投资建设方向

续表

时间	发布机构	政策名称	主要内容
2007年	国家发展改革委	《可再生能源中长期发展规划》	提出加快可再生能源开发，强调储能对其并网重要性，将储能作配套，为后续研用提供导向
2010年	全国人民代表大会常务委员会	《可再生能源法修正案》	首次将储能行业发展写入法案，第十四条中明文规定电网企业应“发展和应用智能电网、储能技术”，为储能技术的应用和发展提供了法律依据
2014年	国家能源局	《能源发展战略行动计划（2014—2020年）》	优化能源结构，提高可再生能源利用水平，加强电源与电网统筹规划，科学安排调峰、调频、储能配套能力，切实解决弃风、弃水、弃光等问题
2019年	国家电网	《关于促进电化学储能健康有序发展的指导意见》	强调严守储能安全红线，明确接入管理办法，电源侧与纯调峰调频储能参照常规电源；国网将有序开展电网侧储能投资建设
2019年	国家发展改革委	《关于促进储能技术与产业发展的指导意见》	明确了促进我国储能技术与产业发展的重要意义、总体要求、重点任务和保障措施
2020年	国家能源局	《关于加强储能标准化工作的实施方案》	推动储能技术标准体系建设，规范储能项目管理
2021年	国家发展改革委、国家能源局	《关于加快推动新型储能发展的指导意见》	提出到2025年实现新型储能从商业化初期向规模化发展的转变，装机规模达到3000万kW以上
2022年	国家发展改革委、国家能源局	《“十四五”新型储能发展实施方案》	坚持统筹规划、创新引领、市场主导、安全至上原则，聚焦关键技术攻关，开展试点示范，推动规模化建设，完善体制机制，强化政策保障，拓展国际合作，全方位赋能新型储能高质量发展

续表

时间	发布机构	政策名称	主要内容
2022 年	国家能源局	《关于积极推动新能源发电项目应并尽并、能并早并有关工作的通知》	允许新能源项目分批并网，不以全容量建成作为并网必要条件。电网企业在保障电网安全和电力供应的前提下，按“应并尽并、能并早并”原则确保具备条件项目及时并网
2022 年	国家发展改革委、国家能源局	《关于促进新时代新能源高质量发展的实施方案》	完善调峰调频电源补偿机制，加大煤电机组灵活性改造、水电扩机、抽水蓄能和太阳能热发电项目建设力度，推动新型储能快速发展。研究储能成本回收机制。鼓励西部等光照条件好的地区将太阳能热发电作为调峰电源
2023 年	工信部等 6 部门	《关于推动能源电子产业发展的指导意见》	聚焦新型储能电池，加强产业化技术攻关，推广混合储能系统，建立溯源平台，开发安全高效集成系统与生产工艺，强化安全技术及回收技术
2023 年	国家标准化管理委员会、国家能源局	《新型储能标准体系建设指南》	旨在构建适配国情且接轨国际的标准体系，以 2023—2025 年为阶段设定目标，涵盖基础通用等八大板块，通过多部门协同实施，推动新型储能产业高质量发展
2023 年	国家能源局	《关于组织开展可再生能源发展试点示范的通知》	支持构网型风电、光伏、储能及新能源低频组网送出等技术研发与工程示范，提升新能源接入弱电网稳定支撑及风电光伏大基地送电安全稳定能力
2023 年	国家能源局	《关于加快推进能源数字化智能化发展的若干意见》	加快新能源微网和数字配电系统发展，提升用户侧电源与储能配置及控制水平，挖掘能源领域数字化智能化应用，推进多场景示范工程试点探索

续表

时间	发布机构	政策名称	主要内容
2024 年	工信部等 7 部门	《关于加快推动制造业绿色化发展的指导意见》	谋划氢能、储能等未来产业发展，聚焦储能在电源侧、电网侧、用户侧电力系统应用场景，开发多元技术，打造产品矩阵，实现规模化应用
2024 年	国家发展改革委、国家能源局、国家数据局	《加快构建新型电力系统行动方案（2024—2027年）》	完善新型储能参与电力市场机制，提升总体利用水平，支持储能与电源联合、分布式储能聚合参与交易，完善电价机制，明确补偿和电价优惠
2025 年	工信部等 8 部门	《新型储能制造业高质量发展行动方案》	明确到 2027 年实现新型储能制造业高端、智能、绿色发展。通过实施六大行动，促进技术创新与产业协同，完善标准和市场机制，推动行业高质量发展

表 9　地方储能相关政策

时间	发布机构	政策名称	主要内容
2006 年	四川省人民政府办公厅	《四川省“十一五”能源发展规划》	提出加快水电开发（如溪洛渡、向家坝等大型水电站），并强调电力系统调峰需求。抽水蓄能电站作为配套储能设施被纳入规划讨论
2006 年	广东省发展改革委	《广东省高技术产业发展“十一五”规划》	将新能源、新材料、节能环保列为重点领域，储能材料（如电池材料）和技术的研发获得资金支持
2009 年	江苏省发展改革委	《江苏省新能源产业调整和振兴规划纲要》	提出推动储能技术在智能电网和新能源领域的应用，支持储能技术研发和示范项目
2009 年	深圳市人民政府办公厅	《深圳新能源产业振兴发展规划（2009—2015 年）》	明确提出支持储能电池技术的研发与产业化，将储能作为新能源产业的重要组成部分，推动其在电动汽车、电网调峰等领域的应用

续表

时间	发布机构	政策名称	主要内容
2011 年	江苏省发展改革委	《江苏省抽水蓄能电站发展规划》	提出在江苏省内建设抽水蓄能电站，以支持电网调峰和可再生能源消纳
2011 年	广东省发展改革委	《广东省战略性新兴产业发展“十二五”规划》	将储能技术列为重点发展方向，支持储能系统在电网调峰中的应用
2012 年	浙江省发展改革委	《浙江省“十二五”及中长期可再生能源发展规划》	明确开发水电等可再生能源，结合项目开展储能示范，培育市场，推动能源清洁转型与经济绿色发展
2017 年	甘肃省人民政府办公厅	《甘肃省新能源消纳实施方案》	聚焦风电、兴电等新能源，通过完善电网、推动储能建设、拓展外送通道、参与市场交易等举措，提升新能源消纳水平
2018 年	江苏省发展改革委	《关于促进分布能源微电网发展的指导意见》	推动江苏省分布能源微电网发展，鼓励多元能源利用与技术创新集成，强化储能应用，完善并网机制，提升能源利用效率
2021 年	湖南省发展改革委	《关于加快推动湖南省电化学储能发展的实施意见》	明确以发展电网侧独立储能为重点，集中规划建设一批电网侧储能电站，力争到 2023 年实现一定规模的储能项目落地
2022 年	内蒙古自治区人民政府办公厅	《内蒙古自治区支持新型储能发展的若干政策（2022—2025 年）》	从规划布局、项目建设、技术创新、市场机制等多方面发力，给予资金、税收等优惠，促进储能与新能源协同，提升能源系统稳定性与消纳能力
2023 年	内蒙古自治区人民政府办公厅	《内蒙古自治区新能源倍增行动实施方案》	聚焦风光等能源开发，推进大型基地与分布式项目建设。强化储能配套，完善电网设施，推动源网荷储一体化，促进新能源高效消纳与产业高质量发展
2024 年	山东省人民政府办公厅	《关于健全完善新能源消纳体系机制促进能源高质量发展的若干措施》	从电源侧、电网侧、负荷侧协同发力，推进储能建设，优化电网调度，拓展多元应用场景，健全体系机制，提升新能源消纳能力促能源发展

续表

时间	发布机构	政策名称	主要内容
2024 年	郑州市人民政府办公厅	《郑州市支持重点产业链高端化智能化绿色化改造提升若干政策的通知》	聚焦重点产业链高端、智能、绿色改造，在技术创新、设备升级、数字化转型上支持储能等领域企业，以奖补促产业高质量发展
2025 年	上海市人民政府办公厅	《上海市新型储能示范引领创新发展工作方案（2025—2030 年）》	推动多种储能装备和材料规模化发展，加快新型储能技术服务产业的发展

当前政策体系已显现显著制度效能，新型储能装机规模连续 3 年保持 50% 以上增速，2024 年新增投运规模突破 40GW，验证了“技术突破—政策激励—市场响应”协同机制的实践有效性。但制度性障碍依然存在，突出表现为市场机制设计滞后于技术创新速度、政策工具协同性有待增强、储能价值计量体系尚未完善等深层矛盾。未来政策优化需着力构建基于系统价值的市场化补偿机制，健全涵盖技术标准、市场规则、监管体系的制度矩阵，最终形成支撑新型电力系统建设的储能政策生态系统。

三、技术发展趋势

（一）技术迭代与规模化降本效应凸显

1. 长时储能技术加速落地

可再生能源占比提升驱动长时储能需求激增。2024 年，我国 4h 及以上新型储能电站项目装机占比达 15.4%，较上年提高约 3%，2 ~ 4h 项目装机占比为 71.2%，不足 2h 项目装机占比为 13.4%。

液流电池技术成为长时储能核心路径，全钒液流电池 2024 年国内装机 1.8GWh，大连 200MW/800MWh 调峰电站和新疆锌溴液流项目推动应用链成形。压缩空气储能通过非补燃技术突破 60% 效率并实现零碳排，国内在建规模达 6.32GW，2025 年累计装机将达 6.8GW。熔盐储热在中高温场景展现优势，青海德令哈光热电站12h储热系统年发电1.46亿kWh。氢储能则在跨季节调峰和工业脱碳领域开辟新路径。随着技术成熟与成本下降，预计2030年全球长时储能市场规模超500亿美元，中国将成为重要引领者。

2. 规模化生产降低成本

规模化生产驱动储能成本快速下降，2020—2024年锂电储能系统成本累计降幅超40%。磷酸铁锂2h储能系统中标均价2024年降至1.082元/Wh，同比下降24%，EPC工程均价降幅突破10%。电池组成本占比从75%降至67%，主要受益电芯规模生产与供应链优化。

产业链垂直整合加速降本，正极材料（如磷酸铁锂）价格从30万元/t峰值降至18万元/t，电解液成本因六氟磷酸锂扩产下降50%。储能变流器（PCS）、电池管理系统（BMS）国产化率达90%，推动系统集成成本降低15%～20%，进一步释放工商业侧储能需求。

3. 系统集成与智能化运维升级

2024年锂电储能系统集成规模突破吉瓦·时级，模块化设计推动单机柜容量提升至314Ah（集成效率提升12%），宁德时代等企业推出500Ah+大容量电芯，海辰储能将于2025年交付6.25MWh全场景系统。新能源富集区形成“风光储”协同模式，西北项目通过动态算法将弃风弃光率降至5%以下；火电配储采用锂电—飞轮联合调频技术，调频性能指标（K值）提升至3.5（较传统提升120%），响应时间缩至200ms级。

2025年AI技术深度赋能储能产业，第四代BMS实现毫秒级多维度监测（日均处理数据10TB/电站），清华SOH评估算法将电池寿命预测误差压缩至3%。青海共享储能平台依托区块链整合分散资源，实现跨区域调峰交易，智能化体系加速“感知—决策—运维”全链升级。

（二）政策驱动与市场机制完善

1. 国家政策顶层设计强化产业引导

工信部等八部门联合发布的《新型储能制造业高质量发展行动方案》

明确2027年实现全产业链国际竞争力突破，聚焦锂电、钠电等核心技术高端化升级。宁德时代天恒储能系统通过集成优化实现能量密度提升30%、循环寿命五年零衰减，展现技术引领力。国家发展改革委同步出台电力调节能力优化方案，要求通过市场化机制提升储能调用效率，构建制度保障。

2. 地方政策细化落地推动区域布局

地方层面形成差异化发展路径。广东省将储能列为战略性支柱产业，设立专班推动项目投产；上海市启动百兆瓦级重力储能示范项目，如瑞士能源库与中国天楹合作的五省1160MWh项目；福建省依托锂电集群优势，2023年签约新能源项目63个（总投资1191.2亿元），构建全产业链生态。

3. 市场机制改革释放储能商业价值

2025年取消新能源强制配储，转向市场化独立电站，科力远井陉电站100天完成并网验证高效模式。2024年全国新型储能累计充放电量260亿kWh，迎峰度夏贡献45%的保供电量。现货市场全面铺开推动峰谷价差扩至4:1，广东“报量报价”机制使现货套利收益占比提至45%。调频市场引入动态补偿系数，高性能项目收益增加30%。容量租赁市场规范化发展，山东首创“现货套利+容量租赁+电价补偿”模式，单日套利峰值达120万元，年收益提升15%~20%。容量电价（50~100元/kW·年）与调频补偿（12~15元/MW·次）优化收益结构，充分激活市场活力。

（三）应用场景多元化拓展

电力系统级储能实现多场景技术突破。电源侧支撑风光基地并网消纳，电网侧优化跨区域电力输送并提供调频服务，用户侧实现峰谷套利与备用供电。2024年国内火储联合调频项目装机达3.2GW/6.4GWh，调频性能指标（K值）突破4.0，响应时间缩短至50ms以内，调频辅助服务收益占比提升至机组总收益的25%。构网型储能技术占比提升至30%，通过虚拟同步机能力解决高比例新能源电网惯量缺失问题。

分布式与移动储能驱动应用场景拓展。分布式储能在家庭、工商业等场景实现峰谷套利与自发自用，技术经济性突破重构商业模式。新能源与储能耦合转向主动支撑，缓解波动性提升利用效率。移动储能突破固定场景限制，在应急电源、移动充电等领域广泛应用，满足多样化能源需求。

（四）产业链垂直整合与全球化布局

1. 产业链布局优化

随着储能产业的快速发展，产业链布局将更加完善，从上游原材料、电芯制造，到下游系统集成、运营维护，形成完整的产业链生态。头部企业通过自建电芯产线实现核心环节自主可控，降低供应链风险并提升成本优势。宁德时代同时布局锂电、钠电及固态电池产线，其钠电产品应用于江苏 50MW/100MWh 调峰项目，循环寿命超 6000 次，2024 年经营性现金流净额达 447 亿元，货币资金储备 2550 亿元；上游材料体系迭代提速，电解液/隔膜国产化率突破 90%，碳化硅在储能变流器中的应用加速，盛弘股份推出碳化硅（SiC）储能产品，系统效率提升 30%；硬碳负极材料产能扩至 10 万 t/a，推动钠电材料成本较锂电下降 30%。

2. 全球化布局加速

2024 年中国储能企业签约海外储能大单规模超过 150GWh（欧洲市场占比达 73%），预计 2025 年中国储能出口超 100GWh。区域布局上，北美市场通过“墨西哥/泰国制造基地 + 得克萨斯组装中心”构建《通胀削减法案》政策防火墙，有效应对了 IRA 带来的政策挑战；欧洲市场依托“德国 20GWh 超级工厂 + 60% 本地化率”实现产业链嵌套，配套车企储能订单超 15GWh；中东市场以“15GWh 级项目包 + AI 电网适配算法”突破增量，华为部署的南非 2GWh 系统调频响应速度优化至 200ms。

产能网络构建维度，头部企业形成“资源端—制造端—市场端”三角拓扑结构。2024 年全球储能电池出货量达 303GWh，同比增长近 64%。中国企业主导 TOP10 储能项目的 67%，较 2020 年提升 32%。其中，亿纬储能在匈牙利/马来西亚基地前三季度出货 35.7GWh，同比增长 115.6%；国轩高科阿根廷锂盐湖项目助南美储能成本降 22%；宁德时代六大洲“4 小时供应链响应圈”提升全球交付能力[20]。

3. 标准化与生态体系构建

中国企业 2024 年主导修订的 IEC 62933－5－2 储能安全标准覆盖锂电、钠电等多技术路线，宁德时代推动的 UL 9540A 热失控测试标准更成为北美市场强制认证，通过多层级测试保障系统安全。技术生态方面，远景动力 EnOS™平台实现全球 15GWh 储能资产毫秒级管控，2024 年用户收益平均提升 12%；华为在沙特 NEOM 新城建成全球最大 100MW 离网光储项目，通过 AI 算法将弃光率降至 3% 以下，并与当地电网实现 BESS－GEMS 协议深度耦合，推动智能电网技术融合。

四、挑战与机遇

（一）主要挑战

1. 产业链资源约束与技术成本瓶颈

当前锂离子主流产品能量密度为 200～300Wh/kg，热失控问题导致 2024 年国内储能电站事故超百起，且电池寿命受频繁充放电影响显著衰减。固态电池虽在 2025 年有望突破 400Wh/kg，但其量产工艺仍需优化，成本较高。钠离子电池虽成本较锂电低，但正极材料（如 $NaNiO_2$）规模化制备技术尚未完全突破，产业链闭环尚未完全形成，预计 2025 年渗透率仅 15%。

长时储能技术经济性与性能短板并存。全钒液流电池系统价格需从 2.8～3.2 元/Wh 降至 2 元/Wh 以下才具竞争力，其度电成本（0.30～0.50 元）仍高于锂电，功率密度仅 80～120W/L，导致单位能量占地面积增加 30%。锌溴液流、铁铬液流材料降解（如锌枝晶生长）导致年容量衰减超 5%，制约技术可靠性。

供应链风险持续加剧，我国锂资源对外依存度达52%，碳酸锂价格年内波动超50%，导致产业链库存积压严重。钠电池材料国产化进程分化，普鲁士蓝正极已完全本土化，但硬碳负极材料与聚阴离子型电解质尚未突破规模化制备瓶颈，产能利用率不足35%。多晶硅产能过剩导致价格暴跌66%，头部企业凭借颗粒硅技术（电耗18kWh/kg）维持成本优势，加剧产业链利润失衡。

2. 政策与市场机制不完善

储能独立市场地位尚未完全明确。《中华人民共和国能源法》（2025年实施）虽明确储能的“系统调节作用”，但储能作为独立市场主体参与电力现货交易的机制尚未完全落地，目前仅有少数省份开展试点允许独立储能参与中长期市场交易，且呈现“一省一策”的割裂状态。2024年独立储能现货交易量占比不足总装机容量的18%，跨省区交易通道利用率低于5%，导致西北富余储能资源无法向东部负荷中心有效输送。

收益结构仍高度依赖峰谷价差，现货套利占比不足30%，调频补偿标准难以覆盖电池损耗，跨区交易缺失制约资源优化配置。容量租赁模式普遍存在出租率低、周期缩短等问题，容量补偿覆盖率仅15%～20%，辅助服务市场不确定性增加，调峰补偿下调、调频受限导致收益渠道收窄。2025年新型储能全投资收益率的中位数仅为5.8%，政策依赖市场收益率波动幅度达±40%，严重抑制资本投入。

3. 国际竞争与贸易壁垒加剧

美国《通胀削减法案》要求储能项目本土化率超50%，并设立3690亿美元补贴池，迫使中国企业加速北美供应链本土化布局。欧盟碳关税（2026年实施）叠加电池碳足迹追溯要求，将推高中国企业出口成本10%～15%。中东市场成为价格战主战场，价格竞争白热化。技术层面，国内企业研发投入占比仅3.8%（特斯拉12.5%），固态电池、AI算法等前沿技术产业化滞后，导致户储产品溢价不足——华为家庭储能在欧售价虽较国内高40%，但仍比特斯拉低25%。核心技术差距正削弱中国企业国际竞争力。

（二）发展机遇

1. 技术突破驱动产业升级

钠离子电池依托资源成本优势，首个百兆瓦时级项目较锂电系统成本降 30%，开启经济型储能新路径；全钒液流电池循环超万次，在电网侧长时储能形成规模化应用能力；铁铬液流电池凭借低成本特性，2025 年有望实现度电成本 0. 15 元；锌基液流在分布式储能领域异军突起，模块化设计支持百兆瓦时级扩展。压缩空气储能通过盐穴改造实现系统效率突破 75%，300MW 级非补燃式系统热效率达 70%；飞轮储能以毫秒级响应建成调频示范集群；超级电容功率密度突破 10kW/kg，完成多省电能质量治理。绿氢储能电—氢—电转换效率超 60%，建成万吨级实证平台。技术迭代形成“秒级调频—小时级调峰—季节级储能”协同体系，配合分时电价机制加速构建全场景价值闭环。预计 2025 年系统成本较 2020 年降低 40% ~50%，支撑可再生能源渗透率提升至 35% 以上，为新型电力系统提供关键支撑。

2. 政策与市场机制创新

国家发展改革委、国家能源局叫停“强制配储”政策，推动行业通过电力现货套利、辅助服务收益实现经济性验证。《新型储能制造业高质量发展行动方案》明确赋予调峰调频、容量租赁等独立交易权，强化构网型储能技术发展及本征安全要求，倒逼企业技术升级。政策鼓励突破高效集成、智慧调控及全生命周期安全技术，推动产业链上下游协同优化布局。地方层面通过“绩效导向”补贴机制激发企业积极性，因地制宜优化储能建设布局。

绿电交易在铝冶炼、水泥等行业碳排放核算中获认可，未来有望实现全国碳市场范围二排放抵扣。绿证通过“证电分离”机制拓宽收益渠道，满足出口型企业 ESG 刚需。国家核证自愿减排量方法学覆盖压缩空气储能、氢基储能等技术，依托全国碳市场5%碳配额抵消上限形成经济激励。

3. 新兴应用场景开辟增量空间

算力领域，AI技术爆发式增长推动数据中心单机柜功率密度从传统10kW级向30～40kW级跃迁，对能源系统瞬时响应和低碳化提出更高要求。华为与万国数据联合开发的氢能备用电源系统，集成质子交换膜燃料电池与高压储氢技术，年运行成本较柴油方案降35%，满足数据中心TCO与ESG双重需求。预计2025年全球数据中心储能需求将达20GWh，高功率场景渗透率超45%，带动储能变流器技术向双向充放迭代，2023—2025年市场规模复合增速将达39.5%。

长时储能赛道加速迈向市场化。多地政策将长时储能纳入新能源强制配储，并通过容量电价机制和电力现货交易机制，为长时储能提供稳定收益模型；欧盟通过《跨境储能电力交易协议》等推动长时储能技术全球化应用。技术层面，全钒液流电池循环寿命超25年，度电成本接近锂电水平；纬景储能锌铁液流电池吉瓦级产线目标度电成本在0.2元以下；压缩空气储能成本降至0.35元/kWh，新疆盐穴储氢项目实现季节性调峰；绿氢储能成本降至0.42元/kWh，较锂电低18%。面对2030年全球5～10TWh长时储能需求，产业聚焦三大路径：突破0.2元/kWh成本阈值、开发多场景适配方案、依托“一带一路”深化技术输出。2025年作为规模化应用元年，长时储能正从政策扶持迈向市场驱动[21]。

市场拓展维度，针对中东电网柔性不足，中国储能企业推出“光伏—电解制氢—地下盐穴储氢—燃气轮机掺氢发电”全链条解决方案，阿拉伯联合酋长国示范项目储能成本突破0.31美元/kWh；欧洲通过虚拟电厂聚合氢储能设施，资产利用率提升至3000h/a以上。为应对本土化挑战，头部企业在德国、沙特阿拉伯建立氢能研究院，开发抗风沙电解槽、低温燃料电池等定制化产品。

4. 产业链协同与生态构建

企业通过纵向整合锂矿开采、盐湖提锂、钠基材料合成等环节，构建

“锂电 + 钠电”双轨资源供应体系，锂资源战略储备提升至 6 个月消费量基准线。同时，中资企业加速全球资源布局，构建多级供应缓冲体系以分散地缘风险，保障供应链稳定。

关键材料与技术领域多点突破。SiC 功率器件在储能变流器渗透率超 30%，支撑 1500V 系统效率突破 99%；正极材料中单晶高镍与磷酸锰铁锂形成性能互补，硅碳负极实现首效大于 90%；固态电解质突破界面阻抗瓶颈，推动半固态电池量产良率达 92%。干法电极工艺降低能耗 30%，全极耳结构提升循环寿命，智能制造技术使生产效率提升，为规模化扩张奠定基础。

生态构建加速产业深度融合。光储一体化、风储协同模式提升可再生能源消纳能力，退役动力电池梯次利用降低储能投资成本 40%。虚拟电厂聚合分布式资源参与调频调峰，共享储能通过容量租赁扩大应用范围。产业链协同加速，电池企业与材料商联合开发新型电解质，系统集成商优化热管理设计，形成从材料创新到系统集成的闭环生态。新型商业模式推动储能从单一功能向多场景价值延伸，形成“技术—应用—收益”闭环。

五、未来展望

在“双碳”战略推进下，中国储能行业迎来规模化发展窗口期。技术层面呈现多元化迭代趋势，锂离子电池主导地位稳固，全钒液流电池、压缩空气储能等长时技术进入商业化阶段。钠离子电池量产能量密度突破 160Wh/kg，固态电池、氢储能等前沿技术研发投入加大，储能系统成本年均降幅可达 8% ~10%。政策端，通过《新型储能制造业高质量发展行动方案》等引导产业链整合，叠加容量电价机制与电力现货交易完善，预计 2025 年新型储能累计装机突破 70GW，行业总产值迈向 3 万亿元。应用端，电源侧新能源配储比例提升至 15% ~30%，电网侧百兆瓦级储能电站成为调峰主力，用户侧装机 2024 年突破 5GW，光储充一体化站点普及率达

40%。全球化进程中，2025 年出口规模或超 100GWh，企业通过东南亚/墨西哥产能布局规避贸易壁垒。面对安全标准、产业链协同等挑战，需加快建立储能与电力系统规划衔接机制，完善市场交易规则。随着储能正式纳入电力市场交易主体，中国有望在 2030 年前形成具有全球竞争力的储能产业集群，为全球能源转型输出“中国方案”。

参考文献

[1] 中国储能网．31GWh！业主排名揭晓,2024 年上半年新型储能新增装机分析［EB/OL］.［2024－07－26］. https://www.escn.com.cn/news/show－2004302.html.

[2] 王炜，李文涛，吕泓博．储能系统在高比例新能源电网中的应用研究［J］. 电力与能源前沿，2025，3(1)：59－61.

[3] 马牧野，汲蕾，路瑶瑶，等．新能源发电侧储能技术与应用探究［J］. 城市建设与规划，2024，1(5)：133－136.

[4] 北极星储能网．2024 年国内储能从“强配”转向市场化趋势明显，中国企业已成全球储能的绝对主力［EB/OL］.［2024－11－18］. https://news.bjx.com.cn/html/20241118/1411221.shtml.

[5] 千际投行．2024 年中国储能行业研究报告［EB/OL］.［2024－08－12］. https://www.21jingji.com/article/20240812/herald/ca1f7ecaf8053affc4423da83cc30020.html.

[6] 中关村储能产业技术联盟.《储能产业研究白皮书 2020》发布，中国电化学储能累计装机规模突破 GW 大关［EB/OL］.［2020－05－20］. https://www.cnesa.org/information/detail/? column_id＝58&id＝1289.

[7] 代宇涵，刘春．双碳背景下电力系统储能技术的应用与研究进展［J］. 储能科学与技术，2024，13(8)：2772.

[8] 中关村储能产业技术联盟．新增 43.7GW/109.8GWh！2024 年度

CNESA 储能数据重磅发布［EB/OL］.［2025 - 01 - 15］. https://www.esresearch.com.cn/pdf/get_watermark/? id = 375&type = report&file = remark_file.

［9］中关村储能产业技术联盟. 新型储能产业发展现状及趋势 2024 年储能数据［EB/OL］.［2025 - 01 - 15］. https://www.esresearch.com.cn/pdf/get_watermark/? id = 377&type = report&file = remark_file.

［10］中国政府网. 八部门印发方案拓展应用场景　释放新型储能市场潜力［EB/OL］.［2025 - 02 - 22］. https://www.gov.cn/zhengce/202502/content_7004993.htm.

［11］电池网. 全球动力及储能电池出货量 Top10 出炉 6 家中企市占率近七成［EB/OL］.［2025 - 02 - 25］. https://www.itdcw.com/news/top/022514D632025.html.

［12］GGII. 2024 年中国锂电池出货量 1175GWh 同比增长 32.6%［EB/OL］.［2025 - 01 - 09］. https://news.qq.com/rain/a/20250109A09BC700.

［13］国家电网. 在运抽水蓄能装机突破 4000 万千瓦［EB/OL］.［2024 - 12 - 13］. https://www.nea.gov.cn/2024 - 12/13/c_1310 787555.htm.

［14］前瞻产业研究院. 电化学储能行业市场规模:2024 年中国电化学储能行业市场规模达 2661 亿元，锂离子电池占比达 98%［EB/OL］.［2024 - 12 - 27］. https://www.qianzhan.com/analyst/detail/220/241226 - b8e5b92d.html.

［15］北极星储能网. 国家能源局:2024 年新型储能装机规模突破 7000 万千瓦［EB/OL］.［2025 - 01 - 23］. https://news.bjx.com.cn/html/20250123/1424444.shtml.

［16］人民网. 中国储能企业再战全球市场［EB/OL］.［2025 - 02 - 17］. http://paper.people.com.cn/zgnyb/pc/content/202502/17/content_30058315.html.

［17］中国能源网. 全球储能“爆单”，中东、南美、东南亚、日本等新兴储能市场正在崛起!［EB/OL］.［2024 - 10 - 22］. https://www.china5e.com/

news/news – 1179007 – 1. html.

［18］中国化学与物理电源行业协会储能应用分会．海外市场订单频传！中国储能企业全球竞争力显著［EB/OL］．［2024 – 12 – 18］．https://www. esacn. com. cn/20241218/2d176c46bbca443b910160d0b02d09f1/c. html.

［19］储界网．围猎百 GWh 中东战场，中国企业出海抢滩［EB/OL］．［2025 – 02 – 21］．https://www. chujiewang. net/cxw/col146/7098.

［20］电池中国网．超 32GWh！多家锂电企业签下海外储能大单［EB/OL］．［2024 – 07 – 01］．http://www. cbea. com/djgc/202407/819630. html.

［21］郑彦春，陕超伦，张晋宾．长持续时间储能体系研究现状及发展展望［J］．南方能源建设，2024，11(2)：93 – 101.

高温地热资源开发利用现状与展望

姬佳炎　张　英　吴　辉①

摘　要　在“双碳”目标的背景下，地热能作为一种清洁低碳的能源，正获得越来越多的关注。地热能作为具有重要开采价值的清洁可再生能源，其高效开发利用是国家“十四五”规划的重点任务目标。我国地热资源储量丰富，尤其是埋藏于地下3～10千米的干热岩型高温地热资源，折合标准煤860万亿吨，是我国2024年一次能源消耗总量（59.7亿吨标准煤）的14万倍。因此，加快干热岩等高温地热资源的高效开发利用，对我国能源结构转型和“双碳”目标的实现具有重大意义。本文首先介绍高温地热储层的成因机制及其分布特征，随后介绍国内外典型干热岩型高温地热资源的开发历史和现状，最后总结干热岩开发目前面临的关键问题和技术瓶颈，并对未来的技术发展方向和开发前景进行展望。

关键词　高温地热资源　干热岩　地热成因　地热发电　现状与展望

① 姬佳炎，北京大学地球与空间科学学院博士后；张英，中国石化石油勘探开发研究院专家，研究员；吴辉，北京大学地球与空间科学学院研究员。

一、高温地热资源开发背景

世界能源危机与环境问题越发严峻，各国政府在着力提升传统能源利用效率的同时，也将新能源技术视作关键的战略突破口，全球正稳步迈向新能源时代。2020 年 9 月，习近平总书记在第 75 届联合国大会一般性辩论上发表重要讲话，提出中国二氧化碳排放力争在 2030 年前达到峰值，努力争取 2060 年前实现碳中和[1]。国家“十四五”规划更是明确强调“推动能源清洁低碳安全高效利用”，由此可见，大力发展可再生能源已然成为我国实现“双碳”目标的必然选择，是推动能源转型的必由之路，关乎国家长远发展与可持续未来[2]。

地热能作为一种清洁、环保的可再生能源，相较于太阳能、风能等其他新能源，具有不受季节更替、气候变幻、昼夜更迭等外在因素干扰的独特优势，展现出稳定高效、低碳环保的卓越特性，是重要的调峰能源，对我国稳步推进“双碳”目标具有重要意义[3]。据估算，地球内部的地热能总量约为 12.6×10^{12} EJ，而仅大陆地壳浅层（10 km 以内）的地热能储量就达 4.0×10^{8} EJ。地热能在全球范围内分布广泛，其富集区域主要集中在环太平洋火山带、三大洋的洋中脊以及非洲板块与欧亚板块碰撞带等板块活跃地带。我国地热能储量十分丰富，全国 336 个地级以上城市的浅层地热能年可开采量，换算成标准煤可达 7 亿吨；水热型地热资源年开采潜力更是高达 19 亿吨标准煤。尤为值得一提的是，埋藏于地下 3 ~ 10 km 深度的干热岩资源（温度超 180℃，不含水或含少量水的低渗岩体）[4]，其蕴藏的能量折合标准煤 860 万亿吨，约占全球干热岩地热资源总量的 1/6，相当于我国 2024 年一次能源消耗总量（59.7 亿 t 标准煤）的 14 万倍，为我国能源供应提供了雄厚的资源支撑，是我国能源结构转型、逐梦“双碳”目标的关键力量。

按照成因、温度、埋深和开发利用方式，地热资源大致分为三类[8]：①低温地热资源（25 ~ 90 ℃），主要储存于浅层岩土体及地下温热水体中，通常直接用于供热取暖；②中温地热资源（90 ~ 150 ℃），主要存在于地下岩石和高温热水中，除供热外，也可用于发电；③高温地热资源，以干热岩（埋深 3 ~ 10 km，温度超 180 ℃）为典型代表，主要用于发电。目前地热资源的利用方式主要为直接利用和地热发电两类。直接利用是指直接将地下储存的热能应用于各种生活和工业领域，而不经过发电这一中间转换过程，如住宅和公共建筑供暖、制冷和提供热水、发展温泉浴疗、为农业温室种植和水产养殖提供恒温环境、路面融雪、电缆管道加热等，地热能也可以直接应用于木材干燥、食品加工等工业过程中。在地热直接利用方面，中国目前居于世界首位（见图 1）[9]。地热发电是将地热能转换为电能的过程。当前，全球地热发电累计装机容量前五的国家分别为美国、印度尼西亚、菲律宾、土耳其和新西兰（见图 2）[10]。

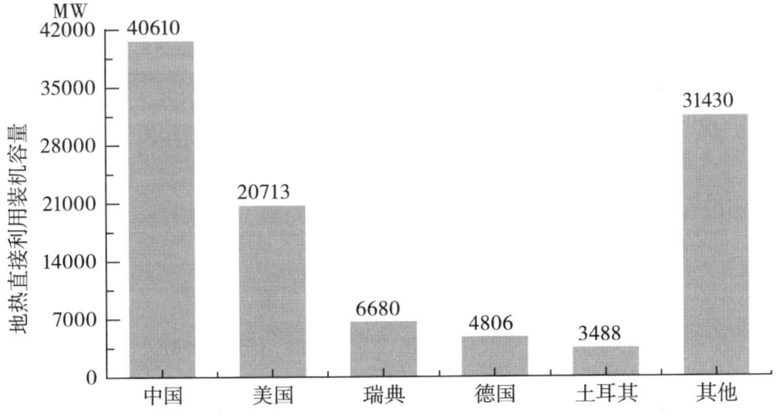

图 1 截至 2020 年各国地热直接利用装机容量[9]

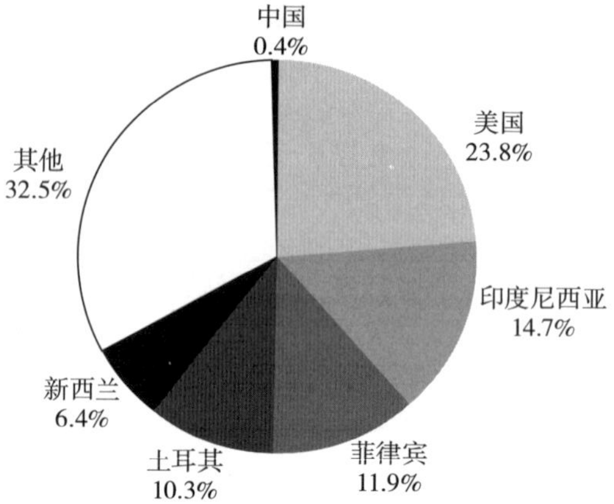

图 2　地热发电主要国家装机容量[10]

目前，我国浅层地热能源的直接利用位居全球第一，但中深层高温地热资源的开发利用（发电）仍处于起步阶段。鉴于我国丰富的高温地热资源赋存环境，加快高温地热资源的高效开发利用，对我国能源结构转型和“双碳”目标的实现具有重大意义。

二、高温地热资源的形成与分布

（一）地壳中高温地热系统的成因机制

地热能是蕴藏在地球内部的热能，其来源主要包括地球形成时的原始热能、物质沉淀过程中的生热、放射性物质衰变产热，以及陨石撞击等。在地核区域，温度可达 6000 ℃以上，与太阳表面温度相当[11]。在热传导和流体对流传热的作用下，地球内部的热能向上传导至地幔和地壳，在浅层地壳中形成可供人类开发和使用的地热资源。根据地热系统发育的地质构造背景、热源类型及热能赋存方式，地热系统可分为两大类、四个亚类和八种具体类型（见表 1）[12]。地热系统存在于特定构造地质环境中，依据发育构造环境，分为隆起山地型（Ⅰ型）和沉积盆地型（Ⅱ型）两大类。进一步地，根据其是否存在岩浆等高温热源分为岩浆型和非岩浆型，岩浆型地热系统在浅部即可形成高温地热资源；非岩浆型地热系统在浅部只能形成中低温地热资源，只有埋深很大时才能形成高温地热资源。根据储层热能的赋存形态（储层是否含水）将其分为水热型地热资源和干热型地热资源。

表 1 地热系统分类表[12]

大类	亚类	类型
隆起山地型（Ⅰ型）	岩浆型（Ⅰ1 型）	水热型（$Ⅰ1_1$型）
		干热型（$Ⅰ1_2$型）
	非岩浆型（Ⅰ2 型）	水热型（$Ⅰ2_1$型）
		干热型（$Ⅰ2_2$型）
沉积盆地型（Ⅱ型）	岩浆型（Ⅱ1 型）	水热型（$Ⅱ1_1$型）
		干热型（$Ⅱ1_2$型）
	非岩浆型（Ⅱ2 型）	水热型（$Ⅱ2_1$型）
		干热型（$Ⅱ2_2$型）

不同类型地热系统的形成模式存在差异，隆起山地型地热系统主要发育于隆起山地的断裂带或山间盆地之中，沉积盆地型地热系统多形成于板缘和板内的沉积盆地。在实际的地质分布中，不同热源种类的水热型与干热型地热系统通常相伴而生，共同构成复杂多样的地热资源赋存格局。

1. 隆起山地型岩浆热源水热/干热型地热系统

在全球板块运动剧烈的区域边缘以及部分热点区域，岩浆热源（包括火山、熔融体、侵入体等）丰富。熔融或半熔融状态的熔岩温度介于900 ~1200 ℃之间，可对浅部岩石进行加热。若周围水源充沛，便会引发强烈的水热对流，进而在适宜位置形成水热型地热系统。此类系统的热能主要依赖水热对流进行储存与传递，通常热源与热储分离，流体对流由温差和压力差驱动的自由对流引发。典型实例包括美国盖瑟尔斯地热田[13]、意大利拉德瑞罗地热田[14]以及中国西藏羊八井地热田[15]。在这些水热型地热系统的周边或下方，由于岩石孔隙渗透条件差或水源不足，部分区域缺水或含水量极少，这些高温岩体便可形成干热岩，进而构成岩浆热源干热型地热系统。以美国盖瑟尔斯地热田为例，其为典型的水热型地热系统，但在其周边及深部那些含水不丰富的区域，形成了干热型地热系统[16]。美国目前在盖瑟尔斯开展的增强型地热系统（Enhanced Geothermal System，EGS）现场试验项目[17]，正是针对开发这类干热型地热系统中的地热资源而进行的。

2. 隆起山地型非岩浆热源水热/干热型地热系统

在部分隆起山地，即使没有高温附加热源，若热背景值较高，同样可以孕育出中低温水热型地热系统，并且在深埋区域形成干热型地热系统。非岩浆热源水热型地热系统，主要靠地表冷水沿大断裂下渗，储层循环加热后上涌，在有利构造部位汇聚成地热藏，其流体对流主要由水力压差驱动。此类地热系统的深部热储温度可能达到 150 ℃以上，若缺乏充足水源或高孔渗储层条件，就会形成干热型地热系统。例如，漳州地热田区的水热型地热系统[18]就是非岩浆热源水热型地热系统的典型代表，但此类地热资源地热流体温度相对较低（低于 150 ℃），因此以直接利用为主。然而，在其埋深超过 4000 m 的花岗岩储层，温度可能超过 150 ℃，具备构成干热型地热系统的条件。

3. 沉积盆地型岩浆热源水热/干热型地热系统

在沉积盆地，岩浆热源通常较少发育，因此岩浆热源水热型与干热型地热系统较为少见。我国南海盆地热背景值高[19]，其大地热流分布主要与新生代构造运动紧密相关，尤其是上新世的构造活动影响显著。在南海西北部陆坡地区，自 5.5 Ma 以来，岩浆活动极为强烈，研究表明，这可能与海南地幔柱存在关联。这种岩浆活动为该区沉积盆地岩浆热源水热型及干热型地热系统的形成创造了有利条件。然而，由于这些盆地位于海域，勘探开发面临巨大挑战，不仅技术难度大，而且成本高昂，目前尚不具备开发条件。

4. 沉积盆地型非岩浆热源水热/干热型地热系统

在沉积盆地型地热系统中，非岩浆热源水热型地热系统与干热型地热系统是沉积盆地型地热系统中的主要类型，渤海湾盆地的地热系统便是其中的典型代表[20]。该类型的水热型地热系统通常表现为热源与热储紧密相邻，以热传导为主要的传热方式，局部地区存在水热对流现象，且多数情况下具有高温度梯度的盖层。相对应的干热型地热系统往往深藏于水热型地热系统的深部，在高热背景值的沉积盆地中具有一定的可勘探性和开发潜力。通常，沉积盆地的分类多样，在油气勘探领域常见的分类包括裂谷盆地、克拉通盆地和前陆盆地，这三种类型分别对应了不同的构造环境，各自拥有独特的构造热演化历史和热背景值，形成的地热资源特征也显著不同。裂谷盆地属于伸展盆地的一种，是地壳或岩石圈在拉张作用下减薄、破裂和沉陷形成的。我国的松辽盆地和渤海湾盆地即为裂谷盆地的典型代表（见图3）。这些盆地通常缺乏附加热源，属于正常的地温增温系统，具有相对较高的热背景值。特别是渤海湾盆地，由于地热流体温度较高，目前已成为中国规模化地热供暖的重要区域[21]，在北京、天津、河北、河南、山东等多个省（市），地热已被广泛应用于冬季供暖，替代了传统的燃煤供暖方式。在国际上，法国的 Soultz 等地区的 EGS 项目[22]，正是针对裂谷盆地深部的干热型地热资源进行开发的典型案例。克拉通盆地则表现为在长期地质时期内的稳定下沉，其大地构造环境相对稳定，导致现今的地温场和大地热流值普遍较低。鄂尔多斯盆地和四川盆地即为克拉通盆地的典型代表。然而，由于这些地区地热流体温度不高，目前尚未实现规模化开发。前陆盆地是位于造山带前缘与相邻克拉通盆地之间的区域，同样缺乏附加热源，热背景值和地热流体温度均较低，目前这些地区的地热资源尚未得到有效的开发利用。

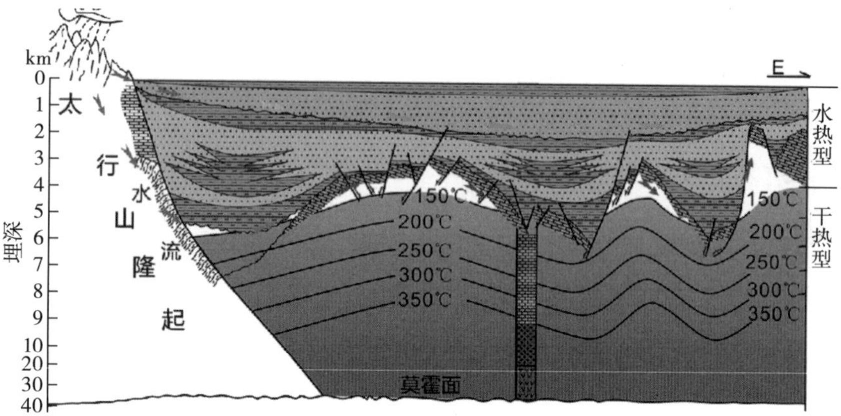

图 3　渤海湾盆地地热系统形成模式图[12]

（二）高温地热资源的分布特征和资源潜力

地热能在全球范围内分布广泛，但面临分布不均的问题。当前，大地热流值常被用于评估地热能潜力[23]。大地热流是指单位时间内、单位面积上，地球内部向地表传递的热能，单位为瓦/平方米（W/m^2）。据国际热流委员会 2021 年发布的数据，全球共获得 74548 个大地热流测量值，其中 55% 的数据点位于大陆地区，45% 分布在海洋地区。从全球地热系统发育特征图（见图 4）来看，大地热流与板块活动紧密相关，高热流值区域与板块边界高度吻合，主要集中在环太平洋火山带、三大洋的洋中脊以及非洲板块与欧亚板块的碰撞带。这些区域构造运动活跃，地热能资源丰富，火山、喷泉等地质现象较为常见。板块内部由于构造相对稳定，大地热流值普遍较低。研究发现，具有附加热源的岩浆型地热系统，主要发育在洋—陆板块俯冲带、大洋中脊构造区、陆—陆碰撞带等板块边缘地带；不具备附加热源的非岩浆型地热系统，多发育于距离板块边缘较远的区域或板块内部。

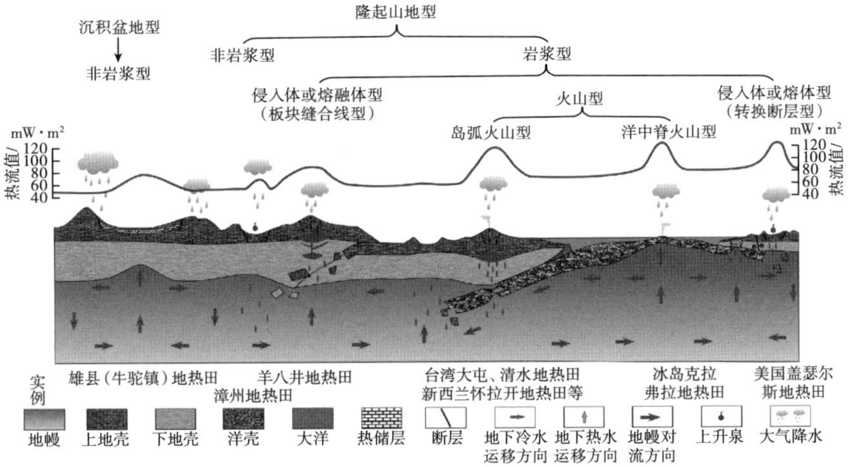

图 4　全球地热系统发育特征图[12]

（三）中国高温地热资源的分布和资源潜力

我国地热资源分布呈现出“东部高、中部低，西南高、西北低”的总体趋势[25]。据中国科学院地质与地球物理研究所调查，我国大陆地区共计测明了 2337 个大地热流测量数据。其中，藏—滇地区（平均热流值为 90 mW·m^{-2}）和东部地区（包括松辽盆地及周缘、环渤海湾盆地和东南沿海，平均热流值为 65 mW·m^{-2}）为高温热流异常区；相邻或相间的中部地区（平均热流值为 55 mW·m^{-2}）和西北部地区（平均热流值为 50 mW·m^{-2}）以正常至偏低热流为特征，局部地区存在较高热流正异常。

基于中国大陆地区地热测量数据、热流和热结构分布格局，综合温泉、新生代火山、构造、地球物理场（岩石圈厚度、居里面埋深）、盆地热状态等多方面因素分析，我国高温地热资源主要分布如下：①青藏高原地热资源有利区包括内带（亚东—谷露裂谷带、错那裂谷带、申扎裂谷带等南北向地堑、东构造结、西构造结）和外带（共和—贵德盆地、川西松潘地区）。该区域中—高温温泉广泛分布，热源主要与地壳的部分熔融相关，且天然通道和水力条件优越，是我国中—高温发电的主要勘探区。②中国东部地热资源有利区涵盖东北（伊通断裂带、辽河盆地、松辽盆地、长白山火山区）、华北（渤海和环渤海湾盆地）、华南（苏北盆地、莺—琼盆地）。该区域自中生代以来岩石圈减薄，地幔热流贡献主导，高温区域与局部软流圈上涌密切相关，整体以中温地热资源为主。③中国中部地热有利靶区集中在二连盆地、山西地堑和汾渭地堑，呈条带状分布。

三、高温地热资源开发的历史与现状

（一）高温地热资源的开发利用方式

根据高温地热资源的温度和赋存特性，目前其主要利用方式包括干蒸汽/高温水热型地热发电、干热岩地热发电[27]、超长重力热管技术[28]以及与其他场景的融合应用[29]。其中，干蒸汽/高温水热型地热发电是利用采出的高温水蒸气驱动涡轮机组发电，可结合闪蒸技术或双工质循环等先进工艺提升发电效率。干热岩地热发电目前主要通过增强型地热系统开展，通过钻井实现地面与储层的沟通，采用水力压裂或酸压等人工造储方式在地下储层中沟通注采井，循环取热工质将储层内的热量提取到地面，进而结合发电技术进行发电。超长重力热管技术是指通过钻井后，将重力热管置入井中，依靠热管内工质的相变实现热能的开发，进而进行发电的技术。除这几种典型的开发利用方式以外，高温地热能还可与多领域实现融合利用，如地热卤水提锂[30]、地热田 CO_2 捕集与封存[31]、地热储能、地热稠油降黏等，拓展了地热资源的应用范畴。结合地热资源的赋存特点和巨大潜力，干热岩地热发电被认为是最具潜力的高温地热资源开发利用方式。

（二）世界干热岩开发利用历史与现状

针对干热岩的赋存特点，增强型地热系统被公认为实现干热岩开采的主要手段。该技术最早由美国 Los Alamos 国家实验室提出[16]，其原理如图 5 所示[2]。EGS 是指在实际生产前，通过钻井沟通地面和地下储层，采用热刺激、化学刺激或水力压裂的方法在储层内部形成具有良好流动通道的储层，注入取热工质在储层内部进行流动取热，取出的热量在地面进行发电和供暖应用[32]。自1974年首个EGS示范工程实施以来[33-34]，美国、英国、法国、德国、日本、澳大利亚等发达国家已累计开展了60余项EGS工程[35]。这些项目包括美国的Forge[36]、Fenton Hill[37]、Red[38]，英国的Rosemanowes[39]，法国的Soultz[40]，德国的Landu[34]，日本的Hijiori[41]和Ogachi[42]，以及澳大利亚的Cooper Basin[41]和Paralana[43]等[44-45]。其中，目前仍在运行或在建的EGS项目共有29个[35]。这些项目在全球范围内积累了丰富的实践经验，推动了EGS技术的持续进步和商业化发展。

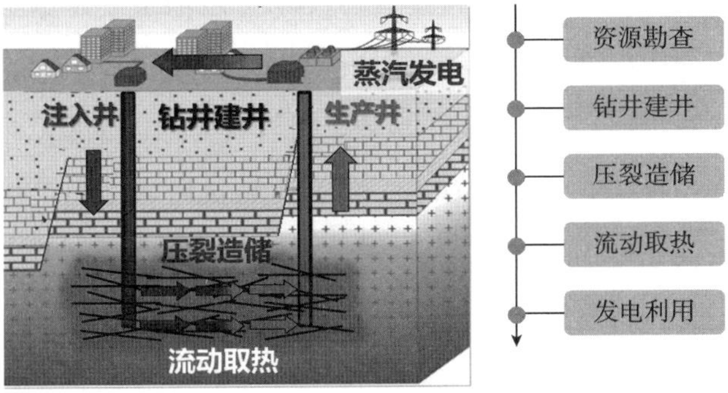

图5 干热岩增强型地热系统示意图[2]

1. 美国Fenton Hill EGS项目

美国的Fenton Hill EGS项目是全球首个干热岩研究项目，由美国Los Alamos国家实验室负责实施，项目周期为1970—1995年，场地位于新墨西哥州Valles火山口边缘[46]。该场地的上部热异常源于流体扰动，下部热异常与火山岩浆活动密切相关。项目研究分为三个主要阶段：第一阶段（1970—1973年），研究人员提出概念并在Barley峡谷进行水力压裂试验，为后续工作奠定了基础；第二阶段（1974—1980年），钻井深度达到2800 m，钻遇温度为180 ℃的热源，并成功创建了第一个人工热储；第三阶段（1981—1995年），钻井深度进一步增加至3500 m，钻遇温度高达270 ℃的热源，并创建了第二个人工热储。然而，Fenton Hill项目在运行过程中快速地出现了热突破，最终于 2000 年彻底终止，未能实现商业开采。尽管如此，该项目在深部基岩中首次成功进行了干热岩人工热储流动循环测试，充分证明了干热岩资源开发的可行性，为后续的干热岩开发研究提供了重要的科学依据[47]。

Fenton Hill 项目还积累了丰富的 EGS 开发经验。首先，在项目早期提出的 EGS 概念中，压裂理论忽略了基岩中被封闭的节理，导致压裂作业的失败，这一教训为后续的 EGS 项目在压裂设计和实施方面提供了重要参考。其次，通过地震数据以及断层构造和地震历史，可以有效评估水力压裂诱发自然断裂活动或局部地震的风险，这对保障 EGS 项目的安全性具有重要意义。此外，项目还发现，压裂后并不一定能成功形成连通性良好的热储，需要依据多次循环测试的结果，对钻井方案进行调整，优化注采井的连通性，这对于提高 EGS 系统的热能提取效率至关重要。

总之，Fenton Hill 项目作为先驱性的干热岩研究项目，虽然未能实现商业开采，但其在技术探索和经验积累方面的重要贡献，为全球干热岩开发研究提供了宝贵的财富，推动了 EGS 技术的持续进步和商业化应用。

2. 法国 Soultz 项目

法国 Soultz 干热岩地热项目坐落于上莱茵河地堑北部地区，于 1987 年正式启动，其核心目标在于利用地热能进行发电[49]。该项目由欧盟委员会及法国、德国和英国能源部联合资助，意大利、瑞典、英国和瑞士等多国组织也先后参与研究。目前，该项目共有 4 口地热井，热储为花岗岩，井深约 5 km，储层温度达 200 ℃。发电站采用双工质循环技术，发电能力为 1.5 MW，是全球首个商业运行的 EGS 发电站，具有重要的示范意义。

项目大致可以划分为 4 个阶段。第一阶段（1987—1991 年）：在该阶段，完成了 GPK1 井的钻探工作，井深达到 2000 m，井底温度为 140.3 ℃。钻探的主要目的是钻穿顶面埋深 1377 m 的结晶岩基底，以获取基础地质数据，同时开展多种地球物理测量工作，旨在详细了解 2000 m 深处岩石的状态。此外，项目团队还选择了距离 GPK1 井 400 m 的一口老井 EPS1 进行加深钻探，最终钻至 2280 m 处。从 900 m 深度开始进行连续取心作业，获取了大量有关节理网络和岩石矿物学的信息，为后续地球物理测井解释工作奠定了坚实的数据基础。

第二阶段（1991—1998 年）：此阶段着重于加深 GPK1 井，垂直钻进至 3590 m 深度，并开展了一系列地球物理及其他科学测量工作。同时，进行了大规模的水力测试，以及微地震监测、生产测井和流体采样等相关工作。在 GPK1 井投入开采后，对其产能和注入能力进行了评估。随后，在 GPK1 井南面 450 m 处部署了 GPK2 井，该井深达 3876 m，井底温度为 168 ℃。根据微地震监测结果确定了断层面，并且发现，在 2000 ~ 3000 m 深度段内的岩石中发育了大量的节理和天然裂缝。项目团队还多次激发 GPK2 井，进行循环测试，以监测裂隙的方向、连通性及微震活动。

第三阶段（1999—2007 年）：在这一阶段，项目开始向产业化经营方向迈进。首先，GPK2 井被进一步加深至 5080 m 深处，此时井底温度已经超过 200 ℃。2000 年夏季，通过激发 GPK2 井创建了深部人工热储，并且部署了 GPK3 和 GPK4 两口生产井。然而，由于存在一条明显的线性抗震带，GPK4 井与 GPK2 井及 GPK3 井被分隔开，未能建立起有效的沟通。即便进行了二次激发，也未能实现连通。2000—2005 年多次进行示踪剂测试，结果显示，GPK2 井和 GPK3 井之间存在相对直接的水力联系，即出现了流体短路现象；而 GPK4 井和 GPK3 井之间的水力联系相对较弱，不存在直接的水力连通。GPK4 井可能仅能通过 GPK3 井与 GPK2 井之间的长距离流体环路与 GPK3 井产生联系。

第四阶段（2007 年至今）：自 2007 年起，项目团队开始着手设计并建设试验发电厂（见图6），安装了一系列发电所必备的地表设施与设备，包括涡轮、发电机、热交换器、空气冷却器等关键设备。在 GPK2 井中 250 m 深处安装了热探测设备（LSP），在 GPK4 井中 500 m 深处安装了电潜泵（ESP）。该发电厂的设计规模为 1.5 MW，其中 GPK2 井作为开采井，预计产能为 35 L/s，采出水的温度可达 175 ℃。2008 年 6 月，项目进行试验性发电。目前，Soultz EGS 项目正在开展关于发电厂的科学和技术监测、人工热储的微地震与热监测、水岩化学反应特征及示踪剂研究等工作，同时进行辐射防护、振动和噪声等环境监测，以及相关的多项技术研究。作为全球首个投入商业运行的 EGS 发电站，Soultz EGS 项目具有重要的示范意义，其为全球地热能开发提供了宝贵的经验和技术参考。

图 6　Soultz 发电厂全貌[50, 51]

3. 澳大利亚 Habanero EGS 项目

澳大利亚 Habanero EGS 项目位于南澳大利亚州东北部的库珀盆地，库珀盆地地下广泛分布着花岗岩体，具有丰富的热能资源，并且含有高渗透性裂缝带[51]。该项目由澳大利亚 Geodynamics 公司承建，项目采用了法国 Soultz 项目的技术方案：先钻井对热储进行评价，然后根据循环测试情况对井位进行重新布置，最终实现注采连通。Habanero EGS 项目的目标层是埋深 4000 ~ 5000 m、平均温度超 250 ℃的 Innamincka 花岗岩体。项目共钻探了 Habanero - 1、2、3、4 这四口井（见图 7）。

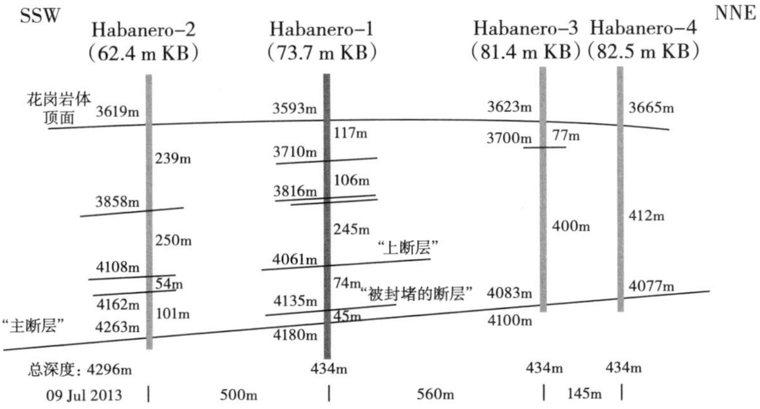

图7 裂缝分布示意图[53]

在 Habanero－1 井中，利用成像测井技术，对裂缝的开度、方向、导电性、倾角及激发效果进行了全面评价。2003 年 11 月和 12 月开展的微震监测结果显示，所创建的人工热储呈水平方向延伸，长度约 1 km，但纵向厚度较薄，表现为狭窄裂缝带。

Habanero－2 井位于 Habanero－1 井西南偏南（SSW）方向 500 m 处。地震活动监测表明，该方向可能存在多条平行裂缝层。该井钻探至 4325 m 深度时发生严重泥浆漏失。向井内泵入 5 个 LCM 球体后，在 Habanero－1 井中监测到高达 17 psi 的压力脉冲，表明两井之间裂缝已建立水力连通。2005 年 3 月首次进行流动试验，尽管初期流动情况良好，但随后产能迅速下降。2005 年 9 月再次激发，共记录了 16454 个微震事件，热储层范围扩大了 52%。

Habanero－3 井位于 Habanero－1 井东南偏南（NNE）方向 550 m 处，与 Habanero－2 井方向相反且距离较远，旨在减少钻井泥浆对地层的伤害。2008 年 3 月 14 日首次流动测试显示，Habanero－3 井产能小幅增长。后续局部激发后，产出量至少提升 250%。2008 年 12 月—2009 年 2 月进行闭环流动测试，地表采出流体最高温度 212.5 ℃，流速为 15 kg/s。但 2009 年 4 月，Habanero－3 井套管破裂，导致试验发电厂建设推迟，需钻探新生产井。

Habanero－4 井于 2012 年 9 月完钻，同年 11 月先后进行两次流动测试，第二次测试中流量和流动压力显著增加，表明局部激发增强了该井与裂缝带的水力连通。2013 年 4 月，电站建设、发电设备及安全系统安装全部完成。同年 4 月 30 日，试验发电厂成功投运，项目成功建成了 1 MW 发电能力的先导试验发电厂。但该电站试运行 160 天后，因注采参数不匹配，系统取热效率低下，于 2013 年 10 月 7 日停运。

4. 韩国 Pohang EGS 项目

韩国 Pohang EGS 试验项目于 2010 年启动，是韩国首个 EGS 试验项目，其总体目标是建立一座 1 MW 的发电站。该项目分为两个主要阶段：第一阶段耗时两年，旨在探明 3 km 深度范围内的地温梯度；第二阶段则将勘探深度拓展至 4.5 ~ 5 km，进行水力压裂模拟测试与热储建造试验，最终通过构建对井井组来建立兆瓦级地热电站[55]。

Pohang 地区是韩国唯一被第三纪沉积层覆盖的区域，20 世纪 60—80 年代，韩国政府曾在该地区进行油气资源勘探。1976 年的钻探虽未发现具有经济可采价值的油气资源，但意外发现该地区地温梯度明显高于韩国其他地区。基于前期多种地质勘探研究成果，Pohang EGS 项目在综合考虑电网、公路及水源供应等因素后确定了场地选址。项目团队在距离试验场 3.8 km 处部署了 BH－5 井（井深 1.0 km）以测量主应力方向，确定该地区最大水平主应力方向为 N48°W。然而，由于该井较浅，深部地层主应力方向仍存在不确定性。为了更准确地确定地热资源情况，项目在 EGS 试验场周边进行了微震监测，以获取更多关于地下地质结构和应力分布的信息，为项目的顺利实施提供科学依据。

2012 年 9 月，场地第一口干热岩试验井 PX－1 井启动钻探，在井深 2347 m 处钻遇花岗岩，最终完钻井深 4127 m，钻井周期为 174 天。随后部署的 PX－2 井完钻井深 4348 m，并分别于 2016 年初和 2017 年 9 月进行压裂测试，测试中井口套压最高达到 89 MPa，最大泵入速率为 46.8 L/s，累计泵入 1970 m^3清水。压裂测试期间，在 EGS 试验场周围布置了 9 个微震监测孔以监测压裂诱发的地震活动。压裂过程中采用了阶梯式增加泵排量、长时间连续泵入、长时间关井以及高低排量交替循环泵入等实验方法。然而，在循环测试过程中发生了 5.4 级地震，并且发现关井期间地震发生次数比压裂施工期间更为频繁，最终该项目被迫终止[55]。

5. 美国 Forge EGS 项目

2006 年，受美国能源部（U. S. DOE）资助，麻省理工学院（MIT）组建的独立专家评估委员会对 EGS 进行了全面综合分析，旨在全面评估地热能作为美国未来主要能源的潜力。评估结果表明，干热岩地热资源的产业化开发将彻底革新全球能源结构。2015 年，美国能源部启动“Forge（地热能研究前沿瞭望台）计划”，累计投入超 2 亿美元，旨在促进和鼓励全球地热研究团体对 EGS 开展革命性研究，最终为地热行业提供一整套可复制的 EGS 技术解决方案及产业化路径（见图 8）[56]。

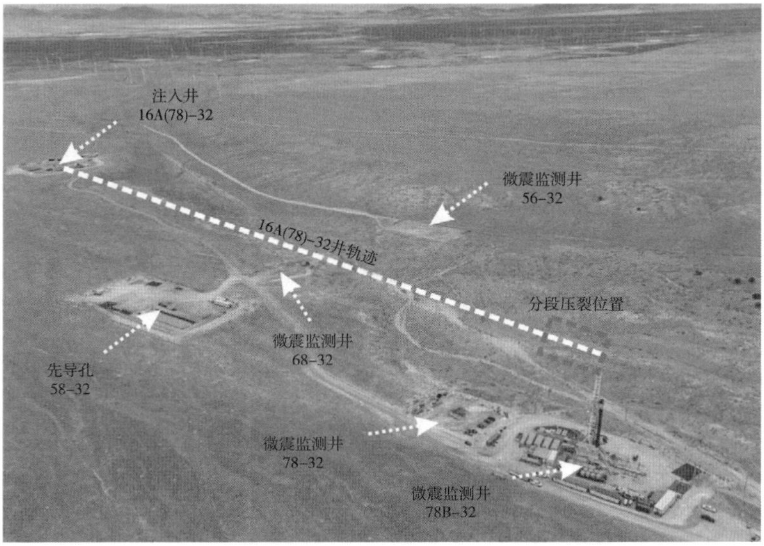

图 8　美国 Forge 场地工程概况[57]

Forge 计划由四个阶段构成。第一阶段于 2015 年启动，由 5 个团队分别在加利福尼亚州、爱达荷州、内华达州、俄勒冈州和犹他州选择候选场地。最终场地落于犹他州盐湖城以南 350 km 的 Milford，占地 5 km^2，目标层岩体主要由花岗岩和闪长岩构成，钻遇温度超过 220 ℃（垂深 2609 m）。第二阶段为 2016—2018 年，主要完成了环境影响评价、地面微震监测台站部署、基于钻探的全面场地特征刻画、钻完井及岩石表征等任务。第三阶段为 2018—2023 年展开：完成了 3 口深井［注入井 16A（78）-32、监测井 56-32 和 78B-32］的钻井工作，并完成了主输电线路及 16A（78）-32 井、58-32 井、78-32 井和 56-32 井所在井垫的分支输电线路、距场地中心 3 km 由地面和井下检波器组成的监测网络等基础设施建设；完成对诱发地震监测计划的更新，持续开展重力、GPS、InSAR 和水位测量；在 16A（78）-32 井的井趾附近的 3 个井段进行刺激改造测试，并同时开展微震监测、返排水地球化学分析和示踪剂测试；完成 16B（78）-32 生产井的初步设计，用于储层建造、流体循环和采热示范。第四阶段于 2024 年 4 月开始，美国 Forge 项目开始了为期两周的产业化规模储层建造和流动循环换热测试，这次测试首先利用 16A（78）-32 注入井进行了总计 10 个阶段的水力刺激改造，然后在微震监测诱发裂隙产生情况的基础上利用 16（B）78-32 生产井进行了总计 4 个阶段的水力刺激改造，监测结果表明两井之间形成了分布广泛且密集的裂隙网络（见图 9）。此后，项目进行了近 9h 的井间流动循环换热测试，测试结果表明在注入井约 36 L/s 的稳定注水速率条件下，生产井产水速率逐渐增加，在约 6h 后达到约 22 L/s 的产水速

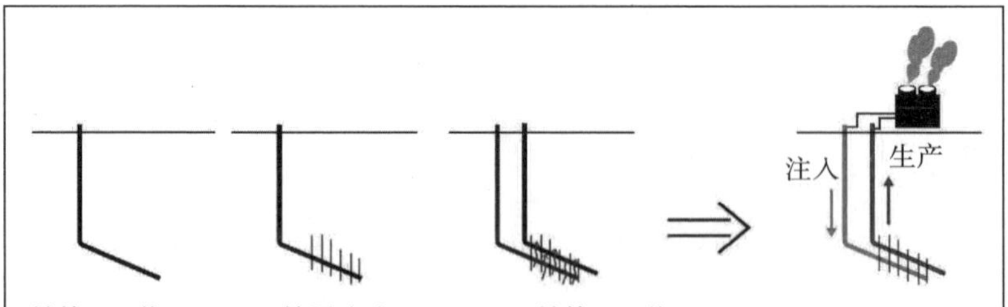

图 9　Forge EGS 井间分布于压裂裂缝分布情况[58]

率且产出水温度达到近 140 ℃，充分证实了井间储层建造效果良好，初步实现了双井有效连通和高效换热。此外，在整个测试过程中，没有诱发震级大于 1.9 级的地震事件。美国 Forge 计划的成功实施，填补了 EGS 现今面临的重要科学认识空白，突破了限制 EGS 产业化开发的挑战性技术，为形成可复制、具有商业推广潜力的干热岩地热工程开发模式提供了重要参考。

6. 美国 Fervo Energy EGS 项目

美国 Forge 项目的成功大幅降低了干热岩钻探成本。受此鼓舞，美国政府已批准初创公司 Fervo Energy 扩建其在犹他州比弗县的地热电厂[38]。目前，该公司正稳步推进 Red 和 Cape site 两个 EGS 项目。

Fervo Energy 的 Red EGS 项目位于内华达州北部，该 EGS 于 2023 年夏季全面投入使用，并于同年 10 月开始向电网供电。初始生产温度为 172. 1 ℃，截至 2024 年 9 月，生产温度稳定在 174. 9 ℃，在商业运营前 6200 h 内未出现热突破现象（见图 10）。在 Red 项目中，Fervo Energy 公

图 10　Fervo Energy – Red EGS 项目发电站

司展示了 EGS 技术在水平井和多级压裂方面的创新突破，成功在低渗透性岩层中创建了高流量且均匀分布的水平裂缝网络，实现地热能领域的重大技术突破。该项目的试验成果为地热能未来发展提供了重要启示，也为其他 EGS 项目贡献了宝贵经验。

Fervo Energy 的 Cape site 项目位于美国犹他州南部，钻探活动于 2023 年 6 月启动，评价井完钻垂深 2994 m，井底最高温度达 228. 9 ℃，证实了该区域富含高质量地热资源（见图 11）。继最初的评价井之后，截至 2024 年 9 月，项目共钻探了 15 口水平井，其中水平段钻井温度高达 223. 3 ℃。项目采用多级桥塞射孔技术，成功完成了 3 口水平井的改造，并进行了 80 多次水力压裂作业，其中 95% 的压裂段按预定支撑剂加载量顺利完成。2024 年 7—8 月，项目在 3 口井中进行了为期 30 天的生产测试。Cape site EGS 的首口生产井表现出色，峰值输出功率超 12 MW，稳定输出功率保持在 8 ~10 MW。整个测试期间，生产温度持续上升，未出现热衰退，最高记录温度达 195 ℃，与有机朗肯循环发电厂的设计规范高度契合。同时，为了优化开发效能，项目团队先钻探了 8 口井，覆盖两个不同地层平台，显著提升地面功率密度，同时将地面干扰降至最低。原位热分析结果表明，通过多

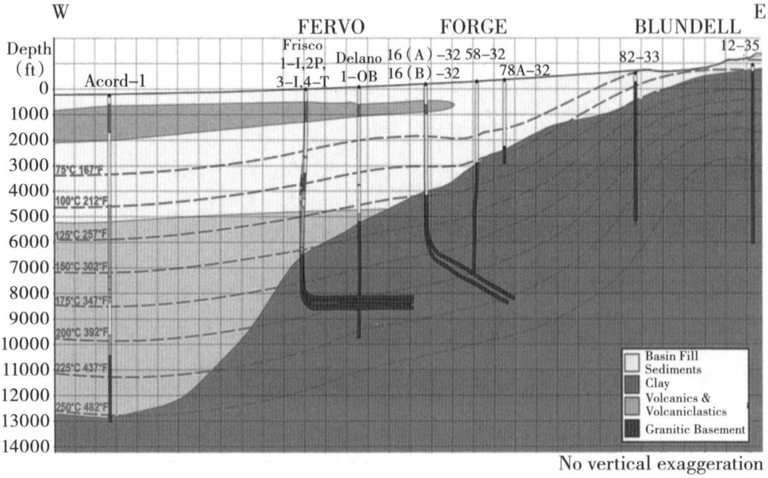

图 11　Fervo Energy – Cape Site EGS 项目的布井示意图[59]

台架开发策略，Cape site EGS 资源的功率容量密度达 9.1 MW/km^3，比以往 EGS 技术的估值高 5 ~ 10 倍。项目最终有望实现 2000 MW 的发电能力，相当于两个大型核反应堆的发电量。

四、中国干热岩开发利用历史与现状

（一）干热岩国家政策与项目情况

我国干热岩地热能开发研究起步较晚，早期一些科研单位和高等院校开展了理论探讨与室内试验。2012—2015 年，“863”计划启动“干热岩热能开发与综合利用关键技术研究”项目[62]，由吉林大学、天津大学、清华大学、中国科学院广州能源所、中国地质科学院水文环境地质研究所、中国科学院地质研究所及大庆油田井下分公司等单位协作承担。该项目从理论和实验室层面论证了干热岩体积压裂工艺流程及资源开发可行性，激发了国内对干热岩开发的兴趣与信心，部分 EGS 单项技术研究成果为我国干热岩开发提供了理论支持。2013 年中国地质调查局发布《全国干热岩勘查与开发示范实施方案》（2013—2030 年），并在多处高热流地区开展了干热岩资源勘查工作，表明国内干热岩资源调查评价与开发研究进入实质性阶段[4]。

2017 年 9 月，青海共和盆地在 3705 m 深处钻遇超 200 ℃的高温干热岩体，探测分布面积达 3000 km^2，实现了我国干热岩资源勘查重大突破。基于此，《中国地热能发展报告（2018）》指出，干热岩型地热能是未来重要领域，需建设青海共和干热岩勘查和试验性开发工程[63]。2019 年，科技部启动“干热岩能量获取及利用关键科学问题研究”国家重点研发项目，由吉林大学牵头联合 11 家来自高等院校、中国科学院、中国地质调查局、中国石化及国家电网等地热领域优势单位，致力于解决干热岩能量赋存、获取、传递理论及自主创新能力问题，为青海共和盆地示范基地建设提供支撑[64]。2021 年，国家自然科学基金委员会启动“干热岩地热资源开采机理与方法”重大项目，中国石油大学（北京）联合深圳大学、成都理工大学、中国科学院地质与地球物理研究所和中国石化石油工程技术研究院等单位共同承担[2]。该项目聚焦干热岩地热资源开采中的钻井建井、压裂造储、流动取热关键环节的重大问题和挑战，研究高效建井、立体造储与稳定取热的原理方法，突破高温破岩钻井、缝网压裂连通、取热优化调控等关键科学问题，构建“透明”干热岩体，为钻井、压裂、取热提供数字化平台，创新轴—扭冲击振动破碎高温干热岩方法，探索干热岩柔性压裂造储和高效开采综合调控方法，为我国干热岩地热高效开采提供理论和方法，有助于加快我国能源结构调整和转型，构建清洁低碳、安全高效的能源体系，助力国家“双碳”目标和绿色低碳高质量发展。

（二）勘探开发历史

在“十二五”规划以前，我国主要致力于干热岩的基础试验与理论研究。进入“十二五”阶段后，我国专家学者系统开展了陆地干热岩资源的评估工作。修编了中国大地热流图，并绘制了中国大陆居里面深度图、酸性岩浆岩体分布图、控热构造图以及典型剖面，揭示了深层构造格局和区域地温场变化规律，阐明了中国大陆热源与新构造的关系，并提出了不同类型干热岩资源的成因机制。通过综合分析中国陆地的大地热流、不同深度岩石热导率、生热率等物性参数，计算了陆地不同深度的温度分布。结合体积法等方法，初步估算了我国干热岩资源的储量。结果表明，我国大陆埋深 3 ~ 10 km 的干热岩资源量约为 2.5×10^{25} J（折合 8.56×10^{14} 亿 t 标准煤）。其中，埋深在 5.5 km 以浅的资源量约为 3.1×10^{24} J（折合 106 万亿吨标准煤）[25]。

“十三五”期间，基于全国干热岩资源调查评价，陆续在山东利津、青海共和、东北长白山、东南沿海、江苏苏北、山西大同等典型地区开展干热岩勘查工作，实施干热岩钻探 10 余处，取得多项突破[65]。在青海共和盆地，通过区域地热地质调查和综合地球物理勘查等工作，圈定了干热岩勘查开发目标靶区。实施的 GR1 干热岩勘探井在 3705 m 深度成功探获国内温度最高的干热岩体，实现干热岩勘查重大突破。在东南沿海的广东惠州，于 3009 m 深处探获 127.7 ℃的高温水热资源，其下部无水层段具备干热岩资源潜力。在雷州半岛徐闻县，于 3150 m 处测得井温 146.4 ℃，推算 4000 m 温度可达 180 ℃。在琼北福山地区，于 4387 m 处探获温度超过 185 ℃的干热岩热储[68]。在苏北盆地兴化市，实施的地热勘探井于井深 4701 m 处，探获温度高达 155 ℃的高温碳酸盐岩热储，证实了苏北盆地蕴藏丰富的干热岩资源[69]。在冀东平原马头营凸起区，M－1 干热岩钻孔显示，3965 m 深度处温度达 150 ℃，平均地温梯度为 3.46 ℃/100 m[70]。在山西大同盆地天镇县，地热勘探井于井深 1624 m 处探获高温高压地热流体，且井口流体温度高达 160.2 ℃。

目前，我国干热岩勘查与开发利用相关研发计划和科研项目不断增加，国内已有 10 余家实验室正在开展干热岩勘查开发相关的基础理论和技术方法等研究。对深层高温地热勘查开发理论与技术探索的不断加深，使得我国在干热岩探测、深部钻探、储层建造、发电等技术方面取得了显著进展，多项常规技术已经取得较大突破，与国外差距在逐步减小，为我国干热岩勘查开发提供了坚实的理论支撑与技术储备。

（三）国内典型案例

2019 年，中国地质调查局启动青海共和干热岩勘查与试采科技攻坚战，同年完成场地精细勘查，并设计实施首口干热岩试采井 GH－01 井，钻探深度 4000 m，在 1360 m 处钻遇花岗岩，井底温度达 209 ℃（见图 12）。2020 年，成功实施我国首次干热岩储层安全规模化建造，最大注入压力 48.1 MPa，有效改造体积超千万立方米。根据规模化压裂后裂缝展布特征，设计施工了 GH－02 井和 GH－03 井两口定向井，形成了“1 眼直井 + 2 眼定向井”的干热岩井组。2021 年，实现了井间循环连通，并成功完成国内首次干热岩试验性发电并网，循环流量 15.4～22.5 m^3/h，温度 110.4～125.7 ℃，初步建立我国首个涵盖干热岩地质调查、资源评价、物探、钻探、压裂、监测、发电等全流程的技术体系。

图 12　青海共和干热岩勘查试采现场[72]

此外，山西大同、河北马头营、江苏兴化、海南海口等多地也相继开展不同地质背景条件下的试验性发电探索。2020 年 4 月，中国科学院广州能源研究所与河北省煤田地质局合作在马头营干热岩地热深井内，开展了超长重力热管取热试验[73－74]（见图 13）。该技术依靠储层热能加热热管内工质，使其相变，并利用其浮力差实现“无泵式”自循环驱动。试验结果显示，在地下取热段岩石平均温度为 119 ℃的地热条件下，地面获得了温度最高达 90 ℃的饱和水蒸气，持续采热功率接近 200 kW，是世界范围内首次实现中深层地热资源“无泵式”开采。2024 年 4 月，中国石化在海南海口成功钻探首口超 5000 m 深层地热科学探井——福深热 1 井（5200 m）（见图 14）。该井采用“双驱钻井 + 高压喷射”等多项自主创新技术，在 3900 m 附近钻获温度达 150 ℃的地热资源储层，在 5123 m 深度钻获温度达 188.71 ℃的地热储层，刷新了我国地热科学探井的最深纪录，并在多个地层获得地热资源，标志着华南地区深层地热勘探取得新突破[75]。未来，依托福深热 1 井可建成我国华南首个深层地热产学研一体化现场试验研究平台和开发利用示范平台。在此基础上，探索形成适用于我国华南火成岩地区深层地热资源勘探开发的理论方法和关键技术体系，对我国东南沿海高热流区地热资源勘探开发具有重要意义。

图13　马头营超长重力热管现场取热试验[28]

图14　福深热1井现场施工示意图

五、高温地热开发利用展望

（一）干热岩开发面临的关键问题

1. 干热岩高效钻井建井技术

钻达地热储层并形成稳定井眼是实现深部地热资源开采的关键前提。钻井作业作为干热岩资源开发的核心环节，其成本占项目总投资的35%～60%。在超高温且极为坚硬的储层中构建可靠的循环注采井筒，对于地热资源的勘探、增产及成本降低起着决定性作用。然而，深部地热储层岩体的高温、高硬度和耐磨特性给钻井作业带来了诸多挑战。①岩石强度高，钻头磨损严重：干热岩硬度大、耐研磨，导致地层可钻性极差。例如，在青海共和盆地钻探2497 m消耗了50余只钻头，单只钻头平均进尺不足40 m，冰岛IDDP－1井（2096 m）的钻井周期为402天[78]，而我国青海共和GH 01井在花岗岩段的平均钻速仅为1.43 m/h，建井周期长达430天。②钻井液体系在高温下性能劣化：高温导致钻井液的流变性和稳定性下降，影响井眼清洁效果和护壁携岩能力。同时，地层裂缝和断层发育容易导致钻井液漏失，增加井下事故的风险。③高温影响水泥浆性能，传统水泥浆体系未考虑隔热作用：高温引起水泥浆固结缓慢和水泥石强度衰退，导致套管变形和密封失效，影响成井安全。肯尼亚OW－36A井和法国Soultz干热岩项目均出现了高温导致的水泥环失效和套管损坏问题。此外，传统水泥浆体系缺乏隔热性能，导致EGS注采过程中井筒热损失严重，影响地热能发电和综合利用效率。

2. 干热岩高效压裂造储技术

压裂造储是干热岩EGS开发的关键环节，直接关系到干热岩地热开采的成败与整体经济效益。干热岩造储需形成大规模连通的复杂立体缝网，对造缝要求高、改造难度大，且注采井沟通存在困难，油气行业的传统水力压裂技术难以直接应用于深层地热领域。截至2020年底，全球已累计建设示范性 EGS 工程项目 60 余项，但目前实施的 EGS 项目在储层改造效果、储层改造方法和注采井沟通方案等方面仍不成熟，面临诸多难题。

（1）岩石强度大，起裂压力高，存在诱发地震风险。澳大利亚Habanero 和韩国 Pohang 干热岩 EGS 储层改造中地层破裂压力均超过了 100 MPa，其中 2017 年 11 月韩国 Pohang 发生的 5.4 级地震，被认为是干热岩压裂导致的，2006 年瑞士的巴塞尔干热岩试验项目也因诱发地震而被迫关停。

（2）裂缝单一，难以形成缝网，容易引起热短路。大规模的复杂立体缝网是 EGS 高效换热的基础，然而日本 Hijiori、德国 Groß Schönebeck、英国 Rosemanowes 等 EGS 项目表明，干热岩储层人工压裂形成的裂缝通常较为单一、换热面积有限，注采井间容易形成高渗通道，发生热短路，导致造储失败。

（3）裂缝延伸不可控，注采井沟通困难。干热岩储层改造过程应力扰动复杂，强温差热应力和天然裂缝综合影响下水力裂缝扩展预测难度大，美国 Fenton Hill 项目在 3 个阶段的储层改造工作中，经历 8 次钻井、5 次压裂才实现发电，但最终仍因人工裂缝未有效沟通注采井、循环工质严重流失等而被迫终止。英国的 Rosemanowes 和日本的 Hijiori 干热岩项目中也出现过注采井无法连通的问题[88]。

要建成安全、经济、高效的人工热储并非易事，如何采用“柔性造储”的方式有效沟通注采井，避免纯粹靠提高压力改造储层是构建 EGS 系统的重大难题与需求。柔性造储是指通过结合热力交变、压力/排量振荡以及化学刺激等方法，诱导岩体疲劳损伤和裂缝剪切滑移，沟通天然裂缝，在降低起裂压力、提升缝网尺度和复杂度的同时，有效降低诱发地震风险。近年来，学者们针对水力压裂造缝和造储方法开展了大量研究，探索了剪切压裂、循环/疲劳压裂、化学刺激、径向井压裂以及超临界二氧化碳和超低温液氮压裂等干热岩热储改造新思路，但总体上技术仍不成熟，尚未形成一种可复制的干热岩高效造储方法。

3. 干热岩储层内流动取热机制

高效取热与合理优化是实现深部地热资源经济高效开采的重要保障。干热岩开采涉及多场（温度、应力、位移/应变）、多相（气、液、固）、多过程（渗流、热传导、应力演化、水岩反应等）的耦合作用。其中，气液运移、热传导以及化学反应等因素会对干热岩热储的变形和岩体强度特性产生影响，而取热过程则受控于多场多过程耦合作用下跨尺度的物理/力学/化学机制。目前，EGS 取热面临两方面挑战：

（1）多场耦合传热机制不明，导致热储取热优化困难且效率低下。尽管高效取热是干热岩开发的核心目标，但与油气储层不同，地热开采会引发剧烈的温度场扰动以及水岩反应（矿物溶解/沉淀），进而涉及热—流—固—化四场耦合。在这种多场耦合作用下，地层渗流和热交换机制变得极为复杂，给取热效率的预测与优化带来了巨大的挑战。

（2）注采参数匹配难度大，开采调控缺乏科学依据，热储寿命有限。合理的开采制度对于干热岩的长效开发至关重要。然而，在热储长期注采过程中，多场的时空演化规律复杂多变，目前缺乏有效的多目标优化设计方法，使得注采参数难以精准匹配。在实际开采中，容易形成“优势通道”。例如，法国 Soultz 的 GPK3 井中单条裂缝控制了 70% 的流量，给热储的长期均衡取热带来了挑战。美国 Fenton Hill 的 EE－1 井和 GT－2 井在 75 天的注采试验中，生产温度从 175 ℃降至 85 ℃[86]；日本 Hijiori 开采过程中温度骤降出现热短路，导致项目终止，运行时间不足一年。

（二）未来技术发展方向

地层环境的异常复杂性是干热岩 EGS 面临挑战的客观原因，但更根本的在于干热岩开采基础理论的缺失，目前国内外尚无成熟经验可供借鉴。针对建井、造储和取热这三大挑战，建议以“岩体表征—钻井建井—压裂造储—流动取热—集成调控”为主体思路，开展以下五个方面的基础理论攻关研究。从岩体原位温压条件下的基础物理力学特性出发，获取干热岩力学本构关系和基本物性参数；以此为基础，紧扣钻井、造储和取热三大关键技术环节，深入揭示高温破岩、缝网压裂和渗流取热的关键机理，发展和完善干热岩钻井提速、立体造储和取热调控的新方法，阐明人工热储热流固化多场、多过程（渗流、热传导、变形、水岩反应等）耦合关联机制；最终融合岩体、钻井、造储和取热过程中的地质和工程数据，借助“透明”干热岩地质建模手段，构建地热开采强化与综合调控方法，使其与钻井、造储和取热三大核心环节形成互馈，为建立干热岩地热资源高效开发理论和方法奠定基础。

1. 岩体表征

掌握岩体原位物理力学特性是干热岩 EGS 的关键基础。建议聚焦高温储层岩体物理力学变化规律与表征方法，重点开展干热岩体精细表征、物理力学特性和动态损伤本构模型等方面的研究。在此基础上，创新和发展干热岩“力热声震流”原位物理力学特性表征技术，形成具有原创性的深部高温干热岩体力学理论，为 EGS 的建井、造储和取热提供坚实的岩石力学理论基础。

2. 钻井建井

安全高效的成井作业是实现干热岩地热资源经济开采的前提。为此，建议以“岩石钻探难度—碎岩机制—碎岩清理—井筒稳固工艺”为研究主线，系统开展以下工作：一是评估高温，高压环境下岩石的可钻性；二是探究轴—扭耦合破岩机理；三是研发耐高温钻井液并研究井筒携岩规律；四是完善耐高温及隔热水泥浆体系，探索防止水泥石强度衰退的方法。尤其要聚焦轴—扭耦合冲击破岩技术及异形齿个性化钻头等高效破岩新技术的开发，深入研究高温、高压下岩石破碎的动态力学响应机制。通过这些研究，构建一套完善的干热岩高效破岩与安全成井理论体系，为干热岩 EGS 提供安全可靠的注采通道。

3. 压裂造储

能否形成复杂缝网是衡量 EGS 成败的关键。以构建复杂立体缝网、降低诱发地震风险为目标，应采取以下措施：一方面，大力发展柔性造储技术，研究温压复合交变下岩体柔性起裂机理，探索液氮、二氧化碳、化学刺激等新型压裂介质辅助致裂干热岩的方法；另一方面，充分利用裂缝性干热岩储层特点，以激活和沟通天然裂缝为突破口，重点开展热应力影响下水力裂缝—天然裂缝相互作用行为和力学机制、天然裂缝剪切增渗机理等研究，形成裂缝性地层复杂缝网造储技术，突破干热岩复杂缝网造储理论与方法，实现立体缝网造储，为 EGS 开采提供高效换热空间。

4. 流动取热

热储内高效取热是干热岩开发的核心目标。为此，建议聚焦注采过程中热储内多场的时空演变规律与流动调控策略，开展以下研究：一是对取热工质（如水、CO_2等）进行优选，分析其在复杂缝网中的渗流与传热特性；二是深入探究水岩反应机制，揭示热—流—固—化（THMC）多场耦合条件下的渗流传热规律；三是研发磁性纳米颗粒示踪技术，提高热储取热效率；四是分析采出流体的 PVT（压力、体积、温度）特征。关键要突破裂缝内工质渗流传热及相态演化机制，揭示热储内多场耦合换热机制，为取热调控提供理论基础。

5. 集成调控

为确保干热岩的长效均衡开采，需强化取热调控机制。为此，应聚焦注采流程中热储多场的时空演变规律及流动调控策略，深入开展以下研究：一是运用三维精细化地质建模技术，精准重现干热岩热储结构；二是剖析热储缝网的动态演化特征；三是引入四维层析成像技术，实时监测热储状态变化；四是基于上述研究，优化开发方案设计。关键要突破“透明”热储建模技术瓶颈，实现热储状态的实时精准呈现。通过整合这些研究成果，构建一套全面的综合调控方法，为干热岩资源的长期稳定开采提供坚实保障。

（三）前景展望及未来开发建议

干热岩地热资源具有分布广泛且潜力巨大的特点，这使其成为传统化石能源转型的新机遇，也是国家绿色低碳发展的潜在着力点之一。尽管自20世纪70年代以来，针对干热岩EGS的示范性探索已有数十项，但仅有法国Soultz项目实现了商业化运行，显示出较低的可复制性和大规模推广难度。因此，加强干热岩开采的基础理论与应用技术研究，破解建井、造储和取热三大关键难题，成为实现干热岩经济高效开发的根本途径。具体而言，首先，聚焦经济性，针对干热岩钻井建井成本较高的问题，重点探索适用于干热岩地层的高效破岩和钻井提速方法，以缩短钻井周期和降低成本。其次，以构建复杂缝网和降低诱发地震风险为核心，大力发展EGS柔性造储技术。根据裂缝性干热岩储层的特点，以激活和沟通天然裂缝为突破口，形成裂缝性地层复杂缝网造储技术，突破干热岩复杂缝网造储的理论与方法。最后，以资源利用和长效开发为目标，重点突破热储内热—流—固—化多场耦合换热机制的研究，构建干热岩开发方案的优化设计和调控方法。这些措施将为干热岩地热的经济高效开发奠定坚实的理论基础，推动国家能源转型和绿色低碳高质量发展。

参考文献

[1]庄贵阳. 我国实现“双碳”目标面临的挑战及对策［J］. 人民论坛，2021，18：50－53.

[2]李根生，武晓光，宋先知，等. 干热岩地热资源开采技术现状与挑战［J］. 石油科学通报，2022，7(3)：343－364.

[3]汪集旸. 能源环境危机下的地热能开发［J］. 科技导报，2012，30(4)：3.

[4]许天福，袁益龙，姜振蛟，等. 干热岩资源和增强型地热工程：国际经验和我国展望［J］. 吉林大学学报(地球科学版)，2016，46(4)：1139－1152.

[5]王贵玲，张薇，梁继运，等. 中国地热资源潜力评价［J］. 地球学报，2017，38(4)：449－459.

[6]WANG G，LI K，WEN D，et al. Assessment of geothermal resources in china；proceedings of the proceedings. Thirty－Eighth workshop on geothermal reservoir engineering，2013［C］. Stanford，California，USA，2013.

[7]TESTER J W，ANDERSON B J，BATCHELOR A，et al. The future of geothermal energy［J］. Massachusetts institute of technology，2006，358：1－3.

[8]张朝锋，郭文，王晓鹏. 中国地热资源类型和特征探讨［J］. 地下水，2018，40(4)：1－5.

[9]马伟斌，龚宇烈，赵黛青，等. 我国地热能开发利用现状与发展［J］. 中国科学院院刊，2016，31(2)：199－207.

[10]PANDEY S N，VISHAL V，CHAUDHURI A. Geothermal reservoir modeling in a coupled thermo－hydro－mechanical－chemical approach：a review［J］. Earth－science reviews，2018，185：1157－1169.

[11]BARBIER E. Geothermal energy technology and current status：an overview［J］. Renewable and sustainable energy reviews，2002，6(1)：3－65.

[12]张英，冯建赟，何治亮，等. 地热系统类型划分与主控因素分析［J］. 地学前缘，2017，24(3)：190－198.

[13]MCLAUGHLIN R J. Tectonic setting of pre－tertiary rocks and its relation to geothermal resources in the Geysers－clear lake area［J］. Geological survey professional paper，1981，1141：3.

[14]NUTI S，PANICHI C. Isotopic geothermometers in geothermal areas. a comparative experimental study in Larderella，Italy［R］. Vienna，Austria：International atomic energy agency，1979.

[15]赵平，M K，多吉，等. 西藏羊八井热田地热流体成因及演化的惰性气体制约［J］. 岩石学报，2001(3)：497－503.

[16]LU S－M. A global review of enhanced geothermal system (EGS)

[J]. Renewable and sustainable energy reviews, 2018, 81: 2902 – 2921.

[17] GARCIA J, HARTLINE C, WALTERS M, et al. The northwest geysers EGS demonstration project, California: part 1: characterization and reservoir response to injection [J]. Geothermics, 2016, 63: 97 – 119.

[18] 熊绍柏, 金东敏, 孙克忠, 等. 福建漳州地热田及其邻近地区的地壳深部构造特征 [J]. 地球物理学报, 1991 (1): 55 – 63.

[19] 施小斌, 丘学林, 夏戡原, 等. 南海热流特征及其构造意义 [J]. 热带海洋学报, 2003 (2): 63 – 73.

[20] 常健, 邱楠生, 赵贤正, 等. 渤海湾盆地冀中坳陷现今地热特征 [J]. 地球物理学报, 2016, 59(3): 1003 – 1016.

[21] 董月霞, 黄红祥, 任路, 等. 渤海湾盆地北部新近系馆陶组地热田特征及开发实践:以河北省唐山市曹妃甸地热供暖项目为例 [J]. 石油勘探与开发, 2021, 48(3): 666 – 676.

[22] GéRARD A, KAPPELMEYER O. The Soultz – sous – Forêts project [J]. Geothermics, 1987, 16(4): 393 – 399.

[23] BROTT C A, BLACKWELL D D, MORGAN P. Continuation of heat flow data: a method to construct isotherms in geothermal areas [J]. Geophysics, 1981, 46(12): 1732 – 1744.

[24] FUCHS S, NORDEN B, NEUMANN F, et al. Quality – assurance of heat – flow data: the new structure and evaluation scheme of the IHFC global heat flow database [J]. Tectonophysics, 2023, 863: 229976.

[25] 王贵玲, 张薇, 梁继运, 等. 中国地热资源潜力评价 [J]. 地球学报, 2017, 38(4): 449 – 450, 134, 451 – 459.

[26] 王一波, 刘绍文, 陈超强, 等. 中国陆域大地热流数据汇编(第五版) [J]. 地球物理学报, 2024, 67(11): 4233 – 4265.

[27] 李娜娜, 陶诚, 孔彦龙, 等. 全球地热发电现状与研究进展 [J]. 热力发电, 2024, 53(6): 1 – 11.

[28]李庭樑，岑继文，黄文博，等．超长重力热管传热性能实验研究［J］．化工学报，2020，71(3)：997－1008.

[29]王贵玲，陆川．碳中和目标驱动下地热资源开采利用技术进展［J］．地质与资源，2022，31(3)：412－425，341.

[30]朱瑞松，曹靖，高飞，等．加速攻关油气田卤水提锂释放能源未来产业新动能［J］．石油科技论坛，2025，44(2)：46－54.

[31]刘松泽，魏建光，马媛媛，等．超临界二氧化碳在地热开发中的应用研究进展［J］．应用化工，2020，49(6)：1537－1540.

[32]许天福，胡子旭，李胜涛，等．增强型地热系统：国际研究进展与我国研究现状［J］．地质学报，2018，92(9)：1936－1947.

[33]DUCHANE D. The history of HDR research and development［R］. NM (United States), Los Alamos: Los Alamos National Lab (LANL), 1998.

[34]BREEDE K, DZEBISASHVILI K, LIU X, et al. A systematic review of enhanced (or engineered) geothermal systems: past, present and future［J］. Geothermal energy, 2013, 1: 1－27.

[35]POLLACK A, HORNE R, MUKERJI T. What are the challenges in developing enhanced geothermal systems (EGS)? Observations from 64 EGS sites. In proceedings of the proceedings of the world geothermal congress, 2020［C］. Reykjavik, Iceland, 2021.

[36]RIAHI A, PETTITT W, DAMJANAC B, et al. Numerical modeling of discrete fractures in a field－scale FORGE EGS reservoir［J］. Rock mechanics and rock engineering, 2019, 52(12): 5245－5258.

[37]ALBRIGHT J N, PEARSON C F. Acoustic emissions as a tool for hydraulic fracture location: experience at the fenton hill hot dry rock site［J］. Society of petroleum engineers journal, 1982, 22(4): 523－530.

[38]NORBECK J H, LATIMER T. Commercial－scale demonstration of a first－of－a－kind enhanced geothermal system. Preprint at https://eartharxiv.

org/repository/view/5704/ (2023).

[39]PARKER R. The rosemanowes HDR project 1983 - 1991 [J]. Geothermics, 1999, 28(4 -5): 603 -615.

[40]GéRARD A, GENTER A, KOHL T, et al. The deep EGS (enhanced geothermal system) project at Soultz - sous - Forêts (Alsace, France) [J]. Geothermics, 2006, 35(5 -6): 473 -483.

[41]BAISCH S, WEIDLER R, VO? RO? S R, et al. Induced seismicity during the stimulation of a geothermal HFR reservoir in the Cooper Basin, Australia [J]. Bulletin of the seismological society of America, 2006, 96(6): 2242 -2256.

[42]KAIEDA H, ITO H, KIHO K, et al. Review of the Ogachi HDR project in Japan. In proceedings of the world geothermal congress, 2005 [C]. Antalya, Turkey, 2005.

[43] REID P W, BENDALL B R, MCALLISTER L. Developing large scale, base load EGS power - the Paralana Project, South Australia. In proceedings of the world geothermal congress, 2010 [C]. Bali, Indonesia, 2010.

[44]OLASOLO P, JUáREZ M, MORALES M, et al. Enhanced geothermal systems (EGS): a review [J]. Renewable and sustainable energy reviews, 2016, 56: 133 -144.

[45]HUENGES E. Enhanced geothermal systems: review and status of research and development [J]. Geothermal power generation, 2016: 743 -761.

[46]NORBECK J H, MCCLURE M W, HORNE R N. Field observations at the Fenton Hill enhanced geothermal system test site support mixed - mechanism stimulation [J]. Geothermics, 2018, 74: 135 -149.

[47] PARK E - S. Case studies of enhanced geothermal system: Fenton Hill in USA and Hijiori in Japan [J]. Tunnel and underground space, 2013, 23 (6): 547 -560.

[48] KELKAR S, WOLDEGABRIEL G, REHFELDT K. Lessons learned from the pioneering hot dry rock project at Fenton Hill, USA [J]. Geothermics, 2016, 63: 5 - 14.

[49] SCHILL E, GENTER A, CUENOT N, et al. Hydraulic performance history at the Soultz EGS reservoirs from stimulation and long - term circulation tests [J]. Geothermics, 2017, 70: 110 - 124.

[50] GéRARD A, GENTER A, KOHL T, et al. The deep EGS (Enhanced Geothermal System) project at Soultz - sous - Forêts, (Alsace, France) [J]. Geothermics, 2006, 35(5/6): 473 - 483.

[51] GENTER A, CUENOT N, MELCHERT B, et al. Main achievements from the multi - well EGS Soultz project during geothermal exploitation from 2010 and 2012. In proceedings of the european geothermal congress, 2013 [C]. Pisa, Italy, 2013.

[52] HUMPHREYS B E, HOGARTH R, LOWE C. Australia's first operating Enhanced Geothermal System (EGS) power plant. In proceedings of the sustainable engineering society (SENG) 2013 conference: Looking back looking forward, 2013 [C]. Barton, Australia, 2013.

[53] HOGARTH R, HOLL H, MCMAHON A. Flow testing results from Habanero EGS project. In proceedings of the Australian geothermal energy conferences, 2013 [C]. Brisbane, Australia, 2013.

[54] SONG Y, LEE T J, JEON J, et al. Background and progress of the Korean EGS pilot project. In proceedings of the world geothermal congress, 2015 [C]. Melbourne, Australia, 2015.

[55] ELLSWORTH W L, GIARDINI D, TOWNEND J, et al. Triggering of the Pohang, Korea, earthquake (Mw 5.5) by enhanced geothermal system stimulation [J]. Seismological research letters, 2019, 90(5): 1844 - 1858.

[56] NADIMI S, FORBES B, FINNILA A, et al. Hydraulic fracture/shear

stimulation in an EGS reservoir: Utah Forge program. In proceedings of the ARMA US rock mechanics/geomechanics symposium, 2018 [C]. Stanford, California, USA, 2018.

[57]许天福，文冬光，袁益龙. 干热岩地热能开发技术挑战与发展战略 [J]. 地球科学, 2024, 49(6): 2131 -2147.

[58]BLANKENSHIP D, GERTIER C, KAMALUDEEN M, et al. Pathways to commercial liftoff: next - generation geothermal power [EB/OL]. DOE https://liftoff. energy. gov/wp - content/uploads/2024/03/LIFTOFF_DOE_NextGen_Geothermal_v14. pdf (2024).

[59]NORBECK J, GRADL C, LATIMER T. Deployment of enhanced geothermal system technology leads to rapid cost reductions and performance improvements. Preprint at https://eartharxiv. org/repository/view/5704/ (2023).

[60]赵阳升，郤保平，万志军，等. 高温高压下花岗岩中钻孔变形失稳临界条件研究 [J]. 岩石力学与工程学报, 2009, 28(5): 865 -874.

[61]冉恒谦，冯起赠. 我国干热岩勘查的有关技术问题 [J]. 探矿工程(岩土钻掘工程), 2010, 37(10): 17 -21.

[62]许天福，张延军，曾昭发，等. 增强型地热系统(干热岩)开发技术进展 [J]. 科技导报, 2012, 30(32): 42 -45.

[63]张二勇. 干热岩资源调查与勘查试采示范工程简介 [J]. 中国地质, 2022, 49(2): 350.

[64]XU T, MOORE J, JIANG Z. The special issue on hot dry rock resource exploration and enhanced geothermal engineering [J]. Acta geologica sinica - english edition, 2021, 95(6): I - IV.

[65]蔺文静，刘志明，马峰，等. 我国陆区干热岩资源潜力估算 [J]. 地球学报, 2012, 33(5): 807 -811.

[66]张森琦，付雷，张杨，等. 基于高精度航磁数据的共和盆地干热岩勘查目标靶区圈定 [J]. 天然气工业, 2020, 40(9): 156 -169.

[67]张森琦，严维德，黎敦朋，等. 青海省共和县恰卜恰干热岩体地热地质特征［J］. 中国地质，2018，45(6)：1087－1102.

[68]蔺文静，王贵玲，邵景力，等. 我国干热岩资源分布及勘探：进展与启示［J］. 地质学报，2021，95(5)：1366－1381.

[69]鲁辉. 苏北盆地东台坳陷碳酸盐岩热储层特征研究与评价［J］. 中国煤炭地质，2022，34(4)：32－38.

[70]XU J，FENG B，CUI Z，et al. Comparative study of acid and alkaline stimulants with granite in an enhanced geothermal system［J］. Acta geologica sinica－english edition，2021，95(6)：1926－1939.

[71]ZHANG E，WEN D，WANG G，et al. The first power generation test of hot dry rock resources exploration and production demonstration project in the Gonghe basin，Qinghai Province，China［J］. China geology，2022，5(3)：372－382.

[72]XIE J，LI L，WEN D，et al. Experiments and analysis of the hydraulic fracture propagation behaviors of the granite with structural planes in the Gonghe Basin［J］. Acta geologica sinica－english edition，2021，95(6)：1816－1827.

[73]HUANG W，CHEN J，MA Q，et al. Developing kilometers－long gravity heat pipe for geothermal energy exploitation［J］. Energy & environmental science，2024，17(13)：4508－4518.

[74]CHEN J，HUANG W，CEN J，et al. Heat extraction from hot dry rock by super－long gravity heat pipe：selection of working fluid［J］. Energy，2022，255：124531.

[75]我国最深地热科探井完钻［J］. 焊管，2024，47(5)：68.

[76]张伟. 高温岩体热能开发及钻进技术［J］. 探矿工程(岩土钻掘工程)，2016，43(10)：219－224.

[77]曾义金. 干热岩热能开发技术进展与思考［J］. 石油钻探技术，

2015, 43(2): 1 -7.

[78]PáLSSON B, HóLMGEIRSSON S, GUeMUNDSSON á, et al. Drilling of the well IDDP -1 [J]. Geothermics, 2014, 49: 23 -30.

[79]刘畅,冉恒谦,许洁.干热岩耐高温钻井液的研究进展与发展趋势[J].钻探工程,2021,48(2):8 -15.

[80]单文军,陶士先,蒋睿,等.干热岩用耐高温钻井液关键技术及进展[J].探矿工程(岩土钻掘工程),2018,45(10):52 -56.

[81]鲁立强,单正明,邓发兵,等.肯尼亚 OLKARIA 地热井空气泡沫流体定向钻井综合技术研究[J].科学技术与工程,2009,9(14):4137 -4139.

[82]李图.肯尼亚地热井固井水泥浆体系研究[D].大庆:东北石油大学,2018.

[83]庞忠和,罗霁,程远志,等.中国深层地热能开采的地质条件评价[J].地学前缘,2020,27(1):134 -151.

[84]周舟,金衍,卢运虎,等.干热岩地热储层钻井和水力压裂工程技术难题和攻关建议[J].中国科学:物理学 力学 天文学,2018,48(12):97 -102.

[85]GRIGOLI F, CESCA S, RINALDI A P, et al. The November 2017 Mw 5.5 Pohang earthquake: a possible case of induced seismicity in South Korea [J]. Science, 2018, 360(6392): 1003 -1006.

[86]BROWN D W, DUCHANE D V, HEIKEN G, et al. Mining the earth's heat: hot dry rock geothermal energy [M]. Berlin, Germany: Springer Science & Business Media, 2012.

[87]苏正,吴能友,曾玉超,等.增强型地热系统研究开发:以美国新墨西哥州芬登山为例[J].地球物理学进展,2012,27(2):771 -779.

[88]TESTER J W, ANDERSON B J, BATCHELOR A S, et al. Impact of enhanced geothermal systems on US energy supply in the twenty - first century

[J]. Philosophical transactions of the royal society a: mathematical, physical and engineering sciences, 2007, 365(1853): 1057 - 1094.

[89] TESTER J W, ANDERSON B J, BATCHELOR A S, et al. The future of geothermal energy [J]. Massachusetts institute of technology, 2006, 358: 1 - 3.

中国可持续航空燃料市场现状与展望

丁奕如　王倩钰　郑　平　杨　雷[1]

摘　要　实现全球航空业2050年净零排放目标，规模化应用可持续航空燃料（SAF）是最关键的路径。近年来，全球多个国家和国际组织积极制定政策推动SAF的使用，国际在SAF领域的合作日益紧密。为推动民航业绿色低碳发展，我国也加速推动SAF的试点和应用，本文预计到2050年SAF需求量将达到13027万吨。当前，我国SAF供应蓬勃发展，目前生产厂家大多采用以地沟油为主要原材料的HEFA路线，该路线原料供应存在上限，难以完全满足SAF的未来需求，因此需要推动发展其他路线来支撑不足的产能。我国SAF消费受制于高昂成本和航空业减排缺乏约束力，市场需求缺乏动力。要促进我国SAF产业发展，需降低其综合成本以推动商业应用，健全强制性减排约束与自愿性减排机制，并多措并举扩大SAF需求。

关键词　可持续航空燃料　生物燃料　航空业减排

① 丁奕如，北京大学能源研究院办公室主任，从事可持续航空燃料和能源相关的战略规划、政策制定和市场研究工作。王倩钰，北京大学能源研究院气候变化与能源转型项目（CCETP）分析师，主要负责交通领域绿色低碳转型方面的研究工作。郑平，北京大学能源研究院气候变化与能源转型项目（CCETP）主任，长期关注中国及全球能源转型、气候变化和企业可持续发展。杨雷，通讯作者，博士，研究员，现任北京大学能源研究院副院长，北京大学碳中和研究院副院长，主要从事能源转型、能源改革和全球能源治理方面的研究工作。

中国可持续航空燃料（SAF）产业在全球政策推动与航空业复苏的双重驱动下，已步入产业化发展快车道。当前产业链呈现全面突破：上游产能建设提速，2024年以来，继中石化镇海后，君恒生物、海新能科、嘉澳环保纷纷获得适航审定，年产能达到百万吨级别；中游建立涵盖原料溯源、生产工艺、掺混储运的全流程标准体系，中航油SAF运行管理系统完成部署；下游应用试点扩展至国航、东航、南航三大航，4个SAF实物机场实现单一机场账面加注。

综观新兴行业，为快速完成从政策驱动到市场驱动的成功转型，通常需要通过政策框架为行业提供初始动力，继而产业链协同推动技术创新和产品升级，最终形成以实际消费需求为核心的市场驱动模式。本文通过梳理全球主要经济体的政策演变规律，结合对我国SAF供应链与消费端的实地调研，剖析中国可持续航空燃料市场现状与展望。

一、国际政策形势分析

当前国际社会在推进航空脱碳进程中，逐渐形成强制性规制与市场化激励并行的政策体系。强制性政策侧重通过行政手段刺激需求，可直接推动SAF产量增长，但可能仅有利于当前的原料和技术路线；激励性政策聚焦降低SAF生产成本，通过缩小与传统化石航油的价格差距激发市场活力，鼓励技术研发及碳强度提升等供给侧措施。两种政策通过双向互动形成合力——前者创造需求基础，后者优化供给能力，共同促进SAF产业发展。

（一）强制性政策

强制性政策以欧盟在 2021 年提出的 ReFuelEU Aviation 为代表。欧盟于 2025 年 1 月 1 日开启 SAF 强制掺混令，具体 SAF 混合比例目标[1]为 2025 年 2%、2030 年 6%、2035 年 20%（e－SAF 5%）、2040 年 34%（e－SAF 10%）、2045 年 42%（e－SAF 15%）、2050 年 70%（e－SAF 35%）。比肩欧盟，英国在 2025 年与欧盟同步启动 SAF 强制令，并提出更为先进的目标。亚洲国家如日本、新加坡、印度、印度尼西亚、泰国、马来西亚等国也分别制定了不同程度的国际级别的 SAF 目标。

罚款是强制性政策的主要行政执行手段。欧盟最新一版（2023 年）法规中规定罚款主要针对航油供应商，同时对机场和航空公司设置了处罚。具体而言[2]，对于航油供应商，将对未达到强制最低限额的部分作出 2 倍差价罚款。目前的处罚成本为 4000 欧元/吨左右；对于欧盟机场，未能使用 SAF，且超过 80 万吨/年的客运航线，或超过 10 万吨/年的货运航线，各个成员国将自行制定处罚机制；对于航空公司，欧盟要求航空公司在出发机场至少要加注 90% 的预测所需 SAF，违反的处罚是 2 倍航油均价罚款。

（二）激励性政策

激励性政策通常由更广泛的碳排放体系支撑。以欧盟为例，《可再生能源指令》（Renewable Energy Directive，RED）[3]将 SAF 纳入可再生能源目标体系，将符合减排标准及原料限制的先进生物燃料及合成燃料纳入能源统计认证，并为部分合成 e－SAF 设计 2 倍能量值的计数激励，推动航空燃料结构向低碳转型。

欧盟碳排放交易系统（EU Emissions Trading System，EU ETS）基于总量控制与交易（Cap and Trade），通过逐年收紧碳排放上限倒逼减排，同时允许企业间交易碳配额（CEAs）以平衡成本，被用于减小 SAF 和传统航油之间的价格差异。企业可通过投资 SAF 抵消部分排放，并可额外获得

1:1 的碳信用奖励。未来 ETS 强调动态调整，要求企业安装碳排放监测设备并接受第三方核查，违规者面临严厉处罚。

美国在通过碳排放推动 SAF 方面采取了类似的方法，但是美国政策制定得更为直接，偏好采用补贴的手段给予燃料生产商部分弥补成本差异的税收抵免。美国从联邦到地方分别设定了不同的激励措施。在联邦级别，《能源政策法案》（2005 年）及后继的《能源独立与安全法案》（2007 年）提出可再生燃料标准（Renewable Fuel Standard，RFS）旨在强制增加可再生燃料用量，对于不同生物燃料的信用值补贴为纤维素 3.60 美元、生物质基柴油 1.48 美元、先进生物燃料 1.50 美元和传统生物燃料 0.84 美元。《可持续天空法案》为 SAF 税收抵免[4-5]提供了立法支持。《通胀削减法案》（IRA）第 45Z 条明确了 SAF 的税收抵免为 0.35 ~ 1.75 美元/加仑（84 ~ 419 美元/吨），执行期为 2025—2027 年。《2024 - 37 号通知》[6-7]提供了计算排放减少百分比的 GREET 方法指南。在州级别，加利福尼亚州出台类似 RFS 的地方法规低碳燃料标准（LCFS）[8]用以降低燃料全生命周期碳强度，提供约 100 美元/吨二氧化碳当量的补贴。此外，伊利诺伊、内布拉斯加、华盛顿等州政府分别设立了不同程度的生产和商业税税收抵免。

二、国内政策形势分析

我国政策内容以鼓励性措施为主轴，相关部门正在努力制定统一的可持续性标准政策，以及细化的减碳贡献目标，以确立相关产业长期发展的制度保障。国内在 SAF 的应用试点方面也取得了实质性进展，国家发展改革委和中国民航局已联合启动 SAF 应用试点工作[9]。从 2024 年 9 月起，国航、东航、南航在北京大兴、成都双流、郑州新郑、宁波栎社等机场的 12 个航班已经开始常态化使用 SAF[10]。目前虽然 SAF 相关的约束性法律法规还未成形，但是具体政策正在逐步细化，政策制定主体正在积极构建协作机制，以便更好地落地实施。

（一）宏观层面

“十四五”发展规划系列文件对SAF的发展给予了明确的鼓励和支持。“十四五”提出积极完善SAF相关政策管理，鼓励大力推进SAF试点发展，强调要突破SAF原有产量。目前，相关强制性政策正在持续酝酿与发展，不少业内从业人员认为此类政策显著加快国内SAF的生产进程，预计“十五五”将继续加强对SAF发展的支持。[11]

2024年7月，中共中央、国务院印发《关于加快经济社会发展全面绿色转型的意见》[12]，对不同行业的绿色低碳转型提出了量化工作目标，到2030年，营运交通工具单位换算周转量碳排放强度比2020年下降9.5%左右，其中可持续航空燃料的研发应用是具体措施之一。该意见就推进交通运输绿色转型提出了具体的措施建议和减排目标，至于在使用SAF方面能否获得具体的政策支持，将是后续执行该意见过程所期待的重要环节。

（二）配套政策

近年来，国家在具体落实任务中不断加强组织领导，建立SAF协调推广机制，并统筹协调推进相关配套政策及方案的制定工作。国务院在《绿色低碳先进技术示范工程实施方案》中[13]要求国家发展改革委、交通运输部、工业和信息化部、国务院国资委、中国民航局、国家能源局按职责分工负责，带动新能源航空器示范应用，先进生物液体燃料、生物天然气、可再生合成燃料以及可持续航空燃料等领域发展，并及时推动相关国家政策法规的制定与发布。

由六个部委联合发布的《大力实施可再生能源替代行动》[14]旨在加速可再生能源在多个行业的应用替代，尤其是推动液态燃料和SAF的发展。该文件明确提出，通过政策引导和技术创新，推动包括SAF在内的生物燃料和合成燃料的商业化应用，为航空领域的绿色转型奠定基础。

此外，国家能源局发布的《关于组织开展绿色液体燃料技术攻关和产业化试点的通知》[15]明确了绿色液体燃料包括生物柴油、可持续航煤、生物燃料乙醇、可再生甲醇和可再生氨等可再生能源，同时提出了对符合条件的试点项目给予政策支持，包括优先纳入制造业中长期贷款项目、享受能源领域首台（套）重大技术装备政策。

国家发展改革委、国家能源局等4部门联合印发《关于促进炼油行业绿色创新高质量发展的指导意见》[16]中同样提及应大力发展以废弃油脂为主要原料的生物航煤等生物质液体燃料。国务院印发《推动大规模设备更新和消费品以旧换新行动方案》[17]，该方案得到全国十多个省的响应，并相继推出适合于本地的行动方案承诺要推动资源高水平再生利用，积极有序发展以废弃油脂、非粮生物质为主要原料的生物质液体燃料。在上海市政府发布的《上海市碳达峰实施方案》中[18]，承诺将持续提升飞机燃油效率，积极发展生物质燃料的应用，大力推进先进生物液体燃料等替代传统燃油。

国务院在《绿色航空制造业发展纲要（2023—2035年）》[19]中将新能源航空列举为过程降碳类中交通领域示范项目。该纲要提出绿色助推民用飞机产业升级的发展路径，大力发展航空绿色制造，尽快构建优质产业链并加深国际合作。具体措施包括研发、生产试点和飞机混掺试点，加强可持续航空燃料在国产民用飞机和发动机上的应用试验，推动新能源航空器区域应用试点示范，并开展可持续航空燃料在国产民用飞机上的试点应用。完善绿色航空技术/路径全生命周期管理，推动全产业链碳排放足迹评估，降低能源资源消耗及二氧化碳等温室气体排放。加强专业人才的培养，面向可持续航空燃料等领域鼓励高校加增课程并鼓励相关企业与高校对接加快培养人才队伍。

通过财税支持政策，国家下一步将加强对于新能源领域的投资。国家发展改革委等10部门印发的《绿色低碳先进技术示范工程实施方案》[20]提出增加中央预算内投资等资金支持，加大对绿色低碳先进技术示范工程建设的支持力度。加强金融税收政策支持。积极发挥碳减排支持工具作用，引导各金融机构、企业为符合条件的项目提供资金支持。加强资源环境要素保障，对全生命周期和能源消耗进行测算并进行审查等。旨在对整体发展给予方向指导，鼓励我国各界协同努力共同发展新能源。

（三）认证标准

SAF 标准主要分为两类：“工艺和性能”标准以及“可持续性”标准。对于“工艺和性能”标准，各国主要基于 ASTM - D7566、GB 6537 以及 DEF STAN 91 - 091 等标准，对已批准工艺生产 SAF 的产品性能是否满足航空器适航要求进行验证。而对于 SAF 产品进行可持续性方面的认定，则需要通过 ICAO 认可的三个可持续性体系，包括 ISCC、RSB 和 Class NK。因此在 SAF 可持续认证方面，我国尚无本土主导的完善的 SAF 认证体系。

国内相关职能部门已经开始尝试搭建符合中国的认证体系并尝试与国际准则对标接轨。国务院《绿色航空制造业发展纲要（2023—2035 年）》[21] 中提出坚持标准法规先行、标准法规引领，对照工业领域碳达峰碳中和相关标准体系，加快推动可持续航空燃料等领域标准研制，促进关键技术产业化发展；提出建设绿色航空适航审定体系。完善可持续航空燃料适航审定方法，积极推进替代燃料的适航审定。强调需加强多方合作，加快推动建立新能源航空器适航审定体系和持续适航体系。

中国民用航空局在其 2023 年 7 月出台的民航行业标准《航空替代燃料可持续性要求（征求意见稿）》[22] 中提出，为建立满足国际通用需求和中国国情的 SAF 认证体系，需要对 SAF 在环境、社会、经济三方面的标准进行认定。从中国民用航空局资金预算明细表[23] 也可看出，未来中国民用航空局对 SAF 项目如“全可持续航空燃料（100% SAF）适航审定技术研究”等有持续性投入。

在 SAF 认证推动方面，2024 年 7 月 1 日，民航二所可持续航空燃料中心正式在成都成立，成为国内首个可持续航空燃料专业技术机构，会全面协助中国民用航空局开展 SAF 相关政策研究，推动建立包含产品、质量控制和可持续性评价的 SAF 标准体系，牵头建立中国自主的航空燃料可持续认证体系（CSCS）。中心发布了三项牵头制定的关于 SAF 的关键标准并进入公开征求意见阶段。《航空燃料可持续性评价规范》（国家标准）规范了对整个航空燃料供应链上经济运营商进行可持续性评价的原则、机构、内容、方法、流程和报告要求。《航空燃料生命周期碳足迹评价技术规范　第 1 部分：通则》规定了通用的航空燃料（航空煤油、航空汽油、含合成烃燃料）生命周期碳足迹评价的总体要求、范围、方法和报告。《航空燃料生命周期碳足迹评价技术规范　第 2 部分：酯类和脂肪酸类加氢改质生产的合成烃组分》专门针对生物基航空燃料（HEFA – SPK）的生命周期碳足迹评价，细化了其功能单位、系统边界、数据收集与计算、质量评估及报告要求。上述三项标准一旦正式发布，将为国内 SAF 的生产、认证、交易和应用提供统一、科学的技术依据，解决可持续性评价和碳足迹核算缺乏标准的问题。未来将成为国内相关强制性政策法规（如掺混指令、碳减排目标）的基础，并有助于中国 SAF 标准与国际［如国际航空业碳抵消与削减机制（CORSIA）］的互认与衔接。

总体而言，中国 SAF 认证标准处于快速发展和完善阶段，在政策引导、机构支持、试点探索以及国际合作等多方面共同推进，以构建具有中国特色和国际竞争力的认证体系，推动 SAF 产业的健康发展。SAF 认证体系建设需兼顾国际接轨与自主突破双重路径。中国作为 ICAO 成员国，需要遵循 CORSIA 计划。目前中国在积极构建的自主标准体系考虑了国际因素，避免在国际认证中受制于现有国际体系，争取在国际标准制定中发挥更大作用。

三、重点关注政策方向及应对策略

针对以上所梳理的国内外最新政策动向，综合考虑 SAF 产业的发展前景、业内期盼，参考国外 SAF 政策发展趋势，未来应当重点关注以下三个方面。

一是在未来的政策制定中预计将会提出更为宏伟的 SAF 使用目标，以进一步促进 SAF 的应用。当前政策中设定的 5 万吨使用目标显然偏低，实则具备较大的提升空间。借鉴欧洲的先进做法，下一步政策目标有可能会考虑引入强制性掺混比例，以推动 SAF 广泛使用。

二是未来政策的预计会将 SAF 定位为独立品类的大宗商品，并对其进行专项独立监管与政策支持。借鉴光伏产业和电动汽车产业所获得的政策扶持模式，多部委、行业协会及监理机构将联合制定出规则体系。同时，应提前布局 SAF 的产业化发展，以促进国内形成健全的上下游产业链，确保产业的健康持续发展。

三是未来政策的制定将引导产业向优化升级的方向发展，同时致力于提升我国在 SAF 产品领域的竞争力，形成国际话语权，确保我国在全球产业链中占据有利地位，推动产业健康、有序、高效地向前发展。需紧密跟踪和关注技术发展趋势，精准布局科技创新的关键节点。

四、中国 SAF 市场需求与预测

阿格斯数据，2024 年全球 SAF 消费量是 112. 5 万吨左右，是 2023 年的 2. 57 倍。在欧洲 SAF 强制掺混令的约束下，2025 年全球 SAF 需求量预计将增至 70 万吨，为 2024 年的 4. 17 倍。

由于消费侧受政策影响大，在目前相关政策不明朗的情况下，我国 SAF 需求市场尚未真正形成。截至 2023 年，我国内地 SAF 消费主要集中于一些试验飞行和交付飞行，SAF 消费量为千吨规模，不足 1 万吨。

为尽力达成至 2025 年 SAF 消费量累计 5 万吨的目标，我国自 2024 年 9 月 19 日起进行 SAF 加注试点。第一阶段试点在北京大兴、成都双流、郑州新郑和宁波栎社 4 个机场共 12 个航班正式加注掺混率为 5% 的 SAF，消费量有较大提升。截至 2025 年 2 月 28 日试点第一阶段结束，共计加注合成调和组分（SBC）约 500 吨，实现约 1 万吨的 SAF 消费量。第二阶段从

2025 年 3 月 19 日起，参与机场有望拓展至 8 个，参与航班将包括从试点机场起飞的所有国内航班，加注方式则有望实现常态化加注掺混 1% 的 SAF 混合燃料，预计将达成 4.5 万吨 SAF 消费量。

2024 年我国航空煤油消费量为 3928 万吨，同比增长 13.2%。预计到 2025 年达到 4046 万吨，2030 年达到 5945 万吨，复合年均增长率①（CAGR）为 8%；预计到 2040 年达到 8800 万吨，2050 年达到 13027 万吨，复合年均增长率为 4%。

本文基于 ReFuelEU 航空法规（ReFuelEU Aviation）提出的 SAF 掺混目标，即欧盟机场起飞的飞机所用 SAF 需占总燃料的比例，来预测我国未来的 SAF 需求（见表 1、图 1）。

表 1　未来我国 SAF 需求及碳减排情况

	2025 年	2030 年	2040 年	2050 年
SAF 掺混比例（%）	2	6	34	70
SAF 需求量（万吨）	81	357	2992	9119
碳减排量*（万吨）	202	892	7480	22797

注：* 表示从等量替代传统航空煤油角度计算，替代 1 吨传统航空煤油实现碳减排 2.5 吨

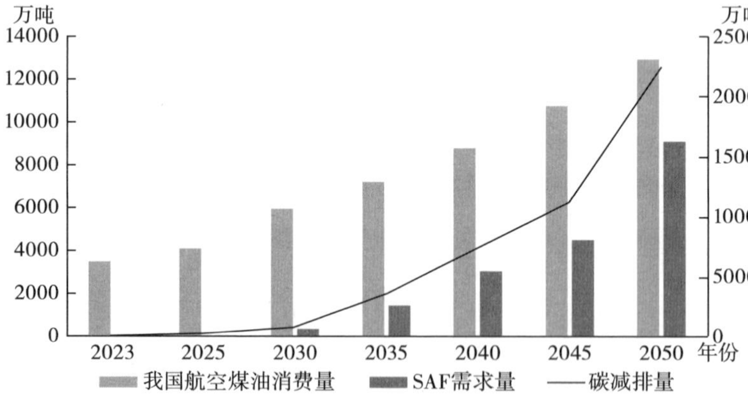

图 1　未来我国 SAF 需求及碳减排情况

① 年复合增长率参考德勤《中国的可持续航空燃料——航空业碳中和之路》,2023 年 9 月。

若参考香港国泰航空和英国提出的到2030年使用10%的SAF的目标，则我国SAF需求将在2030年达到595万吨，届时将实现碳减排1488万吨。

五、中国SAF市场供应与预测

（一）我国SAF供应

根据国际航空运输协会数据，2024年全球SAF产量略超100万吨，是2023年的2倍，占全球航空燃料产量的0.3%、全球可再生燃料的11%。IATA预测2030年SAF总产能将达到5100万吨。

我国SAF生产企业主要包括君恒生物、中石化镇海炼化、海新能科、嘉澳环保和怡斯莱（易高）：

（1）君恒生物的SAF大部分出口海外市场，2023年11月向欧洲出口了首单SAF，出口量约10万吨。其采用HEFA路线生产的SAF已于2014年1月通过我国民航局适航认证。

（2）中石化镇海炼化的SAF产量较小，主要供应给内地的交付飞行——以空客中国在天津飞机交付为主，以及少量的航司试验飞行。其SAF生产也采用HEFA路线，2014年2月获得我国民航局颁发的适航许可证书，2022年4月通过RSB认证。

（3）海新能科的SAF产量较小，生产的SAF已于2024年11月获得ISCC-CORSIA及ISCC-EU下HEFA国际认证，并以HEFA路线生产SAF。

（4）嘉澳环保的SAF产能相对较大，一期产能50万吨/年，二期将扩至共100万吨/年，年产SAF约75万吨，并已于2025年3月获得中国民航局适航审定。

（5）怡斯莱（易高）生产的SAF也以HEFA路线为主，SAF主要销往香港和欧洲，2022年四季度首次完成向欧洲出口。

目前我国已建成且获得适航审批的年产能约100万吨，包括中石化镇海炼化 10 万吨、君恒生物 20 万吨、海新能科 5 万吨、嘉澳环保 50 万吨，以及怡斯莱（易高）在张家港的 15 万吨；目前在建项目统计见表 2。我国 SAF 仍处于初级发展阶段，由于需求市场尚未真正形成，因此交易规模较小。

表 2　我国 SAF 项目统计（不完全统计）

生产企业	技术路线	年产能（万吨）	所在地	计划投产时间
中石化镇海炼化	HEFA	10	浙江宁波	2022 年 6 月已投产
东华能源	HEFA	100	广东茂名	未公布
嘉澳环保	HEFA	50	江苏连云港	未公布
四川金尚环保	HEFA	30	四川遂宁	未公布
盘锦鹏鹞生物	HEFA	7 ~ 10	辽宁盘锦	2024 年 9 月试生产
宏坤能源和托普索	HEFA	60	广西钦州	2026 年初投产
中国能建中电工程	G + FT	10	黑龙江双鸭山	2027 年 7 月
岚泽能源	G + FT	20	河北保定	未公布
正泰新能源	G + FT	2	吉林松原	计划 2028 年 10 月
国电投黑龙江公司	PtL	1	黑龙江齐齐哈尔	未公布

SAF 的供给主要依据需求，且供需关系并非一成不变。例如，受到国际航空业减碳和我国“双碳”目标等因素的影响和约束，我国对 SAF 的需求在未来将大幅提升，会出现供不应求的情况，届时为满足市场需求，需提前做好产能建设和扩大。目前而言，由于我国 SAF 需求市场尚未真正形成，因此供需关系并不稳定。

根据预测，若我国目前规划产能和在建产能可以全部生产 SAF，且这些 SAF 留在国内自用，则我国在 2030 年的产能可基本满足当年需求。然而考虑我国目前以 HEFA 路线生产的 SAF 大量出口的情况，同时伴随周边国家对进口 SAF 有强需求，届时我国以 HEFA 为主流路线生产的 SAF 可能不足以同时满足国内外市场需求，国内 SAF 供需将出现不匹配的现象，因此需要其他路线来支撑不足的产能。而到 2050 年，产能更将面临无法满足需求的情况，预测供需数值详见图 2。

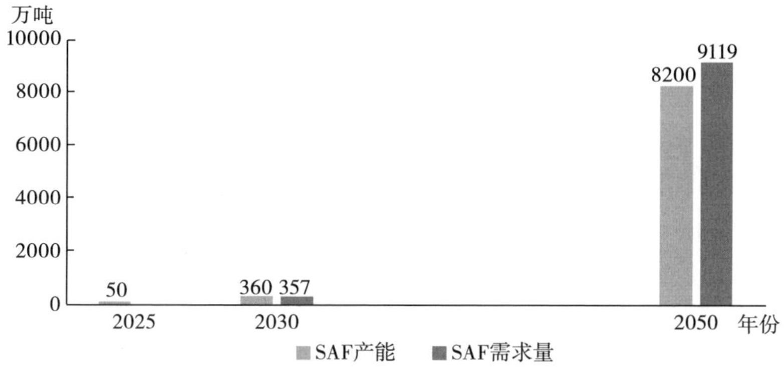

图 2 我国 SAF 供需对比

(二) 我国 SAF 生产路线发展潜力

我国目前大部分 SAF 采用 HEFA 路线，以地沟油为主要原材料，其年产量仅约 500 万吨，对应 SAF 产量为 350 万吨左右（按照 SAF 收率 70% 估算）。由于地沟油供应存在一定上限，因此长期而言难以完全满足 SAF 的未来需求。

我国 G + FT 路线主要采用秸秆等农林废弃物，资源量可达 8 亿吨/年，居全球前列，对应 SAF 产量约 4.8 亿吨/年（按照 SAF 收率 60% 估算），该路线在我国具有较大优势。

近年来，我国可再生能源发展迅速的优势为 PtL 路线的发展打下良好基础。截至 2024 年底，我国可再生能源装机达到 18.89 亿千瓦，约占我国总装机的 56%；可再生能源发电量达 3.46 万亿千瓦时，约占全部发电量的 35%。

我国不同 SAF 技术路线对比见图 3。

因此，目前已成熟的 HEFA 路线会是近期最主要的生产路线。中期来看，鉴于我国农林废弃物的资源禀赋，G + FT 路线的大力发展更符合我国国情。远期而言，随着绿氢生产规模扩大和生产成本降低，PtL 路线会成为最优选择。

生产工艺	原料	可利用量（万吨/年）	SAF产量（万吨/年）	2020—2030年	2030—2040年	2040—2050年
HEFA	废弃油脂	500	350	运营	运营	
	农业废弃物	20700	2070			
G+FT	林业废弃物	19500	1950	研发	运营	运营
	城市有机固体废物	2350	235			
AtJ	工业尾气所制乙醇	500	250	研发	运营	运营
PtL	理论上无上限			研发	研发 / 运营	运营

图3　我国不同 SAF 技术路线对比

六、挑战

高成本制约我国 SAF 消费。我国传统航煤价格为 4500～6000 元/吨，SAF 价格是其 2～5 倍，为 12250～21000 元/吨。2024 年我国的 SAF 交易价格为 1.7 万～4 万元/吨不等。加之 SAF 的原料成本高、技术成熟度不足、供应链不成熟、政策支持力度有限等造成总成本高。此外，我国目前良性的 SAF 供需市场没有形成，SAF 不能常规化生产和稳定持续应用，也变相提高了成本。

我国航空业减排约束力不足。第一，我国民航业强制性减排未纳入。相较于欧盟碳排放交易体系（EU ETS）等对航空的强制性约束，我国暂未将该行业纳入全国碳排放权交易市场，企业缺乏减排压力，导致转型速度慢。第二，全国温室气体自愿减排机制不合理导致转型不积极。尤其减排量的价格缺乏合理的形成机制，对于航空业等减排难度相对较大的项目而言，减排成本较高，特别是在经济效益不好的情况下，企业难以从减排中获利。若未来经济增长放缓，这一矛盾会更加突出。第三，以倡议引导目标为主，缺乏强制性政策目标。我国尚没有类似欧盟的 SAF 强制掺混目标，导致SAF使用缺乏动力，也不利于绿电在能源中的使用比例。

SAF需求不足，缺乏拉动力。第一，促进SAF消费的相关政策有待完善。我国民航虽然有2025年前累计消费5万吨SAF的近期目标，以及正在开展试点加注，但尚没有提出具体行动方案来指导SAF产业链各利益相关方如何参与和发挥作用，中长期关于SAF使用量或掺混率的政策方向和目标也不明朗，相应的政策支持力度不足，导致中国SAF市场供需两侧多持观望态度，SAF需求市场不能很好形成。第二，需求应用补贴等支持性措施不够。我国目前在SAF使用方面还没有明确的补贴政策和可持续运行的商业模式。第三，技术路线的单一性和成熟度不足影响市场需求。HEFA路线是目前生产SAF唯一实现商业化的成熟路线，在一定程度上限制了行业对SAF的需求和应用。

七、政策建议

推动SAF应用，降低综合成本。第一，扩大试点应用，降低商业化成本。进一步增加我国SAF应用试点的机场和航线，推动更多航司参与试点，提高SAF需求量，逐步形成良性稳定的需求市场，实现更大规模量产，降低成本。第二，推进产业链协同发展和集体行动。例如，鼓励油料炼制企业、航空运输企业、航空制造企业联合投资SAF项目，带动市场需求，并通过市场化方式享受收益，实现SAF应用的常态化和规模化，从而降低成本。第三，加强PtL技术的研发，深化交通与能源的融合，推动我国民航业消纳绿电。

完善制度，健全强制性减排约束和自愿性减排机制。第一，将航空业逐步纳入全国碳市场，设定碳排放总量控制，提升企业减排压力；鼓励在重点机场试运行自愿减排机制，探索交易体系，为全国推广积累经验。第二，交通主管部门设定分领域的政策目标。借助当前正在开展的SAF试点，在“十五五”期间制定更高的SAF使用目标，建议制定到2030年

SAF 消费达 130 万～280 万吨的目标，带动需求市场形成，促进企业投资 SAF 生产项目，推进从 SAF 加注试点进入常规加注的商业应用模式。

多种措施扩大 SAF 需求。第一，完善政策制定和激励。将 SAF 作为战略性新兴产业，制定 SAF 的顶层设计、规划及“一揽子”政策体系；发挥 SAF 与发展循环经济的协同，有相应政策支持废弃物转为高附加值产品。第二，针对 SAF 对税收给予优惠措施，从航空煤油下设置独立税则号，并给予出口退税。第三，加力支持低碳能源技术研发和多元化发展。引导企业和科研机构强化技术创新，加强 AtJ、G + FT 和 PtL 等路线的技术研发，促进 SAF 技术路线的多元化发展。

参考文献

[1] Argus.（2023）. EU publishes renewables, SAF blending mandates laws https://www. argusmedia. com/en/news – and – insights/latest – market – news/2504412 – eu – publishes – renewables – saf – blending – mandates – laws.

[2] Transportenvironment. org.（2024）. Implementing the EU's e – SAF mandate A first look at ReFuelEU penalties for fuel suppliers https://www. transportenvironment. org/uploads/files/202410_ReFuelEU_Penalties. pdf.

[3] 欧洲联盟航空安全局.（2024）.《可持续航空燃料（SAF）》. https://www. easa. europa. eu/en/domains/environment/sustainable – aviation – fuels – saf.

[4] RSM US LLP.（2024）.《财政部发布可持续航空燃料税收抵免新指南》. https://rsmus. com/insights/tax – alerts/2024/treasury – issues – new – sustainable – aviation – fuel – credit – guidance. html.

[5] 美国国税局.（2024）.《可持续航空燃料税收抵免》. https://www. irs. gov/credits – deductions/businesses/sustainable – aviation – fuel – credit.

[6] 美国国税局.（2024）.《通知 2024 – 37：可持续航空燃料税收抵

免》. https://www. irs. gov/pub/irs - drop/n - 24 - 37. pdf.

[7]美国能源部. (2024). 《用于计算可持续航空燃料生命周期排放的GREET模型用户手册(40bSAF - GREET)》. https://www. energy. gov/sites/default/files/2024 - 04/40bsaf - greet_user - manual. pdf.

[8]加州空气资源委员会. (2024). 《低碳燃料标准》. https://ww2. arb. ca. gov/our - work/programs/low - carbon - fuel - standard.

[9]民航局. (2024). 我国启动可持续航空燃料应用试点 https://www. gov. cn/lianbo/bumen/202409/content_6975320. htm.

[10]央视网. (2024). 我国启动可持续航空燃料应用试点 12 个航班将正式加注 https://news. cctv. cn/2024/09/19/ARTIul6qX8xdNZeNERdVeIdx240919. shtml.

[11]国务院. (2022). 《"十四五"民用航空发展规划》https://www. gov. cn/zhengce/zhengceku/2022 - 01/07/5667003/files/d12ea75169374a15a742116f7082df85. pdf.

[12]国务院. (2024). 《关于加快经济社会发展全面绿色转型的意见》https://www. gov. cn/zhengce/202408/content_6967663. htm.

[13]发改环资. (2023).《绿色低碳先进技术示范工程实施方案》的通知 https://www. gov. cn/zhengce/zhengceku/202308/content_6899582. htm.

[14]发改委. (2024).《关于大力实施可再生能源替代行动的指导意见》https://www. gov. cn/zhengce/202411/content_6984676. htm.

[15]国家能源局. (2024). 关于组织开展绿色液体燃料技术攻关和产业化试点的通知 https://www. 163. com/dy/article/JAICNU6605509YYU. html.

[16]发改能源. (2023). 《关于促进炼油行业绿色创新高质量发展的指导意见》https://www. gov. cn/zhengce/zhengceku/202310/content_6911599. htm.

[17]国务院. (2024). 《推动大规模设备更新和消费品以旧换新行动方案》https://www. gov. cn/zhengce/content/202403/content_6939232. htm.

[18]上海市政府. (2022). 《上海市碳达峰实施方案》https://www.

ndrc. gov. cn/fggz/hjyzy/tdftzh/202208/t20220808_1332758_ext. html.

[19]工信部. (2023).《绿色航空制造业发展纲要》https://www. gov. cn/zhengce/zhengceku/202310/P020231010771078868473. pdf.

[20]发改环资. (2023).《绿色低碳先进技术示范工程实施方案》http://images. policy. mofcom. gov. cn/file/20231010/84751696904764508. pdf.

[21]工信部. (2023).《绿色航空制造业发展纲要》https://www. gov. cn/zhengce/zhengceku/202310/P020231010771078868473. pdf.

[22]民航局. (2023).《航空替代燃料可持续性要求(征求意见稿)》http://www. caac. gov. cn/HDJL/YJZJ/202307/t20230712_220619. html.

[23]民航局. (2023) 2024 年民航安全能力建设资金预算方案 http://www. caac. gov. cn/XXGK/XXGK/TZTG/202310/t20231016_221726. html, 2023 年民航安全能力建设资金预算方案 http://www. caac. gov. cn/XXGK/XXGK/TZTG/202210/t20221014_215642. html.

融合发展篇

石油石化行业耦合绿氢绿电降碳发展现状及展望

施大鹏　闫钰铮　李亚莉　曹建军①

摘　要　石油石化行业作为国民经济的基础和支柱产业，能源消耗多，碳排放量和碳排放强度均较大。随着我国可再生能源的快速发展，石油石化行业耦合绿氢绿电将成为行业降碳的重要途径。石油石化生产过程中使用绿电，提高工艺装置电气化率；使用绿电电解水制取的绿氢代替灰氢；石化生产过程进行适应绿电绿氢的流程再造等措施将为行业实现“双碳”目标提供有力支持。本文首先介绍了石油石化行业耦合绿氢绿电降碳的思路和路径，其次分析了该项技术的发展现状，最后对石油石化行业耦合绿氢绿电实现“双碳”目标的前景进行了展望。

关键词　石油石化　绿电　绿氢　碳排放

①　施大鹏，中国石化经济技术研究院优化咨询中心专家，博士，高级工程师；闫钰铮，中国石化经济技术研究院优化咨询中心副咨询师，工程师；李亚莉，中国石化经济技术研究院优化咨询中心咨询师，博士，工程师；曹建军，中国石化经济技术研究院副总工程师，优化咨询中心经理，正高级经济师。

一、耦合绿氢绿电是石油石化行业降碳发展的重要途径

（一）石油石化行业实现碳中和难度较大

1. 石油石化行业碳排放基数较大

石油石化是国民经济的基础和支柱产业，是制造业的重要组成部分，经济体量大、产业链条长、产品种类多、管理覆盖广，是推动经济高质量发展的关键和重点行业之一。经过70多年的发展，我国石油石化行业已建成门类齐全、品种配套、技术先进、具有较强竞争力的现代工业体系，支撑了我国的大国地位，炼油和主要化工产品产能均居世界首位（见表1），在国民经济中具有举足轻重的地位。

表1　2024年中国石油化工产品产能

项目	单位	产能	世界排名
炼油一次加工能力	亿t	9.54	1
乙烯产能	万t	5286	1
PX产能	万t	4268	1
合成树脂产能	万t	14010	1
合成纤维产能	万t	7600	1
合成橡胶产能	万t	798.7	1

同时，石油石化工业是典型的流程工业，产业规模大、工艺技术复杂、能源消耗多，碳排放量和碳排放强度均较大。我国油气开采、石油炼制与石油化工行业碳排放每年约6亿tCO_2，占我国碳排放总量的6%左右，主要分为直接排放和间接排放两部分。直接排放中燃料燃烧（来自加热炉

等供热设备及生产蒸汽的锅炉等）产生的碳排放约占55%，生产过程排放（主要来自催化裂化烧焦等催化剂再生过程）约占35%；间接排放中因电力供能产生的排放约占10%[1]。大量的存量碳排放给石油石化行业实现“双碳”目标带来重大挑战。

2. 石油石化行业碳排放量短期仍将增长

随着新能源汽车的快速发展，我国成品油需求已逼近峰值，2030年后将进入快速下降期，但化工产品特别是高端产品需求仍将保持较快增长。因此，石油石化行业正在进行结构调整，推进“油转化”，“十五五”期间，我国将再次迎来一轮乙烯投产周期。按照现有规划，预计到2030年，国内乙烯产能规模将达到9028万t/a，“十五五”期间年均新增乙烯规模为520万t/a左右，同时乙烯下游产业链也将进行调整。“十五五”期间，芳烃产业链也将升级和适度延伸，大力发展高附加值、高端化工新材料。

随着炼油业务向“油转化”转型，化工业务建设一批化工原料和高端材料项目，结构调整和产业链延伸将会提高加工深度，增加能耗和碳排放。据统计，燃料型炼油厂炼油板块碳排放强度（加工单位原油的二氧化碳排放量）为0.15～0.3t/t，炼化一体化炼油厂炼油板块碳排放强度为0.2～0.45t/t，“油转化”、炼化一体化的发展导致石化行业碳排放量短期内仍将呈现增长态势。同时，石化行业用能结构调整难度较大。在新能源尚未实现安全可靠替代的情况下，以化石能源为主的用能结构仍将保持较长时间，新能源完全替代化石能源还有许多瓶颈问题需要解决。[2]

3. 石油石化行业常规降碳手段效果不明显

石油石化产业实现“双碳”目标离不开降碳、零碳和负碳技术支撑。

降碳技术包括工艺过程能效提升、短流程化学品生产、低品位热能回收利用、低碳原料生产化学品等技术。节能一直是石油石化行业持续实施的重要工作，行业能源消费增速整体呈逐年下降趋势，炼油、乙烯等重点行业能源利用效率不断提高。据统计，2023年我国炼油、乙烯、PX能效“领跑者”第一名的能耗指标较2022年分别下降6.1%、5.3%、11.4%。

由于石化企业长期实施节能措施，挖掘节能降碳潜力的空间有限，其他降碳技术在近期也难以大规模实施。

零碳技术包括生物燃料、绿氢（可再生电力电解水制氢和生物质制氢）与工艺过程耦合、绿电（可再生能源发电）与工艺过程耦合、可再生能源供热、先进核反应堆在石化领域应用、高效储能等技术。由于我国能源结构不断优化，绿氢、绿电与工艺过程的耦合成为行业降碳的重要途径。

负碳技术包括二氧化碳高效转化燃料化学品、二氧化碳捕集、利用与封存（CCUS）等技术。CCUS 是实现碳中和的关键技术和托底技术，但捕集的二氧化碳进行地质封存存在源汇匹配问题和泄漏风险、用于驱油数量有限、开展化学利用存在产品成本高和市场容量问题，因此通过 CCUS 减排的二氧化碳数量有限，不可能完全依靠 CCUS 技术实现碳中和，更多可能是应用 CCUS 技术解决碳中和“最后一公里”问题，确保最终实现碳中和目标。

4. 国家能源结构持续优化，清洁能源为工业部门降碳提供支持

“双碳”目标下，我国能源结构将加快由高碳能源转向低碳能源，可再生能源快速发展，绿电装机逐年增加，绿电成本持续下降。

2024 年，我国累计发电装机容量中，风力发电和太阳能发电装机容量合计已经占到了 42%，分别较上一年增长 18% 和 45%，未来还有进一步增长空间。国家能源局在《2025 年能源工作指导意见》中提出，2025 年非化石能源发电装机占比提高到 60% 左右，非化石能源占能源消费总量比重提高到 20% 左右，新增新能源发电装机规模 2 亿 kW 以上，发电量达到 10.6 万亿 kWh 左右。

随着绿电产能的增加，绿氢应用发展成为工业、交通、建筑等部门降碳的重要途径。氢能是氢与氧发生化学反应所释放出的化学能，是一种来源广泛、清洁无碳、灵活高效、应用场景丰富的二次能源。它有两个极具竞争力的特征：一是质量能量密度高，单位质量的热值约是煤炭的 4 倍、汽油的3.1倍、天然气的2.6倍；二是可存储且无碳，还能与多种能源耦合，与电力相比可以实现跨时间及地域的灵活运用，可用于交通燃料、工业原料、储能、发电等，被认为是构建以可再生能源为主的多元能源结构的重要载体。因此，在能源转型过程中，氢能是最佳的碳中和能源载体，是打造未来能源体系、实现能源变革的重要媒介，更是深度减碳的攻坚利器，将与电力一起居于未来能源体系的核心地位。

5. 清洁氢能成为构建清洁低碳安全高效现代能源体系的新能源

鉴于氢能的突出优势和对能源转型及“双碳”目标实现的重要意义，目前许多国家把氢能发展上升到国家能源战略的高度进行部署。据国家能源局节约和科技装备司《中国氢能发展报告（2025）》等文献报道，截至2024年底，全球已有美国、欧盟、日本、韩国等60多个国家和地区发布了氢能发展战略。例如，美国发布了《国家清洁氢战略与路线图》，目标是将美国清洁氢产量2030年增加到1000万t、2040年达2000万t、2050年达3000万t，主要用于工业、重型运输和长期储能；欧盟发布了《氢能能源战略》，计划到2030年将欧盟绿氢产能增加到超过1000万t，2050年前绿氢技术完全成熟并大规模应用于难以通过电气化实现零碳排放的领域；日本发布了《氢能源基本战略》，计划到2030年建设900座加氢站、1200辆燃料电池公共汽车、1万辆燃料电池叉车，到2050年氢能产量达到1000万t，以氢能发电替代天然气发电、以加氢站取代加油站、以燃料电池车取代传统燃油车。据国际能源署（IEA）发布的《全球氢能回顾2021》报道，2020年氢能在全球终端能源消费中占比不足0.1%，预计到2030年将提升至2%、2050年达到10%以上；2020年全球氢能需求为9000万t，主要用于炼油和工业部门，用于交通运输的仅占0.02%，预计到2050年全球氢能需求将超过5亿t，几乎全部来自可再生能源制氢。

我国非常重视氢能发展，制定出台了产业规划，大力推进氢能发展。2019年3月，氢能首次被写入《政府工作报告》，明确将推动加氢等设施建设；2024年11月全国人大常委会通过的《中华人民共和国能源法》将氢能列入能源范畴；2020 年 9 月，财政部、工信部等五部门提出开展氢燃料电池汽车示范应用，对符合条件的城市群开展氢燃料电池汽车关键核心技术产业化攻关和示范应用给予奖励；2021 年 10 月，中共中央、国务院印发《关于完整准确全面贯彻新发展理念做好碳达峰碳中和工作的意见》提出统筹推进氢能“制储输用”全链条发展；2022 年 1 月，国家发展改革委、国家能源局印发《“十四五”新型储能发展实施方案》，提出拓展氢（氨）储能、应用领域，开展依托可再生能源制氢（氨）的氢（氨）储能试点示范，包含可再生能源制储氢（氨）、氢电耦合等氢储能示范应用；2022 年 3 月，国家发展改革委发布《氢能产业发展中长期规划（2021—2035 年）》，将氢能确定为未来国家能源体系的重要组成部分和用能终端实现绿色低碳转型的重要载体，氢能产业被确定为战略性新兴产业和未来产业重点发展方向；2022 年 3 月，国家发展改革委和国家能源局发布《“十四五”现代能源体系规划》，提出开展风电、光伏发电制氢示范，适度超前部署一批氢能项目，着力攻克可再生能源制氢和氢能储运、应用及燃料电池等核心技术，力争氢能全产业链关键技术取得突破，推动氢能技术发展和示范应用。目前，我国已有近 30 个省（市）发布了氢能发展相关政策方案。从党和国家上述要求部署中可以看出，我国生态文明建设将进入以降碳为重点战略方向、降碳减污扩绿增长协同推进的关键时期，其中氢能将成为推进经济社会发展全面绿色转型、构建清洁低碳安全高效现代能源体系的新密码。

（二）石油石化行业与清洁能源、清洁氢气耦合是降碳的重要途径

1. 提高生产过程电气化率是石油石化行业降碳的重要措施

石油石化行业是耗能大户，无论是石油开采、石油炼制还是化工产品的生产，均伴随着能量消耗。石油石化行业消耗的主要能源形式包括电、燃料气（天然气、副产干气）、蒸汽等。这些能源主要用于设备驱动（钻

采设备、电动机、汽轮机、过滤器等)、产生热能（加热炉）及冷能（制冷设备)、装置吹扫等，相当一部分能源来自化石燃料，单位能耗碳排放量比较大。

随着我国电力中可再生能源比例越来越高，电力二氧化碳因子逐年下降，电力消耗带来的碳排放越来越少。据生态环境部、国家统计局发布的数据，2022 年全国电力平均二氧化碳排放因子为 0.5366 kg CO_2/kWh，比 2021 年排放因子低 0.02 kg CO_2/kWh。以某千万吨级炼化一体化企业年用电负荷约 30 亿 kWh 计算（假定用电均来自电网)，每年仅因为电力排放因子降低带来的碳减排量就达 6 万 tCO_2，如果用自发或外购绿电全部代替网电，以 2022 年排放因子为基数，该企业每年减碳量将达 160 万 tCO_2。

但是，目前石化企业平均电气化率低于工业部门平均值约 10 个百分点，难以充分发挥绿电降碳作用。因此，在确保安全生产的前提下，适当提高生产过程电气化率，用电动机代替蒸汽透平，用电加热代替常规加热炉，多使用各种来源的绿电是石油石化企业降碳的重要途径。

2. 绿氢替代灰氢是石油石化行业降碳的重要途径

氢是石化装置的重要原料，炼油厂通过加氢精制过程去除油品中的硫化物等杂质，获得符合产品标准的成品油产品或符合下游装置原料要求的二次加工装置原料或化工原料；通过加氢裂化过程使重质油品转化为化工原料和轻质油品。由于我国环境保护力度逐年加大，对炼油产品中杂质的要求以及炼油生产过程污染物排放的要求都越来越高，为了满足油品质量升级和环保要求，加氢精制类装置成为大部分炼油企业必备的二次加工装置；随着重油加工转化以及炼油向化工转型，加氢裂化类装置越来越受到炼油行业的重视。

油品质量升级、“油转化”等导致单位加工量用氢将增长。根据对典型石化企业用氢数据的分析，不同生产流程的石化企业单位原油加工耗氢强度如下：

燃料型企业，氢气主要用于产品加氢精制及蜡油加氢处理、渣油加氢等装置。部分规模小、流程短、加氢率低的燃料型炼油企业，单位原油加工耗氢比例不到0.5%；中等规模的燃料型炼油企业，单位原油加工耗氢比例可以达到1.0%~1.1%。

炼化一体化企业，加氢裂化、渣油加氢等装置是耗氢大户。典型的包含乙烯裂解和芳烃联合装置的炼化一体化企业炼油部分单位原油加工耗氢比例为1.4%~1.7%。企业氢源中，虽然重整和乙烯裂解装置提供了大量副产氢，但供需仍存在较大缺口，为了保持企业氢气平衡，需要运行煤制氢或天然气制氢装置。

近年来新投产的新型炼化一体化企业的特点是大量生产化工原料，少产甚至不产成品油。由于转化率高，加氢裂化装置多，耗氢量大。典型的以最大量生产芳烃原料的炼化一体化企业，炼油装置单位原油加工耗氢比例可以达到3%。

大部分石化企业靠副产氢难以达到氢平衡，需要专门制氢装置提供高纯氢。目前制氢以化石能源生产的灰氢为主，碳排放强度大，详见表2。因此，用绿氢替代灰氢是石化企业降碳的重要路径。

表2　不同制氢过程的碳排放因子

tCO_2/t 氢

制氢工艺	碳排放因子	制氢工艺	碳排放因子
天然气制氢	8~16	乙烯副产氢	0.67
煤制氢	11~25	乙苯脱氢	1.63
氯碱副产氢	1.78	丙烷脱氢	1.25
重整副产氢	0.23	绿电电解水制氢	0

随着绿电产业的快速发展，我国绿氢产业也呈现快速增长之势，将为石化行业提供充足的绿氢绿电供给。

3. 国家政策鼓励工业部门耦合绿氢绿电

目前，绿氢炼化已列入国家多份正式文件。2021年11月，国家发展改革委等多部门联合印发的《“十四五”全国清洁生产推行方案》中，明确提出石化化工行业实施绿氢炼化降碳工程；2022年3月，工业和信息化部、国家发展改革委等五部委联合印发的《关于“十四五”推动石化化工行业高质量发展的指导意见》中，提出鼓励石化化工企业因地制宜、合理有序开发利用“绿氢”，推进炼化、煤化工与“绿电”“绿氢”等产业耦合示范；2024 年 12 月 30 日，工业和信息化部办公厅等三部门联合印发《加快工业领域清洁低碳氢应用实施方案》鼓励炼化行业加氢裂化、加氢精制，煤化工行业气化等环节利用清洁低碳氢替代化石能源制氢。

（三）石油石化行业耦合绿氢绿电的路径分析

展望未来，在新能源安全可靠替代的基础上，石油石化企业在实现节能减排、提高资源能源利用效率的同时，用氢将逐步走向以绿电制绿氢为主，用能将逐步走向以绿电和绿氢为主，绿氢与绿电协同耦合将重构石油石化业务的能源供给体系，再造石化工艺流程，生产更多绿色低碳石化产品，并为氢能交通提供绿氢燃料，推动炼化业务实现净零排放。

1. 生产过程使用绿电，提高工艺装置电气化率

石油石化企业可以根据自身情况，通过自行建设分布式可再生能源装置或外购绿电等方式优化用能结构，并提高生产过程电气化率，很多企业已经取得了初步成果。例如青海油田深入挖掘清洁替代潜力，按照“应替尽替”原则，采用光热、余热、电加热等技术手段替代现有化石能源供热系统，全面推进“电代气、电代电、电代热”零碳生产进程，已建成新能源装机规模超百万千瓦，通过实施 8 口钻井“电代油”及柴平 12 井电驱压裂施工，替代柴油超 1100t，减排二氧化碳超 3000t。燕山石化公司在生产厂区利用 102 个屋顶建设分布式光伏发电项目，项目全部建成后每年向该公司内部电网输送绿电 1016 万 kWh，可替代标准煤 2890t。燕山石化公司还积极购买内蒙古、山西等地新能源发电厂的绿电，利用可再生能源有效抵消碳排放量，在 2023 年实现了绿电消纳量占外购电量的 16.3%，连续 4 年成为北京市最大的绿电交易用户。

未来，我国将建成以新能源为主体的新型电力系统，在新能源安全可

靠替代的基础上，炼化企业用能逐步实现由火电和化石能源转向绿电，实现再电气化。蒸汽透平、蒸汽加热器等可以采用绿电代替蒸汽驱动电动机和加热，工艺加热炉可逐步采用绿电加热替代化石燃料，对于碳排放量大的乙烯裂解炉，国内外多家乙烯裂解专利商和科研单位均在开展电加热裂解炉相关技术的研发。通过与绿色电力融合发展，该技术可将裂解环节的碳排放降低约 90%。

2. 绿氢替代灰氢，提高用氢效率

“双碳”目标下，石化企业制氢工艺将由灰氢向绿氢过渡，最终以绿氢为主。随着绿电制氢技术不断进步和生产成本不断下降，石化企业将推进制氢绿色化，不断做大绿氢产业规模，为石化生产提供低碳氢。部分条件合适的化石能源制氢装置配套 CCUS 技术，生产蓝氢，但受 CCUS 可利用资源的限制，蓝氢的产业规模将小于绿氢。

生产过程用氢高效化是石化企业降碳的重要环节。总体上看，与国际先进水平相比，我国石化企业各类加氢装置氢耗比较高，还有较大的优化空间。“双碳”目标下，石化企业需要采取有效措施，通过采用定向加氢技术、优化生产运行、开展工艺过程优化和集成等手段，进一步降低氢耗、提高氢气利用效率。

在石化企业，绿氢除了作为装置原料，也可以代替天然气和其他化石燃料，氢气使用专用燃烧器燃烧可产生高位热能（>650℃），为难以电气化的设备（如乙烯裂解炉）供热。绿氢还可以供给氢热电联产装置产生热量和发电，全面降低企业碳排放。绿氢—绿电组成的耦合能源系统将在碳中和阶段为石化行业深度脱碳提供重要帮助。

3. 绿氢和石化生产过程耦合，促进石化行业绿色化

（1）积极助力交通行业低碳化。石化企业生产的氢气除用于炼化业务外，还为交通行业提供高纯氢气，助其实现低碳发展。“双碳”目标下，我国氢燃料电池车将会快速发展。2020 年国务院办公厅颁布的《新能源汽车产业发展规划（2021—2035 年）》中明确将燃料电池汽车与纯电动汽车、插电式混合动力汽车共同列为未来发展的三大方向。

石化行业在氢能生产、运输、储存、加注、使用等环节具有丰富经验和技术，而且国内大型石化集团均拥有遍布全国的加油站，具有发展氢能业务的网络优势，通过在石化企业建设高纯氢生产装置，可以将传统加油站逐步改造成为“油气氢电服”综合加能站，结合氢燃料汽车推广情况，发挥自身优势，高效率低成本打造氢气制备、储运及加注综合能源服务体系。为交通行业提供低碳氢能将成为石化企业适应市场需求，优化产品结构，实现产品绿色化的重要举措，也将为国家能源体系绿色化提供支撑。

（2）为新型能源系统提供储能单元。由于波动性可再生能源（VRE，主要包括太阳能和风能）在电力系统中所占比例越来越高，为了保持电网供需平衡，需要加强电网基础设施和储能设施建设。储能技术是电网灵活性的关键来源。Power - to - Gas（P 2G）技术路线，即把 VRE 以氢气或绿色甲烷等形式大规模储存起来并加以应用是化学储能的重要手段。氢电耦合以其灵活调节特性，有望为新能源弃电问题提供新的解决方案。氢储能将多产生的电力用来制造可储存的氢气，并在需要时转化为电能，$1Nm^3$氢气大约可产生 1.35kWh 电能。从中长期看，绿氢将成为远距离运输和分配可再生能源的重要方式。中国石化的库车绿氢项目、中国石油的玉门东200MW 光伏发电项目和160MW 光伏制氢都是 P 2G 在国内的重要试点。国家能源局在《2023 年能源工作指导意见》中指出，加快攻关新型储能关键技术和绿氢制储运用技术，推动储能、氢能规模化应用。石化企业建设绿氢生产装置，可以为电网提供缓冲，长时间吸收 VRE 并可实现季节性存储。这些政策为石化企业深度介入氢储能业务提供了支持。电解制氢装置可提供灵活的负载，为电力系统提供低成本的平衡服务（上调和下调），同时可生产氢气，满足交通和工业需求。下游产业（天然气基础设施、氢供应链等）的内置存储容量可起到缓冲作用，以便根据电力系统的需求，实时调节氢气产量从而调节电力消耗，并可长时间消纳 VRE，从而实现季节性存储。换言之，绿氢有助于实现电力系统与工业、建筑和交通运输部门之间的“产业互连”，可提高灵活性，同时能够促进 VRE 与电力系统的整合。[3]

（四）石油石化企业适应绿电绿氢耦合的流程再造

1. 适应波动性能源的基础设施升级

风光发电天然具有波动性、不连续性，风光电解水制绿氢也具有波动性、不连续性，而传统石化生产过程要求连续稳定操作，高比例绿电绿氢耦合石化生产面临的主要挑战是如何协调波动、不连续的绿氢生产与连续稳定的石化生产之间的矛盾。为了解决该矛盾，需要研究石化氢气供应网络的优化配置，研究绿氢波动工况对“管网输氢—储氢—化工生产”全链条工艺的影响规律，设置合理的储氢设施，开发基于用氢需求自动调节的稳态消纳策略，形成 VRE 耦合电解水制氢装置波动性电源系统配置及动态适应的解决方案。

胜利油田采取的措施是完善新型电力系统总体布局，推进主干网架提质升级，与国网紧密合作，形成稳固可靠、方式灵活的油田电网新架构，支撑高比例新能源在更大范围内优化配置。加快建设新能源与油气勘探开发高效耦合的智能配电网，支撑油田太阳能光伏项目接入。提升现有煤电机组灵活调节能力，推动煤电向基础保障性和系统调节性电源并重转型，更好地参与电力系统调节，支撑新能源能发尽发和充分消纳。

中国石化新疆库车绿氢示范项目年产能 2 万 t 的电解水制氢装置配套建设了储氢规模约 21 万 Nm^3 的储氢球罐。2024 年 12 月，库车绿氢示范项目装机容量为 12.5MW/50MWh 的电化学储能电站顺利并网，这些储能、储氢设施将有效平抑 VRE 和绿氢的波动性。

2. 适应高电气化率的电力设备和供配电系统改造

未来，随着石油石化装置再电气化进程的加快推进，需要开发替代汽轮机的大功率电动机和变频国产技术、新型电加热炉技术。随着企业用电负荷的大幅提高，总变电站（所）和单位变电所数量会增加，深入负荷中心的电压等级会提高；石化企业入口变电站（一级变电站）的电压等级也会提高，电气主接线形式发生较大变化，相应地，变电所占地、总图布置（防火距离）等均会发生变化。

科研部门需要开发适用于石化企业特殊环境的国产特大容量正压通风型电动机及特大容量电动机启动和变频国产技术、基于电驱动的零碳排放加热炉成套技术等；开发技术先进、自动化程度高的预装式变电所，进一步进行模块化预装式变电所的标准化设计，加快推动从“混凝土变电所”的传统理念向“模块化预装式变电所”的转变。

石化企业配电系统需要升级，开发无功补偿优化、谐波抑制、主接线优化配置等技术，同时可以开展大功率电机起动调速技术、源网荷储一体化稳控调度技术、储能技术等研究工作。总体目标是在风光发电等新能源大规模接入并网时，通过多种方式解决发电间歇性、波动性、随机性的问题，保障电力系统安全稳定运行。同时基于石化再电气化背景，解决配电系统出现的异常问题。

企业电网需要与信息技术深度融合。电力系统全环节将具备智能感知能力、实时监测能力、智能决策能力，源—网—荷之间实现高度智能化的协同互动。

3. 石油石化行业与绿氧的耦合

电解水制氢装置每生产 1t 氢气同时副产 8t 氧气（绿氧），目前大部分装置绿氧放空，不仅浪费了资源，还存在安全隐患。电解水制氢装置产绿氧纯度可达 99.2%，可以与石化流程耦合，实现绿色资源的合理利用。

（1）富氧催化再生。使用氧气替代空气作为再生气体，待生催化剂在富氧再生主风的作用下完全燃烧得到的再生烟气富含 CO_2，经换热后可直接用于 CO_2 再利用。富氧催化再生技术可应用于石油炼制工艺过程中催化裂化、丙烷脱氢、甲醇制烯烃等催化剂连续再生主要为烧焦的再生过程。只需对现有装置进行部分改造，即可提升装置烧焦能力。

（2）作为化工原料。氧气作为原料在化工行业应用广泛，且用量较大，煤化工路线中需要消耗大量的氧气，全部由空分制氧，用绿氧可以替代空分为煤化工供氧。环氧乙烷/乙二醇装置普遍采用氧气氧化法，可采用经过提纯的绿氢和乙烯作为原料，氧化反应生成环氧乙烷，环氧乙烷水合生成乙二醇的工艺路线。目前大型 PTA 工业装置主要采用空气进行氧化反应。如果改用绿氧，在反应器空气进料线加入纯氧，提高空气中的氧含量，有利于提高反应速度和产能，减少气体总量和压缩机能耗。

（3）用于环保领域。在污水处理中，氧气可以用于生物处理工艺中的曝气环节，增加水中的溶解氧含量，促进微生物的生长和代谢活动，加速有机物的降解和转化。此外，污水处理的臭氧催化氧化工艺，也可以使用氧气制备臭氧。利用高纯度绿氧，污水处理效率可以达到传统空气曝气的 3 倍。

二、石油石化行业耦合绿氢绿电现状

（一）绿氢制储输用技术发展迅速

在全球能源结构低碳化转型与碳达峰、碳中和战略目标引领下，绿氢被视为未来氢气的关键来源，其制取、储存、运输、应用技术已成为全球关注的焦点。我国是世界最大的制氢国，高度重视绿氢产业体系构建。2024 年 7 月，《中共中央 国务院关于加快经济社会发展全面绿色转型的意见》提出“推进氢能‘制储输用’全链条发展”。为贯彻党中央、国务院决策部署，落实《规划》部署，积极拓展清洁低碳氢在工业领域应用，2024 年 12 月 30 日，工业和信息化部、国家发展改革委、国家能源局联合印发了《加快工业领域清洁低碳氢应用实施方案》，明确到 2027 年工业领域清洁低碳氢应用装备支撑和技术推广取得积极进展。

国际层面，主要经济体竞相布局绿氢产业生态。欧盟、美国等通过《欧洲氢能战略》《氢能发展规划》等政策积极推动绿氢产业化，法国、德国、葡萄牙和西班牙的近 20 家公司，结成 H2Med 西南氢走廊联盟，旨在整合氢能生产、储存、消费产业链上的领先企业。当前，全球绿氢产业已形成“政策引导—技术突破—资本聚合”三位一体的发展格局。

1. 制氢技术的发展及应用现状

绿氢制备技术包括传统碱性电解（ALK）、质子交换膜电解（PEM）、阴离子交换膜电解（AEM）和高温固体氧化物电解（SOEC）。目前可实际应用的电解水制氢技术主要为ALK和PEM，SOEC电解和AEM电解还分别处于示范初期和研发阶段，但具有巨大的发展潜力，也是欧美的研发重点。电解水制氢技术的核心设备是电解槽，目前中国、欧洲地区的累计电解槽装机量全球领先。据高工氢电产业研究所统计，2023年全球电解槽名义产能58GW，其中中国38GW，占比66%。中国碱性电解槽产能占全球的70%左右。

主要绿氢生产技术特点及发展现状见表3。

表3　主要绿氢生产技术特点及发展现状

	ALK	PEM	AEM	SOEC
特点	成本低、寿命长、商业化程度高且单槽电解制氢量大	安全特性好、制氢纯度高、电流密度大、运行灵活性高、响应速度快，能够灵活适应可再生能源的波动	安全性好、寿命长、具备良好的动态响应特性，能够灵活适应可再生能源的波动	高电能转化效率、低成本、余热高效利用
成熟度	全面商业化	商业化	尚未产业化	尚未产业化
中国产品重要技术指标	ALK电解槽单体产能均突破了3000 Nm^3/h；5000 Nm^3/h 技术也有发布	单槽功率1 MW、单槽制氢量500 Nm^3/h 技术获得突破；6 MW项目已投产	国产兆瓦级AEM技术、1 Nm^3/h 22 MPa AEM技术取得突破	国内实施百千瓦级SOEC示范项目

2. 氢储输技术的发展现状

储氢技术主要分为高压气态储氢、低温液态储氢、有机液态储氢和固体材料储氢。其中，高压气态储氢技术技术成熟度较高、应用广泛；低温液态储氢和有机液态储氢在大规模、远距离的氢能储运上有较大优势，由于成本高、存储难度大、使用场景受限等问题，还未能大规模商业化应用；固体材料安全性高且单位运输量大，有着巨大潜力，但成本较高，目前处于发展阶段。氢气运输主要分为车辆运输、船舶运输和管道运输，利用现有天然气管道掺氢运输是现阶段一大研究热点，其安全性和氢气与天然气的分离方法有待研究。

（1）高压气态储运具有储氢容器结构简单和充放气速度快的优势。目前中国车载储氢气瓶主要为 35 MPa Ⅲ型瓶（铝内胆纤维缠绕瓶）和Ⅳ型瓶（塑料内胆纤维缠绕瓶）。目前美日等国家主要使用 70 MPaⅣ型储氢罐，并已经开始研发Ⅴ型无内胆纤维缠绕储氢罐。2023 年 7 月，中材科技成为国内首家获得 70MPaⅣ型储氢气瓶制造许可证并建成智能化、自动化生产线的企业。未来，高压气态储氢还需向轻量化、高压化、低成本、质量稳定的方向发展，需探索新型储氢罐材料以匹配更高压力下的储氢需求，提高储氢安全性和经济性。

（2）氢气气态运输方式主要包括长管拖车和管道运输两种，分别适用于小规模、短距离运输和大规模、中长距离运输。国外氢气长管拖车运输技术较为成熟，目前欧美等国家已推出 50MPa 的长管拖车，单车运氢量达 900kg；中国普遍采用 20MPa 长管拖车运氢，单车运氢约为 300kg。管道运输氢气的压力相对较小，具有输氢量大、能耗小的优势。美国氢气管道建设规模最大，总里程超过 2500km，欧洲已建成超过 1500km 的氢气管道。当前，中国氢气管道建设也已初具规模，包括规划在内的总长度已超过 1800km。2023 年 4 月，中国石化西氢东送输氢管道示范工程被纳入《石油天然气“全国一张网”建设实施方案》，该项目的管道全长 400km；中国石油宁夏银川宁东天然气掺氢管道顺利通过加压和测试，为我国大规模、低成本、远距离氢能运输提供了技术支撑。

（3）低温液态储运将液化后的氢气储存在低温绝热的真空容器中，大幅提高了氢的密度和储存运输效率。当前美国、日本等国家在该技术领域处于领先地位。美国 NASA 拥有全球最大的液氢储罐。国内液氢应用主要服务于航天和军事领域，并逐渐向民用市场扩展，近年来市场活力不断增强。2023 年，航天科技集团建成国内首个液氢储存加氢站关键装备开发验证平台，标志着我国液态储氢加氢示范系统及其关键设备研制技术取得重大突破。

（4）有机液态储运借助某些烯烃、炔烃或芳香烃等不饱和液体有机物和氢气的可逆反应、加氢反应实现氢的储存，借助脱氢反应实现氢的释放，储氢量大，可实现常温常压运输。国外有机液态储氢技术发展较早，德国 Hydrogenious Technologies 公司已建立工业级有机液态储氢工厂；日本千代田公司以甲基环己烷为氢载体，将有机液氢由文莱运输到日本，实现了氢气的长期储存和运输。国内该技术起步稍晚，布局企业包括中国化学、中国海油、氢阳能源、氢易能源、中氢源安等。2023 年 1 月，由中国化学建投公司投建的全球首套常温常压有机液体储氢加注一体化装置在上海开车运行，标志着我国有机液态储氢技术已具备工业化和商业化的条件。

（5）固态储运是在一定温度、压力等条件下，通过材料与氢分子间的物理吸附或化学反应实现氢气的可控存储与释放的技术。固体材料储氢技术具有安全性高、能量密度高、设备要求较低和运输方便等优势，近年来其市场吸引力不断增强，并已经向商业化迈进，在研发和应用方面均取得了优异成绩。国外该技术起步较早，McPhy 公司开发了镁基储氢技术，于 2016 年建成了 750kg 的固态储氢平台；我国固态氢储运起步较晚，镁源动力、氢枫能源、中船 712 所等企业正加速布局，目前镁基、钛铁系、钒系固态储氢技术日趋成熟，并实现了关键技术突破和转化应用，氢枫能源、安泰科技等企业建成千吨级镁基储氢材料生产线。2023 年 3 月，国家重点研发项目固态氢能发电同时在广州和昆明实现并网，是我国首次将光伏发电制成固态氢能应用于电力系统，储氢规模达到 165kg。

（二）绿电产业和技术发展及应用现状

IEA 的旗舰报告《可再生能源 2024》称，在 2024—2030 年，全球将新增可再生能源装机容量超过 5500 GW，累计装机量将达到近 11000GW。报告指出，根据目前的市场趋势和各国政府当前的政策设定，从现在起到 2030 年，我国将占全球可再生能源装机容量的近 60%。截至 2024 年底，我国可再生能源装机达到 18.89 亿 kW，约占我国总装机的 56%，其中水电装机 4.36 亿 kW、风电装机 5.21 亿 kW、太阳能发电装机 8.86 亿 kW、生物质发电装机 0.46 亿 kW。

1. 风力发电领域

目前，中国、美国、巴西、德国、印度为全球风力发电前五大市场。国家能源局数据显示，我国风电装机已经达到全球风电装机的 50%，其中陆上风电 4.8 亿 kW、海上风电 4127 万 kW。

2. 光伏发电领域

根据国际太阳能协会的最新预测，到 2025 年底，全球光伏发电的累计装机规模将超过煤电，成为世界上最大的装机电源。目前，全球光伏发电市场主要集中在中国、欧洲和美国等国家和地区，中国是全球光伏发电领域最大的市场。我国光伏发电装机容量中集中式光伏为 5.11 亿 kW，分布式光伏为 3.75 亿 kW。依托政策引导与技术攻坚，中国光伏产业已构建起覆盖基础研发、高端制造和场景落地的全生态优势。

（三）石油石化行业耦合绿氢发展现状及降碳效果

1. 国外石油石化行业耦合绿氢案例

为有效应对全球气候变化，目前许多国外大石油石化公司明确提出了净零碳排放目标和低碳发展战略，加快部署“绿电—绿氢—炼化”一体化示范项目，积极推进绿色低碳转型。2020 年，壳牌联合 Gasunie、格罗宁根海港启动 NortH2 项目，在荷兰建设大型绿氢厂，将 80 万 t 绿氢用于工业以及消费市场；英国石油公司（BP）公司与海上风电开发商合作，将在德国 Lingen 炼油厂大规模应用绿氢，初步的目标是建造 50MW 的电解槽，替代该工厂 20% 的天然气制氢产能，项目后期电解槽产能可能扩大至

500MW，以取代 Lingen 炼油厂所有的化石燃料制氢产能。2021 年，壳牌在位于德国莱茵的精炼厂运营欧洲最大的 PEM 电解槽，可年产绿氢 1300t。2022 年，壳牌拟在荷兰建设 200MW 电解氢工厂，每天可生产 60t 绿氢，最初将用于壳牌附近 Pernis 炼油厂的脱碳，并支持氢在重型运输行业的工业使用。2024 年，壳牌对 Refhyne 2 作出最终投资决定，宣布在德国建造 100 MW 电解槽，为其在德国的炼油厂提供绿氢。2025 年，BP 和 Iberdrola 开始建设西班牙最大绿氢工厂，预计每年将生产 2800t 绿氢，取代炼油厂使用的部分灰氢；道达尔能源与液化空气集团签署协议，利用可再生能源生产和提供约 45000t/a 的绿氢，为道达尔能源位于比利时和荷兰的炼油厂脱碳，并为欧洲交通领域提供可再生能源。BP 于 2023 年在西班牙瓦伦西亚利用绿氢支持炼油厂转型脱碳，可将生物燃料产量提高两倍。

2. 国内石油石化行业耦合绿氢案例

随着我国能源生产和消费革命深入推进，清洁能源快速发展，能源结构持续优化，涌现了一批石油石化行业耦合绿氢的绿色低碳转型发展的优秀示范案例。2020 年 1 月，全球首套千吨级规模太阳燃料合成示范项目在兰州试车成功，项目利用太阳能发电电解水生产绿氢，再进行二氧化碳加氢合成甲醇，被形象地称为“液态太阳燃料合成示范项目”。2022 年 7 月，由国家电投牵头总承包的达茂旗风光制氢与绿色灵活化工一体化项目开工。项目采用风光电解制绿氢，年制绿氢 1.78 万 t，再以绿氢和氮气为原料合成年产 10 万 t 液氨产品。2023 年 8 月，中国石化新疆库车绿氢示范项目全面投产，是我国规模最大的光伏发电直接制绿氢项目，每年生产的 2 万 t 绿氢全部就近供应中国石化塔河炼化公司，用于替代天然气制氢，标志着我国绿氢规模化工业应用实现零的突破。2024 年 3 月中国石油第一个规模化可再生能源制氢项目投产，年产氢气 2100t，通过输氢管道、管式槽车等送至玉门油田炼化总厂等企业，实现从生产到利用的全流程贯通。2024 年 11 月，大安全球最大风光制绿氢合成氨一体化示范项目制氢合成氨部分全系统开车服务标段招标，项目创新采用“绿氢消纳绿电，绿氨消纳绿氢、源网荷储一体化”全产业链思路设计，预算投资 59.56 亿元，新能源装机 80 万 kW，年制绿氢 3.2 万 t，年制绿氨 18 万 t。2024 年 12 月，国内首个工厂化海水制氢科研项目在中国石化青岛炼化建成，项目利用青岛炼化水上光伏电站生产的部分绿电电解海水，每小时可生产绿氢 $20m^3$，所产绿氢并入青岛炼化管网，用于炼化生产或氢能车辆加注。

（四）石油石化行业耦合绿电发展现状及降碳效果

1. 国外石油石化行业耦合绿电案例

在坚持油气主业的同时，国际石油公司普遍重视发展风电、光伏、地热业务，以替代油气生产过程中的化石燃料消费。新能源类型的热和电目前主要来自两个方面：一是油气田和石化企业自身生产供应，此类型的绿电供应属于分布式，规模小，能源替代范围和效果有限，不足以满足大规模油气生产的能源消费需求，因而减排效果也有限。二是将油气田和石化企业生产与来自外部新能源基地的绿电充分结合，达到协同一体化运行目的，通过规模绿电供应替代石油石化生产中的火电消费，以达到减碳目的，效果较为直接。目前大多数石油公司在推进此种模式，只是程度有所差异。

自 2025 年 1 月 1 日起，巴斯夫特性材料事业部旗下欧洲九大生产基地（涉及工程塑料、聚氨酯、热塑性聚氨酯及特种聚合物生产）全部切换为风电、光伏等可再生能源供电。这一转型覆盖从原材料复合到成品制造的全流程，标志着巴斯夫在实现#OurPlasticsJourney 战略目标上迈出关键一步。巴斯夫与 Vattenfall 合资建设的荷兰 Hollandse Kust Zuid 海上风电场已于 2023 年投运，为欧洲多国生产基地提供清洁电力，其在德国的第二大基地施瓦茨海德通过 24MW 光伏系统实现部分绿电自给，未来将持续扩大可再生能源装机规模。巴斯夫将欧洲经验复制至全球运营网络，包括中国湛江一体化基地。

2. 国内石油石化行业耦合绿电案例

国内石油石化行业正加速推进绿色低碳转型，通过绿电耦合模式实现能源结构优化与碳减排目标。一是企业外购绿电发展迅速，中国石化金陵石化全面参与电力市场化交易，持续扩大绿电交易规模，全年累计采购绿电 1.7 亿 kWh，相当于节约 6.8 万 t 标准煤，减少 CO_2 排放 16 万 t；巴斯夫与国家电投签署了一份为期 25 年的购电协议，落实其湛江一体化基地到 2025 年实现 100% 可再生能源供电。二是各企业依托风光发电、储能技术及氢能应用，在油田、海上平台及炼厂打造了一批标杆性项目，涵盖分布式光伏、零碳油田、深远海风电等多元场景。

我国油田、石化企业均积极引入绿电达到降碳目的。例如，中国海油“双百”深远海浮式风电平台“海油观澜号”并入文昌油田群电网，投产后，年均发电量将达 2200 万 kWh，全部用于油田群生产用电，每年可减少 CO_2 排放 2.2 万 t；中国石油冀东油田分布式自发自用光伏发电项目并网发电，项目计划前 20 年平均发电量为 5161.3 万 kWh，产出绿电并入冀东油田陆上变电站，预计年可节约标准煤 1.66 万 t，减排 CO_2 4.59 万 t；中国石化江汉油田盐化工光伏发电项目并网发电，项目装机容量 23.8MW，年发电能力在 2500 万 kWh 以上，全部由油田生产消纳，每年可减少碳排放 1.4 万 t；浙江舟山海上风电场并网运行，总装机规模为 234MW，每年上网电量可达 6.18 亿 kWh，可节约标准煤 17 万 t，减少各类有害气体排放约 47 万 t，电量全部用于浙江舟山绿色石化基地；中国石化茂名石化港口一区 24.5MW 分布式光伏发电项目并网发电，年发绿电量超 2900 万 kWh，减碳 1.74 万 t，石化园区用电消纳 10% 后，余下外送至茂名各地区使用；中国石化新星公司与扬子石化合作建设的 25MW 光伏发电项目并网发电，该项目投运后，可平均年发绿电 2468 万 kWh，每年可节约标准煤 7554t，减少 CO_2 排放约 1.88 万 t，项目所发绿电及减碳指标全部供扬子石化使用；湛江以中科炼化、巴斯夫为双龙头，打造世界级绿色石化产业基地；全国首个工业用途核能供汽工程——田湾核电蒸汽供能项目投产，生产的工业蒸汽由管道输送到连云港石化基地，标志着我国石化化工产业正式进入“核能供汽”时代。此外，宁夏石化实现绿电零的突破；中国石油辽河油田 2023 年新能源发电量首次突破 1 亿 kWh 大关；中国石油大庆油田 3 年来新能源累计发电量突破 8 亿 kWh；中国石油玉门油田在酒东作业区建成全国首个零碳油田；中国石油华北油田新发绿电直供油田油气生产设施日常运行，基本实现自发自用；中国石化江汉油田清河采油厂水上漂浮式光伏项目，年发电量超 310 万 kWh；中国海油绥中 36－1 原油终端厂分布式光伏项目顺利并网发电；中国石油大港石化 7.18MW 光伏项目并网，采取“自发自用，余电上网”方式运行。以上项目不仅推动绿电就地消纳替代化石能源，还形成源网荷储协同的技术路径，为行业探索新能源与油气产业深度融合提供了实践范本。

（五）石油石化行业耦合绿氢绿电需要解决的问题

近年来，我国石油石化行业通过耦合绿氢绿电实现低碳发展在科技开发和产业化上取得了很大进展，但总体仍处于研究或产业化示范阶段，在成本、供需、企业自发绿电制约、绿电引入、政策扶持、企业流程再造等方面均存在一些问题和挑战。

1. 绿电绿氢成本居高不下

目前企业从电网购入的绿电成本一般略高于普通网电，绿电的环境价值难以兑现。绿氢综合成本更是灰氢的 2～3 倍，绿氢短时间内难以全面替代灰氢。为了解决这个问题，一是要加快研发支撑绿氢绿电的前沿核心技术，包括氢制储运技术和装备的创新、可再生能源发电与电网耦合技术，积极探索低成本的绿氢绿电供应路径；二是要提高制造能力，增加规模经济效应；三是要加快推进绿氢绿电与石化耦合降碳工业化示范项目，稳步构建绿氢绿电产业体系。

2. 绿电供需存在矛盾

可再生能源受天气、昼夜、季节影响显著，出力具有随机性和波动性，导致发电设备具有低抗扰性和弱支撑性，与连续生产需求不匹配，绿电的有效消纳和安全运行是亟待解决的问题。一是建立智能预测与柔性调控机制，加强新能源高精度功率预测与电力气象灾害预报预警技术研发；二是大力发展风光储氢一体化项目，增强多时间尺度调节能力；三是发展绿色石化产业集群，建设园区级电网，形成集成分布式电源、储能和负荷控制，实现内部电力平衡；四是参与电力现货市场，利用分时电价套利；五是进行工艺与设备的改造升级，提升工艺弹性和设备耐波动性。

3. 石化企业电网存在升级需求

石油化工与绿氢绿电的深度耦合对电网系统提出革命性需求，核心矛盾在于现有电网架构难以适应绿电波动性与化工生产连续性的动态平衡。当前电网面临绿电间歇性特征显著、跨区域输配电能力差和调峰机制等问题，需构建电力源网荷储一体化和多能互补机制。一是部署离网型风光储氢微电网；二是同步推进主干电网智能化升级，建立动态管控系统。

4. 扶持政策不完善

石油化工与绿氢绿电耦合发展面临政策协同性不足、市场机制缺位等系统性挑战，突出表现为跨部门监管壁垒导致绿电直供石化企业的输配通道受阻、绿氢生产补贴与碳市场收益尚未形成联动机制、行业标准体系滞后制约绿色化学品认证推广等深层次矛盾。针对这些瓶颈，一是需要在政策端强化产业顶层设计，将绿氢绿电耦合项目纳入国家重大科技专项和产业转型升级基金支持范畴，对采用绿电制氢的石化企业实施财税激励，重点支持新能源大基地配套建设千万吨级绿氢炼化示范工程；二是需要完善绿色产品认证体系；三是需要深化电力体制改革，推广“绿电交易 + 容量补偿”双轨机制，对提供调峰服务的石化企业给予财政补贴。

5. 石化企业流程与可再生能源不匹配

以化石能源为核心的石化线性工艺流程与绿氢绿电的波动性供给、低碳化需求间存在系统性错配。当前流程再造面临工艺链段的低碳化改造困境，关键工艺的氢能替代需重新设计反应器结构与催化剂体系，需推动核心工艺颠覆性创新。

三、石油石化行业耦合绿氢绿电发展展望

（一）我国可再生能源产业仍将快速发展，为石油石化行业耦合绿氢绿电提供有力支撑

《中华人民共和国能源法》指出，国家推进风能、太阳能开发利用，坚持集中式与分布式并举，加快风电和光伏发电基地建设。《关于大力实施可再生能源替代行动的指导意见》提出，着力提升可再生能源安全可靠替代能力、加快推进重点领域可再生能源替代应用。预计未来绿电在能源系统中所占比例仍将快速增长，为石油石化行业提供充足绿电供给。

绿氢领域，2030 年前绿氢生产成本还难以大幅下降，经济性还难以与灰氢竞争，化石能源制氢和工业副产氢仍将是石化业务主要用氢来源。2035 年后随着可再生能源发电技术逐步迭代升级，风光电成本将持续下降，同时电解水制氢技术仍有较大进步空间，ALK 电解成本降幅潜力约有 20%，PEM 电解成本降幅有望达 40%，将推动绿氢生产成本不断下降、竞争力不断提升。

目前我国绿氢生产实际规模仅约 4 万 t/a，预计 2030 年石化企业绿氢渗透率将稳步提升，需要进一步增加绿氢的供应。高效绿氢制备技术是实现氢气低成本使用的源头，需要开发大规模制氢技术。同时由于要实现使用绿电制取绿氢，因此在启动快、动态响应好等方面对制氢技术提出了新的要求。因此高效绿氢制备技术在未来还有很大的提升空间。

1. 绿氢生产技术发展展望

电解水制氢技术中，ALK 技术目前处于较为成熟的阶段，是目前电解水制氢项目主流技术。随着技术的进步，工业化的 PEM 技术以及变革性的 SOEC、AEM 等技术将会迎来较大规模的应用。

预计 2030 年后，ALK 电解水制氢装置单槽产氢量将突破 5000 Nm^3/h，系统效率达到 80% ~85%，动态响应速度提升至 ±20% 额定功率/分钟，

适配波动性可再生能源，成本在原有基础上进一步降低。

预计到2030年，PEM技术电流密度达到$3A/cm^2$，贵金属载量达到$0.5\ mg/cm^2$以下，直流电耗为$4.3\ kWh/Nm^3$氢气，单槽功率达到5MW，寿命达到80000h，在石化领域得到广泛应用。2030年后，推动PEM技术实现贵金属载量$0.1\sim0.2\ mg/cm^2$以下，寿命突破80000h，国产化率进一步提升，成本进一步下降。

到2030年，AEM电解堆电流密度达到$1.5A/cm^2$，直流能耗为$4.3\ kWh/Nm^3$氢气，寿命达到20000h，在石化领域开始得到应用。2030年后，推进非贵金属催化剂实现商用，电流密度达$2A/cm^2$，系统效率为70%～75%，成本进一步降低。

到2030年，SOEC电解堆电流密度达到$1A/cm^2$，效率（LHV）达到85%，寿命达到40000h以上，在石化领域开始得到应用。2030年后，高温（700～900℃）电解效率突破95%，单堆功率达250kW，衰减率小于1%/1000h。

2. 氢气储运技术发展展望

《氢能产业发展中长期规划》明确，2030年建立完备的氢储运设施体系，2035年氢储运成本降至20元/kg以下。

（1）近期氢气储运关键技术发展

①储氢技术研发及应用

高压气态储氢。目前单罐储氢量$30000Nm^3$的中低压储氢球罐已在工程中成功应用。近期，在此基础上进一步提高单罐的储存能力，在2025年前后开发出储氢量$50000Nm^3$以上高压储氢球罐，力争高压气瓶的单罐容达到$15m^3$，承压能力达到45MPa，并突破70MPa Ⅳ型储氢气瓶关键制备技术，通过型式试验。到2030年高压气瓶的单罐容达到$50m^3$，承压能力达到70MPa。

低温液态储氢。2030年前完成$2000\sim5000\ m^3$液氢储罐开发，储罐的最大蒸发速率控制在低于每天0.05%并示范应用。

固态储氢技术。预计2030年针对绿氢、化工副产氢等场景实现氢气的固态存储应用。

②输氢技术研发及应用

氢气管道目前已在国内规划建设，在总结氢气管道建设、示范运行经验的基础上，力争在2030年前建成一批氢气长输管道，全面进行商用化运行。

推进新型氢气运输模式的探索。例如，开发20MPa级复合材料气瓶组，单次运氢量达800kg长管拖车；探索氢能铁路，研制液氢铁路罐车，运输半径突破1500km；研究无人机运输，目前已有企业测试载重200kg氢能无人机。

（2）中远期氢气储运关键技术发展

①储氢技术研发及应用

高压气态储氢技术。Ⅳ型储氢瓶国产化率有望突破90%，工作压力提升至100MPa级；车载储氢系统质量储氢密度预计达到6～8wt%；加氢站用大型储氢容器（45MPa以上）制造成本进一步降低。

液态储氢技术。液化装备的能耗降至8kWh/kg以下（较2020年降低40%），氦制冷系统替代率突破50%；移动式液氢储罐容积扩大至100m^3级，日蒸发率控制在0.3%以内，真空多层绝热材料热导率小于等于0.7W/(m·K)；民用液氢储运技术完成商业化验证。

固态储氢技术。核心材料有较大突破，金属氢化物体系中基于镁基/钛系储氢材料的储氢装置，其质量密度突破5wt%，碳基储氢材料中石墨烯/碳纳米管复合材料体积储氢密度达60g/L，活性炭储氢量提升至5.5wt%（77K条件下）。

②输氢技术研发及应用

对于纯氢输氢管道，适用于高压输氢管道的高钢级抗氢管材、非金属管材有望在2030年实现技术突破，阻氧涂层技术仍存在技术瓶颈，在2030年后有望实现突破。2030年后，满足高压氢气环境服役要求的焊材及合适的焊接工艺预计会得到规模化应用，管体、管体焊缝及环焊缝临氢环境服役性能评价方法，临氢环境管材氢脆敏感性、断裂韧性等关键指标将逐步完善。在核心装备方面，开展大输量、高压力压缩机组，大口径、高压力阀门等装备的研发，是保障高压氢气管道工程顺利实施的关键。同时，开展管道断裂控制技术及全尺寸试验验证，并针对典型失效模式，如爆炸、泄漏、喷射火等开展失效后果研究，建立高压氢气泄漏扩散特性及模型，将为高压氢气管道安全运行提供保障。

液氢运输呈现规模化发展，液氢槽车单次运载量提升至8t级，液氢运输半径扩展至2000km经济圈。建成沿海液氢接收码头，船运液氢实现万吨级国际航线常态化。

（二）发展展望

石油石化行业作为能源消耗和碳排放的大户，其结构调整和绿色转型已成为必然趋势。在这一背景下，绿氢和绿电作为清洁能源的代表，逐渐成为石油石化行业实现可持续发展的重要路径。利用油田和石化企业的土地，建设风电和光伏项目，为石油石化行业提供绿电；通过参与建设或外购方式购入绿电，利用绿电建设绿氢生产装置，供给石化行业，将是石油石化行业耦合绿氢绿电降碳发展的重要途径。

1. 绿氢耦合石油石化行业发展趋势展望

（1）石油石化行业结构调整推动用氢强度增加

随着石油石化行业向高端化、精细化方向发展，许多高附加值产品的生产过程对氢气的需求量大幅增加。在炼油、合成氨、甲醇等传统石化工艺中，氢气作为重要的原料和还原剂，其需求量一直居高不下。此外，随着新能源技术的快速发展，氢燃料电池、氢能汽车等新兴领域对氢气的需求也在快速增长。

根据彭博新能源财经在 *Hydrogen Demand for Oil Refiners Set to Peak by 2030* 中的预测，我国石化行业用氢强度在2030年前达峰。中国石化经济技术研究院发布的《中国氢能产业展望报告》中提出在碳达峰阶段，石化行业用氢需求将在小幅增长后步入平台期。这一增长主要因为以下几个因素：一是石化企业为了降低碳排放，正在逐步采用更加清洁的生产工艺，这些工艺需要更多的氢气作为原料或能源；二是随着石化产品结构的优化升级，高附加值产品的比例不断提高，这些产品的生产过程通常需要更多的氢气；三是随着氢能技术的不断成熟和成本的下降，氢气在石化行业中的应用范围将进一步扩大。

尽管用氢强度在不断增加，但在2030年前，预计石油石化行业的用氢结构将基本保持不变，仍以原料用氢为主。这主要是因为目前石油石化行业的生产工艺和技术体系已经相对成熟，短期内难以发生根本性的改变。此外，原料用氢在石化生产过程中具有不可替代的作用，其需求量相对稳定。因此，在未来一段时间内，石油石化行业的用氢结构仍将以原料用氢为主，辅以少量的能源用氢。

（2）可再生能源规模快速增长将推动绿氢价格下降

近年来，我国可再生能源的装机容量持续增长。2024年我国可再生能源新增装机容量为3.73亿kW，创下历史新高。其中，太阳能和风能的增长尤为显著，分别贡献了约2.78亿kW和7982万kW的新增装机容量。2025年初，国家发展改革委、国家能源局联合发布了《关于深化新能源上网电价市场化改革　促进新能源高质量发展的通知》，标志着我国新能源上网电价告别政府定价时代，全面进入市场化交易的新阶段。此项政策出台对我国新能源发展速度的影响还需进一步研究。

可再生能源的快速增长也带来了电网消纳能力的挑战。由于太阳能和风能的间歇性和不稳定性，电网在高峰期可能面临过剩的电力供应，而在低谷期可能出现电力短缺。这种供需不平衡不仅影响了电网的稳定运行，还导致了大量的“弃风弃光”现象，即由于电网无法消纳而被迫放弃的可再生能源发电量。绿氢的生产和利用是一种具有潜力的途径。利用绿电电解水制取绿氢不仅能够有效利用过剩的可再生能源电力，还能生产出清洁的氢气，为石化行业等提供绿色原料和能源。随着社会对绿氢需求的增加，绿氢的供给也将逐步扩大。预计到2030年，我国生产的绿氢，其中大部分将用于工业领域，特别是石化行业。这一增长将得益于电解水制氢技术的不断进步和成本的持续下降。根据IEA《全球氢能展望2023》的预测，到2030年，电解水制氢的成本有望下降50%～60%，这将使绿氢在价格上更具竞争力。

绿氢成本的下降将主要受益于以下三个因素：一是电解槽技术的进步将提高电解效率，降低单位氢气的生产成本。二是规模化生产将带来显著的规模经济效应，进一步降低生产成本。三是随着可再生能源发电成本的持续下降，电解水制氢的电力成本也将降低。这些因素共同作用，将推动绿氢成本的显著下降，使其在石化行业中的应用更加广泛。

（3）2030年前石化企业用氢结构将保持相对稳定

在2030年前，石化企业的用氢结构预计将保持相对稳定，仍以副产氢和灰氢为主，辅以少量绿氢。这一用氢结构的形成，主要受到当前生产工艺、技术成熟度以及成本因素的共同影响。一是副产氢和灰氢的生产工艺成熟，成本相对较低，能够满足石化企业大规模用氢的需求。二是石化行业的生产工艺和技术体系已经相对稳定，短期内难以发生根本性的改变。三是绿氢的生产成本仍然较高，且相关基础设施尚不完善，限制了其在石化行业中的大规模应用。

然而，尽管绿氢在2030年前的应用比例较低，但其发展前景广阔。随着技术进步和成本下降，绿氢在石化行业中的应用将逐步增加。特别是在一些对氢气纯度要求较高的高端产品生产中，绿氢将发挥越来越重要的作用。此外，随着全球减排压力的增加，石化企业将更加注重绿色转型，绿氢的应用比例有望逐步提高。

（4）2030 年后石油石化行业绿氢应用比例将逐渐增加

2030 年后，随着全球减排压力的持续增加和技术的不断进步，绿氢在石油石化行业中的应用比例将逐渐增加。这一趋势的推动力主要来自技术进步、成本下降以及政策支持等。

技术进步是推动绿氢应用比例增加的关键因素之一。电解水制氢技术作为绿氢生产的核心技术，其效率和经济性将直接影响绿氢的竞争力。预计 2030 年后，电解槽的效率将显著提高，单位氢气的生产成本将大幅下降。此外，新型电解槽，如质子交换膜电解槽和固体氧化物电解槽的研发和应用，将进一步提高电解水制氢的效率和稳定性。这些技术进步将使绿氢在生产成本上逐渐接近甚至低于灰氢和副产氢，从而推动其在石化行业中的广泛应用。

成本下降是绿氢应用比例增加的另一个重要推动力。随着可再生能源发电成本的持续下降，电解水制氢的电力成本也将降低。根据预测，到 2030 年，太阳能和风能的发电成本将分别下降至 0. 15 元/kWh 和0. 2 元/kWh 以下，这将显著降低电解水制氢的电力成本，从而降低绿氢的生产成本。此外，规模化生产带来的规模经济效应也将进一步降低绿氢的生产成本。根据中国氢能联盟发布的《中国氢能源及燃料电池产业白皮书》和国家能源局发布的《中国氢能发展报告（2023）》，预计到 2030 年后，绿氢的生产成本将下降至 15 元/kg 以下，其在价格上更具竞争力。

政策支持是推动绿氢应用比例增加的重要保障。我国在“十四五”规划中明确提出，要加快氢能产业发展，推动绿氢在工业、交通等领域的应用。这些政策支持将为绿氢的发展提供强有力的保障，推动其在石化行业中的广泛应用。

在石油石化行业中，绿氢的应用将主要集中在以下三个方面：一是绿氢将作为清洁原料用于炼油和化工加氢过程及合成氨、甲醇等传统石化产品的生产，这些生产过程需要大量的氢气，绿氢的应用将显著降低其碳排放。二是绿氢将作为清洁能源用于石油石化生产过程中的加热、动力等环节，替代传统的化石燃料，进一步降低碳排放。三是绿氢将用于生产高附加值化学品，如生物甲醇、可持续航空燃料等，这些产品具有更高的市场价值和环保效益。

2. 绿电耦合石油石化行业发展趋势展望

(1) 油田企业与绿电耦合的展望

油田企业拥有广阔的土地，为自发绿电提供了得天独厚的条件。利用油田场地建设光伏发电和风力发电设施，不仅可以有效利用闲置土地，还能为企业提供清洁能源，降低碳排放。光伏发电是油田企业自发绿电的重要方式之一。油田企业利用光伏自发自用的绿电，显著降低了企业的用电成本和碳排放。风力发电是另一种重要的自发绿电方式。我国许多油田位于风力资源丰富的地区，如内蒙古、甘肃等地，这些地区具备建设风力发电场的良好条件。通过在油田场地上安装风力发电机，可以利用风能发电，为企业提供清洁能源。

自发绿电不仅能够满足油田企业自身的用电需求，还能够为企业带来显著的经济效益和环境效益。一是自发绿电可以降低企业的用电成本。传统上，油田企业主要依赖外部电网供电，电价较高且受市场波动影响较大。通过自发绿电，企业可以减少对外部电网的依赖，降低用电成本。二是自发绿电可以减少企业的碳排放，提升企业的环境形象和社会责任。三是自发绿电可以为企业带来额外的经济收益。例如，企业可以将多余的电能出售给电网，获得经济回报。

随着油田企业土地资源的利用程度不断提升，可以用于新建风电、光伏发电设施的土地逐渐缩减，绿电发电量的增速可能会逐渐降低。另外，油田企业对绿电的消纳能力趋于瓶颈，未来新增绿电发电量中很大一部分会并入电网参与市场化交易，或通过与企业签订长期协议进行消纳。

（2）石化企业与绿电耦合的展望

随着可再生能源在电力系统中的占比不断增加，石化企业通过各种途径获取的绿电也在同步增加。这一趋势对企业的运营和发展产生了深远影响。

未来，电力应用比例的增加推动石化企业的电气化率不断提高。目前，石化企业生产主要将化石燃料如煤炭、石油和天然气，作为能源来源。随着绿电使用量的增加，企业开始逐步将电力作为主要的能源形式，替代部分化石燃料。这不仅减少了碳排放，还提高了能源利用效率。例如，电加热、电驱动设备等电气化技术的应用，使得生产过程更加清洁和高效。

①工艺装置电气化率不断提高

绿电的引入对现有工艺装置提出了新的要求和挑战。绿电可直接用于电加热乙烯裂解炉、替代化石能源加热燃煤锅炉和再沸器等，为炼化装置提供热能、蒸汽和动力。根据石化不同工艺单元电气化进程的差异性及其电气化应用的可能性，以新能源安全可靠为基础，未来可实行以下安全有效、经济可行的电气化实施方案。

推进石化装置电气化。一是部分蒸汽加热器、压缩机驱动采用绿电替代；二是石化企业少部分单相加热炉采用绿电加热。据测算，大部分功率较大的加热炉（>10 MW）在2030年前将暂不实施电气化，2030—2060年随着电加热技术进步，适时采用绿电加热。

乙烯装置电气化将实现工业化生产。乙烯装置的核心是裂解炉。目前乙烯裂解炉以甲烷氢为燃料，碳排放量较大，约为0.5tCO_2/t乙烯，是降碳减排的重点。未来乙烯电裂解炉的工业化应用将显著降低乙烯装置碳排放。

②绿电与石油石化企业耦合的瓶颈问题得到解决

未来，可逐步探索绿电直接引入石化企业的方式。其中面临的最大问题是绿电的波动性，而引入储能技术是解决绿电供应波动性和间歇性问题的有效手段。储能系统可以在绿电供应充足时储存多余电能，在供应不足时释放电能，从而平衡供需关系。石化企业可以根据自身的需求和条件选择合适的储能技术，并将其与公用工程系统相结合，提高能源利用效率和系统的灵活性。

智能微电网的建设也是石化企业直接消纳绿电的重要策略之一。智能微电网能够对分布式能源（如光伏、风电）、储能系统和负荷进行有机整合，实现能源的本地化生产和消费。通过智能微电网，石化企业可以更好地管理和调度绿电，提高能源的自给自足能力，减少对传统电网的依赖。此外，智能微电网还可以与主电网进行互动，参与电力市场的交易和调度，进一步优化能源成本。

（3）石油石化行业纳入碳市场将更大地体现绿电价值

碳市场作为一种市场化的减排机制，通过碳排放权的交易，能够有效体现绿电的环境价值，从而推动石油和石化行业的绿色转型。碳市场的基本原理是通过设定碳排放总量控制目标，将碳排放权分配给各企业，企业可以根据自身的减排情况买卖碳排放权。这种机制不仅能够激励企业减少碳排放，还能为绿电的使用提供经济激励。

在碳市场中，绿电的价值主要体现在其低碳甚至零碳的特性上。使用绿电的企业可以显著减少自身的碳排放量，从而降低对碳排放权的需求，甚至可以通过出售多余的碳排放权获得经济收益。这种经济激励能够有效推动石油和石化企业增加绿电的使用比例，加速行业的绿色转型。

具体来说，碳市场对绿电价值的体现在以下三个方面：一是碳市场为绿电提供了明确的经济价值。通过碳排放权的交易，绿电的低碳特性被量化并转化为经济收益，使得绿电在成本上更具竞争力。二是碳市场能够促进绿电的规模化应用。随着碳价的上涨，使用绿电的经济效益将更加显著，从而吸引更多企业投资绿电项目。三是碳市场能够推动绿电技术的创新和进步。在碳市场的激励下，企业有动力开发和采用更高效的绿电技术，以进一步降低碳排放和成本。

然而，碳市场在体现绿电价值方面也面临一些挑战。首先，碳市场的稳定性和透明度至关重要。碳价的波动和不确定性可能影响企业对绿电的投资决策。因此，需要建立健全的碳市场监管机制，确保碳价的合理性和稳定性。其次，碳市场的覆盖范围和参与主体需要进一步扩大。目前，我国碳市场主要覆盖电力行业，未来需要逐步将石油和石化等高耗能行业纳入碳市场，以充分发挥其减排作用。此外，碳市场还需要与国际碳市场接轨，以促进全球范围内的碳减排合作。

参考文献

[1]王之茵. 石化产品碳足迹管理[J]. 企业管理,2024(9):108-111.

[2]曹建军. 炼化行业高质量发展中的错位问题探析[J]. 当代石油石化,2024,32(5):1-6.

[3]施大鹏. 绿氢在炼化产业减碳中的作用研究[J]. 当代石油石化,2023,31(10):40-44.

源网荷储驱动未来能源变革的路径研究

陈 垒 王炜玮[①]

摘　要　源网荷储通过整合电源、电网、负荷和储能资源，采用多种交互形式，实现电力系统的高效运行和能源优化配置。研究阐述了源网荷储的内涵与类型，着重强调地理意义和超越地理概念的两种实施路径，以及微电网、增量配电改革试点、虚拟电厂和用户一体化四种主要类型。研究分析了源网荷储与新能源、新型电力系统和地方经济高质量发展的关系，指出其在提升新能源消纳、增强电网稳定性、降低发电成本等方面的积极作用。研究还针对源网荷储建设推进过程中面临的技术、成本、政策与市场层面的问题，提出了相应的建议，展望了源网荷储的发展前景，包括技术发展、市场前景、应用场景拓展和政策环境优化。研究深入探讨了源网荷储一体化在推动未来能源变革中的关键作用及其实施路径，为源网荷储一体化的进一步发展提供了理论支持和实践指导。

关键词　源网荷储　能源变革　新能源消纳　路径

① 陈垒，北京大学能源研究院助理研究员；王炜玮，北京大学能源研究院分析师。

一、源网荷储的内涵与类型

（一）源网荷储的定义

源网荷储是通过优化整合电源侧、电网侧、负荷侧和储能资源，以源源相补、源网协调、源荷互补、网荷互动、网储互动、源荷互动等多种交互形式，实现电力系统的高效运行和能源的优化配置。

源（电源）是能源的生产端，涵盖了多种发电形式，包括火电、水电、核电、风电、光伏、生物质发电等各种发电方式。

网（电网）是能源的传输网络，由变电站、配电站、电力线路等供电设施组成，是连接电源和负荷的桥梁，负责电能的传输和分配。

荷（负荷）是能源的消耗端，即所有消耗电能的设备和设施，包括工业负荷、商业负荷、居民负荷等。

储（储能）是能源的储存端，常见的有电化学储能、物理储能、电磁储能等，可以在电力需求低时储存电能，在需求高时释放电能，起到平衡电力供需、调节电网频率和电压、提高电网稳定性和可靠性的作用。

（二）源网荷储的实施路径

2021 年 2 月 25 日，国家发展改革委、国家能源局印发的《关于推进电力源网荷储一体化和多能互补发展的指导意见》（发改能源规〔2021〕280 号）清晰界定源网荷储一体化主要有两种实施路径。

1. 地理意义上的能源聚合与互动

该路径旨在通过优化整合本地电源侧、电网侧、负荷侧资源，以先进技术突破和体制机制创新为支撑，探索构建源网荷储高度融合的新型电力系统发展路径，主要包括区域（省）级、市（县）级、园区（居民区）级“源网荷储一体化”等具体模式。

2. 超越地理概念上的能源聚合与互动

该路径着重充分挖掘负荷侧的调节潜力。依托“云大物移智链”（云计算、大数据、物联网、移动互联网、人工智能、区块链）等技术，进一步加强源网荷储多向互动，通过虚拟电厂等一体化聚合模式，参与电力中长期、辅助服务、现货等市场交易，为系统提供调节支撑能力。

（三）源网荷储的类型

源网荷储是国家发展改革委、国家能源局在2021年印发的发改能源规〔2021〕280号文件中正式提出的。事实上，早在2015年、2016年，与之相关的探索实践以及类似业态，如微电网、增量配电网等就已逐步开展。经过多年的实践积累，内蒙古、广西、山东、山西、河南等省（区）纷纷出台源网荷储项目的实施细则，逐渐形成了丰富多样且各具特色的发展模式。目前，主要可归纳为以下四种类型。

1. 微电网类型

微电网是源网荷储一体化的局部落地场景，通常由分布式电源（如太阳能光伏、小型风力发电机）、储能装置、电力电子变换器以及各类负荷组成。它具有明确的物理边界，具备独立运行和与大电网并网运行的双重能力。微电网的主要功能是为局部区域（如海岛、偏远山区、工业园区、校园等特定区域）提供稳定、可靠的电力供应。

河北雄安新区王家寨微电网示范项目坐落于河北省雄安新区安新县王家寨村，由国网河北省电力有限公司投资建设，是河北省2021年度电力源网荷储一体化的重点试点项目。该项目旨在满足王家寨村“煤改电”后的用电负荷需求，是采用常规电网工程施工困难而进行的电网替代型储能示范工程。项目于2021年5月正式投入运行，服务对象主要为电采暖负荷和居民负荷。项目包含光伏 300KW，风电 4KW，磷酸铁锂储能系统 2.6MW/3.3MWh，采用 10KW 和 0.4KW 两个电压等级并网。目前，该微网年发电量可达 33 万 kWh，优先在微电网内部消纳，电量不足部分则从大电网获取。

2. 增量配电改革试点类型

增量配电业务是指在现有电网基础上，通过新增配电设施、优化电网布局，实现对分布式能源和负荷的灵活接入与管理。这类源网荷储项目常见于工业园区或城市新区，通过整合分布式能源、储能和可控负荷，显著提升区域电网的灵活性与经济性。

乌鲁木齐甘泉堡经济技术开发区增量配电业务改革试点是 2020 年 8 月国家发展改革委、国家能源局批复的国家第五批增量配电业务改革试点，面积为 89.4 平方千米，项目业主单位为国能新疆甘泉堡综合能源有限公司。2022 年 4 月，新疆维吾尔自治区发展改革委批复了甘泉堡经济技术开发区源网荷储一体化 100 万 kW 光伏项目，4 月 6 日项目取得乌鲁木齐市发展改革委备案批复。项目占地约 40.2 平方千米，总投资 45.95 亿元，预计年平均发电量约 19.6 亿 kWh。目前，100 万 kW 光伏发电及配套的 2 座 220 千伏汇集升压站项目已全面开工建设。该项目在增量配电网侧配建了 16.5 万 kW/66 万 kWh 的储能设施，并由增量配电网统一调度，有效增加了电源侧、电网侧、用户侧之间的多向互动。

国能新疆甘泉堡综合能源有限公司正加快推进北沙窝“沙戈荒” + “增量配网” + “源网荷储”一体化 100 万 kW 光伏发电项目和甘泉堡 16.5 万 kW/66 万 kWh 储能电站项目建设。项目建成投运后，将为园区企业提供更多低价绿电，进一步助推甘泉堡经济技术开发区打造“新能源 + ”绿电低碳产业园区。

3. 虚拟电厂类型

虚拟电厂是一种通过先进信息通信技术和软件系统，实现不同空间中分布式电源、储能系统、可控负荷、电动汽车等能源的聚合和协调优化，作为一个特殊的“电厂”参与电力市场和电网运行的智慧能源管理系统。它没有传统意义上的实体发电和输配电设施，而是通过软件平台和通信网络实现对各类资源的统一管理与调度。虚拟电厂可以参与电力市场交易，提供调峰、调频、备用等辅助服务，是源网荷储一体化的重要实现形式。

华能江苏公司虚拟电厂于2024年7月正式上线运行，整合了分布式光伏、大工业用户、用户侧储能、楼宇空调、充电桩和微网园区等多种资源。该虚拟电厂项目聚合了598座分布式光伏电站，总容量达804.63MW，大幅提高了可再生能源的利用比例；整合的用户侧储能系统，利用峰谷电价差，在夜间低谷电价时充电，在白天高峰电价时放电，实现削峰填谷，有效降低了用户用电成本；通过需求响应机制，引导大工业用户在电网负荷高峰时段减少用电，在低谷时段增加用电；利用智能控制系统，对楼宇空调进行柔性调节，优化负荷；借助智能充电管理系统，引导电动汽车在低谷时段充电，减轻高峰时段充电负荷。此外，还将多个小型微电网纳入体系，实现区域内能源的自给自足和余电上网。

该项目最大削峰能力达23.03MW，最大填谷能力为63.22MW，实现了电网灵活性提升、用户经济收益和环境效益的多赢。该项目是基于虚拟电厂类型的源网荷储项目的典型案例，为未来能源系统转型提供了成功范例。

4. 用户一体化类型

这类源网荷储类型主要围绕用户侧展开，通过整合用户的分布式能源（如屋顶光伏）、储能设备（如电动汽车、家用储能电池）以及可控负荷（如智能家电），实现用户侧的能源优化管理，既能降低用户用电成本，又能提高电网的灵活性和可靠性。

某电气公司园区源网荷储项目占地约800平方米，整合了分布式能源、储能系统、充电桩及能量管理系统，打造成为高标准零碳示范项目。项目由5千瓦风机、66千瓦光伏、100千瓦/215千瓦时储能、6台交直流充电桩及能量管理系统组成。借助能量管理系统（EMS），实现了对源、网、荷、储各环节的深度协同和优化调度，保障能源高效利用。该项目年新能源发电量约8.8万千瓦时，园区绿电实现就地全额消纳，减少了对传统电网的依赖。储能系统年削峰填谷电量约6.28万千瓦时，显著降低了企业用电成本。该项目充分展示了源网荷储一体化在用户侧的应用价值，为构建新型电力系统提供了实践参考。

二、源网荷储的三个关系

（一）与新能源的关系

新能源作为清洁、可再生的能源形式，具有广阔的发展前景，但因其间歇性、波动性等特点，在大规模接入和高效利用过程中面临诸多挑战。源网荷储模式通过电源、电网、负荷和储能的协同互动，为破解新能源发展难题提供了有效途径。

1. 新能源消纳方面

源网荷储通过储能调节和负荷响应等关键手段，有效解决了新能源发电与负荷需求不匹配的问题，显著提升了新能源的消纳水平。

储能系统在源网荷储模式中扮演着至关重要的角色，发挥着削峰填谷的关键作用。新能源发电具有间歇性和波动性，如太阳能光伏发电在白天光照充足时发电量大，在夜晚则无法发电；风力发电受风速不稳定影响，发电出力波动频繁。当新能源发电过剩时，储能系统能够及时储存多余电能，避免能源浪费；当新能源发电不足或负荷高峰时，储能系统又能释放储存的电能，补充电力供应。

负荷响应也是提高新能源消纳能力的重要手段。通过实施需求侧管理，利用价格信号引导用户调整用电行为，可有效匹配新能源发电与负荷需求。峰谷电价政策是一种常见的价格信号引导方式，在新能源发电高峰时段，电价相对较低，鼓励用户增加用电；在新能源发电低谷时段，电价相对较高，引导用户减少用电。例如，工业用户可以根据峰谷电价调整生产计划，在新能源发电高峰且电价较低时，安排高耗能设备运行；居民用户可以在晚上太阳能发电结束后，电价较高时，减少使用大功率电器的运行时间。通过这种方式，实现了电力负荷的削峰填谷，提高了新能源电力在负荷中的占比，促进了新能源的消纳。

虚拟电厂作为一种新型的负荷聚合管理模式，能够整合分布式电源、储能系统、可控负荷等资源，实现对负荷的精准控制和灵活调节，为新能源消纳提供了新的途径。虚拟电厂通过先进的信息通信技术和智能控制技术，将分散的各类资源聚合起来，形成一个虚拟的集中式电源，参与电力市场交易和电网调度。当新能源发电过剩时，虚拟电厂可以将分布式电源的多余电量储存到储能系统中，或通过控制可控负荷增加用电，消耗多余电力；当新能源发电不足时，虚拟电厂可以释放储能系统中的电能，或减少可控负荷的用电，保障电力供应稳定。虚拟电厂还可以通过参与电力市场的辅助服务，如调频、调峰等，获取收益，进一步激励其参与新能源消纳。

2. 电网稳定性方面

新能源大规模接入电网后，由于其发电的间歇性和波动性，容易出现电网频率、电压波动等问题，给电网的安全稳定运行带来挑战。源网荷储模式通过多方面的协同作用，有效解决了这些问题，保障了电网的安全稳定运行。

在频率调节方面，储能系统和电源的协同作用至关重要。新能源发电的随机性使得电网频率难以保持稳定，当新能源发电突然增加或减少时，电网频率会相应地升高或降低。储能系统能够快速响应电网频率的变化，在频率升高时，储能系统吸收电能，抑制频率上升；在频率降低时，储能系统释放电能，阻止频率下降。以电化学储能系统为例，其响应速度极快，能够在毫秒级时间内对电网频率变化作出反应，快速充放电以维持电网频率稳定。传统电源也可以发挥调节作用，火电、水电等传统电源可以根据电网频率的变化，调整发电出力，配合储能系统共同稳定电网频率。

当新能源发电不足导致电网频率下降时，火电可以迅速增加发电出力，补充电力供应，确保电网频率恢复稳定。

在电压调节方面，源网荷储模式同样采取了多种有效措施。新能源发电的波动性会引起电网电压的波动，影响电力设备的正常运行。合理配置无功补偿设备和调节变压器分接头可以有效稳定电网电压。无功补偿设备能够提供或吸收无功功率，维持电网的无功平衡，从而稳定电压。当电网电压偏低时，无功补偿设备发出无功功率，提高电网电压；当电网电压偏高时，无功补偿设备吸收无功功率，降低电网电压。智能电网技术的应用也为电压调节提供了强大支持。智能电网通过实时监测电网的运行状态，能够准确掌握电压变化情况，并根据实际需求自动调整电网的运行方式，实现对电压的精准控制。通过优化电网的潮流分布，减少电压损耗，确保电压稳定在合理范围内。

负荷侧响应在增强电网稳定性方面发挥着重要作用。当电网出现功率不平衡时，引导负荷参与调节可以有效缓解电网的压力，保障电网稳定运行。在用电高峰时段，电网负荷过大，容易导致电压下降和频率降低，此时可以通过需求侧管理，引导工业用户降低生产负荷，或鼓励居民用户减少非必要用电，如关闭不必要的照明灯具、暂停大功率电器使用等，减少电网的用电需求，减轻电网的供电压力，维持电网的稳定运行；在用电低谷时段，引导用户增加用电，提高电网的负荷率，避免电网因负荷过低而出现电压升高和频率上升等问题。

3. 新能源发电成本方面

源网荷储通过优化能源配置和参与电力市场交易等方式，在降低新能源发电成本方面发挥着重要作用，推动新能源产业朝着更加经济可行的方向发展。

在优化能源配置方面，源网荷储模式实现了各类能源的优势互补。新能源发电虽然具有清洁、可再生的优点，但由于其间歇性和波动性，单独依靠新能源发电难以满足电力系统的稳定需求。通过与传统能源发电相结合，如将风电、光伏发电与火电、水电搭配，能够充分发挥传统能源发电的稳定性和新能源发电的清洁性优势，实现能源的高效利用。在新能源发电充足时，优先利用新能源发电，减少传统能源的消耗；在新能源发电不足时，由传统能源发电补充，保障电力供应的可靠性。这种能源互补的方式，不仅提高了能源利用效率，还减少了新能源发电对电网稳定性的影响，降低了为保障电网稳定运行而额外投入的成本。

储能系统的合理配置也是优化能源配置的关键环节。储能系统能够在新能源发电过剩时储存电能，在发电不足时释放电能，实现电能的时空转移。通过合理规划储能系统的容量和布局，可以提高新能源电力的利用效率，减少弃风、弃光现象，减少新能源发电的浪费。在新能源发电集中的地区，配置适当规模的储能系统，能够有效解决新能源发电与负荷需求不匹配的问题，提高新能源的消纳能力，从而降低新能源发电成本。

参与电力市场交易为降低新能源发电成本提供了新的途径。随着电力市场的不断发展和完善，新能源发电企业可以通过参与市场交易获得更多的收益，从而降低发电成本。在电力中长期市场中，新能源发电企业可以与电力用户签订长期的电力购销合同，锁定一定时期内的发电收益，降低市场价格波动带来的风险。新能源发电企业还可以参与辅助服务市场，为电网提供调频、调峰、备用等辅助服务，获取相应的报酬。当电网频率出现波动时，新能源发电企业可以通过调整发电出力，为电网提供调频服务，获得调频收益；在负荷高峰时段，新能源发电企业可以增加发电出力，为电网提供调峰服务，获取调峰收益。这些辅助服务收益能够有效降低新能源发电企业的成本。

（二）与新型电力系统的关系

源网荷储一体化与新型电力系统相互促进、相辅相成。源网荷储一体化作为实现新型电力系统的重要技术路径，通过增强新能源消纳能力、提升电网灵活性、推动数字化转型等，为新型电力系统的建设提供了有力支撑。新型电力系统以实现新能源为主体的电力供应模式为目标，充分利用大数据、云计算、人工智能等现代技术优化电力生产、传输、消费等各个环节。源网荷储一体化在这一过程中发挥着关键作用。

1. 能源供应与消纳方面

源的协同优化。新型电力系统强调以新能源为主体，新能源发电具有间歇性、波动性等特点。源网荷储一体化通过合理规划电源侧，包括集中式新能源电站、分布式电源等，与储能协同，可平抑新能源出力波动，保障电力供应的稳定性和可靠性，提高新能源在电力供应中的比重。在大规模风电、光伏电站配置储能系统，当风电、光伏出力减少时，储能系统释放电能，弥补功率缺额。

荷的灵活调节。新型电力系统要求负荷侧具备更高的灵活性和响应能力。源网荷储一体化通过需求侧管理、智能用电设备等手段，引导用户合理调整用电行为，实现负荷的削峰填谷。例如，工业用户可在电力供应充裕、电价较低时增加生产负荷，在用电高峰时适当降低负荷，配合电网运行，提高电力系统的整体效率和经济性。

储的关键支撑。储能是源网荷储一体化和新型电力系统的关键环节。它可以在电力生产过剩时储存电能，在电力供应不足时释放电能，起到削峰填谷的作用，提高电力系统的调节能力和稳定性。抽水蓄能电站可在夜间用电低谷时将水抽到高处水库储存能量，在白天用电高峰时放水发电；电化学储能可快速响应电力系统的功率变化，为电网提供调频、调压等辅助服务。

2. 技术与智能管控方面

通信与数据共享。新型电力系统依赖于先进的通信和信息技术实现各环节的协同运行。源网荷储一体化利用大数据、云计算、物联网等技术建立统一的信息平台，实现源、网、荷、储各环节的数据共享和交互。通过智能电表、传感器等设备采集电力系统各环节的数据，上传至云平台，为电力系统的运行调度、优化控制提供数据支持。

智能调度与控制。源网荷储一体化为新型电力系统的智能调度提供了技术支撑。基于人工智能、机器学习等技术，对源、网、荷、储进行统一调度和优化控制，实现电力系统的经济高效运行。例如，采用智能调度算法，根据新能源发电预测、负荷预测以及储能状态，实时调整电源出力和负荷分配，优化电力系统运行。

3. 电网运行与安全方面

提升电网适应性。新型电力系统中大量新能源的接入对电网的适应性提出了更高要求。源网荷储一体化通过优化电网规划和建设，加强分布式电源与配电网的协同运行，提高电网对新能源的接纳能力和适应能力。在配电网中合理布局分布式电源和储能，实现就地消纳和平衡，减少新能源发电对主网的冲击。

增强系统稳定性。源网荷储一体化通过各环节的协同控制，能够有效增强新型电力系统的稳定性和可靠性。当电网发生故障或受到扰动时，源、荷、储可快速响应，通过调整出力或负荷，维持电网的频率和电压稳定。在电网频率下降时，储能系统快速释放电能，同时可调节负荷减少用电，共同维持电网频率稳定。

4. 经济与市场方面

促进市场机制完善。源网荷储一体化的发展推动了新型电力系统中电力市场机制的完善。源网荷储一体化促进发电侧、售电侧和用户侧的多元化竞争，形成更加灵活、高效的电力市场体系。通过分布式电源参与电力市场交易，储能提供辅助服务市场等，丰富了电力市场的交易品种和主体，提高了电力市场的效率和活力。

降低综合成本。从整体上看，源网荷储一体化有助于降低新型电力系统的建设和运行成本。通过优化源、网、荷、储的配置和运行，减少对传统备用电源的需求，降低系统备用容量成本，提高电力系统的整体效率，同时通过需求侧管理优化负荷曲线，减少电网投资和运行维护成本。

（三）与地方经济高质量发展的关系

源网荷储与地方经济高质量发展在能源效率提升、降低成本、新能源发展、产业升级、区域协调等方面存在紧密的关系。

1. 能源效率提升方面

优化能源配置。源网荷储一体化通过智能化的调度和管理，根据能源生产和需求的实时情况，合理分配能源，减少能源在各个环节的损耗，实现能源的高效利用。借助大数据、人工智能和物联网技术，源网荷储系统能够实时监测能源生产、传输和消费情况，通过智能算法预测负荷需求和能源供应，实现精准调度。智能调度系统可以根据实时数据调整分布式能源的出力，优化储能系统的充放电策略，确保能源在生产、传输和消费环节的高效利用。

减少弃风弃光。源网荷储系统能够对风电、光伏等不稳定的可再生能源进行灵活调节。储能系统可在风电、光电大发时储存多余电量，在出力不足时释放，提高了可再生能源的利用效率，避免了能源的浪费。结合储能系统和其他分布式能源，源网荷储一体化可以实现多能互补，进一步减少弃风、弃光现象。

提高电网运行效率。源网荷储互动可以优化电网潮流分布，减少电网传输损耗，同时提高电网的灵活性和适应性，使电网能够更好地应对不同的负荷需求和电源出力变化，提升整体运行效率。源网荷储一体化使电网能够更好地应对分布式能源的接入和负荷的快速变化。另外，通过虚拟电厂技术，可以将分布式能源和储能系统进行聚合管理，提高电网的灵活性和适应性。

2. 降低成本方面

用电成本降低。企业可以在新增负荷附近布局新能源电站，通过自发自用方式，实现绿电直供，降低用电成本。企业可以在新增负荷附近布局新能源电站（如分布式光伏电站、小型风力发电站），通过自发自用的方式实现绿电直供，减少对传统电网的依赖，降低用电成本。例如，分布式光伏发电在光照条件良好的地区具有较高的经济性，企业可以利用厂房屋顶或闲置土地建设光伏电站，实现绿电直供。

电网投资成本降低。源网荷储一体化项目可以通过优化电源和储能布局，减少对远距离输电线路和大型变电站的需求，降低电网建设和升级的投资成本。通过在负荷中心附近布局分布式能源和储能系统，可以减少对远距离输电线路的依赖。例如，在工业园区内建设分布式光伏电站和储能系统，可以满足园区内企业的部分用电需求，减少从外部电网获取的电量，降低电网建设和升级的投资成本。

系统运行维护成本降低。储能系统的应用可以减少电源侧和负荷侧的波动，优化电网运行，降低电力系统设备的磨损和故障概率，从而降低系统的运行维护成本。

3. 新能源发展方面

消纳保障。源网荷储一体化解决了新能源发电间歇性、不稳定性的问题，储能系统可在新能源大发时存储电能，在电力供应不足时释放，确保新能源电力能更好地接入电网并被消纳。结合储能系统和其他分布式能源，源网荷储一体化可以实现多能互补，进一步减少弃风、弃光现象，提高新能源的整体利用效率。

投资吸引。源网荷储一体化的发展模式为新能源项目提供了更稳定的市场环境和收益预期，吸引更多的社会资本投入新能源领域，促进新能源项目的建设和发展。源网荷储一体化通过提高新能源的消纳能力和利用效率，提升了新能源项目的收益预期。通过储能系统和虚拟电厂技术，新能源项目可以参与电网辅助服务市场，获得额外收益。

技术促进。为了实现源网荷储的高效协同，需要不断提升新能源发电技术、储能技术等，这将推动新能源技术的创新和进步，提高新能源的发电效率和经济性。源网荷储一体化需要智能电网和数字化技术的支持，以实现能源的高效调度和管理。通过物联网、大数据和人工智能技术，系统可以实时监测和优化能源生产、传输和消费，提高能源利用效率和系统运行稳定性。

4. 产业升级方面

传统产业转型。鼓励钢铁、煤炭、有色等传统高耗能产业多用绿电，推动其向绿色低碳方向转型升级。

新兴产业培育。源网荷储一体化的发展将带动储能设备制造、智能电网设备制造、能源管理系统等相关新兴产业的发展，形成新的经济增长点。

产业集群发展。产业园区通过建设源网荷储一体化项目，为园区企业提供稳定的绿色电力供应，降低企业成本，提高产品竞争力，吸引更多相关企业入驻，形成产业集聚效应。

5. 区域协调方面

能源资源优化共享。源网荷储一体化可以打破区域界限，实现能源资源在更大范围内的优化配置和共享。能源富裕地区可以将多余的能源通过电网输送到能源短缺地区，同时储能系统也可以在区域间进行灵活调配，提高能源的整体利用效率，促进区域间的能源协调发展。

促进区域均衡发展。源网荷储项目的建设可以为经济相对落后或能源资源丰富的地区带来发展机遇，通过开发当地的能源资源，建设新能源项目和储能设施，带动当地相关产业的发展，增加就业机会，促进区域间的经济均衡发展。

提升区域能源保障能力。通过源网荷储的协同运作，各区域可以形成更加稳定、可靠的能源供应体系，提高区域应对能源供应中断、极端天气等突发事件的能力，保障区域能源安全，为区域经济的稳定发展提供有力支撑。

三、源网荷储建设推进过程中的问题和建议

（一）技术层面

1. 问题与挑战

电源侧。新能源发电具有间歇性和波动性，如风力发电受风速影响，太阳能发电依赖光照强度和时长，导致发电功率不稳定，难以精准预测发电出力，给电力系统的供需平衡带来挑战。例如，在阴天或无风天气，太阳能发电和风能发电大幅减少，可能无法满足区域电力需求。

电网侧。现有电网基础设施难以适应源网荷储的快速发展。部分地区电网的输电能力有限，在新能源大发时段，无法及时将多余电力输送至负荷中心，出现弃风弃光现象。同时，电网的智能化水平有待提高，对分布式电源和储能设备的接入、监测与调控能力不足，无法高效实现源网荷储的协同运行。

负荷侧。负荷的多样性和不确定性增加了负荷预测的难度。随着电动汽车、分布式能源等新型负荷的快速增长，其用电行为难以准确把握。如电动汽车充电时间和地点较为随机，大规模集中充电可能导致局部电网电压波动，影响电能质量和电网安全稳定运行。

储能侧。储能技术尚不成熟，存在能量密度低、充放电效率不高、使用寿命有限等问题。以锂离子电池为例，其能量密度相对较低，限制了储能设备的存储容量，且多次充放电后电池性能衰减明显，增加了运营成本和维护难度。此外，储能技术成本居高不下，使得大规模储能项目建设面临经济压力。

2. 发展建议

电源侧。加强新能源发电预测技术研发，综合利用气象数据、地理信息等多源数据，结合人工智能算法，提高新能源发电功率预测的准确性。同时，发展多种电源互补的联合发电模式，如“风光储”“水光储”等，

通过不同能源发电特性的互补，提升电源供应的稳定性。

电网侧。加大对电网基础设施的升级改造投入，提高电网的输电能力和智能化水平。建设特高压输电线路，优化电网布局，增强跨区域电力调配能力；推广智能电网技术，应用先进的传感器、通信技术和控制算法，实现对电网设备、分布式电源和储能设备的实时监测与精准调控，提升电网的适应性和灵活性。

负荷侧。建立完善的负荷监测与预测体系，通过大数据分析、用户行为建模等手段，深入挖掘负荷特性，提高负荷预测精度。推广需求响应机制，通过价格信号、激励政策等引导用户合理调整用电行为，实现削峰填谷，降低负荷波动对电网的影响。

储能侧。持续加大储能技术研发投入，鼓励科研机构和企业开展产学研合作，重点突破高能量密度、长寿命、低成本的储能技术。同时，制定储能技术标准和规范，引导储能产业健康发展。在政策上，对储能项目给予补贴或税收优惠，降低储能项目建设和运营成本，促进储能技术的商业化应用。

（二）成本层面

1. 问题与挑战

项目建设成本高。源网荷储项目涉及电源、电网、储能等多个环节的建设，投资规模巨大。新能源发电设备、储能设备价格较高，且电网改造需要大量资金投入。建设一个大规模的风电场和配套储能设施，需要数十亿元的资金，这对于许多地方政府和企业来说是沉重的负担。

运营成本压力大。源网荷储系统运营过程中，涉及设备维护、能源管理、人员工资等多项费用。新能源发电设备和储能设备的维护要求较高，维护成本随着设备老化逐渐增加。此外，为保障系统安全稳定运行，需要专业的能源管理团队和先进的监测控制设备，这也增加了运营成本。

成本回收周期长。源网荷储项目建设成本高、运营成本大，且电力市场价格机制尚不完善，导致项目的收益有限，成本回收周期较长。以储能项目为例，目前储能参与电力市场的盈利模式主要包括峰谷电价差套利、辅助服务等，但受市场规则、价格波动等因素影响，收益不稳定，难以在短期内收回投资成本。

2. 发展建议

优化项目规划与设计。在项目前期，充分进行技术经济论证，根据当地资源条件、负荷需求和电网现状，优化源网荷储项目的规划与设计。合理配置电源、电网和储能设备的规模与容量，避免过度投资和资源浪费。例如，通过精准的负荷预测，确定合理的储能配置容量，既能满足电力调节需求，又能降低建设成本。

降低设备采购与运维成本。鼓励设备制造企业通过技术创新和规模化生产，降低新能源发电设备和储能设备的生产成本。同时，建立完善的设备运维管理体系，采用智能化运维技术，提高设备运维效率，降低运维成本。可利用物联网技术实现设备远程监测与故障诊断，及时发现并处理设备问题，减少设备停机时间，降低设备维修成本。

完善成本回收机制。建立健全电力市场价格机制，合理确定源网荷储项目的收益模式。例如，完善峰谷电价政策，拉大峰谷电价差，提高储能项目通过峰谷电价差套利的收益；明确储能参与辅助服务的市场规则和补偿标准，保障储能项目在辅助服务市场的合理收益。此外，政府可以通过财政补贴、专项基金等方式，支持源网荷储项目的建设和运营，缩短成本回收周期，提高项目的经济效益和吸引力。

（三）政策与市场层面

1. 问题与挑战

政策体系不完善。目前，源网荷储相关政策缺乏系统性和协调性。不同地区、不同部门的政策之间存在矛盾和冲突，导致政策执行效果不佳。一些地方政府为了推动新能源发展，出台了鼓励新能源发电项目建设的政策，但在电网接入、储能配置等方面缺乏配套政策支持，使得新能源发电项目建成后无法顺利并网运行或因缺乏储能调节而面临弃电问题。

市场机制不健全。电力市场竞争不充分，交易规则不完善，影响了源网荷储项目的经济效益和市场活力。例如，在电力直接交易市场中，存在交易主体单一、交易品种有限等问题，新能源发电企业和储能企业难以通过市场交易实现合理收益。此外，储能参与电力辅助服务市场的机制尚未完全建立，市场准入门槛不明确，导致储能资源无法得到有效利用。

监管不到位。对源网荷储项目的建设和运营监管存在缺失，部分项目存在质量不达标、违规操作等问题。一些新能源发电项目在建设过程中为降低成本，采用质量不合格的设备，影响了发电效率和设备使用寿命；部分储能项目在运行过程中存在安全隐患，但由于监管不到位，未能及时发现和整改。

2. 发展建议

完善政策体系。国家层面应加强对源网荷储政策的顶层设计，搭建统一、协调的政策框架。地方政府根据本地实际情况，制定具体的实施细则和配套政策，确保政策的连贯性和可操作性。在新能源发电项目建设方面，同步制定电网接入、储能配置、补贴发放等相关政策，形成完整的政策链条，推动源网荷储项目的顺利实施。

健全市场机制。进一步深化电力体制改革，完善电力市场交易规则，培育多元化的市场主体，丰富交易品种和交易方式。建立健全储能参与电力市场的机制，明确储能的市场定位和准入条件，规范储能参与辅助服务市场的交易行为和收益分配。开展储能容量市场试点，探索储能容量补偿机制，为储能产业发展提供稳定的市场环境和收益保障。

加大监管力度。建立健全源网荷储项目的监管体系，明确监管主体和监管职责，加强对项目建设和运营全过程的监管。制定严格的项目建设标准和运营规范，加强对设备质量、工程施工、安全运行等方面的监督检查，严厉打击违规行为。对新能源发电项目和储能项目实行定期巡检和质量评估，对不符合标准的项目责令限期整改，确保项目安全可靠运行。

开展分布式交易，促进供需互动。基于智能微电网聚合接入配电网的各类新能源电站、分布式电源、储能以及用户侧空调、充换电设施、工业负荷等可调节资源，依托智能调控中枢优化运营与调度，以价格信号为导向，构建新能源规模化开发和就地消纳的网内互济单元。该机制包含网内和网间两级交易，通过局域单元的“小平衡”实现与电网互动的“大平衡”，形成源网荷储互动与多能互补的发展形态。

四、源网荷储发展的前景展望

（一）技术发展

智能化与协同化。随着5G、物联网、大数据、人工智能等技术的不断进步，源网荷储各环节之间的信息交互将更加实时、精准，实现更高效的协同运行。通过智能算法和大数据分析，能够准确地预测电力供需变化，优化电源出力、电网调度、负荷响应和储能充放电策略，进一步提升电力系统的灵活性、可靠性和经济性。

储能技术突破。储能技术是源网荷储发展的关键技术，未来储能技术将朝着高效率、高安全性、长寿命、低成本的方向发展。新型储能材料和储能系统的研发将不断取得突破，如固态电池、液流电池等技术的商业化应用，将为源网荷储一体化项目提供更强大的储能支持。

需求侧响应技术升级。需求侧响应技术将更加成熟和多样化，通过智能电表、智能家电等设备，实现用户用电行为的精准控制和优化。虚拟电厂等一体化聚合模式将得到更广泛的应用，用户可以更加灵活地参与电力市场交易，为系统提供调节支撑能力。

安全稳定监测控制技术升级。一方面，高精度快响应宽频监测技术将得到大力发展，从而提升电压跌落、频率骤降、宽频振荡等安全风险的实时监测和预警能力；另一方面，低成本高可靠性构网控制技术取得长足进步，提高电压、频率快速支撑能力和高比例可再生能源构网能力，保障电网安全稳定运行。

（二）市场前景

建设与运行成本逐渐降低。首先，通过多能互补技术，可构建电—热—气综合能源系统，实现多能高效转化、存储和调节；其次，通过利用地下储热等跨季节低成本储热技术，降低储能成本；再次，通过发电预测、智能调节控制技术实现电—热—气—储之间多层次高效互动，可大幅提高能量利用效率，降低系统运行成本；最后，随着源网荷储系统市场化交易架构逐步形成，源荷互动程度大幅提升，能源利用成本大幅降低。总之，通过技术迭代升级和市场化机制，源网荷储一体化系统建设和运行成本将逐渐降低。

市场规模持续扩大。近年来，中国在源网荷储一体化领域取得了显著进展。预计到 2025 年，中国源网荷储行业的市场规模将进一步扩大至 6000 亿元人民币，年复合增长率约为 12%。在全球范围内，源网荷储一体化也将迎来更广阔的发展空间。随着各国对碳中和目标的追求，可再生能源的占比不断提高，源网荷储一体化作为解决新能源间歇性和波动性问题的关键技术，受到越来越多国家的关注和推广。

投资机会增加。源网荷储一体化行业的快速发展将吸引包括政府投资、企业投资和金融机构投资在内的更多投资。投资将主要集中在新能源发电项目、储能设施建设、智能电网升级改造以及相关技术研发等领域。政府通过财政补贴、专项资金等方式，支持源网荷储一体化项目的建设。国家能源局等部门已在全国范围内布局了一批示范项目，为大规模推广奠定了实践基础。企业作为市场的主要参与者，积极布局源网荷储一体化领域。例如，滨海能源投资 29. 79 亿元建设源网荷储一体化项目，不仅为企业自身发展带来机遇，也为投资者提供了新的投资方向。金融机构通过绿色信贷、绿色债券等方式设立专项基金或引导社会资本参与，为源网荷储一体化项目提供多元化的融资渠道和资金支持。

（三）应用场景拓展

工业园区应用广泛。工业园区是源网荷储一体化的重要应用场景之一。通过在园区内建设分布式光伏发电、小型风力发电、生物质发电等新能源设施，可以实现能源的就地生产与利用。通过配置储能系统（如锂离子电池储能、液流电池储能），在新能源发电过剩时储存电能，在用电高峰或发电不足时释放电能，平抑电力供需波动。利用智能电网技术，实现园区内电力系统的实时监控与优化调度，提高能源利用效率。未来，越来越多的工业园区将采用源网荷储一体化模式进行能源管理和供应。

分布式能源与微电网发展。随着分布式能源技术的不断成熟，源网荷储一体化将在分布式能源和微电网领域得到更广泛的应用。通过构建小型的源网荷储系统，实现局部区域的能源独立供应和优化配置。这种系统可以在偏远地区、海岛等特殊区域发挥重要作用，解决这些区域的能源供应问题。在此背景下，零碳分布式能源系统、构网型微电网、多能互补系统等新型源网荷储系统将得到大幅发展。

与电动汽车的融合发展。随着电动汽车的普及，源网荷储一体化将与电动汽车产业深度融合。电动汽车不仅可以作为交通工具，还可以作为移动储能单元参与电力系统的调节。通过车网互动（V2G）技术，电动汽车可以在充电时为电网提供辅助服务，在放电时用户或电网提供电力支持，进一步提高电力系统的灵活性和经济性。

（四）政策环境优化

政策支持力度加大。中国政府一直高度重视能源转型和可持续发展，出台了一系列政策措施推动源网荷储一体化行业发展。未来，政府将继续加大对源网荷储一体化的支持力度，包括财政补贴、税收优惠、绿色金融支持、示范项目与试点政策等政策手段，以鼓励企业加大对新能源、储能、智能电网等领域的投入。例如，财政补贴，对分布式光伏发电项目给予一定的补贴，降低企业或用户的初始投资成本，提高项目的经济性和吸引力。税收优惠，对储能设备生产企业或新能源项目运营企业给予税收优惠，降低企业的运营成本，提高其市场竞争力。绿色金融支持，设立专项基金或引导社会资本参与，为源网荷储项目提供多元化的融资渠道。示范项目与试点政策，国家能源局等部门已在全国范围内布局了一批源网荷储一体化示范项目，为大规模推广奠定了实践基础。

政策体系不断完善。政府将进一步完善与源网荷储一体化相关的政策法规和标准体系，加强对行业的规范和引导。《关于推进电力源网荷储一体化和多能互补发展的指导意见》（发改能源规〔2021〕280号）明确了源网荷储一体化的发展目标、实施路径和保障措施，为行业发展提供了顶层设计。完善标准体系，明确储能系统的接入标准、分布式能源的并网要求以及需求侧响应的激励机制等，为项目的实施和运营提供规范化的指导。加强市场监管，随着源网荷储一体化项目的增多，政府将加大对市场的监管力度，规范市场秩序，防止无序竞争和垄断行为。同时，通过建立公平、透明的市场机制，促进源网荷储一体化项目健康发展。跨部门协同政策，能源主管部门、电网企业、地方政府等将共同参与项目的规划、审批和实施，确保项目顺利推进。

参考文献

[1]国家发展改革委，国家能源局.《关于推进电力源网荷储一体化和多能互补发展的指导意见》(发改能源规〔2021〕280号)[Z].2021.

[2]开放数据中心委员会. 新型电力系统背景下源网荷储一体化发展白皮书[R].2023.

[3]魏晓红,何胜俊. 新型电力系统背景下的源网荷储多元管理[J]. 农村电工,2025,33(4):31.

[4]韩昌文. 电力源网荷储一体化和多能互补的发展现状[J]. 青海科

技,2025,32(1):61-65.

[5]王春辉. 市场机制引导下的源网荷储协同参与削峰填谷控制策略研究[D]. 广州:华南理工大学,2025.

[6]武彦婷,翟彦寿. 源网荷储一体化项目政策分析及开发策略探讨[J]. 电力勘测设计,2024(6):19-23.

[7]王明明. 微电网源网荷储协调优化调度策略研究[D]. 南京:南京邮电大学,2023.

油气行业跨界新能源的兼并收购之路

薛雅心　张　远　王　盼　刘小桐　张向颖　丁艳平[①]

摘　要　在全球能源转型加速与“双碳”目标驱动下，传统油气行业面临化石能源消费比重下降、政策约束增强等挑战，考虑快速部署、风险分散等因素，油气企业通过并购跨界发展已成为重要路径。本文基于近年全球并购案例，剖析油气企业跨界新能源的动因、特征及趋势。2021 年以来，油气与可再生能源并购从“趋势同步”转向“逐渐分化”；欧洲油企通过高频次并购，逐步构建新能源版图，美国企业则聚焦 CCUS 等低碳技术，力求现有业务低碳化发展；中国可再生能源行业发展迅速，但跨界并购受估值落差、决策机制等因素影响，活跃度仍待提升。尽管面临技术不确定性、区域发展失衡及转型节奏把控等挑战，但未来油气跨界并购新能源市场仍将持续增长，并呈现区域化、技术密集化趋势，中东资本入场与储能、数字化技术整合或成新焦点。建议政府层面构建国际合作的创新生态，强化顶层设计与政策协同，完善财税与金融支持政策，为油气企业转型创造良好环境；油气企业层面强化并购协同性，优化组织架构并创新绿色融资工具，以平衡能源安全与低碳转型目标，重塑综合能源竞争力。

关键词　能源转型　可再生能源　跨界并购　协同性

① 薛雅心，硕士，高级经济师，中国石化集团经济技术研究院有限公司，金融证券研究所青年专家、研究员，主要研究方向为战略财务、资本运作和投资管理；张远，中国石化经济技术研究院金融证券研究所所长助理，北京大学经济学硕士，中级经济师。主要研究方向为资本金融、证券投资和产融协同；王盼，硕士，中国石化经济技术研究院有限公司，产业发展研究所所长助理，主要从事中国能源转型研究和新能源产业经济研究；刘小桐，硕士，中国石化集团经济技术研究院公司管理研究所副研究员，中级经济师，主要研究方向为公司战略和企业管理；张向颖，博士，中国石化集团经济技术研究院副研究员，主要研究方向为资本市场；丁艳平，博士，中国石化集团经济技术研究院副研究员，主要研究领域为能源政策与氢能经济等。

在全球能源转型加速的背景下，传统油气行业正面临重大挑战：化石能源消费比重首次跌破80%，低碳化与可持续发展成为核心议题。为应对政策压力、市场需求变化及技术革新，油气企业通过兼并收购（M&A）加速向可再生能源领域渗透，形成“传统能源+新能源”双轮驱动的业务模式。本文结合近年全球油气行业并购案例，分析其跨界新能源的动因、路径、挑战及未来趋势。

一、油气行业跨界新能源的背景和动因

（一）能源转型越发迫切，油气新能源协同成为重要路径

随着资源约束加剧、环境压力增大以及能源需求多元化等趋势凸显，以煤炭、石油等单一化石能源为主的发展模式面临诸多挑战。在此背景下，能源体系趋向于朝着“多元协同”模式进行转型，具有深层次的推动因素：

化石能源的局限性导致转型具有必然性。化石能源在支撑工业化进程中发挥了不可替代的作用，但其局限性正倒逼能源体系加速转型。一方面，化石能源的高碳排属性在工业化进程中引发了温室气体的指数级增长。根据联合国世界气象组织（WMO）2025年3月发布的《2024年全球气候状况报告》，大气中的二氧化碳浓度已达到80万年来的最高水平，2024年更成为有记录以来最热年份。化石能源高碳排导致温室气体排放激增的形势越发严峻，凸显了传统能源模式冲击地球生态系统的不可逆性。另一方面，化石能源的地缘分布失衡与全球政治经济格局深度交织，进一

步放大了能源安全风险。国际能源署（IEA）数据表明，全球75%以上的油气资源集中在中东、俄罗斯等少数地区，资源禀赋的不均衡性叠加地缘政治冲突，使得能源供应链面临严峻挑战。在环境承载力与能源安全的双重约束下，能源体系的转型已成为全球可持续发展的必然选择。

油气与新能源融合发展是现阶段转型的重要途径。虽然化石能源具有一定固有局限，但其能量密度高、供应稳定可靠、技术成熟度高等特征，导致短期内的“完全替代”面临技术与成本双重挑战。国际经验表明，油气行业与新能源在技能、数据、技术及供应链等方面呈现出显著的协同互补特征，二者深度融合可有效发挥各自优势。以地热开发为例，其地下评估、建模、钻井和地面作业流程与油气行业上游业务高度相似。据IEA统计，常规地热项目单位投资中约67%的技术和资源要素与油气行业重叠，在下一代增强型地热系统（EGS）领域这一比例更超75%。传统油气领域和可再生能源领域在技术路径和产业生态上的深度耦合为能源结构调整与低碳转型提供了可行方案。

（二）主动与被动因素交织，油气企业逐步跨界可再生能源

油气与新能源融合发展成为现阶段推动能源转型的关键途径。从油气行业内部来看，油气企业跨界可再生能源领域是被动因素与主动因素相互交织的结果。

被动因素：化石能源发展受阻，无奈开启转型。随着各国对温室气体排放管控越发严格，国际社会对化石能源的使用持谨慎态度，各类政策开始限制化石能源发展，给油气企业经营带来挑战。各国强化碳排放管控，投融资政策向新能源倾斜，油气企业普遍面临市场准入与融资成本上升的双重挤压。在政策压力下，化石能源消费前景蒙上阴影，油气企业为了在新的能源格局中继续生存与发展，不得不开启向可再生能源领域的转型。

主动因素：新能源成本下降与政策利好，逐利性驱动转型。成本方面，近年来可再生能源技术快速发展，光伏发电、风力发电等新能源的成

本大幅降低。国际可再生能源署（IRENA）的数据显示，过去10年间，全球风电和光伏发电项目平均度电成本分别累计下降超过60%和80%。根据彭博新能源财经（BloombergNEF）数据，风能、太阳能和电池技术等可再生能源技术的成本预计将在2025年进一步下降2%~11%，到2035年将下降22%~49%（见图1）。新能源项目内部收益率（IRR）逐步可比肩传统油气项目，吸引企业跨界布局。政策方面，各国政府相继颁布一系列旨在扶持可再生能源发展的政策，如可再生能源补贴、绿色能源配额制度等，为油气企业跨界可再生能源领域创造了有利的政策环境，有效降低了企业跨界新领域面临的风险。

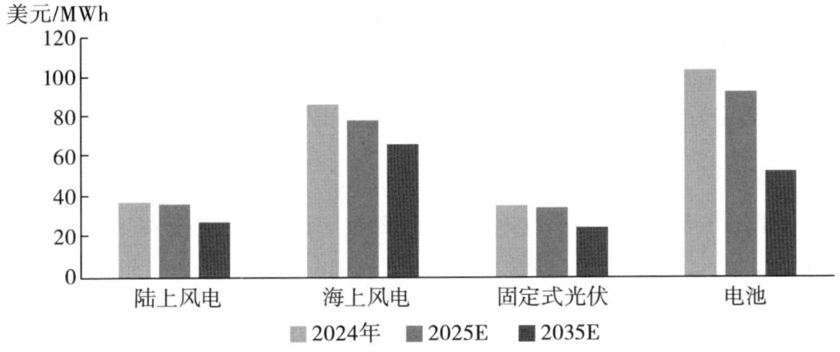

图1　可再生能源平准化度电成本下降趋势

数据来源：BloombergNEF

（三）油气行业跨界新能源的方式：并购成为重要路径

随着化石能源发展面临的多重挑战日益凸显，可再生能源的快速崛起为能源行业带来了新机遇。油气企业从趋利避害的商业逻辑出发，敏锐洞察到能源转型进程中的战略机遇：前瞻布局，主动跨界新能源。为了在能源格局重构的浪潮中抢占先机，兼并收购成为重要路径。

并购具备进入迅速和调整灵活的特征，是实现转型战略快速部署的重要方式。一方面，与传统项目投资层层审批、从“头”建设的思路相比，通过并购可以快速介入某一领域，从而迅速扩张企业规模，大幅缩短新领域业务培育时间。另一方面，以股权为交易对象的并购行为具有退出渠道畅通、分散投资风险等诸多优势，从交易之初就有更加灵活处理的空间，有利于在相关行业前景欠佳时进行战略调整，更好地把控转型节奏和转型风险。例如，中东主权基金凭借资金优势在全球范围内收购海上风电、储能等优质资产，通过多能源协同策略，在能源转型中尽快把握主动；法国能源企业道达尔2023年将旗下气候风险投资部门TotalEnergies Ventures整体出售，进一步释放投资空间，实现投资组合的灵活调整和优化等。

二、油气行业跨界新能源的并购周期和特征

（一）可再生能源领域投资快速增长，细分领域发展不均衡

可再生能源领域投资快速增长，缺口仍然巨大。自2020年以来，可再生能源领域的投资加速增长，2023年投资于可再生能源的资金首次超过化石燃料。根据BloombergNEF发布的《2025年能源转型投资趋势》，2024年全球低碳能源领域的投资增长了11%，达到创纪录的2.1万亿美元，但能源转型投资增速放缓，从2020年前后的24%～29%降至仅11%（见图2）。而根据国际能源署之前预测，若要实现《巴黎协定》的1.5℃目标，2030年前平均每年需4.5万亿美元的可再生能源投资，从目前情况看仍面临巨大的投资缺口。

可再生能源各细分领域发展呈现明显不均衡特征。2010—2024年，光伏与风能领域经历了显著增长。彭博新能源财经数据，全球太阳能累计装机容量从9.7 GW增至1080.3 GW，实现超百倍增长；风能累计装机容量从151.1 GW增至1100.7 GW，增幅达6倍，两者合计占全球新增电力装机近一半。中、欧、美、日等技术创新活跃地区推动了可再生能源装机增长，其中中国贡献了全球光伏装机增量的40%以上。其他可再生能源技术发展节奏各有差异：得益于欧盟对生物质能的大力推动，生物能和可再生领域产能增长3倍至65.9 GW；由于资源勘探成本高、区域分布不均衡等，

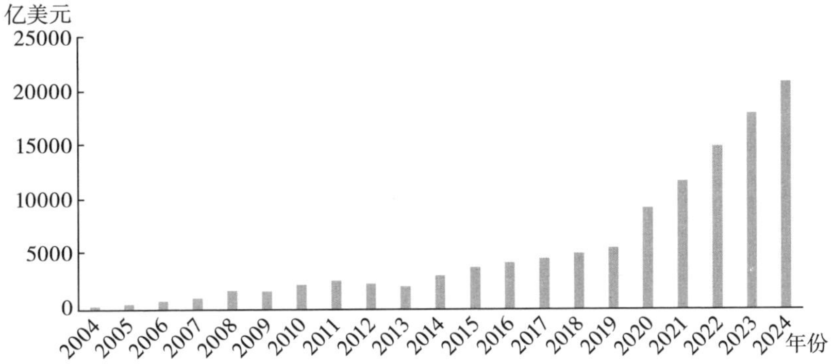

图 2　全球转型投资趋势

数据来源：BloombergNEF

全球地热发电装机容量仅从 2.2 GW 增至 7.8 GW。潮汐能、氢能等技术仍处于探索阶段，全球装机容量较低（见图 3、图 4）。

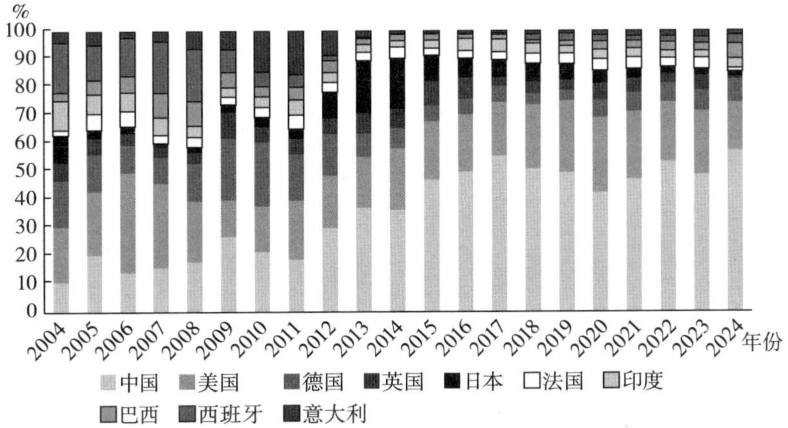

图 3　全球能源转型投资前十位国家占比趋势

数据来源：BloombergNEF

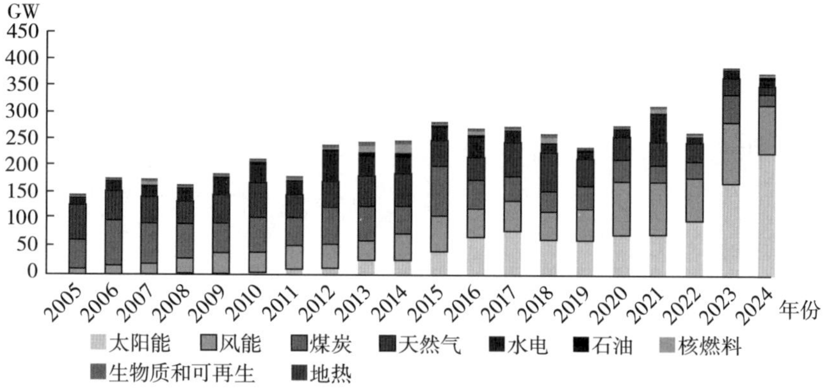

图 4　主要电力资产投产情况

数据来源：BloombergNEF

（二）全球可再生能源并购规模增长，能源转型韧性显现

全球可再生能源并购市场规模持续扩大，尤其 2020 年后增长显著。2022 年，国际可再生能源并购市场规模再创新高，当年标的为可再生能源的并购投资共计 1647 起，交易金额达 1159 亿美元，数量和金额均为 2020 年的 2 倍左右，显示出国际投资者对可再生能源领域的关注度与投入不断增加。

全球并购与可再生能源并购的时间差和抗跌性，显示出能源转型的韧性。对比全球趋势来看，可再生能源并购市场规模峰值较全球市场晚一年，出现峰值滞后；在全球并购市场快速下跌时，可再生能源市场呈现出一定程度的抗跌性。具体来看，2022 年受加息周期融资成本提高等因素影响，全球并购活跃度迅速下降，交易金额同比快速下降 47.78%，随后在 2023 年继续回落，创下十年新低。反观可再生能源市场，可再生能源项目并购涉及长周期资产估值和技术整合，交易流程通常较传统行业更复杂，导致峰值延迟。此外，各国低碳政策强约束、部分可再生能源具有成本优势等因素，也在一定程度上提高了可再生能源并购市场的抗跌性（见图 5、图 6）。

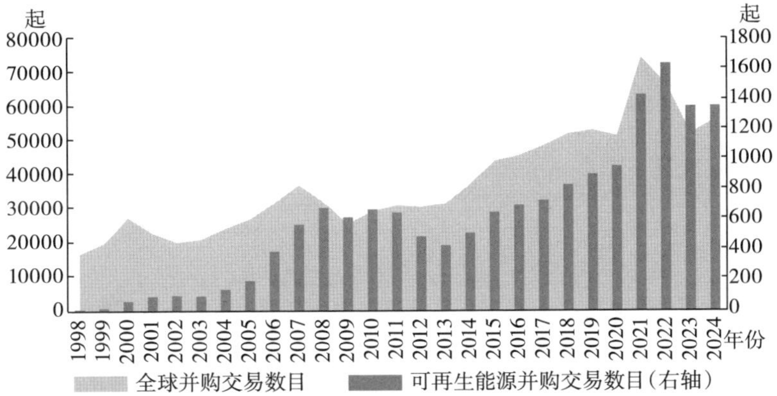

图 5　全球并购市场与可再生能源并购市场交易数量趋势

数据来源：BloombergNEF

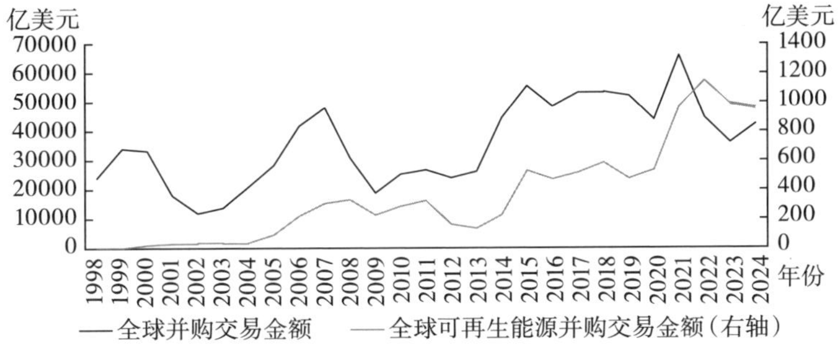

图 6　全球并购市场与可再生能源并购市场交易金额趋势

数据来源：BloombergNEF

（三）油气并购与可再生能源并购从“趋势同步”到“逐渐分化”

全球油气并购与可再生能源并购从“趋势同步”到“逐渐分化”，反映能源转型持续推进。2020 年前，油气与可再生能源并购均受宏观经济环境驱动，并购交易数目与金额同增同缩，呈现“同频”波动特征。2020 年以来，在能源转型加速和外部冲击的影响下，油气并购大幅下降，可再生能源并购增长并达到峰值，呈现明显的分化特征。2023 年油气并购逆势回升，主要因素是俄乌冲突导致国际油价持续高位震荡，企业现金流大幅改善，掀起了一股北美页岩油并购潮，希望通过掌控低成本、低碳排放的核心资产，延长油气业务生命周期。标志性案例如雪佛龙收购赫斯公司（Hess）与埃克森美孚收购先锋公司（Pioneer），总金额超过1100亿美元。油气并购市场的短期波动显示出美国油气企业“聚焦传统能源”和“选择性转型”的策略，对全球能源转型趋势的影响有限（见图7、图8）。

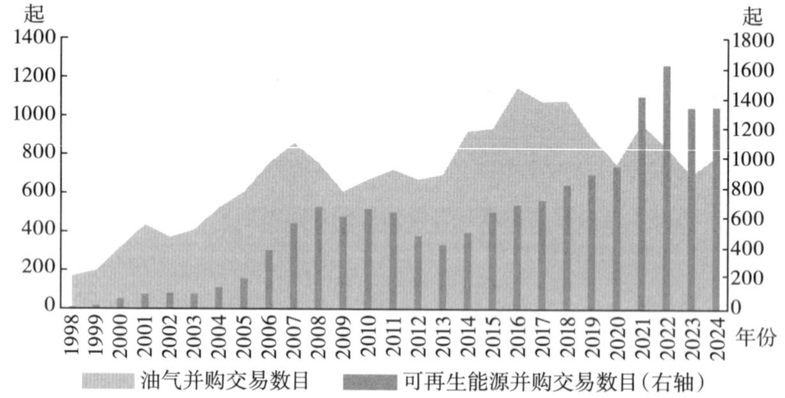

图7　全球油气并购市场与可再生能源并购市场交易数量趋势

数据来源：BloombergNEF

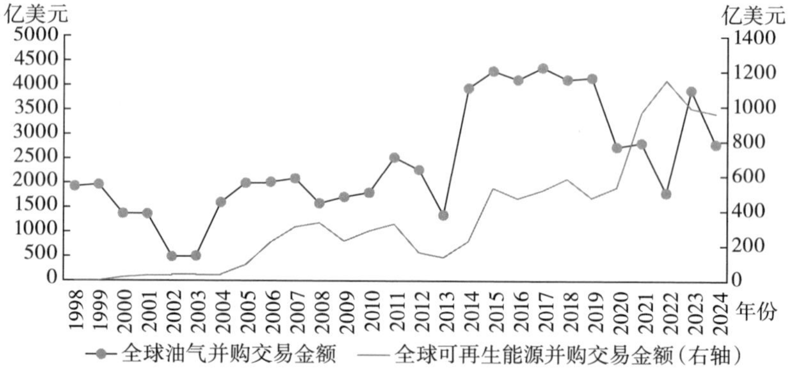

图8　全球油气并购市场与可再生能源并购市场交易金额趋势

数据来源：BloombergNEF

短期内，油气公司的新能源投资受到一定抑制，但仍将以关键矿产、储能、二氧化碳捕集利用与封存（CCUS）为重点稳步推进。进入2025年，部分国家政府取消清洁能源税收优惠，政策转向推动传统能源开发；西方能源企业如壳牌、BP等，在2025年一季度盈利下滑后，削减可再生能源支出并增加油气投资。但是，油气公司的新能源投资不会出现“断崖式”转折，而是呈现“传统能源巩固+新能源选择性突破”的格局。油气公司更加强调通过碳抵消和CCUS项目对冲政策风险；通过布局关键矿产，如雪佛龙进军锂业，利用现有钻井技术提取锂资源，以满足电动企业电池需求。

（二）油气企业跨界并购可再生能源标的

1. 油气资本向可再生能源领域的渗透加速，超前布局特征明显

2021年成为关键节点，标志着油气资本向可再生能源领域的渗透加速。2020年之前，主要出现两拨：一是2010年“小高峰”，全球首轮可再生能源发展热潮兴起，各国推出补贴政策，油气企业开始小规模试水，通过并购风电、光伏项目探索转型路径，但由于当时可再生能源技术成本高、商业化前景不明，后续增长略显乏力；二是2016年“小起色”，《巴黎协定》正式生效，全球气候治理框架落地，油气企业为响应低碳承诺，再次尝试通过并购布局可再生能源，但受油价波动影响，企业资金优先保障传统业务，并购规模较为有限。2021年，油气企业跨界并购出现“大爆发”。随着能源转型加速，各国碳中和目标明确，油气企业面临减排压力激增；同时，可再生能源技术进一步成熟且成本下降，投资价值凸显；2021年国际油价回升，油气企业资金充裕，进一步加速了跨界并购（见图9、图10）。

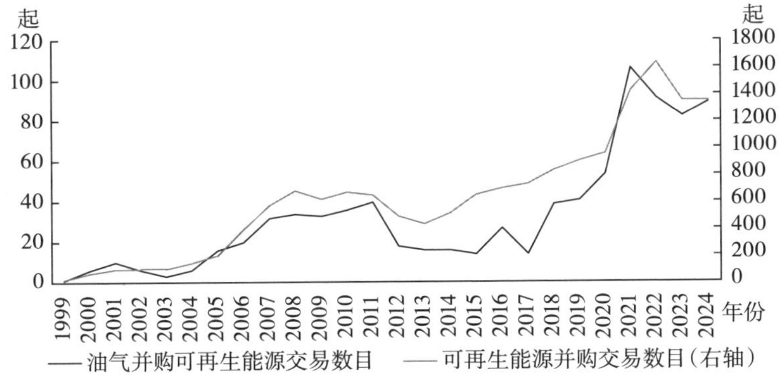

图9 全球油气跨界并购可再生能源标的数量趋势

数据来源：BloombergNEF

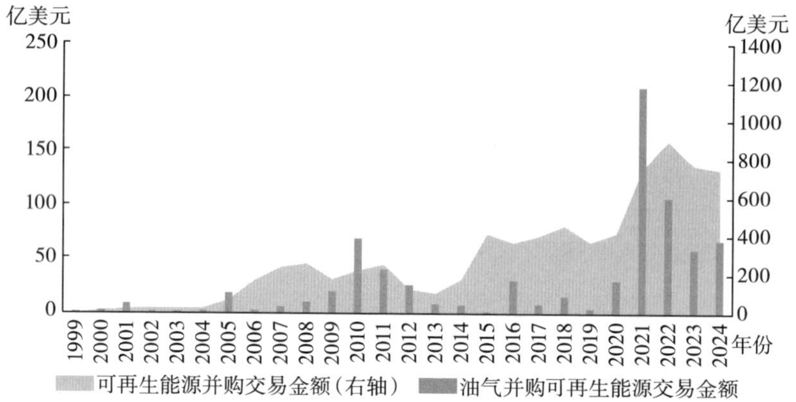

图 10　全球油气跨界并购可再生能源标的金额趋势

数据来源：BloombergNEF

出于前瞻性认知与资源整合优势，油气企业布局早于可再生能源整体并购峰值。油气企业作为传统能源行业龙头，在能源转型方面更为敏感和紧迫：一是油气行业对政策风向、能源替代趋势更敏感，为避免丧失行业地位，需提前抢占新能源赛道。如国际石油公司在 2021 年前已制定明确的低碳转型战略，并购是关键落地手段。二是油气企业拥有资金、产业链协同能力（如从传统能源销售网络转向新能源运营），能更快捕捉并购机会，较其他企业（如制造业、科技企业）更早行动，形成时间差优势。

2. 在可再生能源行业发展带动下，风、光主导的结构特征凸显

风、光产业因技术成熟度高、市场需求大，成为油气企业跨界并购焦点。从全球油气企业跨界并购可再生能源的规模数据来看，风能发电以 722.15 亿美元居首，太阳能发电（430.88 亿美元）与太阳能设备制造（394.58 亿美元）紧随其后，共同奠定主导地位；地热发电（129.00 亿美元）、生物质能与废弃物发电（94.55 亿美元）等细分领域，虽规模逊于风、光核心板块，但仍在各自赛道占据一席之地；氢制造等领域数值较小，凸显其处于发展初期，规模效应尚未充分释放。整体而言，可再生能源行业内部发展呈现出不均衡特征（见图 11）。

行业内部发展不均衡，部分领域仍处于探索或成长阶段。全球的交易

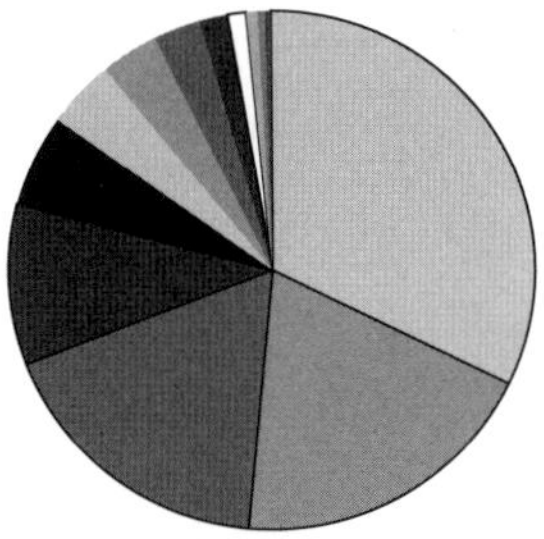

图 11　全球油气跨界并购可再生能源行业规模分布

数据来源：BloombergNEF

数量趋势，也能印证油气企业跨界并购可再生能源时风、光主导的结构特征。风能、太阳能发电主导市场波动，反映其在可再生能源领域的核心地位；其他细分领域发展相对缓慢，仍处于探索或成长阶段（见图 12）。

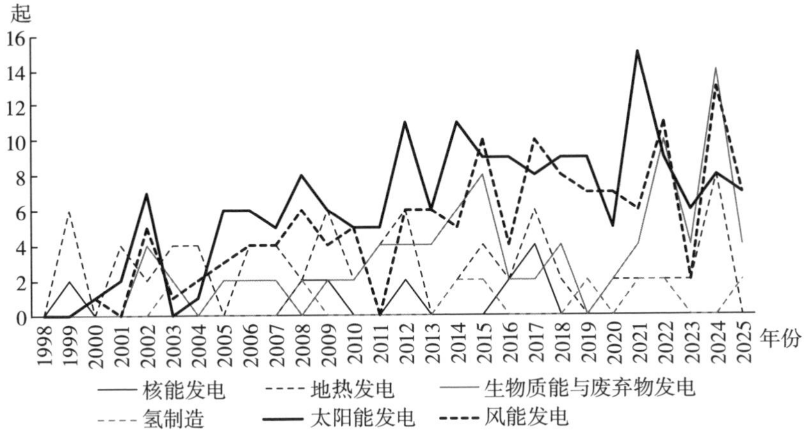

图 12　全球油气跨界并购可再生能源行业规模趋势

数据来源：BloombergNEF

（三）中国油气企业跨界并购可再生能源

1. 中国油气企业跨界并购“三阶段”，政策驱动特征明显

中国油气企业在可再生能源领域的并购演进呈现出鲜明的政策驱动特

征。2000—2008 年，国内经济体制改革深化，油气企业处于重组整合阶段，并购交易主要服务企业集团化重组性需求，对可再生能源的战略布局属性较弱。2016—2017 年，“十三五”规划明确能源结构调整目标，国内可再生能源进入规模化发展期。油气企业响应政策导向，通过并购布局新能源资产，尝试转型并抢占新兴市场份额，形成阶段性小高峰。2023 年以来，随着“双碳”战略持续推进，并购转向储能、氢能等新兴领域并探索“油气＋新能源”协同模式，标志转型进入结构性重构新阶段（见图 13、图 14）。

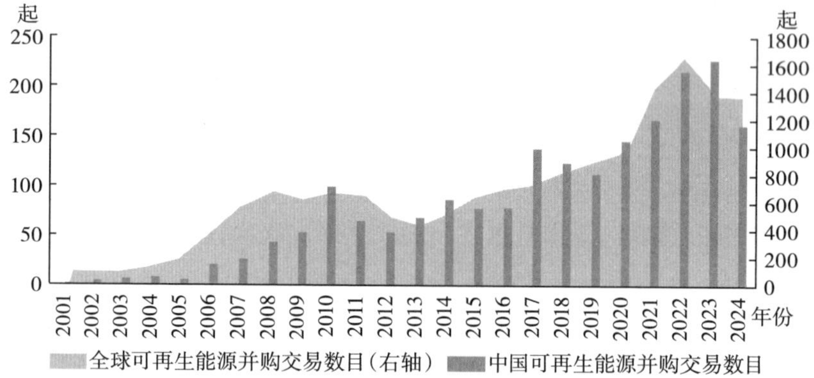

图 13　全球可再生能源领域并购与中国可再生能源领域并购数量对比

数据来源：BloombergNEF

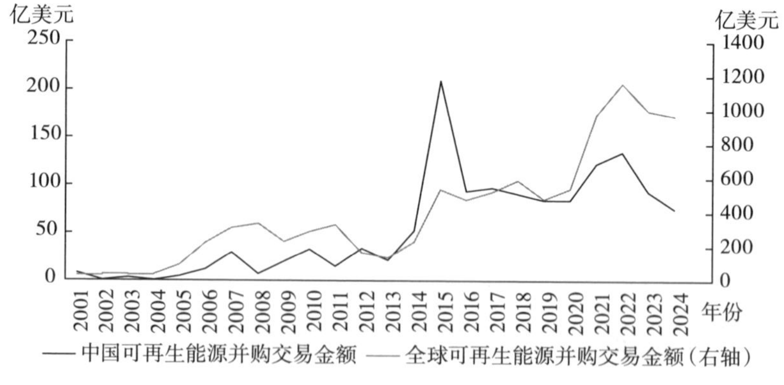

图 14　全球可再生能源领域并购与中国可再生能源领域并购金额对比

数据来源：BloombergNEF

2. 中国油气企业跨界并购市场规模偏小，具有市场独特性

与全球市场对比，中国油气企业跨界并购可再生能源领域的活跃度不足。可再生能源项目投资规模大、回报周期长、技术迭代快，企业多倾向于自建或自研模式；而国内并购的市场化程度较低，交易周期相对冗长，导致企业尚未形成以资本运作加速扩张的“并购生态”。同时，国内可再生能源企业估值偏高，头部企业市盈率常达30倍以上，与油气企业传统业务5～10倍的估值形成显著落差，高溢价并购抑制了跨界并购行为。此外，国内油气企业多为国有企业，投资决策受资产负债率、回报率等“稳增长”指标考核，并购可再生能源资产不仅面临高溢价风险，后期整合难度大，而且容易对考核指标产生负面影响，因此油气企业并购可再生能源领域常处于研究论证阶段，难以推进落实（见图15、图16）。

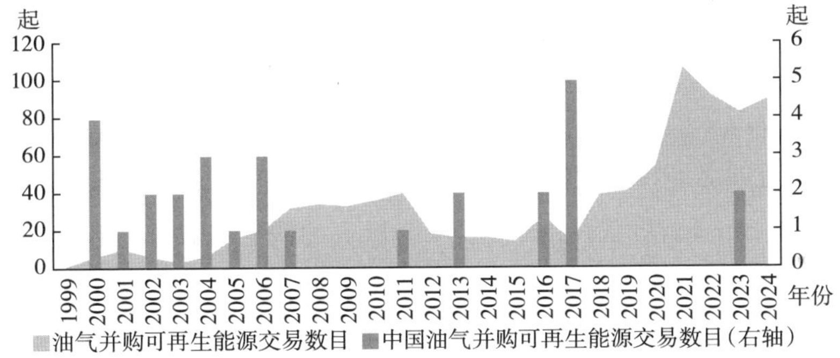

图15　中国油气跨界并购可再生能源标的数量趋势

数据来源：BloombergNEF

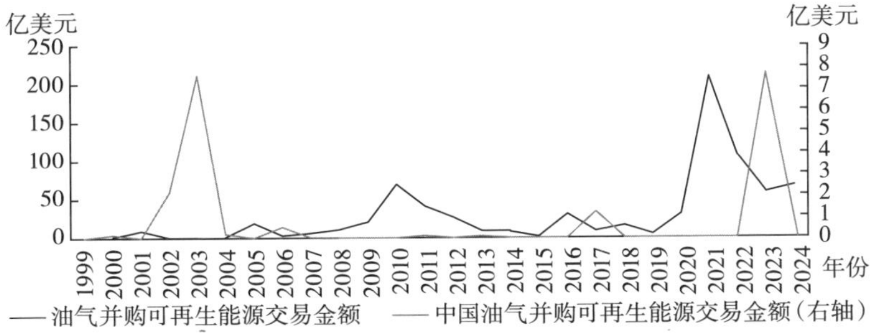

图16　中国油气跨界并购可再生能源标的金额趋势

数据来源：BloombergNEF

三、油气行业并购跨界新能源的经验与挑战

在低碳转型浪潮中，各油气公司在低碳转型中敢于尝试，勇于出击，通过并购、风险投资，快速布局重点领域的核心技术。国际能源署数据显示，全球前十大油气公司新能源资产占比已从 2020 年的 8% 提升至 2024 年的 19%，预计 2030 年将达 25%。未来，油气行业快速并购可再生能源，将成为推动行业发展的重要力量。

（一）油气企业并购新能源的经验

低碳并购市场火热，侧面验证了油气巨头们加速低碳转型的决心。虽然国际油气公司能源转型均进入了加速阶段，但在转型路径和措施的具体选择上仍存在显著差异。

欧洲石油公司正加速布局可再生能源领域，通过高频次并购交易构建多元化新能源版图。以 BP、壳牌、道达尔为代表的欧洲石油公司，近年来采取较激进的能源转型策略，可接受的可再生能源项目目标收益率较传统业务低 5% 以上；在可再生能源领域的投资并购交易频繁，涉及细分领域众多，包括光伏、陆上和海上风电、氢能和储能等。从全球油气并购可再生能源的市场规模来看，仅此三家完成的可再生能源并购交易案例数即占总数的 11.6%，交易金额占比达整体规模的 34.98%。同时，各公司针对转型战略开始进行战术配置，一方面通过回购和分红提振资本市场，保障融资渠道畅通；另一方面适时调整业务组合，在传统油气与新能源业务间构建现金流平衡，使公司自身能够更加灵活地配置资源，加速向综合能源服务商的角色转变（见图 17）。

美国石油公司重点聚焦重碳业务的低碳化改造，持续加大在脱碳领域的投资并购力度。以埃克森美孚、雪佛龙和康菲为代表的美国石油公司，主要采取以去碳化为主的相对保守的能源转型策略，并购主要聚焦 CCUS、供应链脱碳技术等领域。例如，2024 年埃克森美孚以 49 亿美元完成收购

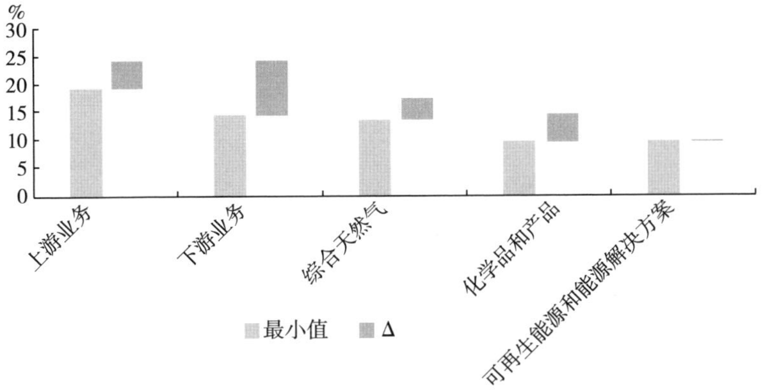

图 17　壳牌分部目标收益率 IRR 和调整值 Δ

数据来源：BloombergNEF

CCUS 解决方案开发商 Denbury，快速提升了其在二氧化碳运输和封存方面的基础设施优势，为规模化部署 CCUS 项目提供了基础。传统能源企业以 CCUS 等脱碳技术为核心的投资并购策略，既能更好地利用油气行业在地质勘探、工程作业等领域的技术和资源优势，又能通过资本运作快速形成现有业务低碳化的发展方式，在能源变革中开辟新的价值增长点。

重构传统组织管理体系，加速推进能源转型进程。从油气企业跨界新能源的战略实践来看，国际石油公司对低碳新能源业务的重视程度不断提升。通过业务重组设立独立的新能源业务板块、提高低碳新能源业务管理层级等，新能源业务的决策等级提升和管理权限进一步扩大。一方面，缩短了决策链条，使企业能够快速响应技术迭代与市场变化，易于在新业务领域获取竞争先机；另一方面，独立的业务单元有利于集中资源，通过专业化运营快速提升市场竞争力（见表 1）。

表 1　国际石油公司组织机构变化

公司	组织机构变化
BP	2020 年初，成立天然气与低碳能源板块，整合分散的能源团队，发展脱碳技术、氢气和 CCUS 等新业务；2024 年 4 月，将四大业务板块简化为三个，包括天然气和低碳能源；核心管理职能部门从 4 个增至 6 个，包括战略、可持续性等

续表

公司	组织机构变化
埃尼石油	2020 年 6 月宣布成立全新业务板块——自然资源板块和能源进化板块。其中，自然资源板块将集中现有的油气生产、天然气中游和 CCUS 等业务；能源进化板块着重发展电力业务、炼化业务生物化可循环转型、为终端客户提供低碳能源产品组合等
壳牌	2023 年 7 月，将四大业务板块进一步简化为三大业务板块，其中，将可再生能源和能源解决方案业务与下游业务合并，组建下游和能源解决方案板块，包括氢、CCUS 商业化、碳交易等业务
道达尔	2017 年，道达尔成立天然气、可再生能源和电力部门，挖掘协同发展潜力；通过旗下风投公司，持续投资储能、太阳能、能源管理技术等可再生能源领域
埃克森美孚	2021 年成立低碳解决方案，是近年战略转型核心，主要布局碳捕集与封存（CCS）、锂电与新能源材料、氢能与氨等领域
雪佛龙	没有单独成立组织机构专门管理，侧重于 CCS 与已有业务融合发展，主要由风险投资基金管理可再生能源业务

（二）油气企业并购新能源的挑战

如何平衡能源安全和低碳转型两个目标，成为核心挑战。在全球经济预期欠佳、市场波动加剧以及供应链持续扰动的背景下，可再生能源领域的投资热度出现降温。由于天然气等过渡性燃料战略价值逐步凸显，市场对过渡性能源的投资兴趣逐渐恢复。根据 IEA 数据，化石燃料在全球能源结构中的占比从 2013 年的 82% 降至 2023 年的 80%，尽管可再生能源应用规模正在不断扩大，能源转型任务仍然艰巨。如何在保障能源安全的前提下稳步推进低碳转型，实现能源结构的平稳过渡，是全球能源领域面临的核心挑战。

可再生能源区域发展不均将影响整体性目标实现。当前可再生能源投资呈现出明显的地域集中特征，发达经济体与中国占据了全球 85% 的投资份额，而其他发展中国家的投资占比相对较小。区域性投资失衡不仅制约着发展中国家的能源转型进程，还将影响全球低碳转型资本的流动。由于新兴市场和发展中经济体在可再生能源领域的投资环境不够成熟，国际资本往往更倾向于流向政策稳定、基础设施完善的发达经济体，这将进一步拉大不同地区在可再生能源技术、产业规模和减排能力上的差距，使得全球能源转型的整体性目标面临挑战。

全球可再生能源领域的资本流动呈现区域内循环，影响了全球能源转型的整体推进。从跨界并购的资金流向观察，各地区可再生能源项目的资本来源普遍具有较强的本地化属性，发展中国家尤为突出。以中国为例，其可再生能源项目中超过90%的资金来源于国内，资本向海外市场的配置比例相对有限。这种区域性资本闭环虽然有助于本土能源产业的快速发展，但客观上削弱了全球能源转型的整体合力。

可再生能源技术的不确定性是油气企业跨界新能源的瓶颈。首先，可再生能源技术（如风能和太阳能）易受环境条件影响，其技术性能的稳定性存在不确定性，企业担心维护成本过高、与现有能源网络整合复杂，因而投资者在决策时往往较为慎重。其次，可再生能源技术的长期可靠性及综合性能指标（包括能效、耐久性和运营成本）在当前阶段仍待验证，企业进行决策时，可再生能源项目回报率可能影响企业整体回报水平，因此部分新能源项目难以上线。从市场整体情况来看，私人投资者撤退、企业和公共投资者上升的趋势已经显现（见图18）。

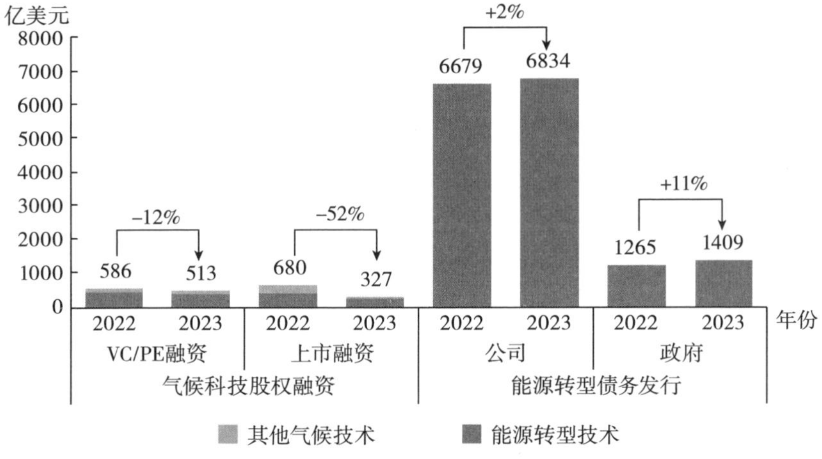

图18　2022—2023年低碳转型中的资金来源变化

数据来源：BloombergNEF

四、未来趋势与建议

（一）并购市场趋势预测

1. 政策与技术双轮驱动，可再生能源市场并购将进一步活跃

短期来看，随着利率下行和技术成本持续下降，可再生能源并购的“逆周期”属性将进一步凸显。长期来看，碳中和目标与ESG投资重塑资本流动，可再生能源并购将成为全球经济转型的核心引擎。尽管近期国际油气公司在可再生能源领域动作趋缓，甚至剥离部分非核心资产，但这一现象本质上是战略重心转向技术密集型领域的主动调整。这类企业凭借资本市场运作经验，可在技术突破期快速通过并购整合资源，重新布局能源转型赛道。未来，这种“收缩—聚焦—再扩张”的资本运作模式将进一步推动可再生能源并购市场热度提升。

2. 可再生能源的全球化布局将以区域为主，部分地区壁垒高

受可再生能源技术属性与能源安全战略驱动，部分国家将其列为外资审查重点领域，导致跨国并购存在壁垒：美国外国投资委员会（CFIUS）对中资并购高度警惕，部分行业要求项目组件本地化率达到60%；东南亚国家对电网资产外资持股设限，仅允许技术合作等。与此同时，中东、中国等地区采取更开放的外资政策，为跨地区合作带来可能。据国际能源署预测，中国—东盟、欧盟—北非、中东—南亚的技术、资本、资源互补成为全球可再生能源扩张的核心动力。因此，可再生能源并购也将呈现显著的区域圈层特征：中国—东盟技术走廊依托RCEP原产地规则加速光伏产能整合，欧盟—北非能源共同体通过“绿色协议”资金支持跨境电网互联，中东—南亚资本链通过主权基金与技术合作绑定。根据国际能源署预测，到2030年三大网络将贡献全球可再生能源装机增量的72%，标志着并购市场进入“地缘技术协同”新阶段。

3. 跨界并购主体多元化，技术型并购将成为主导

一是中东企业加入，跨界并购主体进一步多元化。目前，中东主权财富基金与油气公司正在通过灵活并购加速能源转型布局，2024 年其可再生能源并购支出占全球总量的 30% 以上；沙特阿拉伯公共投资基金（PIF）计划 2030 年前投资 5000 亿美元，推动可再生能源产业链本土化，目标是实现 75% 组件的产能自主化。未来，中东企业、更多的中国企业将成为跨国并购可再生能源领域的重要力量。

二是跨界并购聚焦技术，并购领域进一步多元化。并购标的将逐渐从传统发电资产转向技术密集型领域：风电、光伏等占比提升，储能技术成为稳定能源输出的关键，企业将通过并购储能标的，优化可再生能源项目调峰能力；数字化技术（如能源互联网平台、AI 运维系统）能够优化可再生能源项目的监测、调度与运维，并购该领域标的能帮助企业实现能源资产智能化管理，降低运营成本（见图 19）。

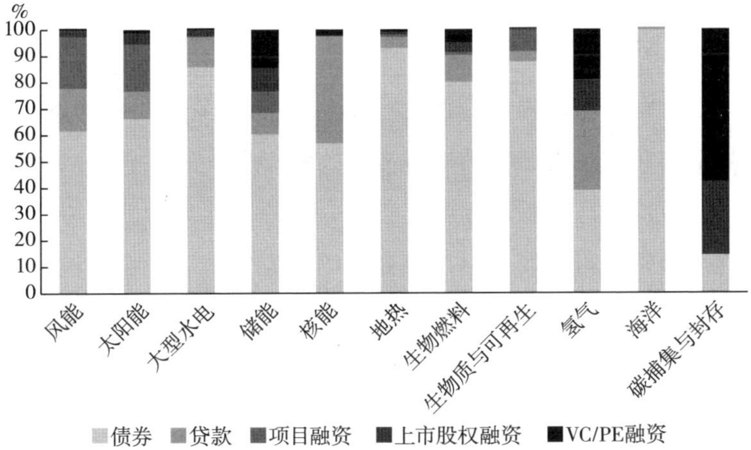

图 19 能源转型分行业融资渠道情况

数据来源：BloombergNEF

（二）策略建议

1. 政府层面

（1）构建国际合作的创新生态，加速全球“双碳”目标实现

为破解新能源领域研发资源分散、重复建设困局，助力传统能源企业实现战略转型，需构建以“禀赋互补、要素协同”为核心的全球创新生态。建议各国摒弃“零和”博弈观念，共同搭建全球绿色技术共享平台，形成“技术引领＋资源支撑＋市场应用”的协同创新格局：由技术领先国家主导关键技术研发，资源富集国家提供要素保障，市场潜力国家承担应用推广，在氢能、储能等重点领域布局跨国联合实验室，开展联合攻关。

配套制度方面，建立统一技术标准体系与知识产权共享机制，消除跨境技术合作障碍。通过整合全球资源、技术、市场等要素，推动传统能源企业依托现有产业基础和资源优势快速融入新能源产业链，加速技术成果产业化进程，为全球能源转型与碳中和目标实现注入强劲动力。

（2）强化顶层设计与政策协同，推动国内新能源行业发展

为加速能源转型进程，需构建跨部门协同、多制度联动的推进机制：产业规划部门应立足能源转型战略需求，动态明晰转型核心内涵与阶段攻坚重点，统筹优化区域新能源产业布局，为传统能源企业跨界转型锚定方向；建立高级别政策协调机制，借鉴德国国家氢能委员会、美国人工智能特别委员会的运作模式，组建能源转型专项发展委员会，强化发展改革委、工业和信息化部、能源局等多部门在政策制定、资源调配、要素保障等方面的协同联动。

配套制度层面，需系统搭建能源转型数据监测平台，全面采集区域转型进展、技术迭代及能源企业动态数据；协同加强国际新能源前沿技术、产业化路径的追踪分析，为建立适配我国转型需求的技术标准提供参照；鼓励企业与高校联合开设传统能源跨界转型特色专业课程，构建产学研深度融合的复合型人才培育机制。通过部门间政策协同、数据共享、资源整

合，制度间规划引领、标准支撑、人才保障的有机衔接，助力实现能源领域的跨越式发展。

(3) 完善财税与金融支持政策，为企业转型解决实际问题

为加速能源转型进程，助力传统能源企业跨界发展，需构建“财税激励+金融赋能”双轮驱动的政策支持体系。在财税政策扶持层面，建议考虑对油气企业开展的新能源业务实施增值税即征即退政策，对新能源项目给予“三免五减半”的所得税优惠，并进一步提高研发费用加计扣除比例，降低能源企业转型成本。在金融支持层面，建议精准匹配能源企业转型需求，进一步深化基础设施投资基金 REITs 等金融工具应用，通过适度放宽项目准入门槛、优化遴选标准，将更多新能源配套设施、储能项目纳入支持范围，推动企业优化投资组合，有效释放投资空间；设立能源转型并购纾困基金，针对阶段性估值倒挂的优质标的，通过股权、债权等多元化融资方式提供资金支持，助力企业整合产业链资源、加速资产结构调整，为能源转型提供金融助力。

2. 企业层面

(1) 更大力度通过并购实现转型，重点关注与已有业务的衔接

结合国际公司并购成功经验，相关企业为实现转型目标需细化转型的阶段性目标，明确通过并购实现快速发展的中心思路，并进一步核查并购方向与现有业务协同性、关键步骤和环节，提高并购业务的效率和成功率。一是梳理现有业务，分析不同业务条线在市场中的竞争地位和竞争格局；二是明确战略重点，针对自身公司发展战略，结合企业自身发展方向和优势，明确并购的重点领域、重点业务；三是寻找业务协同点，包括与公司整体战略协同的要点，如客户资源协同、技术协同、战略保障等；四是设计并购路线，根据不同阶段的发展战略，提前对并购领域进行规划，设计并购路径可选方案及其主线；五是全面尽职调查，合理确定交易价格、支付方式和交易结构等。

（2）适时进行组织机构调整，推动可再生能源业务发展

未来技术变革和低碳业务的发展领域和方向存在不确定性，这对石油公司发展战略的灵活性提出了更高要求。相关公司也应不断增强组织架构弹性，通过将可再生能源业务提级管控、独立运营等方式，保持对新业务发展趋势的洞察力，便于可再生能源业务及时调整发展战略、风险投资业务及时发现并做好战略补充等，提高决策效率，抓住业务发展时机。

（3）积极运用绿色融资工具，传递能源转型积极信号

企业需积极运用绿色债券、社会债券、可持续债券等融资工具，吸引机构投资者参与可再生能源项目建设，大规模撬动外部资本。针对可再生能源项目普遍存在的“单体规模小”与机构投资者“大额投资门槛”不匹配问题，企业可尝试专业化整合分散的小型项目，形成符合投资规模要求的资产组合，并进一步探索资产证券化业务（如 REITs 等），有效解决项目规模与资本需求的不匹配问题，释放转型投资空间，提高能源转型的速度和效果（见图 20）。

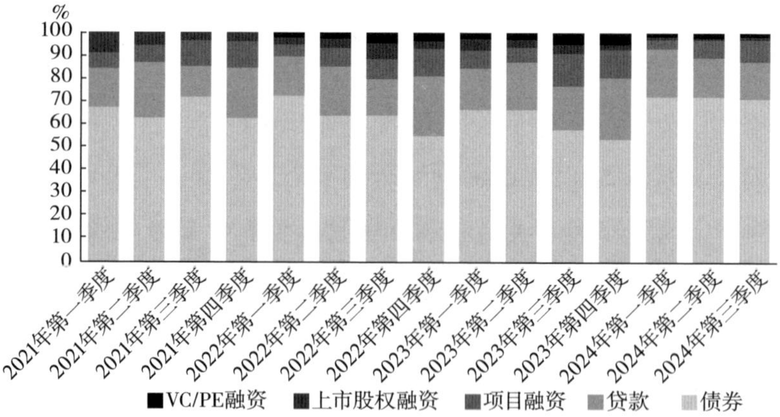

图 20　能源转型融资渠道趋势

数据来源：BloombergNEF

五、结论

未来，能源转型将呈现“传统能源优化+新能源加速渗透”的双轨格局，加快引领全球可再生能源行业发展、深耕技术密集行业将成为传统油气企业的破局关键。油气企业需通过技术协同并购、区域化布局及组织结构调整等措施，在保障能源安全的同时加速融入全球转型浪潮，逐步构建“传统+新兴”能源竞争力。

参考文献

[1] International Energy Agency. World Energy Outlook 2024 [R]. France: IEA. 2024:29-48.

[2] World Meteorological Organization. State of the Global Climate 2024 [R]. Geneva:WMO. 2025:1-13.

[3] International Renewable Energy Agency. IRENA World Energy Transitions Outlook 2024[R]. Abu Dhabi:IRENA. 2024:15-28.

[4] RystadEnergy. Supermajor Benchmarking Report[R]. Norway: RystadEnergy. 2024:55-56.

[5] BloombergNEF. Energy Transition Investment Trends 2025[R]. New York:BNEF. 2025:12-38.

全球碳市场发展趋势研究

张 静 任佳宁 廖 健[①]

摘 要 近年来，全球碳市场发展迅速。从国际看，越来越多的国家和地区开始在本国/地区建立碳市场，碳市场覆盖的行业范围在逐步扩大，不同碳市场之间也在尝试连接。过去10年间，全球碳价大幅增长，碳市场减排效用正在显现。尽管2023年国际自愿碳信用市场经历了信用危机，但2024年的COP29大会上，全球194个国家就《巴黎协定》第6.4条机制下的两项碳信用标准达成共识，缔约国承诺将通过增加碳信用需求来支持气候行动，国际自愿碳信用有望迎来新的发展机遇。从国内看，全国碳市场自上线四年以来，运行总体平稳，初步显现了价格发现的作用。2024年全国碳配额CEA平均成交价格为每吨95.52元，比上年度上涨41%，呈现量价齐升局面。2025年全国覆盖行业范围将从电力行业扩围至钢铁、水泥、电解铝行业，覆盖排放量或超60%。2024年初国内CCER市场正式恢复运作，有望成为全国碳市场的有益补充。为促进我国碳市场更好发展，建议加强规划引领，有效引导市场预期；完善碳配额管理机制，增强减排效应；主动参加碳市场国际交易与合作，推动我国碳市场与国际碳市场接轨。

关键词 碳市场 碳价 CCER

---

① 张静，中国石化集团经济技术研究院有限公司金融证券研究所高级研究员；任佳宁，硕士，中国石化集团经济技术研究院有限公司研究员，中级经济师；廖健，中国石化集团经济技术研究院有限公司政策研究所，高级工程师，高级专家，主要从事石化产业政策研究。

2005 年《京都议定书》正式生效后，各国和地区为实现碳减排承诺目标，开始在本国/地区建立碳交易体系。截至 2024 年，全球范围内有 36 个碳市场在运行（与 10 年前相比增长了 1 倍）；在建碳市场有 14 家，另有 8 家司法辖区正在考虑碳市场。这些拥有碳市场的司法管辖区占全球 GDP 的 58%，覆盖了 1/3 的世界人口；运行中的 36 个碳交易系统覆盖了 99 亿吨二氧化碳当量（与 10 年前相比翻了一番），占全球温室气体排放的 18%。碳交易市场作为实现净零目标的有效工具之一，不断走向成熟和完善。

一、全球碳交易市场现状与发展趋势

（一）全球强制碳市场的总体状况

在全球碳市场分布方面，欧盟碳市场是世界上交易规模最大的碳交易体系；北美碳市场受到政治因素制约，覆盖面较小，目前仍是多个区域性质的碳交易系统并存的状态，一直没有形成统一的碳交易体制；亚洲地区最早启动碳交易市场的是韩国，起步后发展迅速，一度成为全球第二大碳市场；我国在经历了多年试点碳市场探索后，于 2021 年 7 月启动全国碳市场；新西兰碳交易体系是大洋洲唯一一个平稳运行的碳市场。虽然统一的碳交易市场还没有在全球范围内形成，但是不同的碳市场之间已经开始尝试联动。2014 年，美国加利福尼亚洲（加州）碳交易市场与加拿大魁北克碳交易市场成功对接；2016 年琦玉县碳交易系统成功对接日本东京碳交易系统；2020 年欧盟碳交易市场对接瑞士碳市场；2025 年 5 月底，欧盟与英国宣布将致力于连接各自的碳排放交易体系，为全球碳机制协调互认提供范式（见图1）。

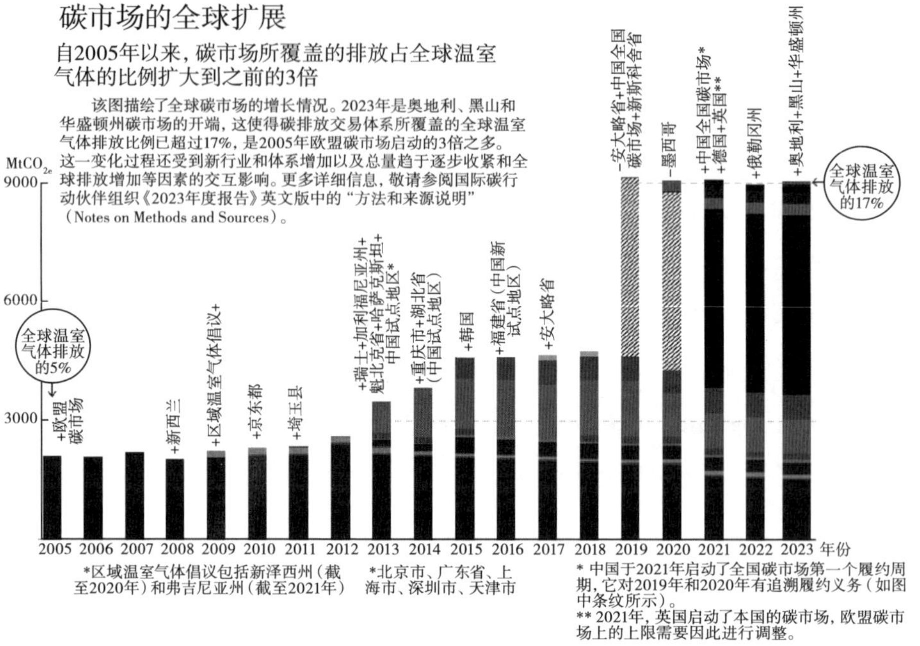

图1　全球ETS示意图

数据来源：ICAP

从全球碳市场所覆盖的温室气体种类来看，主要包括二氧化碳（CO_2）、甲烷（CH_4）、一氧化二氮（N_2O）、氢氟烃（HFCs）、全氟化合物（PFCs）、六氟化硫（SF_6）和三氟化氮（NF_3），其中温室气体的主要构成部分是二氧化碳。目前，全球运营的碳交易市场均覆盖CO_2交易，欧盟、韩国等一些碳市场开始覆盖一氧化二氮、全氟化合物等其他温室气体。

从全球碳市场所容纳的排放产业来看，电力和工业是重点纳入减排的产业，全球82.7%的碳市场均纳入了这两个产业。其中，新西兰碳交易系统涉及工业、电力、建筑、运输、航空、废料和林业等多个行业，覆盖面最广；从碳交易体系覆盖温室气体排放比例上看，韩国、加州—魁北克碳交易体系覆盖了当地较高的温室气体排放比重；中国的碳市场和欧盟的碳市场是覆盖温室气体排放量较大的市场。

从配额分配方式上看，全球碳交易市场主要有免费分配和拍卖分配两种方式。在碳市场发展的初期，免费分配是最主要的形式；随着碳市场的逐步成熟完善和需求提升，拍卖分配比例增加。目前多数碳市场以混合模式进行，以欧盟为例，近5年市场上的碳配额拍卖配比为57%左右，较发展初期的配比提高了40个百分点左右，其中电力行业已完全采用拍卖方式分配。

由于全世界碳市场需求、市场发展成熟度及监管机制各异，各地碳市场价格绝对水平及波动程度都呈现出比较大的差异。根据ICAP统计的数据，过去10年间，全球碳价大幅增长，约2/3的碳市场覆盖的排放在2023年平均价格低于10美元；约1/6的碳市场覆盖的排放在2023年平均价格为10～70美元；另外约1/6的排放平均价格高于70美元（欧盟和瑞士）（见图2）。

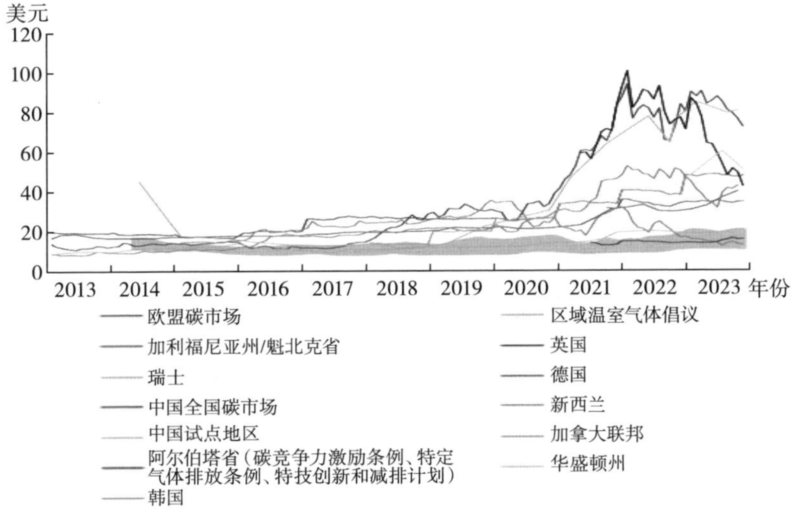

图2　全球碳市场碳价情况

数据来源：ICAP

（二）典型碳交易市场发展情况

1. 欧盟碳市场

始于1985年的欧盟碳交易市场（EU ETS）是全球最早、最大的碳市场。

该碳交易市场涵盖冰岛、挪威、列支敦士登（英国脱欧后从 EU ETS 中退出）等 27 个欧盟成员国，并在 2020 年 9 月接入瑞士碳市场。欧盟碳市场覆盖发电、造纸、炼焦、钢铁、炼油、石化、水泥、玻璃、航空等行业，限制着超过 10000 个大量使用能源的设施（包括发电厂、工厂）和超过 1500 家航空公司的排放，占到欧盟温室气体排放总量的 40%。欧盟 EU ETS 既是当今全球碳交易市场的领导者，又是欧盟成员国每年温室气体许可排放交易的支柱。2024 年，EU ETS 交易额达到 7810 亿欧元，占全球总量的 87%。

2022 年，欧洲委员会在 2021 年 7 月生效的《欧洲气候法》中提出的“2030 年至少减少 55% 温室气体净排放量”这一中间目标基础上，推出了名为“Fit for 55”的“一揽子”政策改革方案，将欧盟碳排放交易体系置于欧盟脱碳议程的核心位置，对其进行重大改革，主要措施包括：

（1）对现有行业（如电力、重工业）的碳排放配额进行更严格的限制。排放上限线性削减系数由 2.2% 增至 4.2%，计划至 2028 年度上升至 4.4%。2024 年一次性削减配额供应量 9000 万吨，2027 年计划再次削减配额 2700 万吨。同时，市场稳定储备机制（MSR）提高了额度无效机制，使得额度供应量进一步减少。

（2）2024 年将航运业纳入碳排放市场。规定凡总吨位在 5000 吨以上的商船，不分船籍归属均纳入 EU ETS，包括欧盟内部航线 100% 的排放量及船舶在欧盟港口和非欧盟港口之间国际航运 50% 的排放量。2024 年先纳入船舶 CO_2 排放物，2026 年起纳入船舶 CH_4、N_2O 排放物。

（3）逐步取消免费配额。逐步降低航空等行业免费额度，推动企业加速脱碳。

（4）新建“建筑与交通”碳排放交易体系——“第二碳市场”（ETS Ⅱ）。针对建筑、道路交通和未被覆盖的工业燃烧排放建立一个新的独立碳市场——第二碳市场，预计于 2027 年全面运行，届时欧盟超过 75% 的温室气体排放量将被纳入碳市场管控。

（5）引入碳边界调整机制（CBAM）。作为与碳市场的协同政策，欧盟对进口的钢铁、水泥、铝、化肥和电力等高碳产品征收碳关税，以防止“碳泄漏”（企业向环保标准较低的国家转移生产）和促进全球减排。欧盟在 2023 年 10 月 1 日开始 CBAM 的过渡期，并将在 2026 年 1 月 1 日正式开征“碳关税”。

数据显示，欧盟碳价逆转 2023 年的涨势，自 2024 年开始一路下滑，2 月中下旬跌至年内最低价 52 欧元/吨 CO_2。此后三个季度，碳价反弹至 75 欧元/吨 CO_2 价位后，就进入了狭窄区间震荡模式，徘徊于 60～70 欧元/吨 CO_2。从全年看，2024 年欧盟碳配额（EUA）期货交易均价为 65.3 欧元/吨 CO_2，较 2023 年下降 21.8%。2024 年是“Fit for 55”减排方案对欧盟碳市场大幅改革的第一年，配额上限从 2023 年的 14.86 亿吨下降到 13.86 亿吨，减少近 1 亿吨。然而，市场表现显示 EUA 价格并未上涨，反而出现下行趋势，主要原因归于天然气价格的下降、电力行业排放的明显减少以及配额拍卖量的增加（见图 3）。

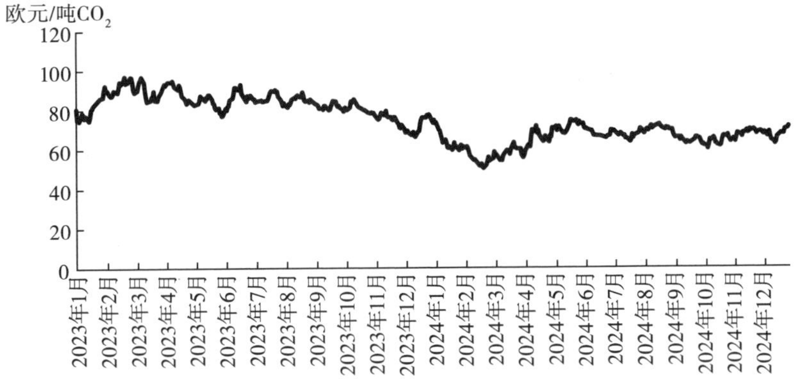

图 3 欧盟碳市场碳价情况

数据来源：Rystad Energy

2. 新西兰碳市场

新西兰碳市场始于 2008 年，是世界上覆盖面最广的综合性碳市场，以覆盖农业排放和高林业碳汇依赖为显著特征，涵盖电力、工业、航空、运输、建筑、废料和林业等领域。2015 年新西兰政府立法改革碳市场，完善碳市场设计与经营，使之与新西兰国家减排承诺相一致。从 2019 年开始，新一轮的深度改革在新西兰碳市场展开，主要有以下几个方面的举措：

（1）取消固定价格机制，逐步过渡到成本控制储备机制（Cost Containment Reserve，CCR①）。

（2）根据市场需要以拍卖底价的方式形成最低价格限制。

（3）引入拍卖机制，完善配额分配方式，建立风险管理制度。

（4）加强履约管理，以现行市价 3 倍为单价计算对未按期完成履约的控排企业处以罚款。

（5）加强信息披露，发布更加详尽的碳排放数据，提高市场透明度。

通过一系列碳市场改革措施加大减排力度后，新西兰碳市场价格大幅上涨，于 2022 年 9 月突破 90 新西兰元/吨 CO_2，创下近 4 年最高点，之后逐步回落。2024 年新西兰碳市场经历了大幅波动，受农业纳入预期影响，其价格曾一度突破 75 新西兰元/吨 CO_2，后因政府释放储备配额价格逐渐回落。2024 年全年新西兰碳市场平均价格为每吨 59.5 新西兰元，比 2023 年下降 4.9%，比 2022 年下降 24.8%，但仍比 2020 年（25 新西兰元）大幅上涨。

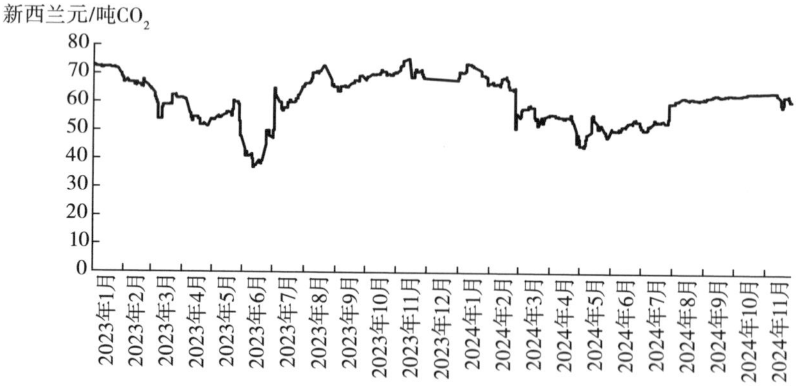

图 4　2024 年新西兰碳市场碳价情况

数据来源：Rystad Energy

① CCR 通过拍卖实现，如果市场碳价达到预定的触发价格（2021 年设置为 50 新西兰元，为预防通货膨胀以每年 2% 的比例线性增长），将从 CCR 储备中释放特定数量的配额进行拍卖。

3. 美国 RGGI 碳排放交易体系

区域温室气体减排行动（RGGI）是2009年启动的美国首个温室气体强制排放计划。其覆盖范围包括美国东部的康涅狄格州、特拉华州、缅因州、马里兰州、马萨诸塞州、新罕布什尔州、新泽西州、纽约州、罗德岛州、佛蒙特州、维吉尼亚州和弗吉尼亚州。其中，弗吉尼亚于2021年加入，又在2023年废除了其碳市场法规，并于年底停止参与RGGI，但法律程序延缓了其实际退出进程。

RGGI体系以电力产业为控制排放部门，目标排放源为该区域内所有在2005年以后装机大于等于25兆瓦且化石燃料占50%以上的发电企业，覆盖的排放量约占美国电力行业总CO_2排放量的7%。RGGI碳市场初始配额的发放以每季一次的拍卖方式进行。参与RGGI的州政府定期对碳市场进行方案评审工作。2012年的第一轮方案评审决定从2013年开始将配额总量降低45%，并且在2020年之前都保持每年2.5%的递减速度，还设置了成本控制储备机制（CCR），为配额拍卖设定最低底价。在这一政策的推动下，RGGI碳市场价格开始稳步走高。从2016年开始进行的第二轮方案评审，对RGGI弹性机制、RGGI交易规则、RGGI贸易伙伴的增加、RGGI配额拍卖以及二氧化碳排放追踪系统等方面进行了改革。2019年，RGGI参与州通过了2020年后的总量控制与交易规则，新规则收紧了上限，并进一步调整了ETS的设计。2021年，排放控制储备（ECR）开始运行。ECR是一种自动调节机制，可以在低于预期成本的情况下向下调整上限。RGGI的每一次改革都在提振市场信心、稳定碳价方面释放出坚定的减排信号。

2024年RGGI市场实现了大幅增长，排放配额价格攀升超过50%，年底收于24美元，屡次创下历史新高。这一价格飙升得益于强劲的电力需求，以及因第三轮项目评估中预期的供应限制而产生的乐观情绪。全年RGGI配额拍卖均价为每吨16.50～18.30美元，较2023年均价（14.80美元）上涨约12%；二级市场交易量达1.05亿吨CO_2，同比增长15%，市场流动性增强（见图5）。

图5 2024年美国RGGI碳市场碳价情况

数据来源：Rystad Energy

4. 加州—魁北克碳排放市场

加州与魁北克的碳市场是美国和加拿大最具代表性的跨区域联合碳交易体系，二者通过“西部气候倡议”（Western Climate Initiative，WCI）实现了市场连接，构建了覆盖北美最大规模的区域碳市场，为全球碳市场之间的国际合作树立了良好的榜样。加拿大新斯科舍省于2024年7月正式链接加州—魁北克市场，成为第三个成员，初期覆盖电力与工业排放。WCI的碳排放权交易体系涵盖了多个领域，包括发电、工业生产、交通、农林、油气生产等行业，覆盖了成员辖区85%的碳排放量。

加州—魁北克碳市场的运作分为三个阶段：第一阶段（2013—2014年）：为降低初期的适应成本，免费向企业分配超过90%的碳排放配额。第二阶段（2015—2017年）：配额分配逐渐与企业的排放风险挂钩。高排放风险行业将继续免费领取，中等排放风险行业将获得75%的免费额度，而低排放风险行业将获得50%的免费额度。第三阶段（2018年至今）：免费额度分配比例进一步调整，中等排放风险行业的免费额度比例降为50%，低排放风险行业的免费额度比例降为30%，高排放风险行业的免费额度比例不变。WCI碳市场在拍卖中设置拍卖底价+配额价格管制储备机制（Allowance Price Containment Reserve）来稳定市场价格。

2024 年，华盛顿州的碳市场展现出了韧性，年初时面临着巨大的不确定性，年末则表现强劲。与此同时，加利福尼亚州的碳排放配额价格下跌了 18%，最终稳定在 34 美元。即便经历了这次下跌，该市场依然强劲，平均价格与前几年相当。价格下跌在很大程度上是加利福尼亚州空气资源委员会（CARB）的法规制定工作推迟，以及碳预算削减和严格触发价格的修正案草案未能及时实施所导致的（见图 6）。

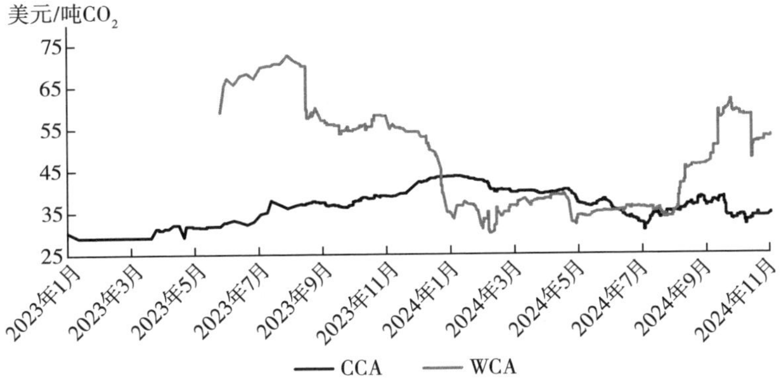

图 6　加州碳市场与华盛顿州碳市场碳价情况

数据来源：Rystad Energy

5. 韩国碳市场

2009 年 12 月 29 日，韩国国会通过了《低碳绿色增长框架法》，并于次年 4 月发布了《低碳绿色增长框架法实施令》，要求政府必须支持建立排放交易市场，对产生温室气体的产品和服务征税，逐步提高能源效率。在立法保证框架下，韩国碳市场（K－ETS）于 2015 年 1 月 11 日正式启动，覆盖了占全国温室气体排放 89% 的八大产业：钢铁、水泥、石化、炼油、能源、建筑和废弃物处理及航空工业，超过 600 家高排放企业纳入其中。韩国碳市场建设分三个阶段进行：第一阶段是 2015—2017 年，在碳配额相对紧缺的情况下，配额全部免费发放，并采用历史法进行分配。第二阶段是 2018—2020 年，此阶段增加 3% 强制配额拍卖（特定部门除外），同时扩大基准线法配额分配范围，电力、废弃物、工业部门也在石油炼制、水泥、航空之后，以基准线方式分配免费配额。2020 年 4 月，韩国修改了《碳排放交易法》，允许金融公司和中介机构等第三方参与二级市场。企业还可以使用国内或国际减排信用抵消其 10% 以内的履约配额，其中国际减排信用不超过 5%。第三阶段是 2021—2025 年。2021 年 K－ETS 覆盖范围扩大到建筑公司和（大型）运输公司，涵盖的实体数量从约 610 个增至 685 个，拍卖份额继续扩大，由第二期的 3% 扩大到第三期的 10%，配额总量年度递减系数调整为 0.96%，并引导机构、个人入市开展衍生品交易。2024 年，韩国政府引入了类似欧盟的市场稳定机制（Market Stabilization Mechanism），并实施了有条件的配额结转制度。当配额盈余超过 15% 时，将自动冻结 10% 的拍卖量，以鼓励企业出售其盈余配额，增加市场流动性。

2024 年韩国碳价（KAU）整体低迷，平均价格为 9413 韩元/吨 CO_2，较 2023 年下降 16.1%，较 2022 年下降 58.9%。碳价在 7500 ~ 12500 韩元/吨 CO_2 之间波动，未能回升至较高水平（见图 7）。

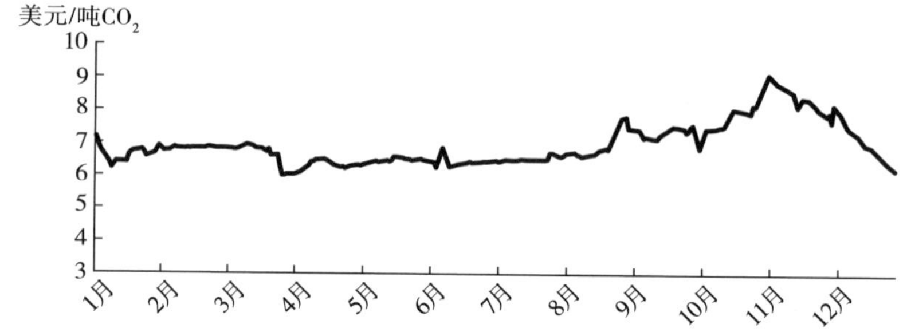

图 7　2024 年韩国碳市场碳价情况

数据来源：Rystad Energy

（三）国际自愿碳市场发展现状

国际自愿减排碳市场是在强制碳市场之外，由主体基于自愿原则参与碳减排项目交易的市场机制。其核心是通过购买“自愿碳信用”来抵消自身碳排放，或实现碳中和目标。2024 年，全球最大的四个自愿减排碳信用标准包括 VCS（核证碳标准）、GS（黄金标准）、ACR（美国碳注册）、CAR（气候行动储备），总计签发量约 2.36 亿吨，同比增长 1.2%，增量主要来自 GS 和 ACR；总计注销减排量 1.54 亿吨，同比减少 3%，增量主要来自 GS 和 CAR（见表 1）。

表 1　2024 年国际自愿减排市场签发和注销情况

项目类型	签发量（2024 年）（万吨）	签发量（2023 年）（万吨）	同比变化（%）	注销量（2024 年）（万吨）	注销量（2023 年）（万吨）	同比变化（%）
VCS	10133	14701	-31	10270	11280	-9
GS	8445	6192	36	3438	2906	18
ACR	3376	2797	20	983	1138	-14
CAR	1678	1347	24	710	524	35
总计	23632	25037	5	15401	15848	-3

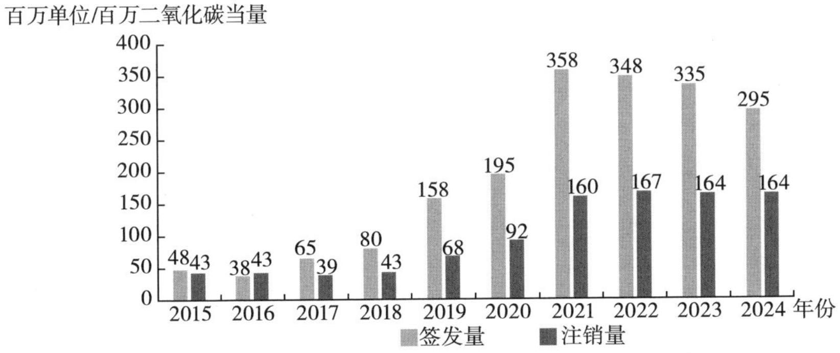

图 8　自愿碳市场签发量与注销量

数据来源：Rystad Energy

由于信息不对称、标准不统一、监管缺失等问题，自愿碳市场机制的减排效果尚未充分发挥。2023—2024 年自愿碳信用市场经历了一连串的信用危机，导致 2024 年自愿碳市场（VCM）的发行量下降了约 12%。亚洲、拉美和加勒比地区的 REDD +（Reducing Emissions from Deforestation and Forest Degradation in Developing Countries）项目开发商首要受到市场萎缩的冲击。在过去一年里，许多买家更倾向于寻找代表碳清除量而非减排量的碳信用额度，以及那些在本地附近产生的碳信用额度。在信用风波下，以VCS机制为代表的自愿减排机制不得不启动对涉及方法学的审查与修订，甚至启动复核调整机制的管理办法和开发标准，以恢复对机制的信任，重振市场信心。减排机制的典型整改措施包括：一是对涉事第三方审核机构进行重新评估，对有潜在风险的项目，在管理措施上加强对利益相关方的监督；二是采用遥感技术监测森林，以及使用更真实可靠的基准线数据，在技术方法上提高减排效益量化准确度；三是强化规范审核修订程序、运用风险管理工具等制度保障方面的风险管理。2024 年，在购买兴趣不高的情况下，自愿碳市场总体价格保持低位。基于技术的碳信用额平均 3 美元/吨，而基于自然的碳信用额平均 8 美元/吨。在二氧化碳去除（CDR）市场，约购买了 900 万个信用额，较 2023 年增长 80%。这一强劲增长表明，市场对高完整性碳信用额的兴趣日益浓厚。

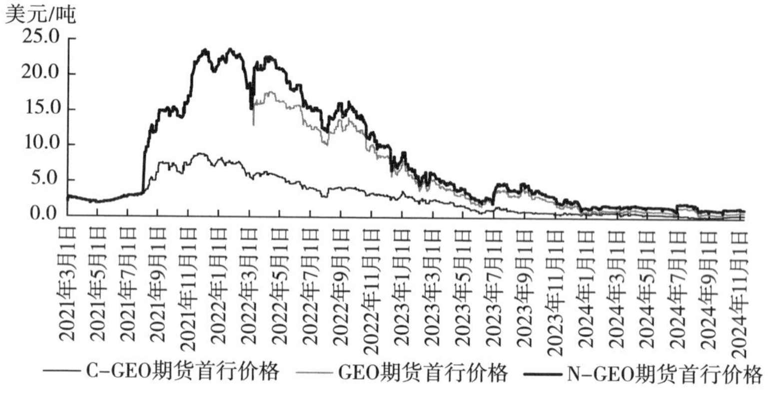

图 9　自愿减排量期货合约首行价格

数据来源：Rystad Energy

2024 年 11 月在联合国气候变化框架公约第 29 次缔约方大会（COP 29）上，全球 194 个国家就《巴黎协定》第 6.4 条机制下的两项碳信用标准达成共识，缔约国将通过增加碳信用需求来支持气候行动，标志着联合国管理下的全球碳市场建设取得了重大进展。第 6.4 条将允许缔约国之间，尤其是碳排放较多的国家，通过从温室气体减排量超过其承诺的国家购买碳信用额度（包括碳减排和碳清除）来抵消自身排放。联合国为此成立第六条第四款监督机构（SBM）负责监管全球碳市场，确保项目得到相应国家的批准并发放联合国认可的碳信用。这意味着，新能源充裕的国家和企业，将可以通过全球碳市场售卖自愿碳减排额度，从而获得额外收益，而购买国可以利用碳信用额实现其国家承诺的气候目标。COP 29 的批准为巴黎协议下实现国家自主贡献（NDCs）提供了重要工具，这将有助于高排放经济体实现其气候目标，也将使资金流向那些潜在发展碳项目，或对现有碳汇起保护作用、急需气候融资的发展中国家。据 COP 29 主席 MukhtarBabayev 介绍，全球碳市场通过有效撮合买卖双方，每年可降低 NDCs 实施成本高达 2500 亿美元。预计 COP 29 的后续谈判将继续完善相关指导，以解决各国在碳市场交易标准和对实际减排贡献上的分歧。此次批准被广泛认为是《巴黎协定》和全球气候行动的一个重要里程碑。

二、我国碳交易市场的建立与发展

（一）地方试点碳市场在摸索中前进

自 2013 年以来，深圳、上海、北京、广东、天津、湖北、重庆、福建 8 省（市）相继开展碳交易试点工作。截至 2024 年末，我国试点碳市场已覆盖 20 多个行业、近 3000 家重点排放企业，累计覆盖近 6 亿吨碳排放量，累计成交金额约 176.42 亿元。经过不断摸索实践，碳交易试点市场不仅在区域内的碳排放总量和强度控制方面取得初步成效，而且通过先行先试，在交易制度、市场准入和扩容、多类型市场间连接、配额分配及碳金融产品等多方面推行创新实践，为全国碳市场建设积累了经验、奠定了基础。

从成交量来看，2024 年地方试点碳市场总体成交 6684 万吨，同比微降 4.7% 左右。但各试点碳市场的成交情况出现了较为明显的分化：湖北、上海、天津碳市场成交量明显增加，分别比 2023 年增长 1834 万吨、247 万吨、132 万吨，同比上升 157.3%、110.8%、22.9%；福建、广东、重庆、北京、深圳碳市场的成交量均有不同程度的下降，分别较2023年度下降1697万吨、405万吨、314万吨、102万吨、24万吨，同比分别下降64.8%、41.6%、46.4%、26%、6.2%（见图10）。预计随着全国碳市场覆盖行业范围逐步扩大，钢铁、水泥、铝冶炼行业将逐步纳入全国碳市场统一管理，试点碳市场覆盖排放量将逐步缩减，交易量将逐步下降。

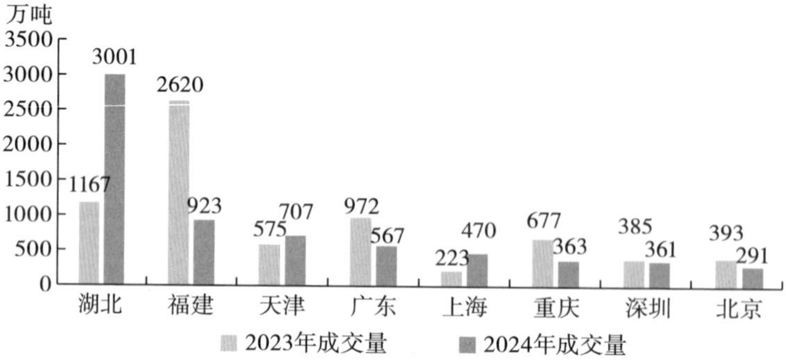

图10　2024年试点碳市场成交量

数据来源：IIGF

从成交价格来看，2024年8个试点碳市场平均碳价为44.1元/吨，较2023年下降11.6%，较全国碳市场低54%。各试点碳市场碳价格差别较大，除上海、北京、重庆外，其余五地试点碳市场平均交易价格较2023年均有不同程度的下滑。整体而言，2024年各试点碳市场的碳价格，除北京碳市场外，都明显低于全国碳市场的碳价格（见图11）。

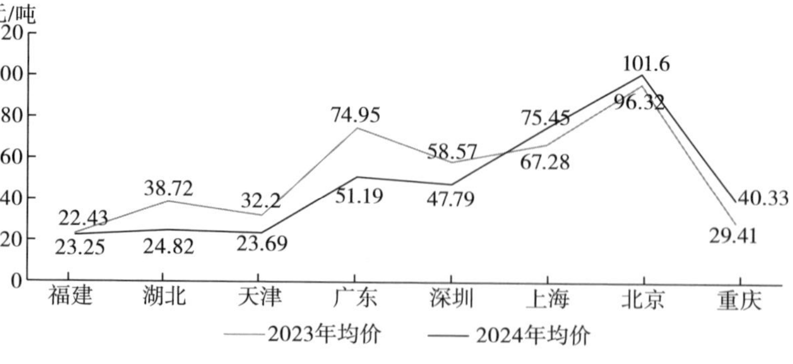

图11　2024年试点碳市场碳价情况

数据来源：IIGF

从交易金额来看，2024 年地方试点碳市场交易总额为 23.79 亿元，较 2023 年减少约 18.7%，减少幅度大于交易总量减少幅度。与成交量相似，各试点碳市场成交额也呈现明显分化态势：湖北、上海两市成交额分别同比上升 64.9% 和 136.4%，至 2.93 亿元和 192.05 亿元，其余试点均出现不同程度的回落。

近年来，试点碳市场积极开展创新探索，为全国碳市场的建设和完善提供了宝贵经验。主要做法包括：

提供扩围范本。以天津为例，按照《天津市碳排放权交易管理暂行办法》的要求，天津碳市场近年来一直在推动覆盖行业的扩大和企业纳入数量的增加。经过 10 多年的探索，在体制机制、能力建设和社会接受度等各方面都较为成熟。2013 年，天津碳市场将碳排放量在 2 万吨/年以上的电力热力、钢铁、化工、石化、油气开采 5 个行业企业纳入配额管理，2019 年扩大到 8 个行业，2021 年又扩大到工业全行业。截至 2023 年底，天津市共有纳入天津碳市场企业 154 家，另有 25 家发电行业企业已转入全国碳市场。天津碳市场优先选择影响较大、市场基础较好、利于推动区域和企业持续发展的行业和企业纳入，这些扩围经验为全国碳市场扩围奠定了良好的基础。

试水配额竞价机制。各地碳市场以配额无偿分配为基础，开展了差别化的配额有偿分配做法。据统计，截至 2024 年 8 月，地方碳市场累计有偿竞价交易 59 次，累计配额交易量 0.6 亿多吨，交易金额 26 亿多元。以北京为例，2022 年北京试行配额有偿竞价。2024 年 3 月，出台《北京市碳排放权交易管理办法》，允许通过有偿竞价、回购等手段调节市场。8 月，发布《北京市碳排放配额有偿发放和回购管理办法（征求意见稿）》，细化有偿发放条件，完善回购细则，并增设市场活跃度低等情况下的有偿竞价条件。通过这些调节，碳市场管理部门可以利用配额回购机制及时调节市场配额的供需状况，增加市场流动性，从而避免碳价格出现过度波动，起到有效保障市场平稳运行的作用。

尝试电碳市场互促联动。湖北省建立首个省级“电—碳—金融”联动市场。我国碳排放权交易市场、电力交易市场与金融市场运行相对独立，三个市场高效衔接与协同发展面临挑战。2022 年 3 月，在该协议下，湖北碳排放权交易中心按照配额分配方案向纳入湖北碳市场管控的企业分配配额；企业可以将配额质押给银行，并约定贷款用于购买绿电，绿电可以在碳市场抵扣碳排放，进而降低企业的履约成本；电力市场在该模式下扩大了绿电交易规模，提升绿电的市场认可度；银行完成了绿色金融指标，并与优质用户达成合作协议。这一创新模式形成了碳市场、电力市场和金融市场的联动，通过金融工具激活碳市场，降低企业的履约成本，为全国碳市场与电力交易市场、金融市场衔接提供重要参考。

（二）全国碳交易市场体系影响扩大

1. 全国强制碳市场的发展情况

2021 年 7 月 16 日，全国碳排放权交易市场正式启动。全国碳市场建设采取“双城”模式，武汉负责注册登记系统，上海负责碳配额交易系统，两地共同支撑全国碳排放权交易系统的运行。在覆盖产业和企业的范围上，全国碳市场将发电产业作为第一个纳入的产业，将年二氧化碳排放量在 2.6 万吨以上的企业设定为控排企业，现已纳入 2257 个重点排放单位，年覆盖二氧化碳排放量约 51 亿吨，占全国二氧化碳排放量的 40% 以上，成为世界上覆盖温室气体排放量最大的市场。从交易品种来看，全国碳市场主要有碳排放权配额交易、CCER 项目减排量交易两大类。配额发放上，我国碳市场以总量适度从紧、公平正义为原则，采取免费碳配额分配方式，制定了发电企业碳排放配额发放办法——基准线法，并以此为基础编制了发电行业配额分配技术指南。2025 年 3 月 26 日，生态环境部发布了《全国碳排放权交易市场覆盖钢铁、水泥、铝冶炼行业工作方案》，标志着全国碳排放权交易市场首次扩大覆盖范围工作进入正式实施阶段。此次扩围后，相应新增约 1500 家重点排放单位，覆盖排放量新增约 30 亿吨二氧化碳当量，覆盖的温室气体种类扩大到二氧化碳、四氟化碳和六氟化二碳三类，覆盖碳排放量或超过 60%。

2024 年全国碳市场成交量为 1.89 亿吨，较 2023 年减少 10.99%，成交额为 181.14 亿元，较 2023 年增加 25.41%，创下全国碳市场自 2021 年启动交易以来年度成交额的新高。其中，挂牌协议成交 3702.74 万吨，成交金额为 36.31 亿元；大宗协议成交金额为 144.82 亿元，成交 1.52 亿吨。全国碳配额 CEA 平均成交价格为 95.52 元/吨，较 2023 年上涨 41%。

2024 年全国碳市场共运行 242 个交易日，CEA 最低收盘价为 69 元/吨，最高收盘价为 106 元/吨。具体而言，CEA 的收盘价在二季度整体上升，在 4 月24 日首次打破 100 元/吨的纪录，5 月至 8 月逐步回落至 90 元/吨上下，四季度收盘价总体稳定在 97～106 元/吨之间（见图 12）。

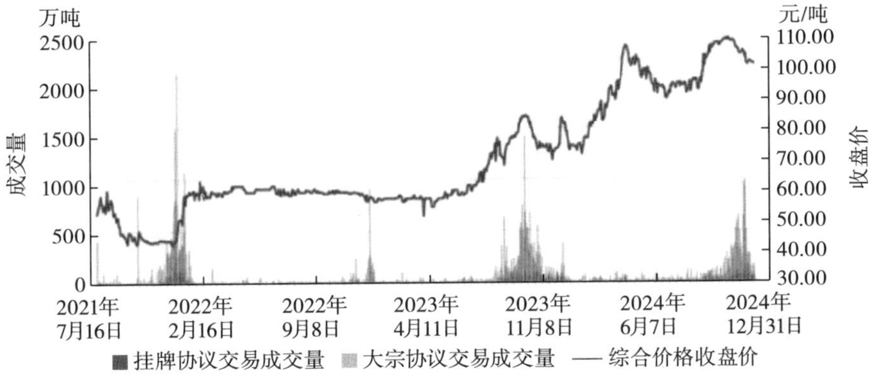

图 12　2024 年全国碳市场价格走势

数据来源：上海环境能源交易所

2024 年全国碳市场的特点主要有：第一，成交量有所下降，这与履约制度调整、市场扩围预期等因素有关。生态环境部将此前两年一次履约周期优化为一年一次履约周期，并在 2024 年 10 月印发的《2023、2024 年度全国碳排放权交易发电行业配额总量和分配方案》中确定了新履约周期规定，相关制度变更降低了控排企业 2024 年因履约义务产生的配额交易需求。另外，2024 年全国碳市场扩围等利好政策密集出台，扩容预期使得部分企业可能选择观望，部分控排企业存在“惜售”行为，等待新政策落地后再进行交易。

第二，2024 年 CEA 碳价走势呈现明显的上升趋势。2024 年，全国碳市场交易价格从 2 月初的 72 元/吨上涨至 4 月 24 日的 101 元/吨，首次突破 100 元/吨大关。尽管 5—8 月碳价有小幅回调，但 9 月再次进入上涨趋间，年末收盘于 97.49 元/吨，较 2023 年末 79.42 元/吨的收盘价大幅上涨 22.75%。主要原因包括配额分配方案基准值下调的预期导致配额稀缺性上涨以及供需关系紧张带来的结构性压力，碳市场扩容带来的预期需求增加，以及《碳排放权交易管理暂行条例》的新规影响等。

三是虽然碳价有所上涨，但全国碳市场总体活跃度和流动性依然偏低。自 2021 年开市以来，共有 220 个交易日的成交量在 1000 吨以下（其中 57 个交易日的成交量≤10 吨），前两个履约周期的交易换手率均为 2%~3%，其交易活跃程度明显低于国内试点和欧盟碳市场（见图 13）。此外，从交易分布来看，尽管受履约推动的潮汐效应依然显著，但全国碳市场的交易分布较 2023 年有较大改善，上半年交易占全年交易额的 11.7%，较 2023 年同期的 3.8% 大幅提升近 8%。

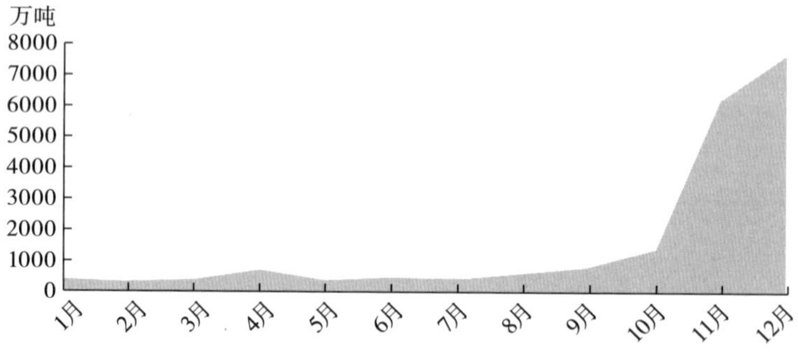

图 13　全国碳市场 2024 年月成交量

数据来源：上海环境能源交易所

2. 全国自愿碳市场正式重启

我国的自愿碳市场（CCER）始于 2012 年，2015 年进入交易阶段，2017 年 3 月由于温室气体自愿减排交易量小、个别项目不够规范等问题，国家发展改革委叫停签发新的 CCER 项目，老项目仍可运行。当时，全国有 2871 个审批项目、861 个备案项目，主要是可再生能源利用项目（如风电、光伏发电），其中已发行批准的 287 个 CCER 项目的减排量接近 6000 万吨。2023 年 10 月，生态环境部重新发布了《温室气体自愿减排交易管理办法（试行）》和首批四个新方法学，明确 2017 年以前的存量 CCER 只能用于 2024 年底前的配额抵消，2025 年起失效，推动市场转向开发新项目。2024 年 1 月 22 日，国内 CCER 市场正式恢复运作；6 月，国家认监委批准了一批认证审核机构；9 月，首批项目正式在网上公示；12 月，北京绿色交易所发布了《关于全国温室气体自愿减排交易市场交易主体、交易方式有关事项的公告》；2025 年 1 月再次发布《关于全国温室气体自愿减排交易收费项目及收费标准的公告》。随着这些审批和核查机构名单的公布以及市场交易规则的明确，全国 CCER 交易市场顺畅运行的要素和条件逐步完备。

根据中央财经大学绿色金融学院（IIGF）整理的数据，2024 年全国 CCER 成交量达到 1959. 87 万吨，较 2023 年增长 29%。不过，这一成交量数据可能存在低估，因为湖北、重庆、福建等地尚未公开披露 2024 年 CCER 交易数据。复旦大学可持续发展研究中心发布的复旦碳价格指数显示，CCER 预期价格在 2024 年内大幅走高，基本与全国碳配额价格持平，进入四季度后在 100 元/吨附近震荡。IIGF 认为，上述趋势变化显示出 CCER 价格在履约清算抵消需求和 CCER 存量供给持续减少两个方面的显著支撑效应。

图 14 为国内 CCER 价格走势。

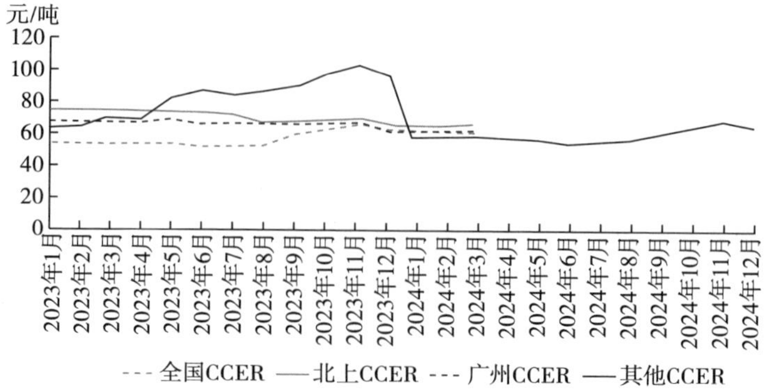

图14　国内CCER价格走势

数据来源：IIGF

三、我国碳市场未来展望与建议

（一）国际碳交易市场对我国的经验借鉴与启示

“边做边学”是各国和地区碳市场建设发展的必然路径。各国和地区经济结构、排放特点、减排目标、管理体制等存在不同，要发展符合实际的碳排放权交易体系，需要将碳交易理论与本国实际相结合。多年来，各国在发现和总结经验教训的基础上，不断推进、完善和加强其碳交易制度的设计和运行，包括扩大行业覆盖范围、增加控排气体、削减配额上限、严格配额分配、增加拍卖比例、完善测量报告与核查（MRV）、建立市场调节机制、加强市场监管和取消减免等措施，这些经验为我国碳市场未来发展和完善提供了参考与借鉴。

1. 强化顶层设计，健全法律法规

为了更好地建设碳排放交易市场，各国着力抓好法律法规建设，构筑起规范的法律体系，以提高碳交易政策的强制性和约束力。欧盟、新西兰、韩国等不但制定了高层次综合性的碳排放权交易法律，而且针对交易体系的各种要素系统性制定了配套法规、实施细则、指南等，为碳市场的

长远发展提供了坚实的制度保障。例如，欧盟公布《欧洲气候法》提案，以立法形式明确温室气体减排目标，并通过指令、条例、决议等形式对碳市场的规则体系和监督机制进行了规范。同时，还设计了配额分配机制、核查报告经第三方审核机构测算的 MRV 管理机制、对超排企业强制履约机制的高额处罚、减排项目抵消机制、统一登记备案机制等，使交易透明化，为市场的良性发展和运营奠定了坚实的基础。

2. 逐步扩大市场主体范围，加大配额有偿分配力度

碳市场的发展是一个循序渐进的过程。以欧盟为例，它的电力与能源密集型工业（石油冶炼业、钢铁、水泥、玻璃等行业）首先被纳入碳市场，接着是航空行业、道路运输和建筑业以及内部海运行业，减排的覆盖范围逐步拓展。在配额分配方式上，欧盟最初约 95% 的配额为免费发放，后来免费发放配额降至 90% 左右。在供求双方通过碳市场自动成交的同时，拍卖占比也逐年上升，从最初的不到 5% 升至目前的 57% 。此外欧盟对碳排放违约企业的处罚也在不断加大。韩国碳市场在对控排企业的行业覆盖上也呈现多样化，包括钢铁、水泥、石化、冶炼、电力、建筑、废弃物处理、航空业多个行业，且在不同的阶段，针对不同的行业，根据其排放数据的可得性，适当选取配额分配方法，采用历史平均法与行业基准线法相结合的形式，合理地制定控排企业的配额。参与主体也从控排企业扩大到做市商。

3. 建立价格稳定机制，增强碳价有效性

维持碳市场的适度的、稳定的价格是十分重要的，需要通过配额供求关系的平衡来实现。EU ETS、RGGI、新西兰等国碳市场的运行实践表明，配额的市场需求很容易受到各种因素的影响，特别是宏观经济形势变化的影响。因此，为保证市场价格稳定，政府还需要采取底线价格机制、价格上下限机制、稳定市场储备机制等多种措施对碳价进行干预。例如，欧盟碳市场曾经历碳价低迷的情况，为此欧盟在 2018 年实施了市场稳定储备机制（MSR），规定自 2019 年起每年将超额排放配额削减 24% 。通过吸收过剩配额来部分抵消需求下降的影响，有效稳定了碳价并提供长期的碳价信号，成功稳定了企业减排与低碳投资预期。

4. 引入抵消机制，丰富碳市场交易品种

抵消机制是碳排放交易体系的重要组成部分。碳市场内的控排企业可通过购买控排体系外的碳信用额来抵扣其排放量。引入抵消机制可以降低排放企业的履约成本，促使未纳入碳排放交易系统的企业通过减排项目实现碳减排，有利于活跃碳市场。目前很多国家和地区引入了国际碳信用抵消机制，同时建设国内自愿减排碳信用市场，增加碳排放交易市场的项目品种，但抵消项目所占履约配额的比例一般不高（5% ~10%）。

5. 加快发展碳金融衍生产品，提高市场流动性

鉴于碳配额发放和交割履约之间存在时间差，控排企业天然具有套期保值、风险对冲等衍生品需求，由此产生了碳金融交易。通过推出不同种类的金融产品，可以增强碳市场价格发现功能，完善碳信用产品价格形成机制，为控排企业规避价格风险提供避险工具。同时，多样化的衍生品有助于促进碳市场的发展和完善，吸引更多的投资者参与到碳市场中来，提高碳市场的活跃度。例如，欧盟碳市场在成立之初就直接引入了碳金融衍生品，主要包括碳远期、碳期货、碳期权和碳互换，其中交易规模最大的是碳期货，在欧盟碳市场交易总量中占比超过 90%。通过购买碳期货合约，可以对未来将要买入或卖出的碳现货产品进行套期保值，对冲价格风险，极大地提高了欧盟碳市场的流动性，碳排放权交易逐步向碳金融发展。

（二）我国碳市场未来展望

全国碳市场自上线以来，运行总体平稳，初步显现了价格发现的作用，基本实现了预期建设目标，企业减排意识和能力明显增强。随着碳市场政策法规基础框架的搭建完成，以及《碳排放权交易管理暂行条例》的正式实施，未来碳市场顶层制度设计及相关配套措施有望得到进一步细化和完善；碳市场将继续扩大，“十四五”期间纳入水泥、钢铁、电解铝等行业后，民航、造纸、玻璃、石化等高排放行业也将在“十五五”期间逐步纳入，市场主体呈现多元化；进一步优化市场结构，试点碳市场向全国碳市场有序过渡，与国际碳市场合作不断深化；随着拍卖配额比例的逐步扩大、市场机制调节作用的进一步增强，预计2025年碳价仍将保持上升态势，为企业减排提供更强的经济激励；CCER市场重启后将成为全国强制碳市场的有益补充；碳金融产品创新将持续推进，有可能引入碳期货、CCER期货等衍生品，碳金融大有可为；未来在碳排放监测、数据分析、交易决策等方面将深化人工智能和数字化技术的应用，进一步强化碳信息披露，持续增强碳市场和ESG投资的协同互促效应；探索跨国碳交易合作，通过“国际转让减排成果”（ITMOs）与周边国家建立碳市场连接，推动国内碳信用产品的国际认可，提升全球碳市场影响力。

（三）我国碳市场发展政策建议

一是加强规划引领，有效引导市场预期。建议结合我国推进实现碳达峰、碳中和目标节奏和能耗“双控”向碳排放“双控”全面转型的进程，参考欧盟碳市场阶段发展路径，科学、系统地规划全国碳市场未来一段时期的发展目标和建设思路。制定中长期碳排放配额总量制定和分配实施方案，逐步考虑从配额相对总量控制向配额绝对总量控制过渡，将各年度配额总量与各阶段减排目标相衔接，根据不同行业和地区定位，区别设置总量额度，与实现碳达峰、碳中和目标节奏和碳排放“双控”要求相一致。

二是完善碳配额管理机制，增强减排效应。建议借鉴地方碳市场试点经验，加快推进配额有偿分配制度的引入，建立并推行碳配额总量拍卖、分配机制。在稳定碳价预期方面，可以借鉴欧盟、加州以及韩国碳市场的成功经验，在引入拍卖机制之后尽快建立价格管制或市场稳定储备机制。同时，要进一步完善碳信息披露、市场监管和风险管理体系，充分利用人工智能、大数据等先进技术，建立与国际接轨的碳核查与数据管理体系。

三是主动参加碳市场国际交易与合作。随着国际和国内碳市场的不断成熟和发展，中国作为全球覆盖碳排放量第一的碳市场在加强自身建设的同时，应更积极地引导和推动国际碳市场的合作和建设。建议积极探索建立国际碳市场合作机制，尤其是与共建“一带一路”国家的碳市场合作机制；继续以更加积极的态度参与气候谈判议程和国际规则制定，包括参与制定国际碳中和标准互认工作；积极发挥“一带一路”绿色发展国际联盟的平台作用，与沙特阿拉伯、蒙古国等国家开展低碳技术深度合作，为国际合作探索新路径，为推动“一带一路”绿色发展提供有力支撑；通过参与国际碳减排项目等，与国际社会分享经验，共同应对气候变化挑战。

参考文献

[1]国际碳行动伙伴组织. 全球碳市场进展2024年度报告[EB/OL]. (2023-03-22)[2025-5-10]. https://icapcarbonaction. com/zh/publications/2023-nian-icap-quanqiutanshichangjinzhanbaogao.

[2]欧盟委员会. REPORT FROM THE COMMISSION TO THE EUROPEAN PARLIAMENT AND THE COUNCIL[EB/OL]. (2024-05-20)[2025-5-10]. https://climate. ec. europa. eu/eu-action/eu-emissions-trading-system-eu-ets_en.

[3] Refinitiv. Carbon Market Year In Review 2024 [R]. 2024.

[4]中央财经大学绿色金融国际研究院. 2024中国碳市场年报[EB/OL]. (2025-01-15)[2025-5-10]. https://iigf. cufe. edu. cn/info/1013/9570. htm.

[5]王科，吕晨. 全球和中国碳市场回顾与展望(2025)[J]. 北京理工大学学报，(社会科学版). 2025，27(02):19-36